Kapitalmarktorientierte Unternehmensbewertung

Regensburger Beiträge zur betriebswirtschaftlichen Forschung

Herausgegeben vom Institut für Betriebswirtschaftslehre an der Universität Regensburg

Band 29

PETER LANG
Frankfurt am Main · Berlin · Bern · Bruxelles · New York · Oxford · Wien

Frank Richter

Kapitalmarktorientierte Unternehmensbewertung

Konzeption, finanzwirtschaftliche Bewertungsprämissen und Anwendungsbeispiel

PETER LANG
Europäischer Verlag der Wissenschaften

Die Deutsche Bibliothek - CIP-Einheitsaufnahme

Richter, Frank :

Kapitalmarktorientierte Unternehmensbewertung : Konzeption, finanzwirtschaftliche Bewertungsprämissen und Anwendungsbeispiel / Frank Richter. - Frankfurt am Main ; Berlin ; Bern ; Bruxelles ; New York ; Oxford ; Wien : Lang, 2002
(Regensburger Beiträge zur betriebswirtschaftlichen Forschung ; Bd. 29)
Zugl.: Regensburg, Univ., Habil.-Schr., 2000
ISBN 3-631-38416-5

Als Habilitationsschrift auf Empfehlung der Wirtschaftswissenschaftlichen Fakultät der Universtität Regensburg gedruckt mit Unterstützung der Deutschen Forschungsgemeinschaft

Gedruckt auf alterungsbeständigem, säurefreiem Papier.

ISSN 1430-7375
ISBN 3-631-38416-5

Printed in Germany 1 2 3 4 6 7

www.peterlang.de

Für Bettina

Dank

Die vorliegende Arbeit entstand in der Zeit vom Oktober 1996 bis September 1999. Ihr Zustandekommen verdankt sie zu einem großen Teil einer Reihe glücklicher Umstände und der wohlwollenden Unterstützung von Personen in verschiedenen Institutionen.

Herr Prof. Dr. Dr. h.c. Jochen Drukarczyk, Universität Regensburg, ermunterte mich, das Unterfangen zu beginnen, im kreativen Prozess der Suche nach Erkenntnis die Orientierung zu behalten, und schließlich das Resultat zu veröffentlichen. An der Universität Regensburg fand ich Arbeitsbedingungen, die mir die Habilitation „als Externer" gestatteten. Mein derzeitiger Arbeitgeber, McKinsey & Company, ermöglichte es, die wissenschaftliche Arbeit für einen begrenzten Zeitraum in den Vordergrund zu stellen und mit der Beratungstätigkeit in Einklang zu bringen. Die Verleihung des Bayerischen Habilitationsförderpreises sorgte für finanzielle Unabhängigkeit. Die Deutsche Forschungsgemeinschaft unterstützte die Veröffentlichung der Arbeit. In Summe ergaben sich damit Voraussetzungen, die nicht besser hätten sein können.

Den Herbst 1998 verbrachte ich als Visiting Scholar an der University of California in Los Angeles bei Professor Michael Brennan. In diesen Monaten habe ich viel gelernt, wichtige Ideen für die vorliegende Arbeit entstanden dort bzw. fanden dort ihr Fundament. Hierzu gehört das Prinzip der „Risk Neutral Valuation", welches Michael Brennan perfektionierte. Er verschaffte mir den Zugang zu diesem Thema, das zu einem Eckpfeiler der vorliegenden Arbeit wurde. Die UCLA, den Wilshire Boulevard, die Berge und den Strand von Santa Monica sowie Thanksgiving bei Michael Brennan werden mir in guter Erinnerung verbleiben. Professor Thomas Copeland („Tom") bin ich zu Dank verpflichtet; er hatte die Idee für den Forschungsaufenthalt, stellte den Kontakt zu seinen früheren Kollegen her und formulierte die Empfehlung.

Herrn Professor Dr. Hamerle, Universität Regensburg, danke ich ganz herzlich für die Übernahme des Zweitgutachtens und die inhaltlichen Anregungen.

Mein Freund Walter Böning zeigte mir, wie komplexe Algorithmen in seiner Lieblingssprache C++ programmiert werden. Er half mir, das Monster in meinem PC zumindest zeitweise zu bändigen. Hierfür danke ich ihm sehr. Benno Gröniger, Freund und Ex-Kollege bei McKinsey, las wesentliche Teile der Arbeit und machte mich auf Unklarheiten sowie eigenartige Formulierungen aufmerksam. Herzlichen Dank, Benno.

Danken möchte ich auch meiner lieben Frau Bettina, die dafür sorgte, daß das Leben in unserer Familie in geordneten Bahnen weiterlief, mehrmals allein mit unseren Kindern stundenlange Flüge bis ans andere Ende der Welt überstand, ohne mir je das Gefühl zu geben, daß mein Egoismus nicht in unserem gemeinsamen Interesse lag. Ihr ist diese Arbeit gewidmet.

F.R.
im August 2000

Inhaltsverzeichnis

Abbildungsverzeichnis

(Die mit * gekennzeichneten Abbildungen gehören zum Anwendungsbeispiel)

Verzeichnis der wichtigsten Tabellen

(Die mit * gekennzeichneten Tabellen gehören zum Anwendungsbeispiel)

Symbolverzeichnis

A	Sachanlagen
B	Wert des Fremdkapitals
C	Erfolgsstrom i.S. einer für Konsumzwecke verwendbaren Nettozahlung nach Abzug aller Steuern und Reinvestition
c_A	Investitionsquote
c_D	Ausschüttungsquote
c_{Dep}	Abschreibungsquote
C_e	Erfolgsstrom bei reiner Eigenfinanzierung
c_{EBDIT}	Quotient EBDIT zu Umsatzerlöse
c_R	Quotient Rückstellungen zu Umsatzerlöse
c_W	Quotient Working Capital zu Umsatzerlöse
D	Ausschüttung inkl. Steuergutschrift
D_e	Ausschüttung bei reiner Eigenfinanzierung
DEP	Abschreibungen
E	Bilanzielles Eigenkapital
F	Finanzanlagen
k	Rendite der Alternativinvestition bzw. Eigenkapitalkosten des Unternehmens
K	Investiertes Kapital (Buchwert)
KE	Im Rahmen einer Kapitalerhöhung zugeflossene Mittel
k_e	Kapitalkosten des Unternehmens bei reiner Eigenfinanzierung
L	Verschuldungsgrad (Wert des Fremdkapitals zu Unternehmensgesamtwert)
LQ	Veräußerungs- oder Liquidationserlös
M	Erfolgsstrom bzw. Wert der Alternativinvestition
P	Preis des Unternehmens oder Unternehmensanteils
p	Wahrscheinlichkeit
R	Rückstellungen
r_B	Fremdkapitalzins
r_F	Rendite von Finanzanlagen
r_f	Risikoloser Zins
r_M	Rendite des Marktportefeuilles

s	Relativer Finanzierungsvorteil oder Unternehmenssteuersatz
S	Wert des Eigenkapitals
s_{GE}	Gewerbeertragsteuersatz
s_{KSt}	Körperschaftsteuersatz
s_p	Einkommensteuersatz
s_{tax}	Kombinierter Ertragsteuersatz
T	Anlagedauer oder Lebensdauer des Unternehmens
TAX	Steuerzahlung auf Unternehmensebene
TAX_p	Steuerzahlung auf der Ebene der Eigentümer
TLC	Steuerlicher Verlustvortrag
TRE	Zuführungen zu den Gewinnrücklagen
U	Umsatzerlöse
V	Wert eines Erfolgsstroms
W	Vermögen der Anleger (erstes Kapitel) bzw. Nettoumlaufvermögen, Working Capital (alle folgenden Kapitel)
α	Driftparameter
β	Betafaktor (Capital Asset Pricing Model)
ε	Zufallszahl
η	Konvergenzfaktor
λ	Marktpreis des Risikos
ρ	Korrelationskoeffizient
σ	Varianzparameter

Abkürzungsverzeichnis

APV	Adjusted Present Value
BSM	BLACK, SCHOLES, MERTON (Optionspreismodell)
CAPM	Capital Asset Pricing Model
DCF	Discounted Cash-flow
EBDIT	Earnings before depreciation, interest and taxes
EBIT	Earnings before interest and taxes
EBT	Earnings before taxes
GB	Geschäftsbericht
GE	Geldeinheiten
GuV	Gewinn- und Verlustrechnung
IDW	Institut der Wirtschaftsprüfer
ROIC	Return on Invested Capital
WACC	Weighted Average Cost of Capital
WP	Wirtschaftsprüfer

Zum Thema und Aufbau der Arbeit

In der vorliegenden Arbeit[1] wird eine spezielle Theorie des Wertes von Eigentumsrechten an Unternehmen benutzt und, im Sinne eines "Application Engineering", zu einer praktisch anwendbaren Unternehmensbewertungskonzeption ausgearbeitet. Diese Theorie, oder besser: das Theoriegebäude, muß dazu nicht erst erfunden werden. Die grundlegenden Arbeiten der Nobelpreisträger H. MARKOWITZ, F. MODIGLIANI, M. MILLER, W. SHARPE, F. BLACK, M. SCHOLES und R. MERTON (sowie vieler anderer) liefern die konzeptionellen Grundlagen, die bereits im Zeitraum von 1959 – 1973 veröffentlicht wurden.[2] Die Theorie ist speziell, nicht allgemeingültig, da sie von bestimmten Annahmen über die Preise von Ansprüchen auf unsichere Zahlungen auf einem sich im Gleichgewicht befindenden Kapitalmarkt ausgeht. Diese kapitalmarktorientierte Bewertungstheorie unterscheidet sich bei vordergründiger Betrachtung von der ebenfalls traditionsreichen deutschen Bewertungstheorie (geprägt durch E. SCHMALENBACH, H. MÜNSTERMANN, W. BUSSE VON COLBE, A. MOXTER sowie durch viele andere), die der Bewertungsleistung des Kapitalmarktes sowie deren Abbildung in Gleichgewichtsmodellen sehr skeptisch gegenüber steht.[3]

Diese Sicht ist nachvollziehbar erstens vor dem Hintergrund eines Kapitalmarktes, der sich in der Nachkriegszeit erst sehr langsam entwickelte, sowie zweitens angesichts der restriktiven Prämissen, die jenen Gleichgewichtsmodellen der neoklassischen Finanzierungstheorie teilweise zugrunde liegen. Den individuellen, subjektiven Präferenzen und Rahmenbedingungen

1 Hierbei handelt es sich um die geringfügig veränderte Version meiner Habilitationsschrift. Einige langatmige Passagen bei den Grundlagen wurden gestrichen und einige Anmerkungen zur Wirkung der Änderung der steuerlichen Rahmenbedingungen in Deutschland wurden ergänzt.

2 Die ausführliche Diskussion der Literatur erfolgt später und wird dort zitiert.

3 Diese Auffassung spiegelt sich in der Rechtsprechung wider; vgl. etwa die Urteile zur Abfindung von Minderheiten des OLG Düsseldorf vom 14.6.1996 (ZU 222/93) und des LG Köln vom 16.12.92 (91–0 204/88). Bezeichnend ist auch die Tatsache, daß die These "auf einem funktionierenden Kapitalmarkt liefert er Markt die richtige Unternehmensbewertung" zwar im Entwurf des Gesetzes zur Kontrolle und Transparenz (KonTraG) vom 7.11.97, S. 30, enthalten war, im Gesetzestext vom 27.4.98 jedoch fehlte.

einzelner Unternehmer oder Anleger wird eine große Bedeutung bei der Unternehmensbewertung beigemessen, die Existenz eines objektiven Unternehmenswertes verneint. Die sogenannte funktionale Unternehmensbewertung folgt dieser grundsätzlichen Ausrichtung und betont den Zweck, den die Unternehmensbewertung im konkreten Einzelfall haben soll. Der Zweck oder die Funktion der Unternehmensbewertung – häufig werden die Beratungs-, Vermittlungs-, Argumentations- und die Steuerbemessungsfunktion genannt – beeinflußt maßgeblich die Bewertungsprämissen, die Methodik und damit das Resultat der Bewertung.

Die Aufgabenstellungen für die Unternehmensbewertung haben sich aber gewandelt oder zumindest erweitert: Die internationalen Konzerne der Jahrtausendwende agieren auf einem global vernetzten, sehr liquiden und von intensivem Wettbewerb unter professionellen Anlegern geprägten Kapitalmarkt, auf dem die Informationskosten zunehmend an Bedeutung verlieren. Die Entscheidungen des Managements dieser Großunternehmen – zum Beispiel bei Unternehmenskäufen, Fusionen oder dem Verselbständigen von Geschäftsbereichen – haben in der Regel Kapitalmarktreaktionen zur Folge. Die Ankündigung der Akquisition eines Geschäftsbereichs eines anderen Unternehmens führt zu Kurseinbußen bei der Erwerbsgesellschaft, wenn diese einen Preis bietet, der weit über dem vorherigen Marktwert der Zielgesellschaft liegt. Der maximale Kaufpreis ("Grenzpreis") läßt sich herleiten, indem der Grenzfall einer gerade noch ausbleibenden negativen Reaktion des Kapitalmarktes auf die Ankündigung der Übernahme zugrunde gelegt wird. Dazu muß man die Marktwerte der Erwerbsgesellschaft vor sowie nach Integration des neuen Geschäftsbereichs ermitteln. Es besteht also ein Bewertungsproblem, da im Entscheidungszeitpunkt die Eigentumsrechte des Geschäftsbereichs nicht am Markt gehandelt werden. Dieses Bewertungsproblem ist gerade dadurch gekennzeichnet, daß es *nicht* auf die subjektiven Einschätzungen Einzelner, sondern auf diejenige der Marktteilnehmer ankommt.

Eine auf die subjektiven Präferenzen einzelner (Eigentümer-) Unternehmer oder Anleger gerichtete Unternehmensbewertungstheorie stößt schnell an ihre Grenzen, wenn die Interessen von vielen Anlegern zu berücksichtigen sind. Dieses Problem stellt sich freilich auch der kapitalmarktorientierten Unternehmensbewertung. Häufig (und so auch im folgenden) wird es umgangen, indem aus der Perspektive eines "repräsentativen Anlegers" argumentiert wird. Die Annahmen über die Präferenzen dieses Phantoms könnten aber prinzipiell auch im Rahmen der subjektiven Unternehmensbewertung abgebildet werden, so daß diesbezüglich kein konzeptioneller Unterschied zur kapitalmarktorientierten Bewertung besteht. Der Zweck der kapitalmarktorientierten Unternehmensbewertung – die Entscheidungsfindung bei Unternehmenstransaktionen mit Kapitalmarktimplikation[4] – ließe sich auch der Beratungsfunktion zuordnen.

Darüber hinaus sind die grundlegenden Bewertungsprinzipien die gleichen: Eigentümerperspektive, Primat der zukünftigen Erfolge, Bewertung vor dem Hintergrund alternativer Investitionsgelegenheiten. Somit kann die kapitalmarktorientierte Unternehmensbewertung als eine spezielle Variante einer allgemeinen Theorie interpretiert werden, die sich an den Präferenzen und Rahmenbedingungen der Akteure orientiert, die durch ihr Handeln den Marktpreis von Unternehmen bestimmen. Die kapitalmarktorientierte Bewertung konkretisiert diese allgemeine Theorie insbesondere im Hinblick auf die Alternative zum Erwerb eines Unternehmens oder Unternehmensanteils, die hier in der Investition der Mittel am Kapitalmarkt zu Marktpreisen besteht (damit sind die Präferenzen des repräsentativen Anlegers normiert).

Die Einflußnahme einzelner Eigentümer auf die Geschäftsführung der Gesellschaft erlangt in der betrachteten Konfiguration keine eigenständige Bedeutung. Darüber hinaus wird unterstellt, daß der repräsentative Anleger kein Amateur oder Spieler ist, sondern "rational" und legal handelt:[5] Er erwirbt nicht nur Anteile an einem Unternehmen, sondern bildet zwecks Risikoreduktion ein Portefeuille aus mehreren Wertpapieren verschiedener Emittenten, nutzt keine Insider-Information und zahlt Steuern.

Die Schätzung von potentiellen Kapitalmarktreaktionen erfordert Annahmen über das Verhalten der Marktteilnehmer. Hierzu gehören insbesondere Annahmen zu den Erwartungen des repräsentativen Anlegers über den zukünftigen Erfolg der zu bewertenden Gesellschaft. Es kommt folglich nicht primär auf die Erwartungen des Managements, eines Gutachters oder Schiedsrichters an, sondern auf die Wahrnehmung "von außen". Strategien und Pläne sind Fiktion, Aktienkurse die Realität. Diese Fiktionen können zu Realitäten werden, wenn das Management eine entsprechende Glaubwürdig-

---

4 Aus dem Bereich der chemischen/pharmazeutischen Industrie lassen sich hierfür prägnante Beispiele anführen: Akquisition von Boehringer Mannheim durch Roche im Mai 1996 (11 Mrd. US$), Kauf des Geschäftsbereichs Spezialchemikalien von Unilever durch ICI im Juli 1997 (4,9 Mrd. GBP), Bestimmung des Austauschverhältnisses bei der Fusion von Degussa und Hüls in 1998 (Transaktionsvolumen 19 Mrd. DM), Formulierung des öffentlichen Übernahmeangebotes für Courtaulds durch Akzo-Nobel NV im April 1998 (5,5 Mrd. DM), Bewertung von Agfa beim Börsengang bzw. Spin-Off von Bayer (Ankündigung im Sept. 1998).

5 Auf den potentiellen Konflikt zwischen "Rationalität" und "Legalität" wird nicht eingegangen.

keit am Markt erlangt hat. Anleger könnten glaubhafte Verlautbarungen des Managements zur Erwartungsbildung über den Zukunftserfolg nutzen, aber kaum ein Unternehmen veröffentlicht langfristige, quantifizierte Planungen. Deshalb müssen Prämissen formuliert werden, von denen Anleger mangels genauer Information ausgehen könnten. Dies ist ein wesentlicher Aspekt der vorliegenden Arbeit: Neben der Konzeption eines Bewertungskalküls geht es um die Formulierung von inhaltlichen Prämissen über bewertungsrelevante Faktoren. Hierzu gehört einerseits die Prognose z.B. von Umsatzerlösen und Zahlungsströmen, andererseits die Abbildung von Handlungsoptionen der Anleger und Manager. Diese Handlungsoptionen können am Bewertungsstichtag nicht für die gesamte Lebensdauer festgelegt werden, sondern sind in Abhängigkeit von der Entwicklung des Unternehmens zustandsabhängig zu formulieren.

Vor dem Hintergrund der Komplexität des Problems sollten die Erwartungen an das Folgende adjustiert werden: Es wird ein einfacher extrapolierender Ansatz zur Prognose von Umsatzerlösen und Zahlungen aus dem operativen Leistungsbereich des Unternehmens entwickelt. Ohne Erweiterung können damit weder Strukturbrüche noch operative Handlungsoptionen abgebildet werden. Der Schwerpunkt der Betrachtung liegt im finanzwirtschaftlichen Bereich, da dafür noch am ehesten allgemein gültige Aussagen formuliert werden können. Verschiedene Strategien der Finanzierung, Ausschüttung und Liquidation werden innerhalb eines mehrperiodigen Bewertungsmodells unter Berücksichtigung institutioneller Faktoren (Steuern auf Unternehmens- und Anlegerebene, Verlustvorträge, Rückstellungen, Aktienrückkäufe und Kapitalerhöhungen, Insolvenz) abgebildet. Dabei wird die Unsicherheit bezüglich der Zahlungen des zu bewertenden Unternehmens, seiner Lebensdauer sowie der Renditen alternativer Investitionsgelegenheiten modelliert. Insofern darf der Ansatz hinsichtlich der Abbildung institutioneller Faktoren, der Unsicherheit und der Handlungsoptionen im Finanzbereich als vergleichsweise leistungsfähig bezeichnet werden. Von Vorteil für die praktische Anwendung ist dabei, daß sich die damit unvermeidbare Zunahme der Komplexität des Kalküls in Grenzen hält.

Die Arbeit gliedert sich in sieben Kapitel, von denen das erste der Einführung und das letzte der Zusammenfassung dient. Die Ausgangsbasis bilden Beispiele für praktische Bewertungsprobleme und eine Interpretation der Unternehmensbewertung, wie sie heute gelehrt und/oder angewendet werden. Die Basis für diese Interpretation bilden eher theoretisch orientierte Standardwerke von A. MOXTER (1983, Grundsätze ordnungsmäßiger Unternehmensbewertung), W. BALLWIESER (1990, Unternehmensbewertung und

Komplexitätsreduktion), J. DRUKARCZYK und B. SCHWETZLER (1998, Unternehmensbewertung) sowie die eher praxisorientierten Werke von K. BORN (1995, Unternehmensanalyse und Unternehmensbewertung), G. MANDL und K. RABEL (1997, Unternehmensbewertung), T. COPELAND, T. KOLLER und J. MURRIN (1998, Unternehmenswert) sowie das WIRTSCHAFTSPRÜFER-Handbuch von 1998. Die grundsätzlichen Prämissen für diese Arbeit werden ebenfalls im ersten Kapitel dargelegt. Ein praktisches Anwendungsbeispiel wird dort begonnen; es zieht sich durch alle Kapitel und illustriert die diskutierten Konzepte anhand realer Daten. Dabei stehen die Auswirkungen von (oft implizit formulierten) Bewertungsprämissen auf den Unternehmenswert im Zentrum des Interesses.

Im zweiten Kapitel werden einfache Modelle zur Simulation von Zahlungen und Alternativrenditen dargestellt. Damit wird die Grundlage für die Unternehmensbewertung geschaffen. Simulationsverfahren wurden schon früher auch für die Zwecke der Unternehmensbewertung benutzt. Im Gegensatz zu den ersten Ansätzen erfolgt hier eine kombinierte Prognose der Zahlungen des Unternehmens sowie der Zahlungen alternativer Investitionsgelegenheiten. Später wird deutlich, daß dies die konsistente Bewertung unter Unsicherheit im Mehrperiodenfall ermöglicht.

Einige bewertungstechnische Grundlagen werden im dritten Kapitel gelegt. Hierzu gehört insbesondere die Adjusted Present Value-Methode und eine mehrperiodige Variante des Capital Asset Pricing Models. Das Ziel ist nicht die formale Herleitung der bereits in der Literatur dokumentierten Grundlagen, sondern die Verbindung zwischen dem Bewertungsprinzip dieser Arbeit (relativer Vorteilhaftigkeitsvergleich) mit den Aussagen der "modernen Finanzierungstheorie". Damit werden zum einen die zugrunde liegenden Prämissen transparent gemacht. Zum anderen wird deutlich, wie zum Beispiel die Risikoaversion der Anleger, Risikodiversifikation oder bestimmte Finanzierungseffekte berücksichtigt werden.

Der Hauptteil besteht aus den Kapiteln vier bis sechs, in denen die Bewertungsmethodik ausgebaut und um Bewertungsprämissen ergänzt wird: Zunächst werden in Kapitel 4 die Finanzierungs- und Ausschüttungsprämissen diskutiert. Von welchen Annahmen bezüglich der Kapitalstruktur und der Gestaltung des Zahlungsstroms an die Eigentümer soll ausgegangen werden? Ein Exkurs zur Berücksichtigung von Rückstellungen ist ebenfalls im vierten Kapitel enthalten. Anhand der dort konkretisierten Bewertungskonzeption können die Aussagen der sogenannten Discounted Cash-flow-Methoden reflektiert werden, denen ebenfalls bestimmte Finanzierungs- und Ausschüttungsprämissen zugrunde liegen. Darüber hinaus wird gezeigt, wie die Unsicherheit im Mehrperiodenfall abgebildet werden kann. Dazu wird ein aus der Optionspreistheorie entlehnter Ansatz benutzt, der ohne die (explizite) Modellierung subjektiver Präferenzen mit Risikonutzenfunktionen und ohne die Annahme von im Zeitablauf konstanten Risikozuschlägen zum Basiszins auskommt.

Den Schwerpunkt des fünften Kapitels bilden die Handlungsoptionen der Kapitalgeber und Manager im Hinblick auf die Fortführung oder Liquidation des Unternehmens. Es wird gezeigt, daß die heute vorherrschenden Bewertungsansätze auf Basis von erwarteten oder sicherheitsäquivalenten Zahlungen zu einer systematischen Unterschätzung des Unternehmenswertes führen. Hinter dem Erwartungswert (Sicherheitsäquivalent) einer Zahlung verbirgt sich bei unsicheren Erwartungen eine Wahrscheinlichkeitsverteilung. In der Regel sind negative Zahlungen Teil dieser Verteilung. Durch Verdichtung der unsicheren Zahlungen auf den Erwartungswert werden deshalb Umweltzustände erfaßt, die negative Unternehmenswerte implizieren. Der Wert des Eigenkapitals einer Gesellschaft mit beschränkter Haftung, die den Eigentümern das Recht auf den Residualerlös einräumt, jedoch nicht die Pflicht zur Reinvestition ("Nachschuß") aufbürdet, kann aber nicht negativ sein. Folglich sind die Umweltzustände auszuschließen, die zu negativen Unternehmenswerten führen. Konzeptionell geht es dabei um die Bewertung der Option, die für die Fortführung des Unternehmens benötigten Kapitalzufuhren zu verwehren und ggf. die Liquidation zu einem von den Eigentümern frei wählbaren Zeitpunkt einzuleiten. Darüber hinaus sind die Interventionsrechte der Gläubiger zu berücksichtigen, wenn die Gesellschaft in Insolvenz gerät.

Das sechste Kapitel erweitert das Kalkül um die Einkommensbesteuerung der Anleger. Dabei wird erläutert, unter welchen Bedingungen die Einkommensteuer den Unternehmenswert beeinflußt. Des weiteren wird die Ermittlung des risikolosen Zinses konkretisiert und der Einfluß einer im Zeitablauf variablen und unsicheren Alternativrendite auf den Unternehmenswert diskutiert.

"Die 1976 erschienene Erstauflage [der Grundsätze ordnungsmäßiger Unternehmensbewertung] *war geprägt von Meinungsverschiedenheiten zwischen Bewertungspraxis und Bewertungslehre über Fundamentalsätze sinnvoller Unternehmensbewertung. Heute besteht insoweit kein Streit mehr..."*

MOXTER, A. (1983)

"Theorie und Praxis der Unternehmensbewertung sind erfreulicher Weise im Fluß, aber nicht mehr im Umbruch."

BALLWIESER, W. (1990)

"Die seriöse deutschsprachige Literatur über die Bewertung von Unternehmen ist größtenteils sehr theoretisch, teilweise kontrovers, und deshalb als unmittelbare Anleitung für die Praxis kaum brauchbar."

BORN, K. (1995)

"Die Gegensätzlichkeiten der im Zeitablauf vertretenden Lehrmeinungen ... erschweren die Durchführung praktischer Bewertungsaufgaben und wecken vielfach Zweifel an der Zuverlässigkeit und Aussagekraft der ermittelten Ergebnisse."

MANDL/RABEL (1997)

"Es werden fehlerhafte Bewertungsmethoden eingesetzt bzw. Bewertungsmethoden fehlerhaft angewendet."

DRUKARCZYK/SCHWETZLER (1998)

"Auch der Berufsstand der Wirtschaftsprüfer sieht sich vielfach der Aufgabenstellung gegenüber, ganze Unternehmen ... zu bewerten. Die hierbei zur Anwendung kommenden Bewertungsverfahren dürfen als eine gelungene Synthese des theoretisch Richtigen mit dem praktisch Möglichen gelten."

INSTITUT DER WIRTSCHAFTSPRÜFER (1998)

"Unternehmenswert und Unternehmensbewertung sind wichtiger denn je."

COPELAND/KOLLER/MURRIN (1998)

Erstes Kapitel
Kontext der kapitalmarktorientierten Unternehmensbewertung

Am Anfang der folgenden Betrachtung stehen Beispiele für Arten von Transaktionen von Eigentumsrechten an Unternehmen, die Kapitalmarktreaktionen i.S.v. von Aktienkursänderungen hervorrufen können. Die kapitalmarktorientierte Unternehmensbewertung dient der Lösung der damit verbundenen Bewertungsprobleme: Vor der Durchführung von Unternehmenstransaktionen sollen die potentiellen Auswirkungen auf Unternehmenswerte (und damit auf Aktienkurse) abgeschätzt werden. Im zweiten Abschnitt werden grundlegende Bewertungsprinzipien und deren Anwendung in der Praxis anhand eines Beispielsfalls erläutert sowie kritisch beurteilt. Daraus werden im dritten Abschnitt Folgerungen und grundlegende Annahmen für die vorliegende Arbeit formuliert.

1 Beispiele für Bewertungsprobleme mit Kapitalmarktbezug

In der deutschen Literatur zur Unternehmensbewertung hat sich durchgesetzt, zunächst den Zweck der Unternehmensbewertung zu definieren.[1] Die kapitalmarktorientierte Unternehmensbewertung will Entscheidungswerte für Unternehmenstransaktionen generieren, die für den Entscheidungsträger relevante Kapitalmarktreaktionen hervorrufen können. Unternehmenstransaktionen bewirken eine Veränderung in der Eigentümerstruktur von Unternehmen. Ausgehend von der Grundkonfiguration der kapitalmarktorientierten Unternehmensbewertung, in der eine Vielzahl von Anteilseignern die breit gestreuten Anteile an einer börsennotierten Aktiengesellschaft hält, lassen sich zwei Ebenen unterscheiden, auf denen Veränderungen von Eigentümerstrukturen realisiert werden können:

- Einzelne Anteilseigner können die Eigentümerstruktur durch Erwerb oder Verkauf von Unternehmensanteilen verändern. Sie agieren dabei aktiv und autonom, im Rahmen der Möglichkeiten und Grenzen von Minderheiten.
- Der Vorstand der Aktiengesellschaft kann Eigentümerstrukturen durch den Erwerb oder Verkauf von Unternehmen oder Unternehmensanteilen im Auftrag seiner Anteilseigner verändern. Da die Verfügungsrechte über die Ressourcen der Aktiengesellschaft an ihn delegiert wurden, handelt er stellvertretend für eine Mehrheit. Diese Mehrheitsposition eröffnet einen weitaus tieferen Handlungsraum, weil die realwirtschaftli-

1 Von A. MOXTER (1983) zum "Zweckermittlungsprinzip" erhoben; (1983), S. 5; vgl. auch IDW (1998), S. 5.

chen Strukturen etwa durch die Kombination von Geschäften oder die Durchführung von Leistungssteigerungsprogrammen verändert werden können.
Ausgehend von den beiden Gruppen "Minderheit" und "Mehrheit" zeigt Abbildung 1.1 Beispiele für verschiedene Transaktionen.

Abbildung 1.1: Beispiele für verschiedene Transaktionen

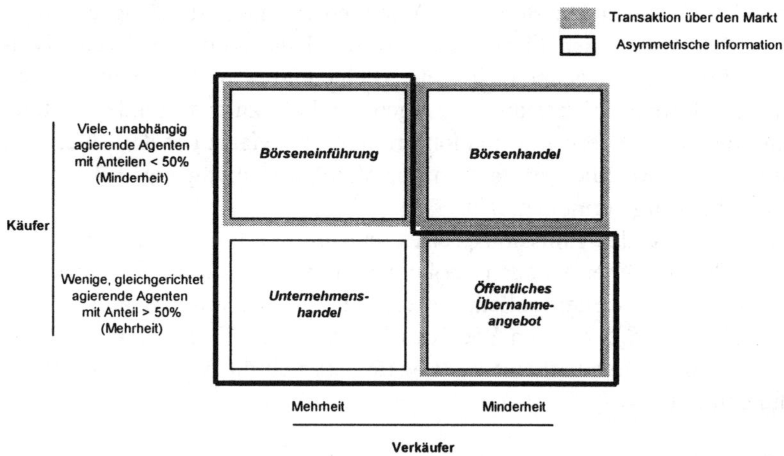

Quelle: In Anlehnung an LEHMANN, S. (1994), S. 35 - 42.

Der Handel von Unternehmensanteilen unter Minderheiten wird über den Markt abgewickelt. Für diesen Fall wird häufig unterstellt, daß Verkäufer und Käufer von gleichen Informationen über den Transaktionsgegenstand ausgehen. Eine Verhandlung über den Preis ist nicht möglich. Es können aber Kauf- bzw. Verkaufslimits gesetzt werden, die Transaktionen bei Über- oder Unterschreiten ausschließen. Die Transaktionen sind so standardisiert, daß keine spezifischen Verträge erforderlich sind. Die Normen zur Abwicklung von Wertpapiergeschäften sind im Wertpapierhandelsgesetz sowie im Börsengesetz verbindlich geregelt.

Prinzipiell könnten auch Anleger für die Zwecke des Börsenhandels eine Unternehmensbewertung durchführen, um potentielle Über- oder Unterbewertungen zu identifizieren. Diese Suche ist zwecklos, wenn unterstellt wird, daß alle Anleger die gleiche Information haben, diese in gleicher Weise interpretieren und sich diese im Preis bereits niedergeschlagen hat. Es besteht kein Bewertungsproblem. Im folgenden werden Transaktionen betrachtet, bei denen dies anders sein kann.

1.1 Pricing bei der Erstemission

Bei der Börseneinführung einer Aktiengesellschaft verkauft Mehrheit an Minderheit. Die Alteigentümer beauftragen durch Mehrheitsentscheidung im Rahmen der Hauptversammlung den Vorstand zur Durchführung des Börsengangs. Diese über den Markt abgewickelte Transaktion ist durch asymmetrische Information gekennzeichnet. Alteigentümer und Vorstand haben detaillierte Information über die vergangene und die zu erwartende Leistung des Unternehmens. Diese Information erreicht den Markt gefiltert, was sich auch durch die gesetzlichen Normen zur Veröffentlichung von Börsenprospekten nicht völlig vermeiden läßt.[2]

Beim Fixieren des Emissionspreises sind die Vermögenspositionen sowohl der Alteigentümer als auch derjenigen zu betrachten, die für ein Engagement gewonnen werden sollen. Bezeichnet P den Emissionspreis (i.S.d. Gesamtpreises) und α den am Wert des Eigenkapitals S festgemachten Anteil, der über die Börse verkauft wird, verändert sich die Vermögensposition der Alteigentümer so:[3]

$$(1.1) \quad \Delta W = S(1-\alpha) + P - S = P - \alpha S$$

Nach der Transaktion entfällt ein auf $(1 - \alpha)$ reduzierter Anteil auf die Alteigentümer, die dafür im Gegenzug den Transaktionspreis erhalten. Vorher besaßen sie den gesamten Wert des Eigenkapitals, so daß sich die Vermögensänderung aus dem Preis abzüglich Wert des verkauften Anteils ergibt.

Das Vermögen der neuen Eigentümer erhöht sich um den Anteil αS und reduziert sich um P. Die Summe aus den Vermögensänderungen der Alt- und Neueigentümer beträgt Null, solange sich an der operativen Leistungsfähigkeit des Unternehmens aufgrund des Börsengangs nichts verändert hat und Transaktionskosten vernachlässigt werden.[4] Der Grenzpreis, der nicht zu

---

2 Vgl. GERKE/RAPP (1993), S. 308.

3 Es wird αS zum Preis von P verkauft.

4 Durch den Börsengang werden oftmals erst die Voraussetzungen geschaffen, um ein bestimmtes Investitionsprogramm zu realisieren.

Verbesserungen oder Verschlechterungen der Vermögensposition der jeweils anderen Partei führt, beträgt $GP = \alpha S$. Da noch keine Notierung für S vorliegt, besteht ein Bewertungsproblem.

In Kenntnis des Unternehmenswertes kann die Preisfixierung im Rahmen des Emissionsverfahrens auf zwei Arten erfolgen:[5]

- Der Emittent bzw. das Emissionskonsortium unterbreitet den Anlegern unter Vorlage eines Emissionsprospektes ein befristetes Angebot zur Zeichnung der neuen Aktien, dem ein verbindlicher Zeichnungspreis zugrunde liegt. Die gleichzeitige Fixierung von Emissionsvolumen und Preis verhindert dabei den Ausgleich von Angebot und Nachfrage, so daß Überzeichnungen und Angebotsüberhänge auftreten können. Unterschiedliche Informationsstände unter den Anlegern[6] sowie potentielle Sorgen der Emissionsbanken vor Angebotsüberhängen[7] können ein Underpricing bewirken, das Ersterwerber zu signifikanten Zeichnungsgewinnen verhilft. SCHMIDT ET AL. (1988) quantifizieren das Underpricing der deutschen Erstemissionen in 1984/85 auf durchschnittlich 20% des Emissionskurses.[8] Zum ähnlichen Ergebnis im Zeitraum 1977 – 1987 kommt UHLIR (1989).[9]
- Im Rahmen von Tenderverfahren soll die Nachfragesituation am Markt explizit berücksichtigt werden. Der Emittent nennt einen Mindestpreis, und die Anleger reichen unter Angabe ihrer individuellen Preis- und Mengenpräferenzen Angebote ein. Ausgehend von den Höchstgeboten werden retrograd so viele Gebote in die Zuteilung einbezogen, wie dies zur Plazierung aller Aktien notwendig ist. Der Preis entspricht dem Gebot des gerade noch berücksichtigten Anlegers.

Eine Begründung für systematisches Underpricing aufgrund unterschiedlicher Informationsverteilungen unter den Anlegern soll etwas genauer betrachtet werden:[10] Die gesamte Anzahl der Anleger sei N, von denen I vollständige Information über den Unternehmenswert (S) und damit den Preis (P) unmittelbar *nach* der Emission haben. ($N - I$) Anleger kennen nur die

---

5 Vgl. GERKE/RAPP (1993), S. 303 – 304.

6 Vgl. ROCK, K. (1984), S. 187.

7 Zum Spannungsfeld zwischen Reputation der Emissionsbank und dem Underpricing vgl. NEUS, W. (1993).

8 Ebenda, S. 1199

9 Anzumerken ist, daß es auch Perioden mit Overpricing-Effekten gab; vgl. JACOB, E. (1998), S. 127f.

10 Zu weiteren Gründen siehe JACOB, E. (1998), S. 121-126; DÖHRMANN, A. (1990) kommt zu dem Schluß, daß die Ursachen von Renditeanomalien deutscher Erstemissionen "zur Zeit nicht befriedigend erklärt werden" können; ebenda, S. 393.

Verteilungsfunktion des Wertes. Sie vermuten z.B. mit einer Wahrscheinlichkeit von p_1 eine Wert-Preis-Relation von $P = S + \varepsilon$ bzw. mit p_2 und p_3 Relationen von $P = S$ und $P = S - \varepsilon$. Der erwartete Preis entspricht dem Wert des Eigenkapitals $E[P] = S$. Nur die informierten Anleger kennen den tatsächlichen Wert. Sie kaufen die Aktien folglich nur dann, wenn der Emissionspreis unter dem Wert des Eigenkapitals liegt, also $P < S$ gilt. Die uninformierten Anleger erwarten damit folgende Vermögensänderung ($\alpha = 1$):[11]

$$(1.2) \qquad \Delta W = xp_1(S+\varepsilon-P)+p_2(S-P)+p_3(S-\varepsilon-P) \quad \text{mit: } x=\frac{N-I}{N}$$

Im günstigsten Fall $P = S + \varepsilon$ erwarten die Uninformierten eine Beteiligung der informierten Anleger, so daß letztere anteilig am Zeichnungsgewinn partizipieren. In allen anderen Fällen sehen die informierten Anleger von einem Engagement ab und der potentielle Zeichnungsverlust wird von den Uninformierten getragen. Jene werden sich aber nur bis zu einem Preis beteiligen, der ihre erwartete Vermögensänderung gerade gleich Null werden läßt. Der daraus folgende Grenzpreis (GP), den die uninformierten Anleger gerade noch zu zahlen bereit sind, ist kleiner oder gleich dem Wert des Eigenkapitals:

$$(1.3) \qquad GP = \frac{x\, p_1(S+\varepsilon)+p_2 S+p_3(S-\varepsilon)}{x\, p_1+p_2+p_3} \leq S$$

Setzt man zum Beispiel $p_1 = p_2 = p_3$ folgt ein Grenzpreis, der bei $I > 0$ generell kleiner als der Wert des Eigenkapitals ist und damit zum Underpricing führt.[12]

In der folgenden Betrachtung werden Situationen unterschiedlich informierter Anleger ausgeschlossen. Unabhängig davon verdeutlicht (1.3), daß auch zur Analyse unter Berücksichtigung heterogener Erwartungen der gleichgewichtige Wert S benötigt wird, auf dessen Schätzung wir uns im folgenden konzentrieren.

---

11 Die Anleger seien risikoneutral und besitzen identisch strukturierte Vermögen.

12 Vgl. auch NEUS, W. (1994), S. 150.

Bei einem öffentlichen Übernahmeangebot für die Aktien eines Unternehmens handelt es sich um öffentliche Kauf- oder Umtauschangebote oder um Aufforderungen zur Abgabe von Angeboten, die ohne rechtliche Verpflichtung von einem Bieter an die Inhaber der Anteilsrechte gerichtet sind. Das Ziel besteht im Erwerb der Anteile in bar oder im Tausch gegen andere Wertpapiere (§ 2 (1) Wertpapierhandelsgesetz), um die Mehrheit auf der Hauptversammlung der Zielgesellschaft zu erlangen. Die Transaktion wird über den Markt abgewickelt, so daß sie auf Aktiengesellschaften beschränkt ist, deren Anteile gehandelt werden.

Im allgemeinen wird zwischen "freundlichen" und "feindlichen" Übernahmen unterschieden. Das Übernahmeangebot wird als "freundlich" bezeichnet, wenn es konzertiert mit dem Vorstand der Zielgesellschaft erfolgt, andernfalls liegt ein "feindlicher" Übernahmeversuch vor.[13] In Deutschland fehlen gesetzliche Regelungen für öffentliche Kaufangebote. Es existiert jedoch seit 1995 ein selbstregulatorischer Übernahmekodex, dessen Normen durch ausdrückliche Anerkennung der Unternehmen bindend werden.

Führt die Übernahme zum Erfolg, verändert sich die Vermögensposition der Anteilseigner der bietenden Gesellschaft so:

$$(1.4) \quad \Delta W = V(C) - P - S \qquad \Rightarrow GP = V(C) - S$$

In der Regel folgen aus der Integration der Zielgesellschaft in die Erwerbsgesellschaft Verbundeffekte, so daß eine kombinierte Bewertung der Zahlungen erfolgen muß. Dazu ist der aggregierte Zahlungsstrom nach der Integration (C) unter Einschluß der Basiszahlungen der einzelnen Gesellschaften sowie der Synergieeffekte zu bewerten.[14] Davon ist der Kaufpreis (P) für die Zielgesellschaft abzuziehen. Die Differenz ist mit dem ursprünglichen Marktpreis der Erwerbsgesellschaft (S) zu vergleichen. Um den Grenzpreis herzuleiten wird $\Delta W = 0$ gesetzt. Da $V(C)$ nicht beobachtbar ist, besteht ein Bewertungsproblem.

Insbesondere für den amerikanischen Markt liegt eine Reihe von Untersuchungen über die Veränderung der Vermögenspositionen der Anteilseigner aufgrund von Akquisitionen und Fusionen vor. JENSEN/RUBACK (1983) faß-

---

13 Vgl. FAHRHOLZ, B. (1998), S. 105.

14 Zur Definition und Klassifikation von Synergien vgl. COENENBERG/SAUTTER (1988), SCHARLEMANN, U. (1996).

ten 13 Untersuchungen zusammen: Im Durchschnitt erzielten die Eigentümer der Zielgesellschaften Überrenditen von 20 – 30%. Zu einem vergleichbaren Ergebnis gelangen JARREL/BRICKLEY/NETTER (1988), die 663 erfolgreich durchgeführte Übernahmen zwischen 1962 und 1988 analysierten. Der Untersuchung von SCHWERT (1996) liegen 1814 Fälle aus der Zeit zwischen 1975 und 1991 zugrunde. Danach betrug die Überrendite bei Tenderverfahren circa 35%. Die durchschnittliche Prämie, die in 1280 Übernahmen zwischen 1992 und 1996 geboten wurde, lag bei 41%.[15]

Die Eigentümer der Erwerbsgesellschaften realisierten dem gegenüber geringere, teilweise keine Vermögenszuwächse. JENSEN/RUBACK (1983) ermitteln eine positive Überrendite von circa 4% während SCHWERT (1996) eine von Null verschiedene Rendite nicht bestätigen kann.

Aus 90 Zusammenschlüssen unter deutschen Unternehmen zwischen 1973 und 1985 ergibt sich folgendes Resultat.[16] Die übernehmenden Unternehmen erlitten im Zeitraum von 24 Monaten vor und 24 Monaten nach einer Fusion abnormale Renditen von –9,4%, die übernommenen Unternehmen erzielten +27,1%. Dabei zeigten konglomerate Fusionen die höchsten Verluste. Übernahmeerfahrene Unternehmen erzielten positive Überrenditen. Auch die Untersuchung von GERKE/GARZ/OERKE (deutsche Unternehmen, 1987 – 1992) kommt zu dem Schluß, daß *"die Aktionäre der Zielunternehmen vom Bekanntwerden der Übernahmeabsicht ... innerhalb weniger Tage abnormale Renditen von bis zu 8,7%"* verzeichneten.[17]

BÜHNER (1991) untersuchte grenzüberschreitende Zusammenschlüsse unter Beteiligung deutscher Unternehmen. Er stellte auf Basis von 57 Fällen im Untersuchungszeitraum von 24 Monaten vor der Anzeige beim Bundeskartellamt bis 24 Monate danach Überrenditen von durchschnittlich 4% fest. Kleinere Fusionen wurden vom Markt positiver als Großfusionen beurteilt.[18]

1.3 Grenzpreisbestimmung bei nicht über den Markt abgewickelten Unternehmenstransaktionen

Beim Unternehmenshandel verkauft Mehrheit an Mehrheit, etwa indem eine Aktiengesellschaft einen Geschäftsbereich von einer anderen Gesellschaft

15 WESTON/CHANG/SIU (1997), S. 125.
16 BÜHNER, R. (1990), S. 314.
17 Ebenda (1995), S. 819.
18 Ebenda (1991), S. 184.

kauft oder zwei Tochtergesellschaften zu einer neuen Gesellschaft verschmolzen werden. Diese Transaktionen werden in der Regel nicht über den Kapitalmarkt, sondern auf Basis von Verträgen abgewickelt. Diese Verträge haben die Normen des Aktiengesetzes über Unternehmensverträge zu berücksichtigen, die neben dem Konsens der Vorstände auch die Zustimmung der Hauptversammlung erfordern (§§ 291ff AktG). Dies berücksichtigend ist der Vertrag Resultat von Verhandlungen, der vor dem Hintergrund eines Informationsgefälles zwischen Käufer und Verkäufer ggf. zustande kommt. Die öffentlich verfügbaren Informationen über Tochtergesellschaften sind eher mager, und der Käufer ist auf die Auskünfte des Verkäufers angewiesen. Folglich enthalten die Verträge Klauseln, die eine Überprüfung der bereitgestellten Information nach Vollzug der Transaktion ermöglichen sollen. Unter diesen Bedingungen – nicht-marktliche Transaktion und Informationsasymmetrie – liegt die Vermutung nahe, daß Unternehmenstransaktionen leicht zu Verschiebungen der Vermögenspositionen der Anteilseigner führen können.

Die Kapitalmarktreaktionen auf die Ankündigungen von Unternehmenskäufen sind – wie gesehen – unterschiedlich, überwiegend positiv für die Eigentümer der verkaufenden Seite. Nachzutragen sind die auch für den Bereich der nicht über den Markt abgewickelten Transaktionen bedeutsamen Ex-post-Analysen, die nicht auf Kapitalmarktreaktionen bei Ankündigung abstellen, sondern nach der "fundamentalen", aus Jahresabschlußdaten abgeleiteten Performance nach Abschluß der Transaktion fragen. COPELAND/KOLLER/MURRIN (1998) nutzen dazu bilanzielle Kapitalrenditen im Vergleich zu den Kapitalkosten, um den Erfolg von Unternehmenskäufen zu beurteilen. Eine Transaktion wird positiv beurteilt, wenn sie zu Renditen führt, welche die Kapitalkosten mindestens decken.[19] PORTER (1987) und KAPLAN/WEISBACH (1992) stellen auf die Anzahl der Veräußerungen von Unternehmen oder Unternehmensteilen ab, die zuvor erworben wurden. Die Wiederverkaufsrate wird dabei als Indiz für erfolglose Akquisitionsstrategien gewertet. KAPLAN/WEISBACH betonen jedoch, daß Desinvestitionen nicht immer Fehlschläge signalisieren, sondern Bestandteil der Strategie sein können: In 56% der betrachteten Fälle realisierten die Unternehmen Veräußerungsgewinne.[20] Unabhängig von den unterschiedlichen Erfolgsmaßstäben zeigen diese Ex-post-Analysen hohe Mißerfolgsraten von teilweise bis zu 60%. Als Ursachen hierfür werden genannt: Fehlbeurteilung des Marktpotentials,

---

19 Ebenda (1998), S. 427.
20 Ebenda, S. 136.

Überschätzung von Synergien, überhöhte Preisgebote und unzureichende Integration nach der Übernahme.[21]

Vernichtend ist das Urteil der Literatur im Hinblick auf Diversifikationsstrategien, zu denen Käufe von Unternehmen aus Branchen beitragen, in denen die Erwerbsgesellschaft noch nicht aktiv ist. Nach BERGER/OFEK (1995, 1996) lag die Wertvernichtung diversifizierter Konzerne zwischen 1986 und 1991 bei circa 13 – 15% des Wertes bei Verselbständigen der Geschäftseinheiten.[22] Ein offenbar weit verbreitetes Leitbild für erfolgreiche Unternehmenskäufe läßt sich damit in Einklang bringen:[23] *"Make them small and make them synergistic"*. Nach COPELAND/ ANSLIGER (1996) mehren sich aber die Beispiele für erfolgreiche Unternehmensakquisitionen, deren Motiv nicht die Realisierung von Synergien, sondern die operative Verbesserung der Zielgesellschaft ist.

Es besteht wie bei der Formulierung von Kaufpreisangeboten oder Umtauschverhältnissen ein Bewertungsproblem, insbesondere wenn die involvierten Gesellschaften nicht notiert sind und somit der Börsenkurs als Orientierung fehlt.[24] Der Umfang des Bewertungsproblems ist von der Struktur der Transaktion abhängig. Bezeichnet C die Zahlung an die Eigentümer einer fusionierten Gesellschaft (einschließlich aller Verbundeffekte), $V(C)$ deren Wert und S_A bzw. S_B den Marktpreis und gleichzeitig den Wert der Gesellschaften vor der Fusion, ergeben sich für die Eigentümer folgende Vermögensänderungen:

$$(1.5) \qquad \Delta W_A = y\,V(C) - S_A \quad \text{und:} \quad \Delta W_B = (1-y)V(C) - S_B$$

Darin symbolisiert y den Anteil, den die Eigentümer der Gesellschaft A an der fusionierten Gesellschaft erhalten und $(1 - y)$ den Anteil der Eigentümer von B. Zur Bestimmung von y liegen zwei Gleichungen mit drei Unbekannten vor (ΔW_A, ΔW_B und y), so daß eine zusätzliche Bedingung einzuführen ist. Fordert man etwa, daß der relative Zugewinn aus der Fusion beider Eigentümergruppen gleich sein soll, d.h. daß

---

21 Vgl. COPELAND/KOLLER/MURRIN (1998), S. 433 – 434.

22 Ebenda S. 1175, dieselben (1995), S. 39; vgl. auch COMMENT/JARREL (1995); BHAGAT/SHLEIFER/VISHNY (1990).

23 COPELAND/ANSLINGER (1996), S. 126.

24 Bezüglich der Bestimmung des Grenzpreises vgl. (1.4).

(1.6) $$\frac{\Delta W_A}{S_A} = \frac{\Delta W_B}{S_B}$$

gilt, sind der Anteilswert y und das Umtauschverhältnis u unabhängig vom Wert der fusionierten Gesellschaft:[25]

(1.7) $$y = \frac{S_A}{S_A + S_B}$$

sowie $u_A = y\frac{n}{n_A}$, $u_B = (1-y)\frac{n}{n_B}$ und $u = \frac{u_A}{u_B} = \frac{y}{1-y}\frac{n_B}{n_A} = \frac{S_A}{S_B}$

n_A bzw. n_B ist die Anzahl der Aktien der Gesellschaft A bzw. B, n bezeichnet die Anzahl der Aktien der fusionierten Gesellschaft. Die Eigentümer der Gesellschaft A (B) geben u_A (u_B) Aktien der Gesellschaft A (B) für eine Aktie der fusionierten Gesellschaft. Da y und damit u von den Werten der Gesellschaften abhängt, besteht ein Bewertungsproblem, wenn mindestens eine Gesellschaft nicht börsennotiert ist.

Fordert man hingegen eine pareto-optimale Aufteilung des durch die Fusion realisierten Marktwertzuwachses, gilt die Unabhängigkeit des Umtauschverhältnisses vom Wert der fusionierten Gesellschaft nur noch im Spezialfall zweier börsennotierter Unternehmen mit gleichem Marktpreis (y beträgt dann ½). Die formalen Bedingungen für die gleichgewichtige Aufteilung von $V(C) - S_A - S_B$ wurden bereits von NASH (1950) veröffentlicht und von MATSCHKE (1979) auf das Problem der Bestimmung eines Einigungspreises von Käufer und Verkäufer ("Arbitriumwert") übertragen.[26] Geht man davon aus, daß keine Aktion, die von einer Partei ohne Zustimmung der anderen durchgeführt werden kann, den Nutzen der anderen Partei beeinflussen kann, ist diejenige Lösung zu wählen, die das Produkt der Nutzen beider Parteien maximiert.[27]

Wir unterstellen, daß Nutzen und Vermögenszuwachs identisch sind und somit die Gleichungen gemäß (1.5) benutzt werden können:

---

25 Vgl. IDW (1992), S. 200. Die Aufteilung potentieller Synergien aus der Fusion erfolgt proportional zu den Marktwerten. Dieses Verfahren wird für praktische Anwendungen empfohlen; vgl. OSSADNIK, W. (1995), S. 76.

26 MATSCHKE, J. (1979), S. 275ff.

27 Es wird im folgenden also von einer nicht beherrschten Verhandlungssituation ausgegangen; zur Unterscheidung zwischen dominierten und nicht-dominierten Konfliktsituationen vgl. MATHSCKE, J. (1979), S. 30ff.

$$(1.8)\quad \frac{\partial}{\partial y}(yV(C)-S_A)((1-y)V(C)-S_B)=0$$

$$\Rightarrow y=\frac{V(C)+S_A-S_B}{2V(C)} \text{ und } u=\frac{n_B}{n_A}$$

Diese Formulierung impliziert eine gleichmäßige Verteilung des Zugewinns auf die Eigentümer der Gesellschaften *A* und *B*. Dies erkennt man unmittelbar durch Einsetzen von *y* gem. (1.8) in (1.5):

$$(1.9)\quad \Delta W_A=\frac{V(C)+S_A-S_B}{2V(C)}V(C)-S_A=\frac{V(C)-S_A-S_B}{2}=\Delta W_B$$

Bei der Berechnung der Umtauschverhältnisse ist freilich zu berücksichtigen, daß bei Abschluß von Unternehmensverträgen zur Durchführung einer Fusion die aufnehmende Gesellschaft i.d.R. schon über eine nennenswerte Beteiligung an der übertragenden Gesellschaft verfügt.[28]

Aus diesen Überlegungen folgt, daß in der Regel ein Bewertungsproblem besteht, wenn für mindestens eine der beteiligten Gesellschaften kein Marktpreis vorhanden ist. Liegt für eine der beiden Gesellschaften ein Marktpreis vor, für die andere hingegen nicht, sollte für beide Gesellschaften eine Unternehmensbewertung durchgeführt werden. Damit kann sichergestellt werden, daß dem Umtauschverhältnis die gleichen Basisprämissen zugrunde liegen.

2 Bewertungsansätze der Theorie und deren Anwendung

Im folgenden werden Ansätze skizziert, die zur Lösung der in Abschnitt 1 behandelten Bewertungsprobleme potentiell in Frage kommen. In Teil 2.1 werden dazu Bewertungsprinzipien zusammenfassend dargestellt, die in der Literatur eine weitgehende Zustimmung erfahren haben. Teil 2.2 zeigt beispielhaft deren Anwendung in der Praxis. Teil 2.3 adressiert offene Probleme, die den Weg für die vorliegende Arbeit bereiten.

28 Vgl. DIRRIGL, H. (1990), S. 186.

2.1 Interpretation anerkannter Bewertungsprinzipien

Grundlegende Prinzipien zur Bewertung von Unternehmen wurden u.a. von A. MOXTER (1983) zusammenfassend dargelegt. Die für die vorliegende Arbeit besonders wichtigen Prinzipien lassen sich in einem Grundsatz unterbringen:

Grundprinzip

Der Wert eines Unternehmens aus Sicht der Inhaber der Eigentumsrechte[29] an dem Unternehmen ergibt sich aus den zukünftigen Erfolgserwartungen[30] im Vergleich zu den zukünftigen Erfolgserwartungen alternativer Investitionsgelegenheiten[31] am Bewertungsstichtag[32].

Die Komponenten dieser Definition – insbesondere die Eigentümerorientierung, Zukunftsbezug und Alternativenvergleich – sind zu interpretieren.

2.1.1 Preis versus Wert aus Sicht der Eigentümer

Wir suchen nach dem Wert eines Unternehmens bzw. Unternehmensanteils aus der Sicht der oder des jeweiligen Eigentümer(s). Von diesem Wert ist der Preis des Unternehmens zu unterscheiden. Letzterer erfordert das Zustandekommen einer Transaktion der Eigentumsrechte. Der Preis entsteht aus Angebot und Nachfrage am Kapitalmarkt oder ist Resultat von Verhandlungen, wenn die Transaktion nicht über den Markt abgewickelt wird. Insofern ist der Preis eines Unternehmens eine objektive, da realisierte Größe in Geldeinheiten. Der *potentielle* Kaufpreis, den ein spezifischer Anleger zu zahlen bereit wäre, hängt von seiner Einschätzung über den Wert der Beteiligung ab. Gleiches gilt für den potentiellen Verkaufspreis, den der momentane Eigentümer mindestens fordern wird, um sich von seinen Eigentumsrechten zu trennen.

Preise werden im folgenden mit dem Symbol P dargestellt, Werte allgemein mit $V(.)$ bzw. mit S, wenn es sich um den Wert des Eigenkapitals han-

29 "Eignerbezogenheitsprinzip"; vgl. MOXTER, A. (1983), S. 23.

30 "Ertragswertprinzip"; ebenda, S. 9; die Begriffe "Ertrag" bzw. "Erfolg" werden in Abschnitt 2.1.2 konkretisiert.

31 "Relativitätsprinzip"; ebenda, S. 11.

32 "Stichtagsprinzip"; ebenda, S. 168.

delt. Es wird unterstellt, daß beide Parteien nach einer Vermögensmehrung streben, d.h. Preise realisieren wollen, die sie keinesfalls ärmer machen. Die Vermögensänderung ergibt sich aus der Differenz zwischen Wert und Preis:

(1.10) Käufer: $\Delta W = S - P \overset{!}{>} 0$ Verkäufer: $\Delta W = P - S \overset{!}{>} 0$

Der potentielle Preis, der das Vermögen unberührt läßt, d.h. zu $\Delta W = 0$ führt, heißt Grenzpreis (*GP*) oder Entscheidungswert.[33] Grenzpreise sind potentielle Preise, die von den spezifischen Wertschätzungen des Anlegers abhängen. Grenzpreise sind folglich subjektiv, nicht "objektivierbar", nie objektiv.[34]

2.1.2 Zukünftige Erfolgserwartungen als Bewertungsgrundlage

Der Unternehmenswert und damit der Grenzpreis hängt von den zukünftigen Erfolgserwartungen ab.[35] Für den Wert relevant sind die zukünftigen finanziellen Vor- und Nachteile, die den Anlegern aus den Eigentumsrechten erwachsen. Zu den Nettozahlungen zwischen Unternehmen und Eigentümern – gekennzeichnet mit dem Symbol *C* – gehören die Zuflüsse aufgrund von Gewinnausschüttungen (*D*) und die Abflüsse bei Kapitalerhöhungen (*KE*). Als weitere Komponente sind die Steuerzahlungen der Eigentümer an den Fiskus zu berücksichtigen (TAX_p). Schließlich sind die zu erwartenden Einzahlungen bei einer eventuellen Veräußerung des Unternehmens(anteils) einzubeziehen (Veräußerungserlös P_T). Es sind also alle Zahlungen zu berücksichtigen, die das Vermögen der Eigentümer berühren. Der bewertungsrelevante Zahlungsstrom *C* läßt sich damit wie folgt formulieren:

(1.11) $C_t = D_t - KE_t - TAX_{pt}$ in $t = 1, 2, 3, \ldots, T-1$

sowie $C_T = D_T - KE_T - TAX_{pT} + P_T$ in $t = T$.

Die Dauer der Beteiligung ist hier durch das Symbol *T* gekennzeichnet. Die zukünftigen Nettozahlungen, Steuerzahlungen und der Veräußerungserlös sind im Zeitpunkt der Bewertung ($t = 0$) im allgemeinen nicht genau be-

33 MOXTER, A. (1983), S. 9.

34 Vgl. MOXTER, A. (1983), S. 23.

35 So bereits 1937 von E. Schmalenbach begründet; vgl. SIEBEN, G. (1998), S. 191.

kannt. Die Unsicherheit des Anlegers bezüglich der zukünftigen Entwicklung des Erfolgsstroms wird durch ein Spektrum verschiedener Entwicklungspfade (Umweltzustände) berücksichtigt, denen Eintrittswahrscheinlichkeiten zugeordnet werden müssen. Ein möglicher Umweltzustand wird mit dem Index i gekennzeichnet, die zugehörige subjektive Wahrscheinlichkeit mit p_i. Die Grundlage für die Erwartungsbildung sind die im Bewertungszeitpunkt (t = 0) vorhandenen Informationen, dargestellt durch die Menge Φ. Die Gesamtheit der erwarteten Erfolgsströme ist damit formal definiert:

$$(1.12)\quad \mathrm{E}[C_t|\Phi_0] = \sum_{i=1}^{n} C_{it} p_{it} = \overline{C}_t \quad \text{mit: } t = 1, 2, \ldots T$$

Analoge Formulierungen gelten für die übrigen Zahlungskomponenten in (1.11).

2.1.3 Alternative Investitionsgelegenheiten und relativer Vorteilhaftigkeitsvergleich

Zur Bestimmung des Unternehmenswertes reicht die Kenntnis über den Erfolgsstrom gemäß (1.12) allein nicht aus. Es wird zusätzlich der Erfolgsstrom aus der besten alternativen Investitionsgelegenheit sowie deren Preis im Bewertungszeitpunkt benötigt. Eine alternative Investitionsgelegenheit sei vorläufig definiert als eine in t = 0 vorhandene Möglichkeit zur Geldanlage, die in jedem Umweltzustand i zu Erfolgen führt, die proportional zu den Erfolgen des zu bewertenden Unternehmens sind. Die beste Alternativinvestition ist diejenige mit dem kleinsten Preis und einem Erfolgsstrom $\overline{M}_t$, der in folgender Beziehung zur Zahlung des Bewertungsobjektes stehen möge:

$$(1.13)\quad C_{it} = aM_{it} \qquad \forall\ i \text{ und } t = 1, 2, \ldots T,\ a = \text{deterministischer Faktor}$$

Diese Beziehung ist zentral; sie definiert eine hinreichende Bedingung, unter der die Investition in das Wertpapier mit der Zahlung M als Alternative zum Unternehmen mit der Zahlung C akzeptiert werden kann. Die M-Investition führt zu den gleichen Zahlungsstrukturen wie die Investition in das zu bewertende Unternehmen, und sie ist damit als Referenz zur Bestimmung des Unternehmenswertes geeignet.

Alternative Investitionsgelegenheiten haben per Definition einen Preis, da sie sonst als nicht realisierbar angesehen werden müssen. Dieser Preis sei $P_0(M_t)$, und damit ist das Bewertungsproblem gelöst: Der Wert der Zahlung

C_t beträgt $V_0(C_t) = aP_0(M_t)$. Unternehmensbewertung bedeutet also Vergleichen von Investitionsalternativen. Existiert eine zu dem zu bewertenden Unternehmen alternative Investitionsgelegenheit, kann aus dessen Preis der Wert des Unternehmens abgeleitet werden. Dieses Prinzip wird als relativer Vorteilhaftigkeitsvergleich bezeichnet. Der Vergleich ist frei von den individuellen Präferenzen und steuerlichen Rahmenbedingungen der jeweiligen Anleger, da jene Faktoren sowohl das Investitionsobjekt als auch die Alternative in gleicher Weise betreffen.

Das oben skizzierte Bewertungsprinzip läßt sich in die vertraute Form des Kapitalwerts der erwarteten Zahlungen gießen. Dazu ist die erwartete Alternativrendite $\bar{k}$ zu definieren, die im Kapitalwertkalkül als Diskontierungsrate verwendet wird:

$$(1.14)\quad P_0(M_t) = \overline{M}_t(1+\bar{k}_t)^{-t} \quad \Rightarrow \quad \bar{k}_t = \sqrt[t]{\frac{\overline{M}_t}{P_0(M_t)}} - 1$$

Danach ergibt sich der Preis der Zahlung im Bewertungszeitpunkt aus der mit der erwarteten Alternativrendite abgezinsten Zahlung in t. Kennt man die Zahlung und deren Preis, ist die Alternativrendite festgelegt.

Die Kapitalwertformel resultiert aus folgender Überlegung: Der Wert des Unternehmens relativ zum Wert der Alternativinvestition entspricht dem Verhältnis der Erfolgsströme:

$$(1.15)\quad \frac{V_0(C_t)}{aP_0(M_t)} = \frac{\overline{C}_t}{a\overline{M}_t} \quad \text{bzw.} \quad V_0(C_t) = \overline{C}_t \frac{P_0(M_t)}{\overline{M}_t}$$

Der Barwert der Zahlung folgt aus dem Erwartungswert der Zahlung, der mit dem Verhältnis aus dem Preis und der Zahlung der Alternativinvestition "diskontiert" wird. Einsetzen der Definitionsgleichung für die Alternativrendite liefert

$$(1.16)\quad V_0(C_t) = \overline{C}_t(1+\bar{k}_t)^{-t}.$$

Um nicht nur eine einzelne Zahlung, sondern einen Erfolgsstrom zu bewerten, sind die Kapitalwerte der Zahlungen zu addieren; der Wert des Eigenkapitals bekommt das Symbol S:

$$(1.17)\quad S_0 = \sum_{t=1}^{T} \overline{C}_t(1+\bar{k}_t)^{-t}$$

Interpretiert man T als die Haltedauer der Aktie, könnte vermutet werden, daß jene S_0 beeinflußt. Dies ist nicht der Fall, wenn der Veräußerungserlös stets dem Wert der Zahlungen jenseits der Periode T entspricht ($P_T = S_T$). Der Wert des Unternehmens ist dann unabhängig von der Anlagedauer. Gelegentlich wird unterstellt, daß die Lebensdauer des Unternehmens unbeschränkt und die Alternativrendite unabhängig von der Fristigkeit der korrespondierenden Zahlung ist. Damit sieht der Kapitalwertkalkül so aus:

$$(1.18) \quad S_0 = \sum_{t=}^{\infty} \overline{C}_t (1+\overline{k})^{-t}$$

Mit dieser Interpretation des Unternehmenswertes als Kapitalwert des erwarteten Erfolgsstroms ist das Bewertungsprinzip dargelegt, das sich in unterschiedlichen Ausprägungen in sämtlichen der hier primär betrachteten Werke zur Unternehmensbewertung wiederfindet.[36]

2.2 Anwendungsbeispiel – Teil 1

Eine empirische Erhebung über die Anwendung der dargestellten Bewertungsprinzipien ist nicht beabsichtigt.[37] Diese würde möglicherweise einen repräsentativen Überblick über das grundsätzliche Vorgehen verschaffen, jedoch auf hier interessierende Details der Anwendung nicht genau genug eingehen können. Wir betrachten daher eine Fallstudie, die auf realen, öffentlich verfügbaren und ausreichend detaillierten Daten beruht.

2.2.1 Hintergrund

Im Rahmen der Fallstudie geht es um die Bewertung eines Unternehmens der chemischen Industrie. Die Eigenkapitalanteile der POLY AG (11,7 Mrd. DM Umsatz, 435 Mio. DM operatives Ergebnis) werden nicht am Kapitalmarkt gehandelt, sondern von einem börsennotierten, vergleichsweise breit diversifizierten Konzern (VICTORY Konzern) gehalten. Anlaß der Bewertung ist die Fusion der POLY AG mit einem zweiten, ebenfalls in der chemischen Industrie tätigen Unternehmen (GOLD AG, Umsatz ca. 15,3 Mrd. DM, operatives

---

36 MOXTER, A. (1983), S. 9; BALLWIESER, W. (1990), S. 172; DRUKARCZYK/SCHWETZLER (1998), Kapitel 3 und 4; BORN, K. (1995), S. 202; COPELAND/KOLLER/MURRIN (1998), S. 158; MANDL/RABEL (1997), S. 32; IDW (1998), S. 57.

37 Vgl. hierzu PEEMÖLLER ET AL. (1994), (1995).

Ergebnis 630 Mio. DM). Die Aktien der GOLD AG wurden vor der Fusion am Markt gehandelt (Börsenkapitalisierung ca. 8,2 Mrd. DM).[38] Etwa 15 % der Geschäfte der POLY AG und der GOLD AG weisen Überschneidungen auf. Synergieeffekte aus Rationalisierungen sind nach den Verlautbarungen der Vorstände nicht das Motiv für die Fusion, sondern verbesserte Wachstumschancen. Der VICTORY Konzern erwarb zunächst einen Anteil von 36,4 % an der GOLD AG. Zur Vorbereitung der Fusion wurde später die Mehrheit der Aktien übernommen. Bezahlt wurden die Aktien der GOLD AG mit Anteilen an der neuen Gesellschaft. Die Börsenplazierung der Aktien der POLYGOLD AG sollte nach Vollzug der Fusion erfolgen.

Die Ankündigung der Fusion löste unterschiedliche Reaktionen am Aktienmarkt aus: Der Aktienkurs des VICTORY Konzerns unterlag keinen wesentlichen Änderungen, während die Aktien der GOLD AG um etwa 12% anstiegen. Als sieben Monate später die Genehmigung der Kartellbehörden für den Zusammenschluß vorlag, stiegen die Kurse des VICTORY Konzerns und der GOLD AG jeweils um etwa 8%. Die gesamte Kurswertsteigerung belief sich damit insgesamt auf ca. 3,8 Mrd. DM.

Aufgrund dieses Sachverhaltes (Fusion von zwei Aktiengesellschaften) ist die Datenverfügbarkeit vergleichsweise gut. Es liegen Geschäftsberichte für alle involvierten Unternehmen vor. Darüber hinaus existieren Berichte von Wertpapieranalysten, die Empfehlungen in bezug auf die Aktien der GOLD AG und des VICTORY Konzerns enthalten. Diese Empfehlungen beruhen u.a. auf Unternehmensbewertungen, die für diesen spezifischen Zweck erstellt wurden. Zur Bestimmung des Umtauschverhältnisses der POLY- bzw. GOLD-Aktien in POLY-GOLD-Aktien wurde eine Wirtschaftsprüfungsgesellschaft beauftragt, die ein Bewertungsgutachten erstellte.

2.2.2 Empfehlung eines Anlageberaters

Ein für eine Großbank tätiger Analyst und Anlageberater beurteilte die "Fusion aus Börsensicht", wie der entsprechende, öffentlich zugängliche Bericht überschrieben war. Dieser Bericht enthält Bewertungen für die POLY AG und die GOLD AG sowie darauf aufbauend die Bestimmung eines "fairen Umtauschverhältnisses". Grundlage der Bewertungen sind die Umsatzerlöse der Unternehmen sowie Verhältniszahlen Umsatz zu Unternehmenswert von vergleichbaren, börsennotierten Unternehmen. Diese Umsatz-Multiplikatoren

---

38 Alle genannten Daten beziehen sich auf das Jahr 1997 bzw. den 31.12.97.

(M_u) wurden unter Berücksichtigung der jeweils spezifischen Aktivitäten und Umsatzanteile der POLY AG bzw. der GOLD AG ermittelt.

Tabelle 1.1: Bewertung mit Multiplikatoren

	POLY AG	GOLD AG
Umsatz in Mio. DM	11.707	15.343
Multiplikator	0,79	0,83
Wert des Eigenkapitals in Mrd. DM	9,7	12,1

Diese Bewertung führt zu einem Umtauschverhältnis von 1,25 : 1 zugunsten der Eigentümer der GOLD AG.[39] Die Empfehlung des Anlageberaters lautet "Kaufen der GOLD-Aktien", da offenbar ein Wertsteigerungspotential von über 30 % bestehe (Börsenkapitalisierung der GOLD AG zum Zeitpunkt der Analyse von 9,1 Mrd. DM gegenüber dem geschätzten Wert von 12,1 Mrd. DM).

2.2.3 Aus dem Verschmelzungsbericht

Der Verschmelzungsbericht umfaßt sieben Kapitel auf 145 Seiten. Der Einleitung folgt eine Darstellung der beteiligten Unternehmen sowie die wirtschaftliche Begründung für die Verschmelzung. Dann werden die bilanziellen, finanzwirtschaftlichen, steuerlichen und gesellschaftsrechtlichen Auswirkungen der Transaktion analysiert und der Verschmelzungsvertrag erläutert. Ein separater Abschnitt "Wertpapiere und Börsenhandel" folgt. Kapitel sieben ist für unsere Betrachtung besonders wichtig; es enthält die Unternehmensbewertungen und die Herleitung des Umtauschverhältnisses.

Grundlage für die "Feststellung des angemessenen Umtauschverhältnisses" sind Unternehmensbewertungen, die "nach den gleichen Methoden auf Basis der gefestigten Grundsätze der betriebswirtschaftlichen Unternehmensbewertung durchgeführt" wurden. Der auf den Bewertungsstichtag aufgezinste Unternehmenswert der GOLD AG beträgt danach 10.987 Mio. DM, der Wert der POLY AG 8.331 Mio. DM. Zur Berechnung des Umtauschverhältnisses ist zu berücksichtigen, daß der VICTORY-Konzern bereits einen Anteil von 36,41 % an der GOLD AG erworben hat und dieser der POLY AG

39 Darin ist der Anteil des VICTORY Konzerns an der GOLD AG nicht berücksichtigt.

zugeordnet wurde. Dies berücksichtigend berechnen die "neutralen Gutachter" ein Umtauschverhältnis von etwa 1,05 : 1 zugunsten der Aktionäre der POLY AG, welches die Vorstände der Gesellschaften auf 1 : 1 abänderten.

Die Methodik der Bewertung wird erläutert. Am Anfang steht der Grundsatz, dem zufolge der Ertragswert als "Barwert der zukünftigen Überschüsse der Einnahmen über die Ausgaben ... den theoretisch richtigen Wert eines Unternehmens" darstellt. Dem "Substanzwert in Gestalt des sog. Teilrekonstruktionswertes kommt im Rahmen der Grundsätze ordnungsmäßiger Unternehmensbewertung keine eigenständige Funktion als Wert zu", so daß auf seine Berechnung verzichtet wurde. Nur das nicht betriebsnotwendige Vermögen wurde "gesondert zum Einzelveräußerungswert" angesetzt und dem Ertragswert hinzugefügt. Die zu bewertenden Unternehmen sollen "grundsätzlich und im ganzen unbefristet fortgeführt werden", so daß auch von einer ggf. nur überschlägigen Schätzung der Liquidationswerte abgesehen wurde. Es lagen "keine Indizien vor, die auf im Verhältnis zu den Ertragswerten höhere Liquidationswerte hindeuteten". Börsenkurse seien "für die Unternehmenswerte, auf deren Grundlage das Umtauschverhältnis der Aktien bei einer Verschmelzung ermittelt wird, nach ständiger Rechtsprechung ebenso wenig maßgeblich wie andere effektive Kaufpreise im Vorfeld der Verschmelzung". "Nach herrschender Rechtsprechung, der die vorliegende Bewertung folgt, ist das Umtauschverhältnis der Aktien bei Verschmelzungen aus objektivierten Unternehmenswerten abzuleiten":

- "Der objektivierte Unternehmenswert drückt den Wert des im Rahmen des vorhandenen Unternehmenskonzeptes fortgeführten Unternehmens, bezogen auf eine Alternativinvestition am Kapitalmarkt, aus. Er kann als ein auf Konventionen beruhender Entscheidungswert (subjektiver Unternehmenswert) verstanden werden, bei dem bewertungssubjektspezifische Elemente des Bewertungsmodells durch Typisierungen substituiert werden. Die Bewertung wird in diesem Sinne auf einen im Inland unbeschränkt steuerpflichtigen, als natürliche Person gedachten Anteilseigner abgestellt, der als ausschließlich finanzielles Ziel die Erzielung von Einnahmeüberschüssen aus dem zu bewertenden Unternehmen verfolgt. Dabei wird grundsätzlich eine Vollausschüttung der künftigen (Konzern-) Jahresüberschüsse unterstellt. Soweit die Annahme einer partiellen Thesaurierung im Zusammenhang mit der Nutzung steuerlicher Verlustvorträge zu höheren Ertragswerten führt, wurde von der Vollausschüttungshypothese abgegangen."
- Neben der Vollausschüttungshypothese gelten die "status quo- und die stand alone-Prämisse". Es sollen die Verhältnisse am Bewertungsstichtag

zugrunde gelegt werden, d.h., die "in diesem Zeitpunkt erkennbare Entwicklung der Erfolge, der Vermögens- und Kapitalverhältnisse sowie des Unternehmensumfangs und das, was (ohne Zuführung neuen Eigenkapitals) erwachsen kann. Dementsprechend sind die erwarteten Auswirkungen geplanter Neuinvestitionen nur dann berücksichtigt worden, wenn hierfür am Bewertungsstichtag konkrete Schritte eingeleitet waren". Verbundeffekte, u.U. wertrelevante Spezifika in der steuerlichen Sphäre der Anteilseigner oder Synergieeffekte bleiben außer Betracht.

- Die Zukunftserfolge der zu bewertenden Unternehmen sind nach Maßgabe der Ausschüttungsprämissen um nicht anrechenbare ausländische Ertrags- und Quellensteuern sowie inländische Gewerbeertragsteuern zu mindern. Darüber hinaus ist die persönliche Einkommensteuer der Anteilseigner zu berücksichtigen, was durch Ansatz eines typisierten Einkommensteuersatzes von 35 % erfolgt.
- Als Alternativinvestition wird "typisierenderweise eine langfristige Anlage am Kapitalmarkt unterstellt". Ausgangspunkt ist die Rendite nahezu risikoloser festverzinslicher Wertpapiere inländischer Emittenten mit äquivalenten Ausschüttungserwartungen. Um die Äquivalenz zwischen dem Bewertungsobjekt und der Alternativanlage herzustellen, wird der risikolose Zins ("Basiszins") um einen Risikozuschlag erhöht, und um Einkommensteuern und einen Geldentwertungsabschlag reduziert.

In den Anlagen befinden sich die Prognosen der Zukunftserfolge, die von den Unternehmensleitungen für "interne Steuerungs- und Kontrollzwecke" erstellt und von den Gutachtern auf "Plausibilität" und "Glaubwürdigkeit" geprüft wurden. Das Format entspricht einer erweiterten Gewinn- und Verlustrechnung, die vom Gesamtumsatz über das Ergebnis vor Steuern und Anteilen Dritter zum ausschüttbaren Ergebnis führt. Dieses wird entsprechend der Vollausschüttungshypothese ermittelt und um die Einkommensteuer der Anteilseigner reduziert, um die Zukunftserfolge herzuleiten. Die Jahre 1999 bis 2002 werden einzeln abgebildet. Die Zukunftserfolge ab 2003ff werden mittels des Modells der "ewigen Rente" bewertet ("Phasenmethode"). Die beiden nachstehenden Tabellen enthalten die Eckdaten.

Tabelle 1.2: Erfolgsprognose POLY AG

in Mio. DM	1999	2000	2001	2002	2003ff
Umsatz	9.015	9.663	10.144	10.869	
Wachstum		*7,2%*	*5,0%*	*7,1%*	
Operatives Ergebnis	959	1.049	1.057	1.189	1.125
% Umsatz	*10,6%*	*10,9%*	*10,4%*	*10,9%*	
Ergebnis vor Steuern und Anteilen Dritter, *EBT*	649	796	980	1.094	899
Ertragsteuern	179	206	238	267	232
%EBT	*27,6%*	*25,9%*	*24,3%*	*24,4%*	*25,8%*
Anteile Dritter	2	3	3	4	4
Ausschüttbares Ergebnis	468	587	739	823	663
Einkommensteuer	164	205	259	288	232
Zukunftserfolge	304	302	480	535	431

Beide Unternehmen wachsen im Zeitraum von 1999 bis 2002 mit durchschnittlich 6,4 bzw. 6,9 % pro Jahr und verbessern dabei ihre Profitabilität. Insgesamt werden höhere Zukunftserfolge von der GOLD AG als von der POLY AG erwartet. Bilanzen wurden nicht veröffentlicht. "Eine künftige Veränderung der Kapitalstruktur ist grundsätzlich nicht unterstellt worden".

Tabelle 1.3: Erfolgsprognose GOLD AG

	1999	2000	2001	2002	2003ff
Umsatz	11.872	12.794	13.666	14.497	
Wachstum		7,8%	6,8%	6,1%	
Segmentergebnis	1.001	1.153	1.271	1.390	1.253
% Umsatz	*8,4%*	*9,0%*	*9,3%*	*9,6%*	
Ergebnis vor Steuern und Anteilen Dritter, *EBT*	958	1.117	1.259	1.400	1.263
Ertragsteuern	275	321	359	428	386
%EBT	*28,7%*	*28,7%*	*28,5%*	*30,6%*	*30,6%*
Anteile Dritter	18	20	20	20	17
Ausschüttbares Ergebnis	665	776	880	952	860
Einkommensteuer	233	272	308	333	301
Zukunftserfolge	432	504	572	619	559

Die Zukunftserfolge der Jahre 1999 – 2002 wurden mit 4,6 % diskontiert, die darauf folgenden mit 6,2 %, wobei eine inflationsbedingte Wachstumsrate von 1 % ab 2003 berücksichtigt wurde. Am Bewertungsstichtag lag die "Umlaufrendite von Anleihen der öffentlichen Hand mit einer Restlaufzeit von 4 Jahren" bei 3,4%. Dieser Satz wurde als Basiszins zugrunde gelegt. "Für die ferne Zukunft ab 2003" wurde von einem höheren Zinsniveau von 6 % ausgegangen, das eher zum "langjährigen Durchschnitt bis Anfang der 90er Jahre von etwa 7,5 %" passe. Der Risikozuschlag wird mit dem CAPM begründet, wobei eine Risikoprämie von 4 % und für beide Unternehmen ein Betafaktor von 0,9 angesetzt wurde. Die Risikoprämie liegt etwa einen Prozentpunkt unter dem in der Literatur häufig zitierten Wert von 5%, passe aber zu der "Höhe der Risikozuschläge, die bisher von der Rechtsprechung zur Unternehmensbewertung anerkannt worden sind".

Tabelle 1.4: Verwendete Kapitalisierungszinssätze

	1998 – 2002	ab 2003 (ewige Rente)
Basiszinssatz	3,4 %	6,0 %
Risikozuschlag	3,6 %	3,6 %
	7,0 %	9,6 %
Einkommensteuer, 35 %	2,4 %	3,4 %
	4,6 %	6,2 %
Wachstumsrate	0,0 %	1,0 %
Kapitalisierungssatz	4,6 %	5,2 %

2.3 Diskussion der praktischen Anwendungen

Wie werden die einschlägigen Bewertungsprinzipien im vorliegenden Anwendungsfall in die Praxis übertragen? Steht die Bewertung mit Umsatz-Multiplikatoren im Einklang mit dem Prinzip des relativen Vorteilhaftigkeitsvergleichs? Wie ist die Anwendung des Kapitalwertkalküls in Form des Ertragswertverfahrens zu beurteilen? Diese Fragen werden in den beiden folgenden Abschnitten diskutiert.

2.3.1 Anwendungsbedingungen von Multiplikatoren

Hier interessieren primär die Bedingungen, unter denen der relative Vorteilhaftigkeitsvergleich auf Basis vom Umsatz-Multiplikatoren durchgeführt werden kann. Wir wollen annehmen, daß sich die Preise der alternativen Investitionsgelegenheiten der Eigentümer in den Multiplikatoren widerspiegeln. Die erwartete Wachstumsrate der Umsatzerlöse betrage Null. Das Verhältnis der bewertungsrelevanten Zahlung an die Eigentümer der zu bewertenden Unternehmen sei im Zeitablauf konstant und möge sich nicht von dem entsprechenden Verhältnis der Investitionsalternativen unterscheiden. Dann sieht der relative Vorteilhaftigkeitsvergleich so aus:

$$(1.19)\quad \frac{S}{c \cdot U} = \frac{P_{altern}}{c \cdot U_{altern}} \qquad \text{vgl. (1.15)}$$

Darin bezeichnet c den Quotienten aus bewertungsrelevanter Zahlung und Umsatz; unter dem Bruchstrich steht also der konstante Erwartungswert dieser Zahlung. Unter den genannten Bedingungen kann c eliminiert werden:

$$(1.20) \quad S = U \cdot M_u \quad \text{mit: } M_u = \frac{P_{altern}}{U_{altern}}$$

Der Realitätsgehalt dieser Bewertung hängt davon ab, ob die vereinfachenden Prämissen zumindest annähernd erfüllt werden. Auch sollte sich ein empirischer Zusammenhang zwischen Börsenkapitalisierung und Umsatzerlös nachweisen lassen. Zur Überprüfung benutzen wir eine Stichprobe deutscher Großunternehmen (Umsatz mehr als 5 Mrd. DM in 1997, Konzernabschluß in Hoppenstedts Bilanzdatenbank verfügbar sowie Börsennotierung von 1992 – 1997).

Tabelle 1.5: Börsenwert-Umsatz-Multiplikatoren 1993 - 1997

	1993	1994	1995	1996	1997
Mittelwert	0,5368	0,5541	0,6046	0,6141	0,7830
Median	0,3850	0,3644	0,3083	0,3865	0,5030
Standardabweichung	0,5350	0,8653	1,3072	0,9430	1,5247
Korrelation	0,7915	0,8018	0,7012	0,6847	0,6476
Anzahl	38	38	38	38	38

Das durchschnittliche Verhältnis von Marktkapitalisierung zu Umsatzerlös der 38 betrachteten Unternehmen lag in 1997 bei 0,783. Sowohl auf den Umsatz der POLY AG als auch auf den der GOLD AG wurden höhere Multiplikatoren angewendet. Der Abstand vergrößert sich gegenüber dem häufigsten Wert von 0,503.[40] Die Streuung der Multiplikatoren ist sehr hoch; in 1997 betrug sie 1,53. Das lineare Bestimmtheitsmaß r^2 schwankte zwi-

40 Die vom Anlageberater verwendeten Multiplikatoren müssen deswegen nicht falsch sein; die Einordnung in eine größere Stichprobe erscheint aber zur Orientierung nützlich.

schen 0,6476 und 0,8018. Zwischen dem Umsatzerlös und der Marktkapitalisierung besteht folglich ein statistischer Zusammenhang.

Aus den Daten des Jahres 1997 kann eine lineare Regressionsgleichung hergeleitet werden,[41] $\hat{S} = aU + b + \varepsilon$, die dann zur Bewertung der Unternehmen benutzt werden könnte.[42] Für a ergibt sich ein Wert von 0,557 (Standardfehler 0,0454), b wird wegen fehlender Signifikanz unterdrückt. Der Standardfehler der Regression ist jedoch sehr hoch (12.224,6). Setzt man die Umsätze der Unternehmen in diese Gleichung ein, erhalten wir folgende Schätzer:

POLY AG: $\hat{S} = 0{,}557 \times 11.707 \approx 6.521$

GOLD AG: $\hat{S} = 0{,}557 \times 15.343 \approx 8.546$ (beobachteter Wert: $S = 8.193$)

Auf Basis dieser Daten verschiebt sich das Umtauschverhältnis von 1,25 auf 1,31. Die Streuung der Ergebnisse reduziert dessen Aussagekraft aber ganz erheblich.

Darüber hinaus besteht folgendes Problem: Die Quotienten aus bewertungsrelevanter Zahlung und Umsatz werden in aller Regel entgegen den eingangs formulierten Annahmen unternehmensspezifisch sein, wie ein Vergleich der Daten der POLY AG mit der GOLD AG zeigt.

Tabelle 1.6:[43] *Vergleich der Profitabilität, 1997*

	POLY AG	GOLD AG
EBDIT/Umsatz	11,8 %	7,1 %
EBIT/Umsatz	3,7 %	3,8 %
EBT/Umsatz	4,6 %	3,4 %

41 Vgl. auch den Ansatz von MÖLLER/SCHMIDT (1998), S. 485.

42 Eine Reihe von Tests wäre durchzuführen, um die formale Zulässigkeit dieser Regression zu prüfen (z.B. Test auf Normalverteilung). Hier wird die Regression nur zur Illustration eines Argumentes benutzt, so daß darauf verzichtet wird.

43 *EBDIT* = Earnings before depreciation, interest, and taxes; *EBIT* = Earnings before interest, and taxes; *EBT* = Earnings before taxes.

Wenn Umsatz-Multiplikatoren verwendet werden, ist sicherzustellen, daß die Unternehmen hinsichtlich *aller* wertbestimmenden Faktoren identisch sind; hierzu gehören etwa Profitabilität, Besteuerung, Reinvestitionsrate, Wachstum und Verschuldung. Diese Faktoren müssen zudem im Zeitablauf konstant sein. Im vorliegenden Fall sind neben der Profitabilität auch die Wachstumsraten (POLY AG 3,7 %, GOLD AG 0,9 %, Durchschnitte 1993 – 1997) und die Verschuldungsgrade (POLY AG 0,3, GOLD AG 3,1 Mrd. DM) sehr unterschiedlich.

Zusammenfassend ist festzustellen, daß die Bewertung auf Basis von Multiplikatoren zwar nicht generell dem Prinzip des relativen Vorteilhaftigkeitsvergleichs widerspricht. Die Anwendungsbedingungen dürften jedoch nur ganz selten erfüllt sein.

2.3.2 Zur Anwendung der Ertragswertmethode

Wie in Teil 2.1.3 dargelegt, entspricht die Anwendung der Kapitalwertmethode dem Prinzip des relativen Vorteilhaftigkeitsvergleichs. Die Kapitalwertmethode liegt auch der Ertragswertmethode zugrunde, so daß wir uns hier auf die "Zukunftserfolge" und "Kapitalisierungszinssätze" konzentrieren können. Hinsichtlich der Zukunftserfolge ist die Definition der bewertungsrelevanten Zahlungen von Interesse. Bezüglich der Kapitalisierungszinssätze ist zu prüfen, ob jene den erwarteten Renditen von Alternativinvestitionen entsprechen. In diesem Zusammenhang ist die Abbildung der Unsicherheit von zentraler Bedeutung. Schließlich ist die formale Aggregation von Zahlungen und Alternativrenditen zum Unternehmenswert zu beurteilen.

Zur Definition der bewertungsrelevanten Zahlung. Im Bewertungsgutachten bildet die GuV den Ausgangspunkt für die Ableitung der bewertungsrelevanten Zahlung. Auf Basis der Vollausschüttungshypothese wird der Jahresüberschuß in eine Dividendenzahlung transformiert. Dabei werden die anrechenbare Körperschaftsteuer und die Einkommensteuer berücksichtigt.[44]

Generell sind bei der Ableitung der bewertungsrelevanten Zahlungen drei formale Sachverhalte zu prüfen: Erstens, sind die Zahlungen vor dem Hintergrund der handels- und gesellschaftsrechtlichen Normen zur Ausschüttungsbemessung realisierbar? Zweitens, sind die Zahlungen finanzierbar, d.h. führen sie zu Verschuldungsgraden, die mit der Prämisse fehlender Insol-

44 Die Vollausschüttungshypothese wird bei der Ermittlung subjektiver Unternehmenswerte ggf. modifiziert; vgl. IDW (1998), S. 39, zur Finanzbedarfsrechnung S. 91.

venzrisiken und unbeschränkter Lebensdauer kompatibel sind? Drittens, ist die verfolgte Ausschüttungspolitik aufgrund der von der Gewinnverwendungsentscheidung abhängigen Besteuerung mit Körperschaft- und/oder Einkommensteuer optimal?

Abbildung 1.2: Freier Cash-flow versus Jahresüberschuß[45]

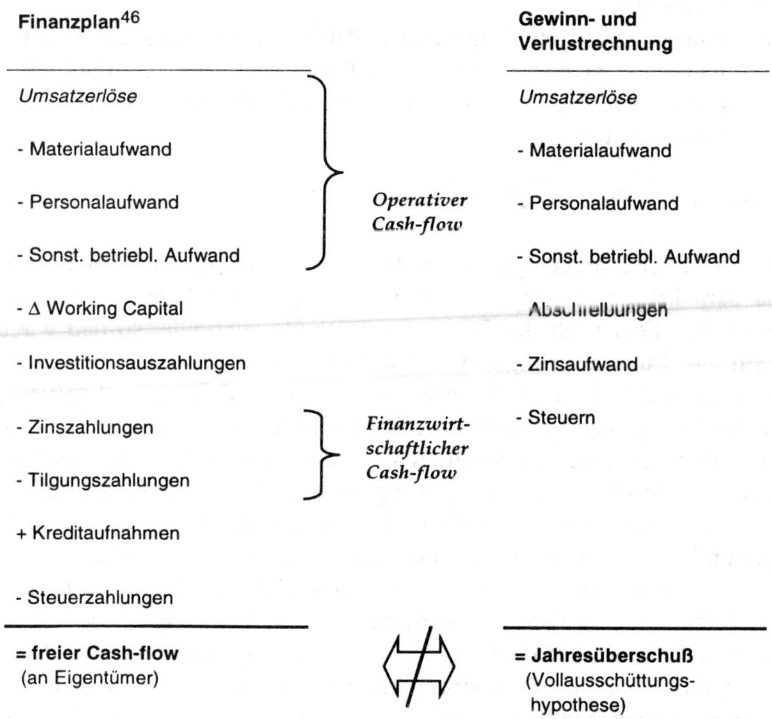

Unter anderen hat SCHWETZLER (1998) darauf hingewiesen, daß aufgrund von handelsrechtlichen Ausschüttungssperren auch bei Vollausschüttung des bilanziellen Jahresüberschusses dieser im allgemeinen nicht mit

45 In Anlehnung an SCHWETZLER, B. (1998), S. 696.

46 Die Differenzen zwischen Umsatzerlösen, Materialaufwand, Personalaufwand und sonstigem Aufwand einerseits und den korrespondierenden Ein- und Auszahlungen werden in der Position Δ Working Capital abgebildet.

dem Zahlungsüberschuß auf Unternehmensebene übereinstimmt (siehe Abbildung 1.2). Auch im WP-Handbuch ist eine Definition des freien Cash-flow ("Netto-Cash-flow") enthalten, die retrograd vom Jahresüberschuß ausgeht und diesen um anrechenbare Körperschaftsteuer, Veränderungen des Fremdkapitalbestands, Abschreibungen und andere zahlungsunwirksame Aufwendungen sowie zahlungsunwirksame Erträge, Investitionsauszahlungen und Veränderungen des Nettoumlaufvermögens korrigiert.[47]

Der Unterschied zwischen dem Jahresüberschuß bei Vollausschüttungshypothese und dem freien Cash-flow resultiert aus den Prämissen in bezug auf die Wirkung von Ausschüttungssperren.[48] Es sei z.B. Vollausschüttung des Jahresüberschusses unterstellt und die Abschreibungen sowie alle anderen zahlungsunwirksamen Aufwendungen und Erträge mögen genau den Investitionsauszahlungen und Veränderungen des Nettoumlaufvermögens entsprechen. Die Ausschüttung einschließlich Steuergutschrift betrage 4,75 GE, und das Fremdkapital erhöhe sich um 50 GE. Wie hoch ist die Zahlung an die Eigentümer? Bei Anwendung der Definition des freien Cash-flow gemäß WP-Handbuch lautet die Antwort 54,75 GE. Dies ist dann richtig, wenn die 50 GE auch unmittelbar an die Eigentümer fließen können, indem zum Beispiel ein Aktienrückkauf erfolgt. Können die Ausschüttungsbarrieren nicht überwunden werden, verbleiben die Mittel auf Unternehmensebene und müßten bei unveränderlichem (Real-) Investitionsprogramm in Wertpapiere investiert werden. Dadurch erhöhen sich die Ausschüttungen erst in den Folgejahren. Das Bewertungsergebnis bleibt davon aber nicht unberührt, da die Zinserträge der betrieblichen Finanzanlage mit Unternehmenssteuern belegt werden, bei Investition auf Anlegerebene hingegen nicht.

Ob die Ausschüttungen finanzierbar sind, kann zuverlässig nur geprüft werden, wenn neben der Gewinn- und Verlustrechnung auch die dazu passenden Bilanzen vorliegen. Diese wurden im vorliegenden Fall der POLYGOLD AG nicht veröffentlicht. Zweifel an der Finanzierbarkeit sind angebracht, wenn wachsende Unternehmen bewertet werden, die aufgrund der Vollausschüttung auf eine zunehmende Fremdfinanzierung angewiesen sind. Im vorliegenden Fall wird langfristig von inflationärem Wachstum ausgegangen. Es wird gleichzeitig unterstellt, daß der Verschuldungsgrad im Zeitablauf konstant ist. Diese Annahmen sind in sich widersprüchlich. Bei Vollausschüttung und fehlenden Kapitalerhöhungen ändert sich der bilanzielle Wert des Eigenkapitals nicht, der Wert des Fremdkapitals hingegen

47 Ebenda (1998), S. 115.
48 Vgl. IDW (1998), S. 106.

steigt. Damit ändert sich in jedem Fall der bilanzielle Verschuldungsgrad, und auch der auf den Unternehmenswert bezogene Verschuldungsgrad läßt sich im allgemeinen nicht konstant halten, wenn die Ausschüttung fixiert wird. Die Forderung nach einem konstanten Verschuldungsgrad bei wachsenden Unternehmen führt regelmäßig zur Notwendigkeit von Kapitalerhöhungen.

Werden Kapitalerhöhungen eingeplant, stellt sich als nächstes die Frage, ob eine unbedingte Fortführung des Unternehmens aus Sicht der Kapitalgeber wirtschaftlich sinnvoll ist. Die Kapitalgeber haben das Recht, zukünftige Kapitalzufuhren zu verweigern und damit ggf. die Liquidation des Unternehmens herbeizuführen. Darüber hinaus ist zu fragen, ob die Vollausschüttung in Verbindung mit Kapitalerhöhungen eine optimale Politik darstellt, oder ob die Thesaurierung von Gewinnen insgesamt zu einer niedrigeren Steuerbelastung führt. Im vorliegenden Fall wird von einem Einkommensteuersatz von 35 % ausgegangen, der deutlich unter dem seinerzeit gültigen Körperschaftsteuersatz von 45 % lag. Aus steuerlicher Sicht ist die Vollausschüttungshypothese also sinnvoll, die Anpassungen des Eigenkapitals zum Ausgleich der auf Unternehmensebene vorhandene Zahlungsüberschüsse bzw. –defizite fehlt jedoch. Den Beziehungen zwischen Ausschüttungspolitik, Finanzierung und Fortführung wurden also nicht im Detail beachtet.

Zur Abbildung der Unsicherheit. Im vorliegenden Fall wird nur ein Entwicklungspfad der Zukunftserfolge dargestellt. Es ist anzunehmen, daß es sich hierbei um Erwartungswerte handelt. Die Diskontierung dieser erwarteten Überschüsse erfolgt mit Alternativrenditen, die eine im Zeitablauf konstante Risikoprämie enthalten. Die Schätzung der Alternativrenditen erfolgt auf Basis des CAPM:[49]

$$(1.21)\quad \bar{k} = r_f + \beta(\bar{r}_M - r_f) \;\text{ mit: }\; \beta = \frac{\mathrm{cov}[k, r_M]}{\mathrm{var}[r_M]},\; k = \frac{C_1 + P_1}{P_0}.$$

Darin bezeichnet r_f die Rendite risikoloser Geldanlagen und $\bar{r}_M$ die erwartete Rendite des sogenannten Marktportefeuilles ("Marktrendite"), das prinzipiell alle riskanten Investitionsalternativen enthalten soll. Der unternehmensspezifische Risikofaktor, der aus Aktienkurszeitreihen abgeleitet wird, heißt "Beta". Die erwartete Alternativrendite wird auch als Eigenkapitalkostensatz (Eigenkapitalkosten) bezeichnet.

---

49 Vgl. SHARPE, W. (1964), S. 438.

Die Anwendung dieses Modells ist nicht unumstritten: COPELAND/ KOLLER/ MURRIN schlagen die Verwendung des dargestellten CAPM für die Zwecke der Unternehmensbewertung vor.[50] MANDL/RABEL sehen trotz enger Anwendungsvoraussetzungen einen Nutzen bei der Schätzung von Anhaltspunkten für die relevante Risikomenge.[51] BORN meint, "*daß eine kapitalmarktorientierte Ermittlung der Eigenkapitalkosten objektiver, nachvollziehbarer und marktgerechter ist als ... aus der Luft gegriffene Risikozuschläge*".[52] Die theoretische Literatur ist uneins, tendenziell eher ablehnend. BALLWIESER sieht die Anwendung kritisch, da die Prämissen des Modells restriktiv und die benötigten Parameter nicht leicht zu schätzen seien.[53] DRUKARCZYK/SCHWETZLER vertreten folgende Position: Einerseits wird das CAPM als ein ernst zu nehmender Ansatz präsentiert, um zu risikoäquivalenten Alternativrenditen zu gelangen. Andererseits sollen die von den Autoren diskutierten DCF-Methoden keiner Stütze durch die "Krücke" (das CAPM) bedürfen.[54] Offen ist, wie dann die Alternativrenditen hergeleitet werden könnten.

Unterstellt man wohlwollend die prinzipielle Eignung des CAPM, ist eine Reihe von Anwendungsproblemen zu lösen. Beispielsweise sind konkrete Prämissen über die *zukünftigen* Werte von $\bar{r}_M$ und β zu formulieren. Hierzu werden i.d.R. Vergangenheitsdaten benutzt, oder, wie im vorliegenden Fall, "plausibel" erscheinende Werte gegriffen. Ein weiteres Anwendungsproblem bezieht sich auf die Berücksichtigung der Einkommensteuer. Die dargestellte CAPM-Variante liefert eine Schätzung der Eigenkapitalkosten vor Abzug der Einkommensteuer. Das Spektrum der vertretenen Meinungen reicht von einer vollständigen Reduktion der Alternativrendite um Einkommensteuern[55] über eine anteilige Besteuerung[56] bis zur vollständigen Steuerfreiheit der Ri-

50 Ebenda (1998), S. 277; so auch tendenziell das IDW (1998), S. 112, jedoch mit Vorbehalten: "... kann das CAPM eine marktbezogene Orientierungshilfe liefern, die jedoch die einzelfallbezogene unternehmensindividuelle Risikoeinschätzung des WP nicht ersetzen kann". Es wäre schön, wenn das IDW verraten würde, wie der WP zu seiner Risikoeinschätzung gelangt, die besser ist, als die aggregierte Perspektive des Marktes. Die Prognose- und Bewertungsfähigkeiten von WPs werden teilweise sehr kritisch beurteilt; vgl. SÖDER, B. (1998), S. 204.

51 Ebenda (1997), S. 310.

52 Ebenda (1995), S. 127.

53 Ebenda (1990), (1993) sowie (1998b), S. 91.

54 Ebenda (1998), S. 247, S. 263.

55 So HACHMEISTER, D. (1996), S. 254; BALLWIESER, W. (1998a), S. 2395; SIEPE, G. (1998), S. 336 ; KRUSCHWITZ/ LÖFFLER (1998b), S. 47; IDW (1998), S. 70 – 71.

56 Vgl. DRUKARCZYK/RICHTER (1995), S. 571; DRUKARCZYK/SCHWETZLER (1998), S. 263. Die Grundlage hierfür ist eine Variante des CAPM nach M. BRENNAN (1970).

sikoprämien[57] bzw. bis zur gänzlichen Vernachlässigung der Einkommensteuer[58]. Die nachstehende Tabelle faßt die unterschiedlichen Vorschläge zusammen.

Tabelle 1.7: Ansätze zur Berücksichtigung der Einkommensteuer bei den Eigenkapitalkosten
k_s = Eigenkapitalkosten nach Steuern, r_f = risikoloser Zins, s_p = typisierter Einkommensteuersatz, β = Betafaktor (CAPM), α_M = erwartete steuerfreie Wachstumskomponente der Marktrendite, δ_M = steuerpflichtige Dividendenkomponente der Marktrendite, π = allgemeiner Risikozuschlag vor Steuern, π_s = Risikozuschlag nach Steuern

Autoren (Beispiele)	Ansätze
DRUKARCZYK/RICHTER (1995), DRUKARCZYK/SCHWETZLER (1998)	DCF in Verbindung mit CAPM $\bar{k}_s = r_f(1-s_p) + \underbrace{\beta(\alpha_M + (\delta_M - r_f)(1-s_p))}_{\pi_s}$
HACHMEISTER, D. (1996), BALLWIESER, W. (1998a), SIEPE, G. (1998), IDW (1998), KRUSCHWITZ/LÖFFLER (1998b)	Sowohl DCF als auch Ertragswert $\bar{k}_s = (r_f + \pi)(1-s_p)$ Teilweise in Verbindung mit CAPM: $\pi = \beta(\bar{r}_M - r_f)$
GÜNTHER, R. (1998)	Ertragswert (approximativ) $\bar{k}_s \approx r_f(1-s_p) + \pi$
MANDL/RABEL (1997)	$\bar{k}_s = r_f(1-s_p) + \pi_s$, π_s nicht spezifiziert
COPELAND/KOLLER/MURRIN (1998), K. BORN (1995)	Rechnung ohne Einkommensteuer

Zusammenfassend ist festzustellen, daß keinesfalls sicher ist, daß die im Bewertungsgutachten verwendeten Kapitalisierungszinssätze tatsächlich den Alternativrenditen der Eigentümer entsprechen. Unzureichend begründet werden insbesondere der Risikofaktor, die Risikoprämie und der Einbezug der Einkommensteuer.

Zur formalen Aggregation von Zahlungen und Alternativrenditen. Die rechnerische Ermittlung des Ertragswertes durch Diskontieren der Zukunftserfolge mit den Kapitalisierungszinssätzen wird im Bewertungsgut-

57 Vgl. GÜNTHER, R. (1998), S. 1842. Danach sei der Einfluß des Einkommensteuersatzes auf die Risikoprämie vernachlässigbar gering.

58 Vgl. COPELAND/KOLLER/MURRIN (1998) und BORN, K. (1995).

achten nicht ausgeführt und ist nicht unmittelbar nachvollziehbar. Unabhängig davon ist auf den methodischen Ansatz einzugehen. Die Ertragswertmethode gehört zu den sogenannten Equity-Methoden, welche die Zahlungen an die Eigentümer direkt in den Wert des Eigenkapitals überführen sollen. Neben den Equity-Methoden existieren weitere Discounted Cash-flow (DCF)-Methoden, deren Anwendung jeweils an spezifische Finanzierungsprämissen gebunden sind. Die wichtigsten Vertreter sind die Adjusted Present Value-(APV) Methode und die WACC-Methode. Diese werden im folgenden Abschnitt erläutert, um die Finanzierungsprämissen der Ertragswertmethode herauszustellen.

2.3.3 Zusammenhang zwischen Ertragswert und Discounted Cash-flow

Die "klassische" Variante der APV-Methode geht auf Arbeiten von MODIGLIANI und MILLER (1963) zur Erklärung von Marktwerten sowie auf MYERS (1974) zurück, der sie für Zwecke der Investitionsrechnung vorschlägt. Anwendungen auf das Problem der Unternehmensbewertung unter deutschen Rahmenbedingungen stammen u.a. von DRUKARCZYK/RICHTER (1995) und werden ausführlich diskutiert in DRUKARCZYK /SCHWETZLER (1998). Der Zerlegung der Zahlungen zwischen Unternehmen und Eigentümer, der Besteuerung auf Unternehmens- und Eigentümerebene sowie der Wirkung der Finanzierungs- und Ausschüttungspolitik wird dabei große Aufmerksamkeit geschenkt. Bei fehlender Einkommensteuer und einer einfachen Gewinnsteuer auf Unternehmensebene hat das Bewertungsmodell folgende Grundstruktur:[59]

$$
\begin{aligned}
& S_0 = V_{ges,0} - B_0 \\
& V_{ges,0} = V_{e,0} + V_{tax,0} \\
(1.22)\quad & V_{e,0} = \sum\nolimits_{t=1}^{\infty} \overline{C}_{et} (1 + \overline{k}_e)^{-t} \\
& V_{tax,0} = \sum\nolimits_{t=1}^{\infty} s_u r_f B_{t-1} (1 + r_f)^{-t}
\end{aligned}
$$

Darin ist S der gesuchte Wert des Eigenkapitals, C_e der Zahlungsstrom an die Eigentümer bei ausschließlicher Finanzierung mit Eigenkapital, s_u der Unternehmenssteuersatz, r_f der Zinssatz für nicht ausfallsbedrohte Ausleihungen und B der Wert des Fremdkapitals. Die mit k_e bezeichneten Eigenka-

59 Vgl. DRUKARCZYK, J. (1993), S. 212.

pitalkosten bei reiner Eigenfinanzierung werden häufig als "gegeben" unterstellt bzw. auf Basis des CAPM unter Benutzung von Finanzierungsprämissen geschätzt.[60]

MODIGLIANI und MILLER (1963) begründeten, daß bei ewig uniformen Zahlungserwartungen[61] der Unternehmensgesamtwert (V_{ges}) durch Diskontieren der erwarteten Ausschüttungen bei reiner Eigenfinanzierung mit dem sogenannten durchschnittlichen Kapitalkostensatz (WACC = weighted average cost of capital) ermittelt werden kann. Übertragen auf den Fall variabler Zahlungen und bei einem im Zeitablauf konstanten Verschuldungsgrad, dem Verhältnis des Fremdkapitals zum Unternehmensgesamtwert, folgt daraus das nachstehende WACC-Modell:

$$
(1.23) \quad \begin{aligned} S_0 &= V_{ges,0} - B_0 \\ V_0 &= \sum_{t=1}^{\infty} \overline{C}_{et} (1 + WACC)^{-t} \end{aligned}
$$

$$
\text{mit: } WACC = \bar{k}(1 - L) + r_f (1 - s_u) L
$$

Der durchschnittliche Kapitalkostensatz ergibt sich aus dem mit Marktwerten gewichteten Durchschnitt der Eigen- und Fremdkapitalkosten nach Steuern. Dabei sind die Eigenkapitalkosten bei anteiliger Fremdfinanzierung, $\bar{k}$, zu benutzen.

Die beiden dargestellten Modelle (1.22) und (1.23) führen i.a. zu unterschiedlichen Resultaten. Die Erklärung hierfür lieferten MILES/EZZELL (1980).[62] Die Autoren argumentieren, daß der Wert des Fremdkapitals im Zeitablauf eine unsichere Größe sei, wenn die Höhe der zukünftigen Verschuldung proportional zum unsicheren Unternehmensgesamtwert festgelegt wird ("wertorientierte Finanzierungspolitik"). Wenn die absolute Höhe des Fremdkapitalvolumens unsicher ist, können die Vorteile aus anteiliger Fremdfinanzierung nicht sicher sein, und somit sind zur Diskontierung risikoäquivalente Kapitalkosten zu benutzen. MILES/EZZELL belegen, daß die Bewertung mit der WACC-Methode *dieser* Quelle der Unsicherheit über die Steuervorteile Rechnung trägt.[63] Die klassische APV-Methode geht demge-

---

60 Zusammenfassend hierzu DRUKARCZYK/HONOLD (1998).

61 Dieser "Rentenfall" ist durch E[C] = const. gekennzeichnet. Dies bedeutet nicht C = const., auch wenn in Teilen der Literatur regelmäßig von konstanten Zahlungen gesprochen wird; vgl. etwa IDW (1998) S. 61.

62 Ähnlich auch HARRIS/PRINGLE (1985).

63 Ebenda (1980), S. 727.

genüber von sicheren Fremdkapitalbeständen ("autonome Finanzierungspolitik") aus und sieht folgerichtig eine Diskontierung der Steuervorteile mit dem risikolosen Zins vor.

Aufbauend auf den Überlegungen von MILES/EZZELL diskutieren KRUSCHWITZ/LÖFFLER (1998a) eine modifizierte APV-Methode, die bei wertorientierter Finanzierungspolitik zum Ergebnis gemäß der WACC-Methode führt und damit ebenfalls der Unsicherheit der Steuervorteile Rechnung trägt. Im Kern unterscheidet sich die modifizierte von der klassischen APV-Methode also nur in der Bewertung der steuerlichen Finanzierungsvorteile:[64]

$$(1.24)\quad V_{tax,0} = \sum\nolimits_{t=1}^{T} \frac{s_u r_f}{1+r_f} \overline{B}_{t-1}(1+\overline{k}_e)^{-t+1} \quad \text{mit: } \overline{B}_t = LV_{ges,t}$$

Unter Anwendungsaspekten wird die klassische APV-Methode gemäß (1.22) bei deterministischem Fremdkapitalverlauf ("autonome Finanzierungspolitik") und die WACC-Methode gemäß (1.23) für deterministische Verschuldungsgrade ("wertorientierte Finanzierungspolitik") bevorzugt. Die Anwendung der APV-Methode bei wertorientierter Finanzierungspolitik wird erschwert, da zur Bestimmung der Vorteile aus anteiliger Fremdfinanzierung gemäß (1.24) scheinbar der Unternehmensgesamtwert bekannt sein muß. Kennt man jenen, ist das Bewertungsproblem gelöst, und auf die Bewertung mittels APV kann verzichtet werden. Es läßt sich aber leicht zeigen,[65] daß die Fremdkapitalbestände bei wertorientierter Politik aus den Zahlungen bei reiner Eigenfinanzierung folgen, und nur diese (und nicht V_{ges}) bekannt sein müssen, um die Steuervorteile zu bestimmen. Entsprechend angepaßt kann damit das Prinzip der APV-Methode[66] also auch bei wertorientierter Finanzierung angewendet werden.

INSELBAG/KAUFOLD (1997) zeigen, daß bei geeigneter Definition von $\overline{k}$ die beiden Modelle auch bei automomer Finanzierungspolitik ineinander überführt werden können.[67] Dabei wird deutlich, daß die WACC-Methode

---

64 Vgl. KRUSCHWITZ/LÖFFLER (1998a), S. 39; schon früher INSELBAG/KAUFOLD (1997), S. 119.

65 Vgl. RICHTER, F. (1998); hierauf wird im dritten Kapitel zurückgekommen.

66 Mit Prinzip der APV-Methode ist gemeint, daß im ersten Schritt der Wert bei reiner Eigenfinanzierung bestimmt wird, der dann im zweiten Schritt um den Wert der finanzierungsbedingten Vor- und Nachteile angepaßt wird.

67 Dazu wird der relative Finanzierungsvorteil auf Basis des Barwertes der Steuervorteile berechnet, der zuvor mittels APV hergeleitet wurde; ebenda (1997), S. 118.

bei autonomer Finanzierungspolitik dann zum korrekten Bewertungsergebnis führt, wenn die Resultate der APV-Methode zur Bestimmung der Eigenkapitalkosten bei anteiliger Fremdfinanzierung benutzt werden. Die Bewertung mittels WACC ist dann freilich nutzlos.

Die Restriktion der WACC-Methode gilt auch für die im folgenden dargestellte Equity-Methode: Eigenständige Anwendbarkeit nur bei wertorientierter Finanzierungspolitik.[68] Jene Methode sieht die Diskontierung der Zahlungen an die Eigentümer bei anteiliger Fremdfinanzierung mit den zugehörigen Eigenkapitalkosten vor; bei konstantem Verschuldungsgrad gilt:

$$(1.25)\quad S_0 = \sum_{t=1}^{\infty} \overline{C}_t (1+\bar{k})^{-t}$$
$$\text{mit: } C_t = C_{et} - Zins_t(1-s_u) - Tilg_t$$
$$Zins_t, Tilg_t = f(B_{t-1}, B_t);\quad B_t = LV_{ges,t}$$

Hier bezeichnet C die Nettozahlungen an die Eigentümer unter Zugrundelegung der erwarteten Finanzierung des Unternehmens, die durch Abzinsen mit den Eigenkapitalkosten bei anteiliger Fremdfinanzierung zum Wert des Eigenkapitals zusammengefaßt werden. Um diesen Erfolgsstrom zu konkretisieren, müssen die Zinszahlungen und damit die Fremdkapitalbestände bekannt sein. Diese lassen sich bei wertorientierter Finanzierungspolitik aus dem Unternehmensgesamtwert ableiten. Kennt man jenen bereits, ist die Bewertung mittels Equity-Methode nicht mehr erforderlich. Tabelle 1.8 faßt die Finanzierungsprämissen zusammen, unter denen die DCF-Methoden angewendet werden können.

Tabelle 1.8: Finanzierungsprämissen DCF-Methoden

Finanzierung	**APV**	**WACC**	**Equity Ertragswert**
Autonom	(1.22)	in Verbindung mit APV	in Verbindung mit APV
Wertorientiert	(1.24) Anwendungsproblem E[B]	(1.23)	(1.25) Anwendungsproblem E[B]

Zur Anwendung von WACC- oder Equity-Methode bei wertorientierter Finanzierung und *veränderlichem* Verschuldungsgrad ($L_t \neq const$) sowie ge-

---

68 INSELBAG/KAUFOLD (1997), S. 122.

nerell bei der APV-Methode werden die Eigenkapitalkosten bei reiner Eigenfinanzierung benötigt. Jene Rate ist nicht direkt beobachtbar[69] und wird häufig mittels des folgenden Zusammenhangs zwischen $\bar{k}$ und $\bar{k}_e$ hergeleitet ("leverage-formula")[70]

$$(1.26)\quad \bar{k}_t = \bar{k}_{et} + (\bar{k}_{et} - r_f)(1 - s_{t-1})L_{t-1}$$

Wesentlich ist, daß zur Bestimmung der Eigenkapitalkosten bei anteiliger Fremdfinanzierung bzw. bei der Umrechnung auf die Eigenkapitalkosten bei reiner Eigenfinanzierung der korrekte Steuerfaktor benutzt wird. Jener ist in Tabelle 1.9 in Abhängigkeit von den Finanzierungsprämissen wiedergegeben.

Tabelle 1.9: Steuerfaktor zur Anpassung der Eigenkapitalkosten

Finanzierung	*B* bzw. E[*B*] = const.	*B* bzw. E[*B*] ≠ const.
Autonom	$s = s_u$	$s_t = \frac{V_{tax,t}}{B_t}$
Wertorientiert	$s = \frac{r_f s_u}{1 + r_f}$	$s = \frac{r_f s_u}{1 + r_f}$

Abschließend ist anzumerken, daß es sich bei der Diskussion der verschiedenen DCF-Methoden nicht um eine Methodendiskussion handelt; im Kern geht es um die Abbildung von Finanzierungsprämissen. Dies berücksichtigend überwiegen nach DRUKARCZYK/SCHWETZLER die Vorteile der APV-Methode. COPELAND/ KOLLER/MURRIN und ebenso BORN bevorzugen die WACC-Methode. BALLWIESER (1990) argumentiert für eine Ertragswertkonzeption auf Basis von Sicherheitsäquivalenten.[71] Das WP-Handbuch geht davon aus, daß kein Methodenauswahlproblem besteht, da die Verfahren *"bei gleichen Bewertungsannahmen und Vereinfachungen"* zu gleichen Un-

---

69 Die meisten Unternehmen sind anteilig mit Fremdkapital finanziert.

70 MODIGLIANI/MILLER (1963); TAGGERT, R. (1991), S. 11, RICHTER, F. (1998); eine ausführliche Begründung wird im dritten Kapitel gegeben.

71 Zur Definition von "Sicherheitsäquivalenten" siehe Abschnitt 3.1.3; für alle dargestellten DCF-Methoden lassen sich sicherheitsäquivalente Formulierungen herleiten. Dazu sind die Erwartungswerte durch Sicherheitsäquivalente zu ersetzen. An die Stelle der risikoadjustierten Eigenkapitalkosten k_e bzw. k tritt jeweils der risikolose Zins r_f, vgl. diesbezüglich FISCHER, E. (1998).

ternehmenswerten führen.[72] MANDL/RABEL schlagen die Benutzung des Ertragswerts für die Ermittlung von Entscheidungswerten, DCF-Methoden hingegen zur Ermittlung von Marktwerten vor. Darüber hinaus bestehen Unterschiede in der konkreten Definition von Zahlungen und Alternativrenditen. Zusammenfassend ist festzustellen, daß hinsichtlich der formalen Bestimmung des Unternehmenswertes in der Literatur große Vielfalt herrscht. Die gelegentlich geäußerte These "alle Methoden führen zum gleichen Resultat" ist kritisch zu sehen, da mit den verschiedenen Methoden oft unterschiedliche Prämissen bezüglich der Ausschüttungssperren, der Finanzierung und der Berücksichtigung der Einkommensteuer verbunden werden.[73]

3 Fazit, Richtungsbestimmung und Basisannahmen

Der Wert eines Unternehmens aus Sicht der aktuellen oder potentiellen Inhaber der Eigentumsrechte ergibt sich aus den zukünftigen Erfolgserwartungen im Vergleich zu den zukünftigen Erfolgserwartungen alternativer Investitionsgelegenheiten. Dieses Bewertungsprinzip faßt die Grundlagen der modernen Unternehmensbewertung zusammen. Die Umsetzung dieses Bewertungsprinzips im dargestellten Anwendungsfall wirft die Frage nach seiner Anwendbarkeit auf. Bevor es ggf. voreilig verworfen wird, sollen im folgen-

72 Ebenda (1998), S. 3; die Voraussetzungen hierfür, d.h. die Tabellen 1.8 und 1.9, sind dort nicht zu finden.

73 Vor diesem Hintergrund ist die folgende Aussage von BALLWIESER (1998b) wörtlich zu nehmen: [Nur] "*bei identischen und implizite Prämissen einzelner Verfahren berücksichtigenden Bedingungen ergeben sich nach allen DCF-Verfahren und nach der Ertragswertmethode ein und derselbe Unternehmenswert*"; ebenda, S. 82. Zu den Prämissen zählt BALLWIESER auch die Konstanz der Kapitalstruktur, ebenda, FN 3. Dies ist aber gerade keine zwingende Voraussetzung. Abwegig ist die These von SIEBEN, der zufolge sich das Ertragswertverfahren "*als Prüfstein für die aus dem DCF-Verfahren* [gemeint ist die WACC-Variante] *resultierenden Wertgröße*" dienen soll; ebenda (1995), S. 737. Differenzierter argumentiert BORN (1996), S. 1889: "*Die DCF-Methode* [i.S.v. WACC] *und Ertragswertmethode ergeben immer den gleichen Unternehmenswert, sofern die selben Annahmen gemacht werden. Da aber die Finanzierungsprämissen bei der DCF-Methode marktwertorientiert und bei der Ertragswertmethode bilanzorientiert festgelegt werden, unterstellt man praktisch niemals die gleichen Finanzierungsannahmen.*" Die Auffassung von SCHILDBACH (1998) ist vor diesem Hintergrund nachvollziehbar: "*Mit der verschiedentlich anklingenden Auffassung, wonach die beiden zu vergleichenden Grundkonzeptionen der Unternehmensbewertung im Kern übereinstimmen und nur in Details voneinander abweichen, ..., kann sich der Verfasser nicht anfreunden*"; ebenda, S. 303.

den die zu lösenden Implementierungsprobleme herausgestellt werden. Anschließend wird eine Reihe vereinfachender Annahmen formuliert. Akzeptiert man jene, ist der Weg frei für eine konsistente Umsetzung des Prinzips des relativen Vorteilhaftigkeitsvergleichs.

3.1 Zu lösende Implementierungsprobleme

Bei der Umsetzung des grundlegenden Bewertungsprinzips sind im wesentlichen drei Implementierungsprobleme zu lösen: Die Erwartungen der Anleger im Hinblick auf die bewertungsrelevanten Zahlungen und Alternativrenditen sind zu konkretisieren. Dazu muß geklärt werden, wer "die Anleger" sind und wie deren Erwartungsbildung entsteht. Schließlich ist zu prüfen, wie eine konsistente Abbildung des Prinzips des relativen Vorteilhaftigkeitsvergleichs im Rahmen der Kapitalwertmethode erfolgen kann.

3.1.1 Typisierung – oder: Die Suche nach dem repräsentativen Eigentümer

Wenn, wie in MOXTERS Beispiel des Verkaufs einer Metzgerei,[74] eine einfache Eigentümerstruktur vorliegt, in der ein Unternehmereigentümer 100 % seiner Anteile verkaufen möchte, können die individuellen Entscheidungsparameter prinzipiell berücksichtigt werden. Dieses Bewertungsproblem hat Eigenschaften, die es von der Beurteilung reiner Investitionsalternativen abhebt. Es geht für den Käufer neben der Frage nach der optimalen Verwendung von Kapital auch um die Ausübung der Entscheidungsbefugnis in der Führung des Unternehmens und um den Einsatz seiner Arbeitskraft.[75] Des weiteren können spezifische Umstände vorliegen, die den Raum für Alternativen einengen (zum Beispiel Verkauf aus gesundheitlichen Gründen). Auch emotionale Faktoren spielen eine Rolle, wenn es um die Veräußerung des Lebenswerkes geht. Diese Faktoren werden beim relativen Vorteilhaftigkeitsvergleich, der nur auf die finanziellen Aspekte abstellt, nicht erfaßt. Diese nicht-finanziellen Faktoren verlieren an Gewicht, wenn eine Eigentümerstruktur vorliegt, in der sehr viele Anteilseigner jeweils nur kleine Anteile am Unternehmen halten und die Entscheidungsbefugnis an den Vor-

---

74 Ebenda (1983), S. 22.

75 Dies führt u. a. zum "Unternehmerlohnprinzip", dem zufolge die bewertungsrelevante Zahlung um eine Kompensation für die im eigenen Unternehmen erbrachte Arbeitsleistung gekürzt werden soll; vgl. MOXTER, A. (1983), S. 176.

stand delegiert wurde. Die Unternehmensbeteiligung, d.h. der Kauf von Aktien, läßt sich hier auf die Beurteilung alternativer Investitionsgelegenheiten aus rein monetärer Perspektive reduzieren.

Das sogenannte "Typisierungsproblem" stellt sich etwa dem Vorstand einer Aktiengesellschaft, wenn er z.B. über die Akquisition eines Unternehmens oder Unternehmensteils zu entscheiden hat. Leitmotiv für seine Entscheidung sei die Maximierung des Vermögens der Kapitalgeber. Folglich ist der Einfluß des Unternehmenskaufs auf den Wert der von ihm geführten Aktiengesellschaft abzuschätzen.[76] Dies erfordert die Bewertung des Zielunternehmens vor dem Hintergrund der Entscheidungsfelder der Anteilseigner, die dem Vorstand in aller Regel unbekannt sind. Es dürfte kaum möglich sein, die individuell verschiedenen Steuerverhältnisse und Vermögensausstattungen einer Vielzahl von Anteilseignern zu erheben oder gar zu prognostizieren.

Die Typisierung soll die Komplexität des Problems reduzieren, indem von einem "repräsentativen Anleger" ausgegangen wird,[77] und indem über dessen Entscheidungsparameter Annahmen getroffen werden: Von welcher Vermögensstruktur ist auszugehen, besitzt der Anleger ausschließlich Bargeld oder hält er ein breit diversifiziertes Portefeuille aus Wertpapieren? Aus welchen Einkunftsarten wird der Anleger wieviel Einkommen beziehen und was folgt daraus für die Einkommensbesteuerung?

Einzelne Aspekte des Typisierungsproblems werden in der Literatur diskutiert:[78]

- *Verwendung durchschnittlicher Einkommensteuersätze.* Dabei wird in aller Regel von der Existenz sonstiger Einkommen (neben den bewertungsrelevanten Zahlungen) und steuerlichen Details wie etwa der Progression des Tarifs und von Freibeträgen abstrahiert. DRUKARCZYK/ RICHTER (1995), DRUKARCZYK/ SCHWETZLER (1998) und SIEPE (1997) legen in Beispielen einen Steuersatz von 35 % zugrunde.[79] Diese Annahmen können, müssen jedoch im Einzelfall nicht zutreffen. Bei Vor-

---

76 Auswirkungen der Handlungen des Vorstands auf den Wert anderer Unternehmen, an denen die Eigentümer ebenfalls beteiligt sind, werden vereinfachend ausgeschlossen.

77 Zu den formalen Bedingungen, unter denen die Aggregation einzelner Anleger zu einem repräsentativen Anleger erfolgen kann, vgl. RUBINSTEIN, M. (1974).

78 Die Begriffsprägung stammt wohl von MOXTER, A. (1983), S. 25.

79 Vgl. auch SCHÜLER, A. (1998), S. 259, der auf Basis der Eigentümerstruktur deutscher Großunternehmen zu einer Schätzung von circa 43% gelangt.

liegen genauerer Information soll diese verwendet werden.[80]

- *Die Verwendung des CAPM*[81] zur Schätzung von erwarteten Alternativrenditen unterstellt eine Vermögensstruktur des repräsentativen Anlegers, die aus einer Kombination risikoloser Wertpapiere mit dem Marktportefeuille aller risikobehafteten Wertpapiere besteht. Als zentrales Risikomaß wird die Kovarianz der Zahlungen des zu bewertenden Unternehmens mit der Rendite des Marktportefeuilles betrachtet. Die Vermögensposition des Anlegers ist bereits vollständig diversifiziert, so daß kein zusätzlicher Risikoabbau durch hinzufügen weiterer Wertpapiere erreicht werden kann.[82]

Legt man "repräsentative" *Grenzsteuersätze*[83] zugrunde und verwendet man die Korrelation zwischen Zahlungen und Marktrendite als Risikomaß, werden diesbezügliche Verbundeffekte aus der Kombination von Wertpapieren mit der bereits vorhandenen Vermögensmasse erfaßt.

3.1.2 Konkretisierung der Erwartungen über die bewertungsrelevante Zahlung

Die Typisierung geht über den Bereich der individuellen Vermögens- und Steuerparameter hinaus. Von welchen Erwartungen geht der repräsentative Anleger hinsichtlich des Erfolgsstroms des zu bewertenden Unternehmens aus? Auf Basis welcher Information formuliert der repräsentative Anleger diese Erwartungen?

Zunächst ist hervorzuheben, daß es auf die Erwartungen der Anleger z.B. über den Erfolg oder Mißerfolg von Unternehmenstransaktionen ankommt, da jene den Aktienkurs der Gesellschaften beeinflussen, die an der Transaktion beteiligt sind. Diese Erwartungen speisen sich aus der verfügbaren Informationsmenge, die durch den Vorstand geprägt wird. Relevant dürfte ebenfalls die Glaubwürdigkeit der Verlautbarungen sowie die Meinung von Analysten und Anlageberatern sein.

---

80 Vgl. SIEPE, G. (1997), S. 2. Zur Berechnung eines objektivierten Unternehmenswertes hält das IDW (1998) einen Einkommensteuersatz von 35% für "sachgerecht", der auch dann verwendet werden soll, wenn dem Gutachter die persönlichen Steuerverhältnisse bekannt sind und jene davon abweichen; ebenda, S. 37. Bei der subjektiven Unternehmensbewertung soll diese Typisierung jedoch aufgehoben und die "tatsächliche Steuerbelastung" berücksichtigt werden; ebenda, S. 42.

81 COPELAND/KOLLER/MURRIN (1998), S. 277; DRUKARCZYK/SCHWETZLER (1998), S. 246; BORN, K. (1995);bzw. schon früher GÖPPL, H. (1980).

82 Vgl. hierzu MARKOWITZ, H. (1959), S. 109.

83 Vgl. hierzu DIRRIGL/SCHAUM (1989), S. 294 – 295; GRATZ, K. (1981).

Zur Konstruktion eines einfachen Falls könnte man unterstellen, daß der Vorstand im ersten Schritt seine Erwartungen unter Nutzung der intern und extern verfügbaren Information konkretisiert. Eine ausgefeilte Kommunikationsstrategie des Vorstands sorge dann dafür, daß diese Erwartungen den Anlegern unverfälscht mitgeteilt werden. Schließlich sei der Vorstand glaubwürdig, so daß die Anleger seine Erwartungen übernehmen. Diese Sicht ist vermutlich unrealistisch:

- Die Instrumente der strategischen Unternehmensplanung könnten benutzt werden, um zunächst dem Vorstand die Herleitung des potentiellen Erfolgsstroms eines zu akquirierenden Unternehmens zu ermöglichen.[84] Ergänzend könnten quantitative Ansätze benutzt werden, um die eher qualitativen Aussagen der strategischen Planung in Erfolgsströme zu überführen.[85] Diese Ansätze haben sich aber offenbar nicht durchgesetzt, und auch bezüglich der Eignung der strategischen Planung für die Konkretisierung der Erwartungen bestehen Zweifel.[86]
- Eine durch den Vorstand gesteuerte Erwartungsbildung erfordert die Veröffentlichung von detaillierten Prognosen über die Entwicklung der Faktormärkte, auf denen das Unternehmen aktiv ist, die Aktionen und Reaktionen von Wettbewerbern sowie die Handlungsoptionen des Managements. Eine derartige offene Informationspolitik ist in der Realität nicht zu beobachten. Oftmals werden nicht einmal die Transaktionspreise der Öffentlichkeit mitgeteilt. Darüber hinaus ist selbst bei Ausklammern von Haftungsaspekten fraglich, ob sich Vorstände hinsichtlich quantitativer Zielwerte festlegen wollen.
- Die Erwartungen des Vorstands dürften selbst bei Veröffentlichung nicht von allen Anlegern in gleicher Weise übernommen werden, da die zugrunde liegenden Informationen nicht exakt sind, damit Raum für Interpretation bieten und unter Umständen auch die Glaubwürdigkeit nicht besteht. Prinzipiell könnte der Ansatz von BALLWIESER (1990) zur Bewertung bei unexakter Information angewendet werden. Dazu muß freilich der Grad der Unschärfe bzw. Glaubwürdigkeit quantifiziert werden, wobei ungeklärt ist, wie dies zuverlässig geschehen kann.[87]

---

84 Vgl. BALLWIESER, W. (1990), S. 75ff; COPELAND/KOLLER/MURRIN (1998), S.225; RICHTER, F. (1996), S. 66ff, IDW (1998), S. 51.

85 Vgl. hierzu die Ansätze von COENENBERG, A. (1970); BRETZKE, W. (1975), S. 194 – 205; BRUNNER, E. (1977), S. 45; vgl. auch WILDE, K. (1989), S. 248ff.

86 Vgl. BALLWIESER, W. (1990), S. 160.

87 Ebenda, A. 179ff; zu Problemen der Verarbeitung unscharfer Zahlen im Rahmen der Kapitalwertmethode vgl. auch JENßEN, A. (1997).

Damit steht der Vorstand vor dem Problem der Konkretisierung seiner eigenen Erwartungen sowie derjenigen der Anleger, die offenbar eigene Prognosen erstellen – gegeben die Informationspolitik der Unternehmen. Nach MANDL/ RABEL stellt die Prognose der künftigen Unternehmenserträge das zentrale Problem jeder Entscheidungswertermittlung dar, für die die *Vergangenheitsanalyse* regelmäßig eine wesentliche Grundlage bilde.[88] Auch BORN hebt die Bedeutung der Unternehmensanalyse hervor. Wie die Resultate dieser primär auf Basis von Daten aus der Vergangenheit und der Gegenwart die Erwartungen der Anleger prägen, ist hingegen offen.

Im folgenden wird wie folgt verfahren: Es wird grundsätzlich nur von öffentlich verfügbaren Informationen ausgegangen. Hinsichtlich der Entwicklung der operativen Leistungsparameter – hierzu gehören z.B. Marktanteile, Kostenstrukturen oder der Reinvestitionsbedarf – wird vereinfachend von einem (noch im Detail zu spezifizierenden) extrapolativen Ansatz ausgegangen, der ggf. durch eine genauere Planung ersetzt werden kann. Der Schwerpunkt der Betrachtung liegt im finanzwirtschaftlichen Bereich. Diesbezüglich werden Strategien formuliert, die den Anspruch erheben, sowohl nicht nur im Einzelfall realisierbar zu sein als auch nicht durch einfache Alternativstrategien dominiert zu werden. Wir nehmen an, daß der repräsentative Anleger jene Strategien bei seiner Erwartungsbildung zugrunde legt.

3.1.3 Konkretisierung der Alternativrenditen

Zur Durchführung des relativen Vorteilhaftigkeitsvergleichs sind Prognosen der Erfolgsströme des zu bewertenden Unternehmens erforderlich. Damit wäre erst die erste Hälfte des Problems gelöst – auch die Erfolgsströme der Alternativinvestitionen müssen prognostiziert werden. Alle denkbaren Alternativen bezüglich ihrer finanziellen Implikationen unter Berücksichtigung einer Vielzahl unterschiedlicher Entwicklungspfade zu durchleuchten, um dann die beste auszuwählen, dürfte aber praktisch nicht durchführbar sein.

Ein Weg zur Vereinfachung des Problems besteht darin, zunächst die Erwartungswerte des unsicheren Erfolgsstroms in einen sicherheitsäquivalenten Erfolgsstrom zu überführen. Ein sicherer Erfolgsstrom wird unabhängig von der Entwicklung der Umwelt realisiert; in jedem Umweltzustand i kann der Anleger mit der gleichen Zahlung aus dem risikolosen Wertpapier rechnen. Ein sicherheitsäquivalenter Erfolgsstrom ist ein Stellvertreter für einen unsicheren Erfolgsstrom, den ein Anleger dem sicheren Erfolgsstrom

---

88 MANDL/RABEL (1997), S. 141 bzw. S. 145; so auch IDW (1998), S. 46 – 47.

wertmäßig gleichsetzt. Für risikoscheue Anleger ist der Betrag einer sicherheitsäquivalenten Zahlung kleiner als der Erwartungswert der Zahlung. Die Bewertungsformel sieht damit so aus:[89]

$$(1.27) \quad S_0 = \sum_{t=1}^{T} (\overline{C}_t - \Theta_t)(1 + r_f)^{-t}$$

Darin bezeichnet $\overline{C}_t$ den erwarteten Erfolgsstrom, Θ_t einen Risikoabschlag, der den Erwartungswert des Erfolgsstroms in einen sicherheitsäquivalenten Betrag überführt. Sichere bzw. sicherheitsäquivalente Zahlungen sind mit der Rendite für risikolose Geldanlagen zu diskontieren. Diese mit r_f bezeichnete Rendite läßt sich leichter schätzen als Alternativrenditen riskanter Anlagen.

Mit der Überführung der Verteilung der Zahlungen in Sicherheitsäquivalente vereinfacht sich die Suche nach der Alternativinvestition ganz erheblich. Zur Implementierung dieses Ansatzes bedarf es jedoch konkreter Hinweise zur Bestimmung des von den spezifischen Risikopräferenzen des Anlegers abhängigen Risikoabschlags Θ_t. Trotz einiger pragmatischer Ansätze[90] handelt es sich hierbei um ein ungelöstes Problem. In den anwendungsorientierten Abhandlungen zur Unternehmensbewertung wird dieser Ansatz nicht diskutiert[91] bzw. dessen Anwendung nicht empfohlen.[92] Im folgenden wird jedoch eine mehrperiodige Variante des CAPM dargestellt, welche zur Spezifikation der Risikoabschläge potentiell eingesetzt werden könnte.

3.2 CAPM als argumentative Grundlage

Der Zweck der kapitalmarktorientierten Bewertung besteht in der Schätzung von potentiellen Marktwerten bzw. von Veränderungen des Vermögenswertes der Eigentümer. Als konzeptionelle Grundlage zur Quantifizierung dieser potentiellen Marktwerte wird das Prinzip des relativen Vorteilhaftigkeitsvergleichs benutzt. Lediglich zur unterstützenden Argumentation wird ein zen-

---

89 Vgl. BALLWIESER, W. (1990), S. 156ff.

90 Vgl. diesbezüglich BALLWIESER, W. (1993), S. 160; kritisch hierzu DRUKARCZYK/SCHWETZLER (1998), S. 329.

91 COPELAND/KOLLER/MURRIN (1998).

92 Vgl. BORN, K. (1995), S. 154 und MANDL/RABEL (1997), S. 222; eher kritisch auch IDW (1998), S. 100.

trales Bewertungstheorem der Finanzierungstheorie herangezogen. Hierbei handelt es sich um eine spezielle Variante des mehrperiodigen CAPM:[93]

$$(1.28) \quad S_0 = \sum_{t=1}^{T} \frac{\overline{C}_t - \lambda \operatorname{cov}(C_t, r_{Mt})}{(1+r_f)^t}$$

Danach ergibt sich der Wert des Eigenkapitals eines Unternehmens im Kapitalmarktgleichgewicht aus den erwarteten Zahlungen, die in einen sicherheitsäquivalenten Erfolgsstrom unter Benutzung von Marktdaten transformiert werden. Die Parameter λ ("Marktpreis des Risikos") sowie die unter bestimmten, noch zu diskutierenden Bedingungen relevante Risikomenge werden aus Kapitalmarktdaten, d.h. ohne explizite Darstellung der Nutzenfunktionen der Anleger, abgeleitet. Die Berechnung der Kovarianz zwischen den Zahlungen und Aktienmarktrendite erfolgt auf Basis prognostizierter Entwicklungspfade sowohl für das Unternehmen als auch für die Alternativinvestition. Es wird die Existenz eines Zinssatzes für risikolose Geldanlagen unterstellt.

Das in dieser Arbeit benutzte Prinzip des relativen Vorteilhaftigkeitsvergleichs sowie alle gängigen DCF-Methoden[94] lassen sich – wie noch zu zeigen ist - aus der oben dargestellten Formel herleiten. Das Theorem ist so konzipiert, daß es eine zukunftsgerichtete Bewertung von Zahlungen vor dem Hintergrund der zukünftigen Entwicklung von Alternativrenditen erlaubt. Darüber hinaus eröffnet es den Zugang zur Optionspreistheorie, die prinzipiell zur Bewertung der Handlungsoptionen von Managern und Kapitalgebern geeignet erscheint. Die Aussagen der Portefeuilletheorie zum Beispiel zum Diversifikationseffekt sind darin ebenso enthalten wie die Thesen von MODIGLIANI und MILLER zur Kapitalstruktur.

Die überaus positiven Aspekte des mehrperiodigen CAPM haben ihren Preis in den Prämissen des Theorems. Es unterstellt u.a. die fiktive Situation eines Gleichgewichts auf dem Kapitalmarkt, in der aus dem Wertpapierhandel keine ökonomischen Gewinne realisiert werden können. Die Preise reflektieren, so eine entscheidende Prämisse, die Erwartungen der Anleger über die zukünftige Erfolge aus dem Erwerb von Wertpapieren des Marktportefeuilles.

---

93 Vgl. etwa DRUKARCZYK, J. (1993), S. 281.

94 Einschließlich der Varianten von MILES/EZZELL (1980), HARRIS/PRINGLE (1985) und INSELBAG/KAUFOLD (1997).

Die Verwendung von Gleichgewichtsmodellen zur Bewertung der Erfolgsströme von Investitionsalternativen wird teilweise kritisch beurteilt, insbesondere für die Zwecke der Unternehmensbewertung.[95] Unter den Bedingungen eines im Gleichgewicht befindlichen, vollkommenen Kapitalmarktes lohne sich weder der Kauf noch der Verkauf eines Unternehmens. Die Preise würden die optimale Unternehmenspolitik reflektieren, da sonst nicht von einem Gleichgewicht gesprochen werden könne.[96] Die Notwendigkeit, ein Unternehmen zu bewerten, bestehe nur, wenn man den Wert des Unternehmens mit seinem Preis vergleichen will und eine ungleichgewichtige Situation vorläge. In jenen Situationen seien aber Modelle wie das CAPM nicht anwendbar, weil sie auf ein Kapitalmarktgleichgewicht abstellten.[97]

Dieser scheinbare Widerspruch kann aufgelöst werden, wenn man sich von der Annahme der strengen Informationseffizienz der Märkte löst,[98] der zufolge den Anlegern alle internen und externen Informationen kostenlos zur Verfügung stehen und die Informationsmenge eine Konstante ist. Realistischer Weise ist davon auszugehen, daß die Informationsmenge, die der Mehrheit der Marktteilnehmer zugänglich ist, nicht vollständig ist und sich im Zeitablauf ändert.[99] Die Kursreaktionen auf die Veröffentlichungen von Zwischenergebnissen oder Dividendenänderungen[100] belegen die Existenz unerwarteter Ereignisse.[101] Von allwissenden Anlegern kann also keine Rede sein. In vielen Fällen dürfte der momentanen Börsenbewertung eines Unternehmens die Informationsmenge zugrunde liegen, die von einer Fortführung der vom Management verkündeten Strategie ausgeht. Diese faktische Strategie muß dabei keineswegs mit der optimalen Strategie übereinstimmen. Letztere wird im Kurs nicht reflektiert, wenn ein Strategiewechsel nicht erwartet wird. Für einen potentiellen Käufer eines solchen Unternehmens er-

---

95 Vgl. stellvertretend SCHILDBACH, T. (1998), S. 309.

96 Ebenda, S. 307.

97 BALLWIESER, W. (1990), S. 175; derselbe (1998b), S. 83.

98 Zu den verschiedenen Stufen der Informationseffizienz vgl. FAMA, E. (1970); DRUKARCZYK, J. (1993), S. 85.

99 Vgl. CAMPBELL/LO/MACKINLAY (1997), S. 22 – 24.

100 Unerwartete Dividendenherabsetzungen oder Erhöhungen induzierten Überrenditen von circa –2,3% bzw. +1%; vgl. GERKE/OERKE (1997), S. 819.

101 Die überwiegende Mehrzahl der empirischen Untersuchungen über die Informationsverarbeitung am Kapitalmarkt weisen signifikante Zusammenhänge zwischen der Bekanntgabe von Gewinnen und Gewinnprognosen, Dividendenzahlungen, Jahresabschlußdaten, Kapitalerhöhungen oder Finanzierungs- und Investitionsentscheidungen und Aktienkursreaktionen nach; vgl. den Überblick in MAY, A. (1991). Der deutsche Aktienmarkt stellt diesbezüglich keine Ausnahme dar; vgl. MÖLLER, H.-P. (1985), S. 515.

scheint es sinnvoll, sich vorzustellen, wie der Markt die Umsetzung einer modifizierten Strategie bewerten würde. Dazu müßte er die neue Informationsmenge konkretisieren und auf dieser Basis die Marktbewertung simulieren.

Man stelle sich die Bewertung mittels des CAPM als eine derartige Simulation vor. Die Frage ist: Wie würden risikoaverse, ausschließlich an finanziellen Zielen orientierte Anleger eine gegebene Informationsmenge in einen gleichgewichtigen Preis übersetzen? Die Information über die Strategie des Käufers sei dem Markt vor der Ankündigung der Übernahme nicht bekannt und somit im Börsenwert nicht enthalten. Es besteht ein *temporäres* Gleichgewicht, so daß die Nachfrage nach den Aktien des betrachteten Unternehmens dem Angebot zu einem Preis entspricht, der den momentan vorhandenen Informationsstand reflektiert. Durch Bekanntgabe der Übernahmepläne und der Konturen der neuen Strategie werden die Erwartungen revidiert, es entsteht ein neues Gleichgewicht, in dem die Aktien ggf. zu einem anderen Preis als zuvor gehandelt werden. Diese aus Erwartungsänderungen hervorgerufene Preisänderung ist das für den Käufer relevante Signal. Jenes soll ex ante aus dem Unterschied zweier Gleichgewichtsbetrachtungen abgeleitet werden.

Freilich kann man über die Güte des CAPM zur Modellierung des niemals beobachtbaren Gleichgewichtszustands streiten und die Glaubwürdigkeit der verkündeten Strategien sowie die Erwartungsbildung der Anleger unterschiedlich beurteilen. Das Grundprinzip, die Anwendung eines Gleichgewichtsmodells auf unterschiedliche Informationsstände, wird davon aber nicht berührt. Unabhängig davon sollte die Bedeutung des CAPM für das Folgende nicht überbewertet werden. Das Prinzip des relativen Vorteilhaftigkeitsvergleichs läßt sich auch ohne CAPM, auf Basis schwächerer Prämissen begründen. Selbst die Gleichgewichtsbedingung kann aufgegeben werden. Wie später gezeigt wird, lautet die einzige zusätzliche Annahme, daß der Wert einer unsicheren Zahlung, die nicht mit der Marktrendite korreliert, Null beträgt. Um es vorweg zu sagen: Wir benötigen nicht mehr als diese Annahme und Gleichung (1.15)!

Die kapitalmarktorientierte Unternehmensbewertung gehört gemäß der hier vertretenden Auffassung zur Gruppe der subjektiven Bewertungsmethoden.[102] Die Beliebigkeit des Subjektiven bei der Formulierung von Erwartungen soll jedoch eingeschränkt werden, indem Leitlinien für Bewertungsprämissen definiert werden. Bei diesen Prämissen handelt es sich um Annahmen zu den Handlungsoptionen von Managern und Kapitalgebern. Die Ausübung von Handlungsoptionen hat in der Regel Auswirkungen auf den Erfolgsstrom des Unternehmens. Beispiele für Handlungsoptionen des Managements sind Reinvestition oder Ausschüttung von Überschüssen, Erweiterung oder Stillegung von Produktionskapazitäten, Eintritt in oder Rückzug aus Produktmarktsegmenten. Zu den Handlungsoptionen der Kapitalgeber gehören die Teilnahme an Kapitalerhöhungen oder die Liquidation des Unternehmens durch die Eigentümer oder, bei Insolvenz, durch die Gläubiger.

Der Anspruch, die optimale Investitions-, Finanzierungs- und Ausschüttungsstrategie zu formulieren, wird hier nicht erhoben. Gelänge dies, hätte die objektive Unternehmensbewertung eine Chance.[103] Dazu ist das Problem der Unternehmensbewertung aber zu komplex, das gesicherte Wissen über optimale Strategien viel zu dürftig. Um zu einem Kompromiß zwischen beliebigen subjektiven und unerreichbaren, optimalen Prämissen zu gelangen, sei zunächst der Begriff einer "realisierbaren Strategie" definiert.

Definition: Realisierbare Strategie

Eine Strategie gelte als nachvollziehbar, wenn ihre Auswirkungen auf die Zahlungen des Unternehmens an seine Eigentümer quantifiziert werden können. Die Strategie darf nicht gegen institutionelle Normen verstoßen und die zur Realisierung der Strategie benötigten Ressourcen und Fähigkeiten müssen bereits vorhanden oder über einen Markt beschaffbar sein.

---

102 Es geht uns um die subjektive Schätzung eines potentiellen Marktpreises.

103 Die Vorstellung, einen objektiven Unternehmenswert bestimmen zu können, wurde in der Literatur kontrovers diskutiert; sie gilt heute als überholt; vgl. MOXTER, A. (1983), S. 20ff; SCHILDBACH, T. (1995), S. 623ff; BALLWIESER, W. (1995), S. 126ff; MANDL/RABEL (1997), S. 27.

Drei Beispiele sollen die Definition verdeutlichen:

- Die Finanzierung eines Teils des Investitionsbedarfs mit langfristigem Fremdkapital ist eine realisierbare Strategie. Es sind dabei aber entweder nur moderate Verschuldungsgrade zulässig, die Insolvenzrisiken weitgehend ausschließen, oder es sind die Folgen einer potentiellen Insolvenz einzubeziehen. Zum Beleg für die Realisierbarkeit einer Finanzierungsstrategie sollen detaillierte Finanzsimulationen erstellt werden.
- Die Vollausschüttung finanzieller Überschüsse ist keine realisierbare Strategie, wenn handelsrechtliche Ausschüttungssperren dies verhindern. Die Ausschüttungspolitik muß sich an der Struktur des verwendbaren Eigenkapitals orientieren. Eine Schütt-Aus-Hol-Zurück-Strategie ist prinzipiell realisierbar, wenn der Wille der Eigentümer zur Wiedereinlage vorausgesetzt werden kann. Eine jahresüberschußbezogene Vollausschüttung ist eine realisierbare Strategie, die ggf. Kapitalerhöhungen vorzusehen hat, um die Investitions- und Finanzierungspolitik des Unternehmens umzusetzen. Zum Beleg für die Realisierbarkeit und zur Prüfung der Konsistenz sind detaillierte Finanzsimulationen erforderlich.

Die Definition soll auch auf die Ebene der Anteilseigner übertragen werden:

- Diversifikation der Vermögensposition ist eine realisierbare Strategie. Die pauschale Angabe einer Alternativrendite begründet keine realisierbare Strategie. Subjektive Präferenzen können nur dann berücksichtigt werden, wenn eine Quantifizierung in Form einer Risikonutzenfunktion vorliegt.

Mit dieser Definition läßt sich nun das Prinzip zur Formulierung potentialorientierter Bewertungsprämissen festhalten.[104]

Prinzip für potentialorientierte Bewertungsprämissen

Zur Bewertung von Unternehmen ist generell nur von realisierbaren Strategien auszugehen. Zur Bestimmung des Grenzpreises ist die kombinierte Investitions-, Finanzierungs- und Ausschüttungsstrategie zugrunde zu legen, die nicht von anderen realisierbaren Strategien im Hinblick auf die Höhe des Unternehmenswertes dominiert wird. Der Grenzpreis stellt damit ein Wertpotential dar, das der Anleger bzw. das

104 Vgl. MATSCHKE, M. (1975), S. 251: "Die Einnahmeüberschüsse ... werden erwartet, wenn das Entscheidungssubjekt ... die beste ihm bekannte unternehmenspolitische Alternative in der Unternehmung realisiert."

von ihm beauftragte Management mit verfügbaren oder beschaffbaren Ressourcen mit hoher Wahrscheinlichkeit realisieren kann.

Betrachten wir ein weiteres Beispiel: Eine realisierbare Investitionsstrategie führe zu positiven finanziellen Überschüssen, die Finanzierung erfolge ausschließlich mit Eigenkapital. Es mögen keinerlei Ausschüttungssperren vorliegen. Bei einer vollständigen Thesaurierung sämtlicher Überschüsse ergibt sich der Wert des Eigenkapitals zu Null.[105] Diese Finanzierungs- und Ausschüttungspolitik ist im Rahmen einer potentialorientierten Unternehmensbewertung abzulehnen, da es mindestens eine realisierbare und dominante Strategie gibt. Eine überschußbezogene Teilausschüttung in Verbindung mit einer anteiligen Fremdfinanzierung führt offensichtlich zu einem Wert des Eigenkapitals größer als Null.

Die potentialorientierte Perspektive unterscheidet sich von einer objektiven Unternehmensbewertung, die den Anspruch erhebt, eine optimalen Investitions-, Finanzierungs- und Ausschüttungspolitik zugrunde legen zu können. Sie unterscheidet sich auch von der Beliebigkeit einer subjektiven Unternehmensbewertung, die zum Beispiel Diversifikationseffekte generell ausschließt.[106]

Auf der Ebene der Eigentümer legt die potentialorientierte Perspektive die Verwendung der Kovarianz als Risikomaß nahe, da jene die Veränderung der Varianz eines diversifizierten Portefeuilles durch Hinzufügen eines weiteren Wertpapiers determiniert.[107] Die Diversifikationsstrategie ist realisierbar, nicht durch eine andere Strategie dominiert und folglich als potentialorientiert zu bezeichnen.

Diese Definitionen haben freilich nicht den Härtegrad, den man sich als Anwender wünscht. Man wird sich auch nicht der Illusion hingeben, die Realisierbarkeit einer Strategie im logischen Sinn *beweisen* oder *widerlegen* zu können. Auf Basis dieser Definition und der mehrperiodigen Variante des CAPM läßt sich jedoch das Prinzip des relativen Vorteilhaftigkeitsvergleichs in weitaus schlüssigerer Weise umsetzen, als dies z.B. im Rahmen des dargestellten Anwendungsfalls erfolgte.

---

105 Vgl. KRUSCHWITZ/LÖFFLER (1998b), S. 44.

106 Beim Ertragswertverfahren scheint dies regelmäßig der Fall zu sein, wenn die Eigenkapitalkosten ohne Rückgriff auf das CAPM festgelegt werden; vgl. DRUKARCZYK/SCHWETZLER (1998), S. 358 – 362.

107 Vgl. MARKOWITZ, H. (1959), S. 109ff; DRUKARCZYK, J. (1993), S. 236ff.

Literatur

BALLWIESER, W. (1990), Unternehmensbewertung und Komplexitätsreduktion, 3. Auflage, Wiesbaden.

BALLWIESER, W. (1993), Methoden der Unternehmensbewertung, in: Gebhardt/Gerke/Steiner (Hrsg.), Handbuch des Finanzmanagements, Instrumente und Märkte der Unternehmensfinanzierung, 8. Kapitel, München.

BALLWIESER, W. (1995), Aktuelle Aspekte der Unternehmensbewertung, in: WPg, 48. Jg., S. 119 – 129.

BALLWIESER, W. (1998a), Kalkulationszinsfuß und Steuern, in: DB, 51. Jg., S. 2393 – 2396.

BALLWIESER, W. (1998b), Unternehmensbewertung mit Discounted Cash Flow-Verfahren, in: WPg, 51. Jg., S. 81 - 92.

BERGER, P./OFEK, E. (1995), Diversification's effect on firm value, in: JoFE, Vol. 37, S. 39 – 65.

BERGER, P./OFEK, E. (1996), Bustup Takeovers of Value-Destroying Diversified Firms, in: JoF, Vol. 51, S. 1175 – 1200.

BHAGAT, A./SHLEIFER, A./VISHNY, R. (1990), Hostile Takeovers in the 1980s: The Return to Corporate Specialization, in: Brookings Papers on Economic Activity, S. 1 – 73.

BORN, K. (1995) Unternehmensanalyse und Unternehmensbewertung, Stuttgart.

BORN, K. (1996), Überleitung von der Discounted-Cash-flow-Methode (DCF-Methode) zur Ertragswertmethode bei der Unternehmensbewertung, in: DB, 49. Jg., S. 1885 – 1889.

BRENNAN, M. J. (1970), Taxes, Market Valuation And Corporate Financial Policy, in: National Tax Journal, Vol. 23, S. 417 – 427.

BRETZKE, W.-R. (1975), Das Prognoseproblem bei der Unternehmensbewertung, Düsseldorf.

BRETZKE, W.-R. (1988), Risiken in der Unternehmensbewertung, in: zfbf, 40. Jg., S. 813 – 823.

BRUNNER, E. M. (1977), Simulationsmodell zur Unternehmensbewertung – unter spezieller Berücksichtigung des Akquisitionsentscheides im Konzern, Bern.

BÜHNER, R. (1990), Reaktionen des Aktienmarktes auf Unternehmenszusammenschlüsse, in: zfbf, 42. Jg., S. 295 – 316.

BÜHNER, R. (1991), Grenzüberschreitende Zusammeschlüsse deutscher Unternehmen, Stuttgart.

CAMPBELL, J./LO, A./MACKINLAY, C. (1997), The Econometrics of Financial Markets, Princeton.

COENENBERG, A. G. (1970), Unternehmensbewertung mit Hilfe der Monte-Carlo-Simulation, ZfB, 40. Jg., S. 793 – 804.

COENENBERG, A./SAUTTER, M. (1988), Strategische und finanzielle Bewertung von Unternehmenstransaktionen, DBW, 48. Jg., S. 691 – 710.

COMMENT, R./JARREL, G. (1995), Corporate focus and stock returns, in: JoFE, Vol. 37, S. 67 – 87.

COPELAND, T./ANLSINGER, P. (1996), Growth Through Acquisitions: A Fresh Look, in: HBR, Jan.-Feb., S. 127 – 135.

COPELAND, T./KOLLER, T./MURRIN, J. (1998), Unternehmenswert – Methoden und Strategien für eine wertorientierte Unternehmensführung, 2. Auflage, Frankfurt/Main.

DIRRIGL, H. (1990), Synergieeffekte beim Unternehmenszusammenschluß und Bestimmung des Umtauschverhältnisses, in: DB, 43. Jg., S. 185 – 192.

DIRRIGL, H./SCHAUM, W. (1989), Ausschüttungsplanung nach der Steuerreform 1990, in: ZfB, 59. Jg., S. 291 – 309.

DÖHRMANN, A. (1990), Underpricing oder fair value: Das Kursverhalten deutscher Erstemissionen, Wiesbaden.

DRUKARCZYK, J. (1993), Theorie und Politik der Finanzierung, 2. Auflage, München.

DRUKARCZYK, J./HONOLD, D. (1998), Unternehmensbewertung und periodische Unternehmenswertänderung, Arbeitspapier Universität Regensburg, Nr. 300.

DRUKARCZYK, J./RICHTER, F. (1995), Unternehmensgesamtwert und anteilseignerorientierte Finanzentscheidungen, in DBW, 55. Jg., S. 559 – 580.

DRUKARCZYK, J./SCHWETZLER, B. (1998), Unternehmensbewertung, 2. Auflage, München.

FAHRHOLZ, B. (1998), Neue Formen der Unternehmensfinanzierung, Unternehmensübernahmen, Big ticket-Leasing, Asset Backed- und Projektfinanzierungen; die steuer- und haftungsrechtliche Optimierung durch Einzweckgesellschaften (Single Purpose Companies), dargestellt anhand von Beispielssachverhalten, München.

FAMA, E. F. (1970), Efficient Capital Markets: A Review of Theory and Empirical Work, in: JoF, Vol. 25, S. 383 – 417.

FISCHER, E. O. (1998), Die Bewertung riskanter Investitionen mit dem risikolosen Zinsfuß, unveröffentlichtes Manuskript, Wien/Berlin.

GERKE, W./GARZ, H./OERKE, M. (1995), Die Bewertung von Unternehmensübernahmen auf dem deutschen Aktienmarkt, in: zfbf, 47. Jg., S. 805 – 820.

GERKE, W./OERKE, M. (1997), Der Informationsgehalt von Dividendenänderungen auf den deutschen Aktienmarkt, in: DBW, 57. Jg., S. 810 – 822.

GERKE, W./RAPP, H.-W. (1993), Eigenkapitalbeschaffung durch Erstemission von Aktien, in: Gebhardt/ Gerke/Steiner (Hrsg.), Handbuch des Finanzmanagements, Instrumente und Märkte der Unternehmensfinanzierung, 13. Kapitel, München.

GÖPPL, H. (1980), Unternehmensbewertung und Capital-Asset-Pricing-Theorie, in: WPg, 33. Jg., S. 237 – 245.

GRATZ, K. (1981), Unternehmensbewertung bei progressiver Einkommensbesteuerung, in: zfbf, 33. Jg., S. 981 – 991.

GÜNTHER, R. (1998), Unternehmensbewertung: Kapitalisierungszinssatz nach Einkommensteuer bei Risiko und Wachstum im Phasenmodell, in: BB, S. 1834 –1842.

HACHMEISTER, D. (1996), Die Abbildung der Finanzierungsprämissen im Rahmen verschiedener Discounted Cash Flow-Verfahren, in: zfbf, 48. Jg., S. 251 – 277.

HARRIS, S./PRINGLE, J. (1985), Risk-Adjusted Discount Rates - Extensions From The Average Risk Case, in: Journal of Financial Research, Vol. 8, S. 237 - 244.

INSELBAG, I./KAUFOLD, H. (1997), Two DCF Approaches For Valuing Companies Under Alternative Financing Strategies (And How To Choose Between Them), in: JACF, Vol. 10, S. 114 - 122.

INSTITUT DER WIRTSCHAFTSPRÜFER, IDW, (1998), Handbuch für Rechnungslegung, Prüfung und Beratung (Band II), 11. Auflage, Düsseldorf.

JACOB, E. (1998), Initial Public Offerings, Aktuelle Entwicklungen des Aktienemissionsgeschäfts, Wiesbaden.

JARREL, G./BRICKLEY, J./NETTER, J. (1988), The Market for Corporate Control: The Empirical Evidence Since 1980, in: Journal of Economic Perspectives, Vol. 2, S. 49 – 68.

JENSEN, M./RUBACK, R. (1983), The Market for Corporate Control: The Scientific Evidence, in: JoFE, Vol. 11, S. 5 – 50.

JENßEN, A. (1997), Kapitalwert-Berechnung mit unscharfen Zahlen, in: Biethan, J. (Hrsg.), Fuzzy Set-Theorie in betriebswirtschaftlichen Anwendungen, München, S. 245 – 259.

KAPLAN, S./WEISBACH, M. (1992), The Success of Acquisitions: Evidence from Divestitures, in: JoF, Vol. 47, S. 107 – 138.

KRUSCHWITZ, L./LÖFFLER, A. (1998a), WACC and APV revisited, in: Diskussionsbeiträge des Fachbereichs Wirtschaftswissenschaft der Freien Universität Berlin, Nr. 1998/7, S. 35 – 42.

KRUSCHWITZ, L./LÖFFLER, A. (1998b), Unendliche Probleme bei der Unternehmensbewertung, in: Diskussionsbeiträge des Fachbereichs Wirtschaftswissenschaft der Freien Universität Berlin, Nr. 1998/7, S. 36 – 52.

LEHMANN, S. (1994), Neue Wege in der Bewertung börsennotierter Aktiengesellschaften - Ein Cash-flow-orientiertes Ertragswertmodell, Wiesbaden.

LÖFFLER, A. (1998), WACC Approach and Nonconstant Leverage Ratio, Arbeitspapier, Freie Universität Berlin.

MANDL, G./RABEL, K. (1997), Unternehmensbewertung, Eine praxisorientierte Einführung, Wien.

MARKOWITZ, H. M. (1991), Portfolio Selection, Efficient Diversification of Investments, 2nd Edition, Cambridge, Neudruck der Erstauflage von 1959.

MATSCHKE, M. J. (1975), Der Entscheidungswert der Unternehmung, Wiesbaden.

MATSCHKE, M. J. (1979), Funktionale Unternehmungsbewertung, Band II: Der Arbitriumwert der Unternehmung, Wiesbaden.

MAY, A. (1991), Zum Stand der empirischen Forschung über Informationsverarbeitung am Aktienmarkt – Ein Überblick, in: zfbf, 43. Jg., S. 313- 335.

MILES, J./EZZELL, J. (1980), The Weighted Average Cost Of Capital, Perfect Capital Markets, And Project Life: A Clarification, in: JFQA, Vol. 15, S. 719 - 730.

MODIGLIANI, F./MILLER, M. (1963), Corporate Income, Taxes and the Cost of Capital: A Correction, in: AER, Vol. 53, S. 433 – 443.

MÖLLER, H. P. (1985), Die Informationseffizienz des deutschen Aktienmarktes – eine Zusammenfassung und Analyse empirischer Untersuchungen, in: zfbf, 37. Jg., S. 500 – 518.

MÖLLER, H./SCHMIDT, F. (1998), Zur Bedeutung von Jahresabschlüssen und DVFA/SG-Daten für die fundamentale Aktienbewertung, in: (dieselben, Hrsg.), Rechnungswesen als Instrument für Führungsentscheidungen, Festschrift A. G. Coenenberg, Stuttgart, S. 477 – 504.

MOXTER, A. (1983), Grundsätze ordnungsmäßiger Unternehmensbewertung, 2. Auflage, Wiesbaden.

MYERS, S. C. (1974), Interactions of Corporate Financing and Investment Decisions – Implications for Capital Budgeting, in: JoF, Vol. 29, S. 1 – 25.

NASH, J. F. (1950), The Bargaining Problem, in: Econometrica, Vol. 18, S. 155 – 162.

NEUS, W. (1993), Emissionskredit und Reputationseffekte, Zur Rolle der Banken bei Aktienemissionen, in: ZfB, 63. Jg., S. 897 – 915.

NEUS, W. (1994), Unterbewertung beim Gang an die Börse, in: zfbf, 46. Jg., S. 145 – 170.

OSSADNIK, W. (1995), Aufteilung von Synergieeffekten bei Verschmelzungen, in: ZfB, 65. Jg., S. 69 – 88.

PEEMÖLLER, V./BÖMELBURG, P./DENKMANN, A. (1994), Unternehmensbewertung in Deutschland, Eine empirische Erhebung, in: WPg, 47. Jg., S. 741 – 749.

Peemöller, V./Myer-Pries, L. (1995), Unternehmensbewertung in Deutschland – Ergebnisse einer Umfrage bei dem steuerberatenden Berufsstand, in: Deutsches Steuerrecht, 33. Jg., S. 1202 – 1208.

Porter, M. (1987), From Competitve Advantage to Corporate Strategy, in: HBR, S. 43 – 59.

Richter, F. (1996), Konzeption eines marktwertorientierten Steuerungs- und Monitoringsystems, Frankfurt am Main.

Richter, F. (1998), Unternehmensbewertung bei variablem Verschuldungsgrad, in: ZBB, 10. Jg., S. 379 – 389.

Rock, K. (1984), Why new issues are underpriced, in: JoFE, Vol. 15, S. 187 – 212.

Rubinstein, M. (1974), An aggregation theorem for securities markets, in: JOFE, Vol. 1, S. 225 – 244.

Scharlemann, U. (1996), Finanzwirtschaftliche Synergiepotentiale von Mergers und Acquisitions, Bern.

Schildbach, T. (1995), Der Verkäufer und das Unternehmen "wie es steht und liegt", in: zfbf, 49. Jg., S. 620 – 632.

Schildbach, T. (1998), Ist die Kölner Funktionenlehre der Unternehmensbewertung durch die Discounted Cash-flow-Verfahren überholt? In: Matschke, M./Schildbach, T. (Hrsg.), Unternehmensberatung und Wirtschaftsprüfung, Festschrift G. Sieben, S. 301 – 321.

Schmidt, R./Dietz, F./Fellermann, S./Hellmann, N./Schommer, K.-P./Tyrell, M./ Wilverding, G. (1988), Underpricing bei deutschen Erstemissionen 1984/85, in: ZfB, 58. Jg., S. 1193 – 1203.

Schüler, A. (1998), Performance-Messung und Eigentümerorientierung, Frankfurt am Main.

Schwert, G. W. (1996), Markup Pricing in Mergers and Acquisitions, in:JoFE, Vol. 41, S. 153 – 192.

Schwetzler, B. (1998), Gespaltene Besteuerung, Ausschüttungssperrvorschriften und bewertungsrelevante Überschüsse bei der Unternehmensbewertung, in: WPg, 51. Jg., S. 695 - 705.

Sharpe, W. F. (1964), Capital Asset Prices: A Theory of Market Equilibrium under Condition of Risk, in: JoF, Vol. 19, S. 425 – 442.

Sieben, G. (1995), Unternehmensbewertung: Discounted Cash Flow-Verfahren und Ertragswertverfahren – Zwei völlig unterschiedliche Ansätze?, in: Lanfermann, J. (Hrsg.), Internationale Wirtschaftsprüfung, Festschrift H. Havermann, Düsseldorf, S. 713 – 737.

Sieben, G. (1998), Schmalenbachs Auffassung von der Unternehmensbewertung, in: BFuP, S. 189 – 203.

Siepe, G. (1997), Die Berücksichtigung von Ertragsteuern bei der Unternehmensbewertung, Teil 1, in: WPg, 50. Jg., S. 1 – 10 bzw. Teil II, S. 37 – 44.

Siepe, G. (1998), Kapitalisierungszinssatz und Unternehmensbewertung, in: WPg, 51. Jg., S. 325 – 338.

Söder, B. H. (1998), Unternehmensbewertung aus Sicht des neutralen Gutachters und des Aktienmarktes, Diss. Würzburg.

Taggert, R. A. (1991), Consistent Valuation and Cost of Capital Expressions with Corporate and Personal Taxes, in: FM, Vol. 20, S. 8 – 20.

Uhlir, H. (1989), Der Gang an die Börse und das Underpricing-Phänomen, in: ZBB, 1. Jg., S. 2 – 16.

WESTON, F./CHUNG, K./SIU, J. (1997), Takeovers, Restructuring, and Corporate Governance, 2nd Edition, New Jersey.

WILDE, K. (1989), Bewertung von Produkt-Markt-Strategien, Theorie und Methoden, Berlin.

Zweites Kapitel
Prognosemodelle für Zahlungen und Alternativrenditen

In diesem Kapitel werden Grundlagen für eine kapitalmarktorientierte Bewertung von Unternehmen gelegt. Diese bestehen in der Prognose von drei Kernelementen, die den Wert einer beliebigen Investitionsgelegenheit bestimmen: Die Ein- und Auszahlungen des Bewertungsobjektes, die Renditen, die bei alternativer Verwendung der Investitionsauszahlungen realisierbar wären, sowie die Lebensdauer des Bewertungsobjektes.

Bevor Prognosemodelle für diese drei wertbestimmenden Faktoren in den Abschnitten 2 (Zahlungen), 3 (Alternativrenditen) sowie 4 (zur Lebensdauer) diskutiert werden, erfolgt in Abschnitt 1 die Definition wichtiger Begriffe: stochastischer Prozeß, Zufallszahlen, Pfad. Die Darstellung verzichtet so weit es eben geht auf die mathematische Artillerie der stochastischen Differenzialgleichungen sowie der Wahrscheinlichkeitsmaßtheorie.[1] Diese vier Abschnitte präsentieren Grundlagen, die in Abschnitt 5 zum Aufbau eines speziellen Prognosemodells benutzt werden. Das Modell ist speziell, da es von einem linearen Zusammenhang zwischen den Zahlungen des zu bewertenden Unternehmens an dessen Eigentümer und der Rendite eines breit diversifizierten Aktienmarktportefeuilles ausgeht. Es wird damit eine Ausgangsbasis im Sinne einer "Trägheitsprojektion" geschaffen:[2] Historische Zusammenhänge zwischen dem Bewertungsobjekt und seiner Umwelt werden dabei in der Zukunft beibehalten. In einem nächsten Schritt können Modifikationen vorgenommen werden, um zum Beispiel Strukturbrüche oder Handlungsoptionen von Managern und Kapitalgebern zu berücksichtigen. Die Abbildung finanzwirtschaftlicher Handlungsoption erfolgt jedoch nicht hier, sondern im vierten und fünften Kapitel.

1 Grundlegende Begriffe und Definitionen

KARATZAS/SHREVE definieren einen stochastischen Prozeß als ein mathematisches Modell, das ein zufälliges Phänomen zu jedem Zeitpunkt nach einem definierten Startzeitpunkt beschreibt.[3] Die Entwicklung der Zahlungen an die Eigentümer eines Unternehmens kann als ein solches, teilweise von zufälligen Einflüssen abhängiges Phänomen interpretiert werden. Es wird im fol-

---

1 Siehe hierzu ARNOLD, L. (1973); KARLIN/TAYLOR (1975) und (1981); FAHRMEIER /KAUFMANN/OST (1981); ROSS, S. (1983); LAWLER, G. (1996). Eine mathematisch anspruchsvolle Behandlung der Brownschen Bewegung ist KARATZAS/SHREVE (1991); BAXTER/RENNIE (1997) beschreiben in einem neuen Buch auf erfrischende Weise die mathematischen Grundlagen von stochastischen Prozessen und deren Anwendung in der Optionspreistheorie.

2 Unter Trägheitsprojektion wird eine Prognose der Zahlungsverteilung eines Unternehmens unter der Prämisse verstanden, daß sich "*das Unternehmen in Zukunft in allem so verhält, wie dies in der Vergangenheit der Fall war*"; vgl. BALLWIESER, W. (1990), S. 79.

3 KARATZAS/SHREVE (1991), S. 1.

genden ein Bildungsgesetz für Zahlungen unterstellt, das sowohl deterministische als auch zufällige (stochastische) Komponenten enthält. Anhand eines Beispiels können die zentralen Begriffe und Definitionen am einfachsten erklärt werden. Angenommen, die Zahlungen an die Eigentümer eines Unternehmens ließen sich durch folgendes Bildungsgesetz beschreiben:

$$(2.1) \qquad C_{i,t+1} = C_{it} + \alpha C_{it} + \sigma C_{it}\varepsilon_{i,t+1} \qquad \text{gegeben } C_0$$

Die Variable $C_{i,t+1}$ symbolisiert die aus der Perspektive der Zeitpunkte *t*, *t*-1, *t*-2, ..., 0 unsichere Zahlung. C_{it} ist dementsprechend die in *t* erfolgte und somit in *t* bekannte, sichere Zahlung. Die deterministische Veränderungskomponente der Zahlung, αC_{it}, heißt Driftfunktion. Der Faktor α kann in diesem Modell als die erwartete Wachstumsrate der Zahlungen pro Periode interpretiert werden. Die stochastische Veränderungskomponente besteht aus dem Produkt der Standardabweichung dieser Wachstumsrate (σ), der bekannten Zahlung C_{it} und der Zufallszahl $\varepsilon_{i,t+1}$. Das Produkt σC_{it} wird als Varianzfunktion bezeichnet, der Ausdruck $\sigma C_{it}\varepsilon_{i,t+1}$ soll stochastische Zahlungskomponente heißen. Der Startwert C_0 komplettiert das Bildungsgesetz für das Zahlungsmodell.

Die Menge der Zeitpunkte, zu denen die Zahlungen definiert sind, heißt Indexmenge **T**. Das Symbol *T* in kursiver Schrift kennzeichnet die Anzahl der betrachteten zukünftigen Zeitpunkte, den Planungshorizont: $t \in \mathbf{T} = \{0,1,2,3...,T\}$ Der Zeitpunkt $t = 0$ repräsentiert die Gegenwart und sei identisch mit dem Zeitpunkt der Bewertung des Unternehmens. Alle Variablen mit dem Index 0 sind somit bereits in der Gegenwart mit Sicherheit bekannt.

ε ist eine Zufallszahl, die Ereignisse (Umweltzustände) definiert, und Ω ist die Menge aller möglichen Ereignisse. Der Zahlungsprozeß könnte zum Beispiel konkretisiert werden, in dem $\varepsilon \in \Omega = \{1,-1\}$ festgelegt wird. Danach kann die Zufallszahl ε nur einen der beiden Werte 1 oder -1 annehmen, wobei jedem Ereignis eine Eintrittswahrscheinlichkeit zuzuordnen ist:

$$(2.2) \qquad p \in \{p_1 = prob(\varepsilon = 1); p_2 = prob(\varepsilon = -1)\}$$

Die Menge der möglichen Zahlungen im Zeitpunkt $t = 1$ ist mit dieser Wahrscheinlichkeitsverteilung festgelegt:

(2.3) $C_{11} = C_0(1+\alpha+\sigma)$ mit Wahrscheinlichkeit p_1
bzw. $C_{12} = C_0(1+\alpha-\sigma)$ mit Wahrscheinlichkeit p_2

Der in $t = 0$ erwartete Wert der Zahlung in $t = 1$ und deren Varianz lassen sich auf Basis der vorhandenen Daten bestimmen, zum Beispiel für $p = p_1 = p_2 = ½$:

(2.4) $\mathrm{E}_0[C_1] = C_0(1+\alpha)$ bzw. $\mathrm{Var}_0[C_1] = C_0^2\sigma^2$

Im allgemeinen Fall ist ε (und damit p) natürlich weder statisch noch auf die Menge $\{1,-1\}$ beschränkt. Ein Ereignis i, i = 1, 2, ... N, wird über eine Sequenz von Zufallszahlen definiert, $\varepsilon_i = \{\varepsilon_{i1}, \varepsilon_{i2}, ... \varepsilon_{iT}\}$. Zu jedem Zeitpunkt $t > 0$ wird ein neues ε_{it} aus der Menge der möglichen Ereignisse "gezogen". Die Menge Ω kann man sich als ein $T \times N$-Tableau vorstellen, das alle Zufallszahlen als zeitpunktspezifische Stellvertreter eines Umweltzustandes enthält.

Im folgenden wird ausschließlich von standardnormalverteilten Zufallszahlen ausgegangen. Der Erwartungswert dieser Zufallszahlen beträgt Null, die Varianz eins. Des weiteren sind die Zufallsvariablen seriell unkorreliert, d.h. $\mathrm{E}[\varepsilon_{it}\varepsilon_{is}] = 0$ für alle $t \neq s$. Die Wahrscheinlichkeiten p_{it} können somit auf Basis der Dichtefunktion der Standardnormalverteilung ermittelt werden.

Zur Erzeugung der Zufallszahlen ε wurde für diese Arbeit ein einfaches PC-Programm erstellt. Im ersten Schritt werden damit zunächst *gleichverteilte* Zufallszahlen generiert. Dazu wird ein als zuverlässig geltender, in der Literatur verfügbarer Algorithmus verwendet.[4] Wichtig ist, daß seriell unkorrelierte Zufallszahlen produziert werden, da sonst Phänomene entstehen können, die allein aus den Eigenschaften der verwendeten Zufallszahlen folgen und nicht dem eigentlich interessierenden Phänomen zuzuschreiben sind. In einem zweiten Schritt werden die gleichverteilten Zufallszahlen mittels Umkehrfunktion in Gaußsche Zufallsvariablen transformiert.[5]

Ein (Zahlungs-)Pfad ist die Entwicklung einer Zahlung, die sich ausgehend vom Startwert über die gesamte Indexmenge erstreckt, gegeben, daß ein Ereignis $\varepsilon_i = \{\varepsilon_{i1}, \varepsilon_{i2}, ... \varepsilon_{iT}\}$ vorliegt: $\{C_0, C_{i1}, ..., C_{it}, ..., C_{iT} | \varepsilon_i\}$. Die Menge aller möglichen Pfade bezeichnen wir mit **C**. Das Gebilde bestehend aus **C**, Ω, und den zugehörigen Wahrscheinlichkeiten nennen wir Zahlungsmodell oder

---

4 Es handelt sich um die "linear congruential method with a shuffling algorithm"; vgl. hierzu PRESS ET AL. (1994), S. 280.

5 Vgl. PRESS ET AL. (1994), S. 288, KLOEDEN/PLATEN/SCHURZ (1997), S. 26ff.

Zahlungsprozeß. Neben dem Zahlungsprozeß werden im folgenden weitere Prozesse zum Beispiel für Umsatzerlöse, Renditen oder Kapitalwerte entwickelt. Diese Prozesse werden dann entsprechend als Umsatzprozeß, Renditeprozeß oder Wertprozeß bezeichnet. Sie verfügen über jeweils eigene, spezifisch angepaßte Bildungsgesetze.

Die in dieser Arbeit verwendeten Modelle der Unsicherheit sind dem oben eingeführten Zahlungsmodell sehr ähnlich. Es werden für verschiedene Anwendungen lediglich die Drift- bzw. die Varianzfunktion modifiziert. Das allgemeine Modell erhält man, indem anstelle von αC_t und σC_t die Funktionen $\alpha(C,t)$ bzw. $\sigma(C,t)$ und für C der Stellvertreter X eingesetzt werden:[6]

$$(2.5) \qquad X_{t+1} = X_t + \alpha(X_t, t) + \sigma(X_t, t)\varepsilon_{t+1}$$

In stetiger Zeit formuliert werden diese Modelle auch als Diffusionsprozesse,[7] Brownsche Bewegung,[8] Wiener Prozesse,[9] Ito-Prozesse,[10] oder Gaußscher Prozeß[11] bezeichnet. Für praktische Anwendungen kommt man

---

6 Der Index i wird im folgenden weggelassen. Bei X = C liegt ein Zahlungsprozeß, bei X = r ein Renditeprozeß vor.

7 DUFFIE bezeichnet als Diffusionsprozess nur die stochastische Komponente; ebenda, (1996), S. 85.

8 BAXTER/RENNIE (1997) sprechen von "Brownian Motion as stock model", S. 50. Anfang des 19. Jahrhunderts beobachtete der Britische Botaniker R. Brown das physikalische Phänomen der unregelmäßigen Bewegung von in Wasser gelösten Pollen. 1905 wurde eine mathematische Theorie auf Basis der seinerzeit noch nicht belegten Annahme existierender Atome von A. Einstein vorgelegt. Im Gegensatz zur Physik wird in der Kapitalmarkttheorie die Brownsche Bewegung als deskriptives Modell zur Beschreibung von Aktienkursen benutzt, ohne die kausalen Faktoren dafür genau zu kennen. Bereits am 19. März 1900 verteidigte L. BACHELIER seine Dissertation zum Thema "Théorie de la spéculation" in Paris. Er benutze Modelle auf Basis der Brownschen Bewegung zur Prognose von Aktienkursen. Seine Arbeit blieb lange unbeachtet, bis sie 1931 wiederentdeckt wurde; vgl. MANDELBROT, B. (1989), S. 86 - 88.

9 Weiterentwicklungen der von A. Einstein formulierten Theorie der Brownschen Bewegung stammen von N. Wiener (1918) und P. Lévy (1948); vgl. KARLIN/TAYLOR (1975), S. 340 - 341; KARATZAS/ SHREVE (1991), S. 127.

10 Die Prozesse werden als Ito-Prozesse bezeichnet, weil das zentrale mathematische Instrument zur Analyse dieser Prozesse in wichtigen Teilen von Ito entwickelt wurde (Theorem von Ito, Ito's lemma). DIXIT/PINDYCK (1993) bezeichnen verallgemeinerte Brownsche Bewegungen als Ito-Prozesse. Die Verallgemeinerung besteht in der Formulierung von Drift- und Varianzfunktion in Abhängigkeit von der zugrunde liegenden Zufallsvariablen und der Zeit.

11 Diese Bezeichnung erfolgt wohl wegen der Verwendung normalverteilter Zufallsvariablen.

nicht umhin, die stetigen Prozesse mittels diskreter Modelle anzunähern. Das oben dargestellte Bildungsgesetz stellt die sogenannte Euler-Approximation für Diffusionsprozesse dar.[12] Diskrete Modelle sind praktikabler als stetige Modelle, da empirische Daten in der Regel in zeitdiskreter Form vorliegen, Umsatzerlöse etwa in Jahresschritten, Aktienkurse zum Beispiel in Ultimonotierungen. Die Güte der Approximation ist für den vorliegenden Zweck sekundär, da Brownsche Bewegungen selbst nur als vereinfachende Abbildung der Unsicherheit anzusehen sind und die später entwickelten Bewertungskalküle für den Fall der diskreten Modelle begründet werden.

2 Modelle für Zahlungen

Wir benötigen Modelle für Zahlungen, Alternativrenditen und für die Lebensdauer der zu bewertenden Unternehmung, am besten stochastische Modelle, da alle drei Faktoren in Wirklichkeit mit Unsicherheit behaftet sind. Im folgenden werden Modelle für Zahlungen diskutiert, die aus einer deterministischen und einer stochastischen Komponente bestehen. Letztere enthält die Zufallsvariable ε_t, die ein zufälliges Ereignis (einen Umweltzustand) im Zeitpunkt t kennzeichnet. Das hier verwendete Modell der Unsicherheit ist also denkbar einfach. Ein Startwert entwickelt sich entsprechend einer vorgegebenen, möglicherweise zeitabhängigen Drift, die von zufälligen Störungen überlagert wird. Diese Störungen sind wechselseitig unkorreliert.

Zur Modellierung der als bewertungsrelevant erachteten Zahlungen des Unternehmens an die Eigentümer können zwei Wege beschritten werden. Der erste Weg besteht darin, die Zahlungen direkt zu simulieren. Dazu ist der Startwert der Zahlungen, die Drift- und die Varianzfunktion festzulegen. Diese Methode ist einfach, hat aber einen wesentlichen Nachteil: Zahlungen setzen sich aus deterministischen und stochastischen Elementen zusammen. Insbesondere die Prognose der zukünftigen Umsatzentwicklung ist mit Unsicherheit behaftet. Abschreibungen und Steuern hingegen folgen (weitgehend) deterministischen Funktionen. Es existieren "Grenzwerte" für realisierbare und damit zulässige Zahlungen. Diese sind definiert über handelsrechtliche Normen zur Gewinnermittlung und -verwendung sowie daraus ggf. folgende Ausschüttungssperren. Diese für die Bewertung wesentlichen Aspekte bleiben verborgen, wenn die Zahlungen direkt modelliert werden. Es kann nicht beurteilt werden, ob eine prognostizierte Zahlung realisierbar

12 Vgl. hierzu grundlegend MILSHTEIN, G. (1974) und (1978).

wäre, ohne zumindest die korrespondierende Bilanz und die GuV des Unternehmens analysiert zu haben.

Die zweite Methode simuliert folglich im ersten Schritt zwar vereinfachte, aber vollständige und konsistente Jahresabschlüsse. In einem zweiten Schritt können daraus die als bewertungsrelevant erachteten Zahlungen und Zahlungskomponenten abgeleitet werden. Plausibilitätsprüfungen sind damit ebenfalls möglich. Beide Varianten werden im folgenden vorgestellt, die erste primär, um die Grundlagen zu erläutern.

2.1 Direkte Simulation der Zahlungen

Das allgemeine Modell für unsichere Zahlungen hat folgende Struktur:[13]

$$(2.6) \quad C_{t+1} = C_t + \alpha(C_t, t) + \sigma(C_t, t)\varepsilon_{t+1} \quad \text{gegeben } C_0$$

Die unsichere Zahlung im Zeitpunkt $t + 1$ resultiert aus der bekannten Zahlung der Vorperiode zuzüglich eines nicht-stochastischen Veränderungsbetrags (zweiter Summand) und zuzüglich eines unbekannten, stochastischen Veränderungsbetrags (dritter Summand). Die Funktion $\alpha(.)$ ist die Drift-, $\sigma(.)$ die Varianzfunktion. ε ist eine standardnormalverteilte Zufallszahl; sie bringt die Unsicherheit der Zahlungen zum Ausdruck.

Der einfachste Fall mit konstanter Drift und konstanter Varianz soll additiver Zahlungsprozeß heißen.[14] Die ersten beiden Momente können zu jedem Zeitpunkt t durch rekursives Einsetzen berechnet werden:

13 Dieser Prozeß wird in stetiger Zeit als verallgemeinerte Brownsche Bewegung oder Ito-Prozeß bezeichnet. Zu seiner Charakterisierung wird oft folgende Differenzialgleichung benutzt: $dC = \alpha(C,t)\, dt + \sigma(C,t)\, dz$. Darin kennzeichnet dz das Inkrement der einfachen Brownschen Bewegung. Dabei handelt es sich um einen stochastischen Prozeß ohne Drift und mit einer Varianz von eins pro Zeiteinheit. $z(t)$ ist eine abgeleitete Zufallszahl, die sich aus der Integration von dz von Null bis t ergibt. Die Differenzen $z(t) - z(t\text{-}1)$ sind standardnormalverteilt.

14 Das Pendant in stetiger Zeit heißt arithmetische Brownsche Bewegung. Die zugehörige Differentialgleichung lautet: $dC = \alpha\, dt + \sigma\, dz$.

$$(2.7) \quad \begin{aligned} C_T &= C_{T-1} + \alpha + \sigma\varepsilon_T \\ &= (C_{T-2} + \alpha + \sigma\varepsilon_{T-1}) + \alpha + \sigma\varepsilon_T \\ &= ((C_{T-3} + \alpha + \sigma\varepsilon_{T-2}) + \alpha + \sigma\varepsilon_{T-1}) + \alpha + \sigma\varepsilon_T \\ &\dots \\ &= C_0 + \alpha T + \sigma\sum_{t=1}^{T}\varepsilon_t \end{aligned}$$

Der Erwartungswert der Zufallszahlen und damit die Summe der Erwartungswerte von ε ist Null. Der Erwartungswert der Zahlung in T ergibt sich aus dem Anfangswert C_0 plus T mal die Drift. Die Zufallszahlen ε sind seriell unkorreliert und haben eine Varianz von eins. Folglich ist die Varianz der Summe dieser Zufallszahlen gleich der Summe ihrer Varianzen. Da ε normalverteilt ist, sind es die Zahlungen auch; es gilt:

$$(2.8) \quad \mathrm{E}_0[C_T] = C_0 + \alpha T \quad \text{und} \quad \mathrm{Var}_0[C_T] = \sigma^2 T$$

Ein einfaches Zahlenbeispiel soll das Bildungsgesetz des additiven Zahlungsprozesses illustrieren. Der Startwert der Zahlungen betrage 1 GE, der monatliche Veränderungsbetrag wird zu 0,05 GE erwartet, die Standardabweichung dieses Betrags sei 0,20 GE pro Monat. Der Planungshorizont wird auf $T = 240$ Monate festgelegt, $N = 1000$ Ereignisse sollen simuliert werden. Die folgende Abbildung zeigt zehn der 1000 Pfade, den Erwartungswert des Prozesses sowie das 95%-Konfidenzintervall. Die Zahlungen liegen mit einer Wahrscheinlichkeit von 95% innerhalb dieses Bandes, das auf Basis des Erwartungswertes und der Standardabweichungen zu einem Zeitpunkt t bestimmt wird. Die Erwartungswerte und Varianzen können mit den obigen Formeln ermittelt werden:

$$\mathrm{E}_0[C_{240}] = 1 + 0{,}05 \cdot 240 = 13 \qquad \mathrm{Var}_0[C_{240}] = 0{,}2 \cdot 0{,}2 \cdot 240 = 9{,}6$$

Ein zweiter Weg zur Bestimmung der Momente besteht in der statistischen Analyse der simulierten Zahlungsverteilungen. Das arithmetische Mittel der N Zahlungen ist ein Schätzer für den Erwartungswert, die Varianz der Stichprobe ein Schätzer für die Varianz der Zahlungen zu dem jeweiligen Zeitpunkt. Auf Basis der Simulation im Beispiel ergeben sich Schätzer von 13,03 bzw. 9,61.

Abbildung 2.1: Additiver Zahlungsprozeß

$C_0 = 1$, $\alpha = 0{,}05$, $\sigma = 0{,}2$, $T = 240$, $N = 1000$; in GE

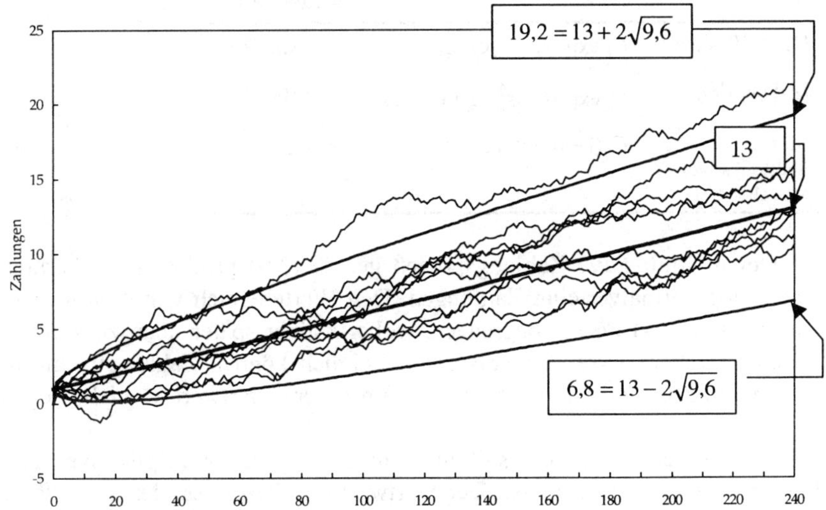

Quelle: Eigene Berechnungen

Eine Alternative zum arithmetischen Zahlungsprozeß besteht in einer multiplikativen Verknüpfung der Zahlungen:[15]

(2.9) $$C_{t+1} = C_t + \alpha C_t + \sigma C_t \varepsilon_{t+1}$$

Die Drift α hat hier die Interpretation einer Wachstumsrate, die mit σ variiert. Das multiplikative Modell konvergiert mit $\Delta t \rightarrow 0$ gegen die geometrische Brownsche Bewegung. Für jene werden in der Literatur unterschiedliche Diskretisierungsschemata benutzt, die in Tabelle 2.1 wiedergegeben sind. Das stetige Modell hat folgende Erwartungswertfunktion:

(2.10) $$E_0[C_T] = C_0 \exp(\alpha T)$$

15 In stetiger Zeit heißt der Prozeß geometrische Brownsche Bewegung. Er wird durch folgende Differentialgleichung beschrieben. $dC = \alpha\, C\, dt + \sigma\, C\, dz$.

Tabelle 2.1: Approximation der geometrischen Brownschen Bewegung[16]

Quelle[17]	Modell $C_{t+1} =$	Schätzer Mittelwert
DIXIT/PINDYCK	$C_t \exp(\alpha) + C_t \sigma \varepsilon_{t+1}$	$C_0 \exp(\alpha T)$
BOYLE, P.	$C_t \exp(\alpha - \sigma^2 / 2 + \sigma \varepsilon_{t+1})$	$C_0 \exp(\alpha T)$
hier: multiplikatives Modell	$C_t (1 + \alpha + \sigma \varepsilon_{t+1})$	$C_0 (1+\alpha)^T$

Der multiplikative Zahlungsprozeß gemäß (2.9) produziert (näherungsweise) log-normalverteilte Zahlungen. Den Wertebereich von α wollen wir zusätzlich auf $-1 < \alpha < k$ begrenzen, wobei k einer später noch zu konkretisierenden Alternativrendite entspricht. Folglich können Zahlungen, die mit diesem Prozeß modelliert werden, bei positivem Startwert C_0 nicht negativ werden.

Ein einfaches Beispiel soll die Anwendung des multiplikativen Zahlungsprozesses verdeutlichen. Der Startwert des Prozesses, der im Falle des arithmetischen Zahlungsprozesses auch Null betragen durfte, muß hier positiv sein. Wir nehmen $C_0 = 1$ an, eine Wachstumsrate von 5% pro Jahr, eine Standardabweichung von 20% pro Jahr sowie unveränderte Daten für T (= 240 Monate) und N (=1000).

Zu beachten ist, daß die Schrittweite h, mit der die Zahlung C_{t+1} aus der Zahlung C_t abgeleitet wird, konsistent sein muß mit der Bezugsperiode von Drift und Varianz. Beträgt die Drift 5% pro Jahr, die Standardabweichung 20% pro Jahr, h hingegen 1/12, ist eine Anpassung erforderlich: $\alpha \approx 0{,}41\%$ und $\sigma = 20\% / \sqrt{12} \approx 5{,}77\%$. Aus diesem Grund wird die Schrittweite gelegentlich explizit in das Bildungsgesetz einbezogen.[18]

Die Auswertung der Simulationsdaten ergibt folgenden Schätzwert für den Erwartungswert: $\mathrm{E}_0[C_{240}] \approx 2{,}69$

Zur Schätzung der Prozessparameter für das multiplikative Modell, α und σ, sind aus der vorliegenden Stichprobe zunächst die Wachstumsraten

16 Zu beachten ist, daß die unterschiedlichen Approximationsformeln nicht generell die gleichen Erwartungswerte und Varianzen produzieren.

17 DIXIT/PINDYCK (1993), S. 72; BOYLE, P. (1977), S. 329. Zu dem hier verwendeten Ansatz vgl. auch DUFFIE, D. (1996), S. 247.

18 Vgl. etwa DUFFIE, D. (1996), S. 248.

$\alpha_t = C_t / C_{t-1} - 1$ zu berechnen. Das arithmetische Mittel der α_t ist der Schätzer für α, deren Standardabweichung der Schätzer für σ.[19]

Abbildung 2.2: Multiplikativer Zahlungsprozeß

$C_0 = 1$, $\alpha = 0{,}05$, $\sigma = 0{,}2$, $T = 240$, $N = 1000$; in GE

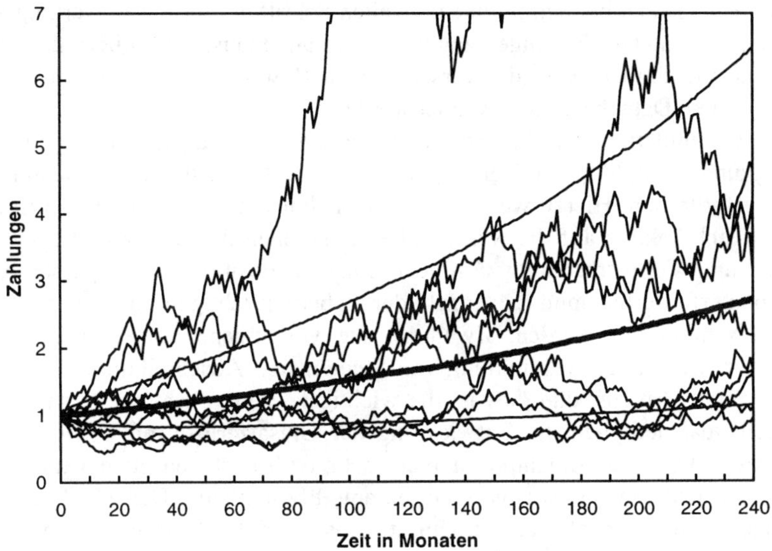

Quelle: Eigene Berechnungen

2.2 Simulation vereinfachter Jahresabschlüsse

Die direkte Modellierung von Zahlungen hat den Nachteil, daß für die Bewertung wichtige Details verborgen bleiben. Ohne Kenntnis der zugrunde liegenden Jahresabschlüsse können die Ausschüttungen an die Eigentümer des Unternehmens nur schwer konkretisiert werden. Zudem ist die Prognosetechnik an das Bewertungsverfahren gekoppelt: Die verschiedenen, im praktischen Einsatz befindlichen Discounted Cash-flow- und Ertragswertver-

19 Zur Schätzung der Prozessparameter für die geometrisch Brownsche Bewegung vgl. GOLDENBERG/ SCHMIDT (1996), S. 609, S. 621 sowie CAMPBELL/LO/MACKINLAY (1997), S. 363.

fahren definieren die bewertungsrelevanten Zahlungen ganz unterschiedlich. Entsprechend der methodenspezifischen Definition müßte das Prognosemodell formuliert werden. Die enge Verbindung von Prognose und Bewertungstechnik ist aber unzweckmäßig.

Es wird deshalb vorgeschlagen, das Prognosemodell vom Bewertungsmodell zu trennen. Zunächst werden vereinfachte Jahresabschlüsse simuliert. Aus diesen Daten können in einem zweiten Schritt die für die Bewertung als relevant erachteten Zahlungen abgeleitet und auf Plausibilität überprüft werden. Damit können dann die verschiedenen Bewertungsverfahren auf eine gemeinsame Datenbasis angewendet werden.

Die Simulation von Jahresabschlüssen ist aufwendiger als die direkte Schätzung der Zahlungen. Vereinfachungen sind zur Reduktion der Komplexität erforderlich. Hierzu werden drei Maßnahmen ergriffen: Erstens erfolgt eine Beschränkung auf die wesentlichen Positionen der Bilanz und der Gewinn- und Verlustrechnung. Für jede einzelne Position sind separate Annahmen erforderlich, und die Anzahl der zu berücksichtigen Positionen sollte deshalb minimiert werden. Zweitens, die vorhandenen deterministischen Strukturen etwa zur Bestimmung von Steuern und Abschreibungen werden ausgenutzt. Drittens, und dies ist die wichtigste Vereinfachung, es wird unterstellt, daß lediglich die Entwicklung der Umsatzerlöse mit Unsicherheit behaftet ist. Diese Annahme ist nicht sehr realistisch, da auch Personal-, Material- und sonstige Kosten nicht ex ante bekannt sind. Das Management hat jedoch im Gegensatz zu den Umsatzerlösen bei den Kostenpositionen oft einen größeren Handlungsspielraum. Die Faktoreinsatzmenge liegt im direkten Einflußbereich des Managements. In vielen Fällen lassen sich auch die Preissteigerungen auf der Beschaffungsseite relativ genau prognostizieren. Anders hingegen auf der Absatzseite: Insbesondere die Preisentwicklung birgt erhebliche Risiken in sich, die oft nicht durch Mengenanpassung kompensiert werden kann.

Zur Simulation der Jahresabschlüsse ausgehend von den Umsatzerlösen wird vorläufig ein Verfahren auf der Grundlage des deterministischen Ansatzes zur Finanzsimulation von RICHTER (1996) benutzt.[20] Die Idee besteht darin, aus vorliegenden Jahresabschlüssen der Vergangenheit eine Reihe definierter Kennzahlen zu ermitteln und diese zusammen mit der Umsatzprognose zu einer Trägheitsprojektion zu verarbeiten. Bei der Verwendung historischer Kennzahlen muß es freilich nicht bleiben. In Abhängigkeit von der beabsichtigten Strategie des Eigentümers können sich Änderungen ergeben,

20 Ebenda, S. 89ff.

die in einem zweiten Schritt erfaßt werden sollen. In jedem Fall wird jedoch unterstellt, daß lediglich die Entwicklung der Umsatzerlöse unsicher ist.

Für die Umsatzentwicklung ist ein multiplikatives Modell brauchbar, das negative Prognosewerte vermeidet:

$$(2.11)\quad U_{t+1} = U_t + \alpha_u U_t + \sigma_u U_t \varepsilon_{t+1}$$

$N = 78$, 1993 - 1997	$\alpha_u = 6{,}9\%$	$\sigma_u = 14{,}1\%$

Darin bezeichnet wie üblich α_u den Drift- und σ_u^2 den Varianzparameter. Um ein Gefühl für die Größenordnungen zu entwickeln, werden die Schätzwerte einer Stichprobe aus 78 deutschen Industrieunternehmen angegeben.[21] Hierbei handelt es sich um Durchschnittswerte, die freilich nicht auf einzelne Unternehmen bezogen werden können, sondern lediglich Anhaltswerte darstellen.

Tabelle 2.2: Vereinfachte Bilanz

Aktiva	*Symbole*	**Passiva**	*Symbole*
Sachanlagen	A (c_A)	Eigenkapital	E (TRE, KE)
Nettoumlaufvermögen (Working Capital)	W (c_W)	Rückstellungen	R (c_R)
Finanzanlagen	F	Zinspflichtiges Fremdkapital	B
Investiertes Kapital	K	Investiertes Kapital	K

Zu jedem Zeitpunkt der Indexmenge und zu jedem Ereignis (Simulationslauf) wird eine Bilanz in der Struktur gem. Tabelle 2.2 konstruiert. Es wird unterstellt, daß die Jahresabschlüsse nach Handelsgesetzbuch oder auch entsprechend internationaler Accounting Standards in das dargestellte Schema durch Kürzen und Zusammenfassen überführt werden können. Dies ist

21 In die Stichprobe wurden Industrieunternehmen aufgenommen, die im Jahr 1997 einen Umsatz von mindestens 5 Mrd. DM aufwiesen und für die vollständige Jahresabschlußdaten in der Hoppenstedt Bilanzdatenbank von 1992 – 1997 verfügbar waren.

wichtig, um die als Orientierungshilfe für die Prognose benötigten Kennzahlen aus Vergangenheitsdaten ableiten zu können.

Die vereinfachte GuV sollte ebenfalls unabhängig von den verschiedenen Rechnungslegungssystemen konstruiert werden können. Um eine Anwendung in Ländern mit steuerlichem Anrechnungsverfahren zu ermöglichen (wie in Deutschland) werden die Unternehmenssteuern separat ausgewiesen und ggf. vorhandene Steuergutschriften (aufgrund des körperschaftsteuerlichen Anrechnungsverfahrens) der Ausschüttung zugeschlagen.

Tabelle 2.3: Vereinfachte Gewinn- und Verlustrechnung

Positionen	*Symbole*	*Basis*
Umsatzerlöse	U	*stoch.Modell*
– Operativer Aufwand ohne Abschreibungen		c_{EBDIT}
Ergebnis vor Abschreibungen, Zinsen, Steuern	***EBDIT***	
– Abschreibungen		c_{Dep}
Ergebnis vor Zinsen und Steuern	***EBIT***	
– Zinsaufwand		r_B
+ Zinsertrag		r_F
Ergebnis vor Steuern	***EBT***	
– Unternehmenssteuern	TAX	s_{tax}, s_{GE}, s_{KSt}
Jahresüberschuß (modifiziert)	***NI***	
– Ausschüttung (einschließlich Steuergutschrift)	D	c_D
Zuführung zu den Gewinnrücklagen	***TRE***	

Diese Steuergutschriften sind in der Position "Ertragsteuern" der handelsrechtlichen GuV enthalten, gehören aber zum Bruttoeinkommen der inländischen Eigentümer.

Sämtliche der gelisteten Variablen sind ereignis- und zeitpunktspezifisch. Variablen mit einem Zeitindex 0 symbolisieren die Startwerte der Prozesse. Es handelt sich dabei um die Istdaten des Geschäftsjahres, das vor dem Bewertungsstichtag endet.

Die Jahresabschlußdaten der Vergangenheit mögen sich in der oben dargestellten Struktur befinden, so daß Kennzahlen gebildet werden können, die für eine Prognose in dieser Struktur verwertbar sind. Diese Kennzahlen tragen die Symbole $\{c_A, c_{Dep}, c_W, c_{EBDIT}, c_D, c_R\}$ für Strukturkennzahlen der Bilanz mit Gewinn- und Verlustrechnung, $\{r_B, r_F\}$ für Zinssätze sowie $\{s, s_{GE}, s_{KSt}\}$ für Steuersätze. Es wird hier vereinfachend unterstellt, daß es sich bei diesen Parametern um deterministische Funktionen ggf. in Abhängigkeit der Zeit handelt, deren Verlauf aber im Bewertungszeitpunkt bekannt ist. Im einfachsten Fall sind es Konstanten, die aus den Durchschnittswerten der Vergangenheit abgeleitet werden. Die Prognoseparameter sind dann weder zeit- noch zustandsabhängig. Bei gegebenem Umsatzprozeß und Prognoseparametern können nun die vereinfachten Jahresabschlüsse konstruiert werden.

Wir beginnen mit der Aktivseite der Bilanz. Die Sachanlagen zu einem Zeitpunkt $t + 1$ ergeben sich aus den Sachanlagen zum Zeitpunkt t zuzüglich der in der Periode $[t, t+1]$ geleisteten Investitionen und abzüglich Abschreibungen.

$$(2.12)\quad A_{t+1} = A_t + c_A U_{t+1} - c_{Dep}\left(A_t + \frac{c_A U_{t+1}}{2}\right) \quad \text{für } t \in \mathbf{T}$$

$N = 78$, 1993 – 1997*	c_A aM = 7,6% Med = 5,3%	c_{Dep} aM = 14,9% Med = 14,4%

Die Entwicklung des Anlagevermögens ist festgelegt mit dem Startwerte A_0, den Kennzahlen c_A und c_{Dep} sowie dem für die jeweilige Periode prognostizierten Umsatzerlös. Der Parameter c_A steht für die Investitionsauszahlung, die erforderlich ist, um eine DM Umsatz zu realisieren. Sowohl Ersatz- als auch Erweiterungsinvestitionen sind darin enthalten. c_{Dep} ist die Abschreibungsrate, die auf den Buchwert zu Beginn der Periode und die halben Investitionen der Periode angewendet wird.

Die Veränderungen im Nettoumlaufvermögen werden proportional zu den Veränderungen der Umsatzerlöse bestimmt:

$$(2.13)\quad W_{t+1} = W_t + c_W\left(U_{t+1} - U_t\right)$$

* aM = ungewichtetes arithmetisches Mittel, Med = Median.

$N = 78, 1993-1997$	c_W aM = 29,1% Med = 25,1%

Der Bestand des Nettoumlaufvermögens in $t = 0$ ist mit W_0 gegeben, die erwartete Veränderungsrate pro DM Umsatz beträgt c_W. Umsatzwachstum führt z.B. zu Bestandserhöhungen, Umsatzrückgänge setzen finanzielle Mittel auf Unternehmensebene frei.

Die Finanzanlagen werden im Zusammenhang mit dem Bedarf nach zinspflichtigem Fremdkapital geplant. Gegebenenfalls nach Ausschüttungen und Reinvestition in Sachanlagen noch vorhandene Finanzmittel werden *vorläufig* zur Tilgung von Fremdkapital benutzt. Ist kein zinspflichtiges Fremdkapital vorhanden, werden die Mittel in Finanzanlagen geparkt. Die genaue Spezifikation des Veränderungsbetrags der Finanzanlagen Z erfolgt auf Basis von Finanzierungsprämissen, die im vierten Kapitel erörtert werden.

$$(2.14)\quad F_{t+1} = F_t + Z_{t+1}$$

Das investierte Kapital ergibt sich aus der Summe von Sachanlagen, Nettoumlaufvermögen und Finanzanlagen.

$$(2.15)\quad K_{t+1} = A_{t+1} + W_{t+1} + F_{t+1}$$

Bevor die Passiva konstruiert wird, soll die Gewinn- und Verlustrechnung entwickelt werden. Die Rücklagenzuführung kann dann zur Bestimmung des Buchwertes des Eigenkapitals benutzt werden. Der Gewinn vor Steuern, *EBIT*, leitet sich aus den Umsatzerlösen, der Bruttomarge c_{EBDIT} sowie den Abschreibungen ab:

$$(2.16)\quad EBIT_{t+1} = c_{EBDIT} U_{t+1} - c_{Dep}\left(A_t + \frac{c_A U_{t+1}}{2}\right)$$

$N = 78, 1993-1997$	c_{EBDIT}	c_A	c_{Dep}
aM	8,1%	7,6%	14,9%
Med	7,4%	5,3%	14,4%

Zinsaufwendungen sowie Zinserträge werden kalkuliert auf Basis der Bestände der Vorperiode und den korrespondierenden Zinssätzen. Sowohl der Zinssatz für zinspflichtiges Fremdkapital, r_B, als auch die Rendite auf Finanzanlagen, r_F, wird in Abhängigkeit von den im Bewertungszeitpunkt vorliegenden Marktzinssätzen festgelegt. Das Ergebnis vor Steuern, *EBT*, ergibt sich damit so:

(2.17) $EBT_{t+1} = EBIT_{t+1} - r_B B_t + r_F F_t$

Die Kalkulation der Unternehmenssteuern basiert auf einer Schätzung von steuerlichen Bemessungsgrundlagen, steuerlichen Verlustvorträgen sowie der Struktur des verwendbaren Eigenkapitals. Auf die konkrete Berechnung muß an dieser Stelle nicht ausführlich eingegangen werden, da eine umfangreiche Literatur zur Steuerplanung existiert.[22] Im einfachsten Fall, indem die immer positiven Bemessungsgrundlagen der Gewerbesteuer und der Körperschaftsteuer identisch sind und gleichzeitig mit dem handelsbilanziellen *EBT* übereinstimmen, ergibt sich die Steuerbelastung auf Basis eines einzigen, kombinierten Steuersatzes (s):

(2.18) $TAX_{t+1} = EBT_{t+1} \cdot s$ mit: $s = 1 - \frac{(1 - s_{GE})(1 - s_{KSt})}{1 - c_D s_{KSt}}$

Der kombinierte Ertragsteuersatz hängt vom effektiven Gewerbeertragsteuersatz s_{GE}, dem Körperschaftsteuersatz für thesaurierte Gewinne s_{KSt} sowie von der Ausschüttungsquote c_D ab. Bei Vollausschüttung des Jahresüberschusses (c_D = 1,0) wird lediglich die Gewerbeertragsteuer berücksichtigt; bei einem Hebesatz von H = 400 und reiner Eigenfinanzierung beträgt s_{GE} = 16,67%.[23] Die Ausschüttungsbelastung wird nicht eingerechnet. Mit s_{KSt} = 45% (40% in 2000) beträgt der kombinierte Grenzsteuersatz bei vollständiger Gewinnthesaurierung 54,2% (50% in 2000).

Der dargestellte Algorithmus ist auf Basis der Steuerreform von 2000 zu modifizieren. Danach reduziert sich die Berechnung des kombinierten Einkommensteuersatzes auf die Gewerbeertragsteuer und die von der Aus-

---

22 Etwa ROSE, G. (1997), zur Berücksichtigung von Steuern bei der Unternehmensbewertung DIRRIGL, H. (1988); Details folgen weiter unten.

23 Bei anteiliger Fremdfinanzierung ist zu prüfen, ob Dauerschulden vorliegen und damit die Hälfte Dauerschuldzinsen die Bemessungsgrundlage erhöhen. Der effektive Gewerbesteuersatz übersteigt dann den Wert von 16,67%.

schüttungsquote unabhängige Körperschaftsteuer (25%). Der kombinierte Ertragsteuersatz beträgt dann $s = 37{,}5\%$ ($H = 400$).[24]

Verluste und Verlustvorträge werden auf vereinfachte Weise berücksichtigt:

$$(2.19)\quad TAX_{t+1} = \max\{0; s\,(EBT_{t+1} - TLC_t)\}$$

Darin bezeichnet TLC_t den steuerlichen Verlustvortrag am Ende der Periode t. Dessen Berücksichtigung kann jedoch nicht zu insgesamt negativen Bemessungsgrundlagen führen. Die Fortschreibung des Verlustvortrags soll so erfolgen:

$$(2.20)\quad TLC_{t+1} = \max\{0; TLC_t - EBT_{t+1}\} \qquad \text{mit } TLC_0 \text{ als Startwert}$$

Danach reduzieren positive Ergebnisse den Verlustvortrag, negative Ergebnisse erhöhen ihn. Bei fehlender Information wird der Startwert der Verlustvorträge auf Null gesetzt.

Es wird davon ausgegangen, daß Ausschüttungen nur aus positiven Gewinnen vorgenommen werden:

$$(2.21)\quad D_{t+1} = \max\{0, (EBT_{t+1} - TAX_{t+1})\,c_D\}$$

Die Ausschüttungsquote bezieht sich auf den Quotienten aus Ausschüttung und Ergebnis nach Steuern – den Term in runden Klammern. Die Thesaurierung ergibt sich folglich aus dem $(1 - c_D)$-fachen des Ergebnisses nach Steuern; die Zuführung zu den Gewinnrücklagen liegt damit ebenfalls fest:

$$(2.22)\quad TRE_{t+1} = EBT_{t+1} - TAX_{t+1} - D_{t+1}$$

Wenden wir uns nun der Passivseite der Bilanz zu: Das Eigenkapital erhöht sich um die Zuführungen zu den Gewinnrücklagen; es schrumpft bei Verlusten, soweit diese nicht durch Kapitalerhöhungen ausgeglichen werden:

$$(2.23)\quad E_{t+1} = E_t + X_{t+1} \quad \text{mit:} \quad X_{t+1} = TRE_{t+1} + KE_{t+1}$$

Die Veränderung des Eigenkapitals X wird ebenfalls später auf Basis von Ausschüttungs- und Finanzierungsprämissen diskutiert.

---

24 Siehe http://www.unternehmenssteuerreform.de

Die Fortschreibung der Rückstellungen erfolgt vereinfachend proportional zu den Veränderungen des Umsatzes. Plausibel ist dies zum Beispiel für Gewährleistungsrückstellungen, unrealistisch hingegen für Pensionsrückstellungen. Wünschenswert wäre eine Modellierung der Pensionsrückstellungen unter Berücksichtigung der vertraglichen Vereinbarungen zwischen Unternehmen und Arbeitnehmerschaft, der Altersstruktur der Mitarbeiter sowie der Wahrscheinlichkeitsverteilung, die angibt, wie lange Betriebsrentner in den Genuß der Pension kommen. All diese Faktoren werden hier aus Vereinfachungsgründen ausgeblendet:

(2.24) $R_{t+1} = R_t + c_R(U_{t+1} - U_t)$

$N = 78$, 1993 – 1997	c_R aM = 30,0% Med = 24,2%

Das zinspflichtige Fremdkapital wird im Zusammenhang mit den Finanzanlagen und der Ausschüttungspolitik der Unternehmung festgelegt. Es wird *vorläufig* angenommen, daß Banken Fremdkapital in einer Höhe zur Verfügung stellen, das unter Berücksichtigung des Innenfinanzierungspotentials einerseits ausreicht, um das Investitionsprogramm zu realisieren und andererseits die geplante Ausschüttung ermöglicht. Klar ist, daß diese Annahme nur vorläufigen Charakter haben kann. Sie wird im vierten Kapitel durch Konkretisierung des Veränderungsbetrags Y ersetzt.

(2.25) $B_{t+1} = B_t + Y_{t+1}$

Die Konstruktion der vereinfachten Bilanz mit Gewinn- und Verlustrechnung ist damit komplett. Der verwendete Algorithmus stellt sicher, daß die Summen von Aktiv- und Passivseite stets übereinstimmen. Die Herleitung von als bewertungsrelevant erachteten Zahlungen kann auf dieser Basis erfolgen. Die Definition dieser Zahlungsgröße hängt vom gewählten Bewertungsverfahren ab.

Erweiterungen des Modells zur Abschwächung unrealistischer Annahme sind einfach möglich. Zum Beispiel kann eine mit Unsicherheit behaftete Bruttomarge c_{EBDIT} leicht eingebaut werden. Die Marge wurde definiert als Quotient aus *EBDIT* und Umsatzerlös. Eine Schätzung des Erwartungswertes und der Varianz dieser Kennzahl auf Basis von Vergangenheitsdaten möge vorliegen. Ein einfacher Umsatzmargenprozeß könnte damit so modelliert werden:

$$(2.26) \quad c_{EBDIT,t+1} = \bar{c}_{EBDIT} + \sigma_{EBDIT}\varepsilon_{t+1}$$

$N = 78$, 1993 - 1997	$\bar{c}_{EBDIT} = 8{,}1\%$	$\sigma_{EBDIT} = 5{,}9\%$

Darin wird unterstellt, daß die Umsatzrendite unabhängig von der Höhe der Umsatzerlöse ist, Skaleneffekte somit nicht vorhanden sind. Um diese zu berücksichtigen wäre c_{EBDIT} als Funktion der Umsatzerlöse zu formulieren.

2.3 Plausibilitätsprüfungen

Die Plausibilität der Finanzsimulation ist hinsichtlich der rechnerischen Konsistenz sowie der inhaltlichen Prämissen zu überprüfen. Zentral sind die Annahmen zur Entwicklung der Profitabilität und des Wachstums. Die finanzwirtschaftlichen Prämissen sind ebenfalls zu analysieren; deren Diskussion erfolgt ausführlich im vierten Kapitel.

2.3.1 Rechnerische Konsistenz

Wir stellen uns vor, *N* Simulationen durchgeführt zu haben. Der Planungszeitraum soll vorläufig $T = 150$ Jahre betragen, die Schrittweite von *h* sei 1, $N = 1000$. Damit entsteht eine Datenmenge von 150.000 vereinfachten Abschlüssen mit jeweils 18 Positionen (ohne Zusatzangaben für Alternativrenditen, Verlustvorträge oder Liquidationserlöse), insgesamt also einen Datensatz mit knapp 3 Millionen Positionen. In diesem Ozean von Daten gilt es die Übersicht zu gewinnen. Zweckmäßig wird die Anzahl der Simulationsläufe minimiert, wobei dies mit der damit einher gehenden Abnahme der Genauigkeit abzuwägen ist. Die Anzahl der erforderlichen Simulationsläufe läßt sich für eine vorgegebene Maximalabweichung des berechneten Wertes vom richtigen Wert (z.B. 5%) mit statistischer Wahrscheinlichkeit (z.B. 95%) so abschätzen:[25]

25 Vgl. CAMPBELL/LO/MACKINLAY (1997), S. 384.

$$(2.27)\quad N \geq \left(\frac{1{,}96}{5\%} vc\right)^2$$

Darin ist *vc* der Variationskoeffizient der Ergebnisvariable, z. B. die Standardabweichung des Unternehmenswertes bezogen auf den Mittelwert der simulierten Werte. Bei N = 1000 darf diese Kennzahl folglich nicht größer als 0,81 ausfallen.

Wir unterstellen also, eine ausreichende Anzahl von Simulationsläufen durchgeführt zu haben, und wollen nun zunächst die *rechnerische Konsistenz* überprüfen. Zuerst sollten Bilanzen mit zugehörigen GuV auf Basis von Erwartungswerten aufgebaut werden. Man stelle sich die Aktiva bzw. die Passiva jeder einzelnen Bilanz als Summe von Einzelpositionen vor, die zu jeweils einem Zeitpunkt addiert und durch die Anzahl der Simulationsläufe dividiert werden. Wir erhalten eine fiktive Bilanz, die aus Erwartungswerten besteht. Aufgrund der linearen Struktur ist der Erwartungswert der Einzelpositionen gleich dem Erwartungswert der Summe der Positionen. Die Bilanz der Erwartungswerte ist ausgeglichen, wenn die einzelnen, zustandsbedingten Bilanzen ausgeglichen sind. Mit der Gewinn- und Verlustrechnung wird analog verfahren.

Diese Zusammenhänge gelten nicht mehr, wenn nicht-lineare Funktionen wie z.B. zur Bestimmung der Steuern benutzt werden. Der Erwartungswert der Steuerzahlungen entspricht im allgemeinen nicht dem Produkt aus Steuersatz und Erwartungswert des *EBT*:

$$(2.28)\quad \mathrm{E}[TAX] = \mathrm{E}[\max\{0, s\,EBT\}] \neq \max\{0, s\,\mathrm{E}[EBT]\}$$

In der zu Erwartungswerten aggregierten GuV findet man E[*TAX*] und E[*EBT*]; der Quotient dieser beiden Werte entspricht aber nicht dem Steuersatz *s*; m.a.W: Die erwarteten Steuerzahlungen ergeben sich bei nichtlinearen Bemessungsgrundlagen und Steuertarifen nicht aus dem Produkt von Steuersatz und erwartetem Ergebnis vor Steuern.[26]

---

26 Dies wird in keinem der im ersten Kapital angeführten Standardwerken zur Unternehmensbewertung berücksichtigt.

Abbildung 2.3: Geometrische Darstellung der Jensen-Ungleichung

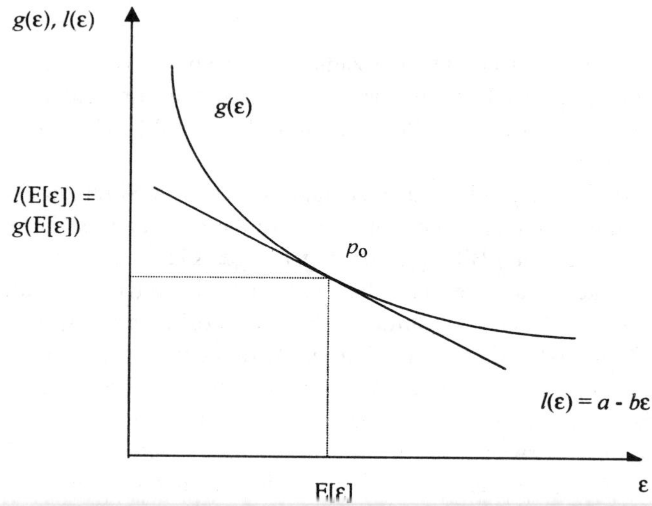

Eine Plausibilisierung der Simulationsergebnisse kann aber unter Benutzung der Jensen-Ungleichung für konvexe Funktionen erfolgen. Eine Funktion heißt konvex, wenn zu jedem Argument x_0 eine Gerade konstruiert werden kann, die durch den Schnittpunkt $(x_0, g(x_0))$ geht und unter dem Graphen der Funktion $g(x)$ liegt. Ist ε eine Zufallszahl mit Erwartungswert $E[\varepsilon]$ und $g(\varepsilon)$ eine konvexe Funktion, gilt $E[g(\varepsilon)] \geq g(E[\varepsilon])$.[27] Abbildung 2.3 verdeutlicht den Zusammenhang: Im Schnittpunkt p_0 der beiden Graphen sind $l(E[\varepsilon])$ und $g(E[\varepsilon])$ identisch. Da $l(\varepsilon)$ linear ist, gilt für den Erwartungswert $l(E[\varepsilon]) = E[l(\varepsilon)]$. Der Erwartungswert $E[l(\varepsilon)]$ muß kleiner oder gleich $E[g(\varepsilon)]$ sein, wenn $l(\varepsilon)$ kleiner oder gleich $g(\varepsilon)$ ist. Dies ist aufgrund der Konvexität von g gegeben. Daraus folgt $E[g(\varepsilon)] \geq g(E[\varepsilon])$. Handelt es sich bei $g(\varepsilon)$ um eine konkave Funktion, gilt $E[g(\varepsilon)] < g(E[\varepsilon])$.[28]

In der hier verwendeten Planungssystematik kommen nicht-lineare Funktionen lediglich in der GuV vor. Die Summen der Aktiv- und der Passivseite müssen stets identisch sein. Die Rechnung bis zum *EBIT* muß sich ebenfalls auf Basis der Erwartungswerte nachvollziehen lassen. Für die übri-

---

27 Zum formalen Beleg MOOD/GRAYBILL/BOES (1974), S. 72.
28 Vgl. INGERSOLL, J. (1987), S. 16.

gen GuV-Positionen (Steuern, Ausschüttungen) lassen sich zulässige Intervallgrenzen angeben.

2.3.2 Analyse der Profitabilitätserwartungen

Im nächsten Schritt gilt es die Planungsprämissen auf Plausibilität zu überprüfen. Nach der Aggregation zu Erwartungswerten liegen T = 150 vereinfachte Jahresabschlüsse vor. Davon sind primär die Positionen der ersten zehn Jahre interessant, die mit den korrespondierenden Positionen der Jahresabschlüsse aus vergangenen Jahren sinnvoll verglichen werden können. Für die Folgejahre wird man sich auf einzelne Kennzahlen wie etwa durchschnittliche Wachstumsraten beschränken; Trends und Abweichungen können auf dieser Basis analysiert werden. Instrumente der Performance-Messung, z. B. Kapitalrenditen oder Residualgewinne, können benutzt werden, um so die zugrunde liegenden Annahmen transparent zu machen. Dazu eignen sich besonders Darstellungen in Form von "Strukturbäumen", die etwa dem bekannten DuPont-Schema folgen (siehe Abbildung 2.4). Diese Art der vergleichenden Finanzanalyse, bei der die Unternehmensleistung der Vergangenheit mit der Prognose abgeglichen wird, ist Standard, wie die anwendungsorientierte Literatur belegt.[29]

Abweichungen zwischen den historischen Werten und den Annahmen in der Prognose sollen offen gelegt und damit einer Begründung zugeführt werden. Als "Benchmark" für die Entwicklung der Profitabilität kommen historische Renditen, Renditen von Wettbewerbern sowie die Kapitalkosten des Unternehmens in Betracht. COPELAND/KOLLER/MURRIN gehen davon aus, daß in wettbewerbsintensiven Branchen die Kapitalrenditen langfristig gegen die Kapitalkosten des Unternehmens konvergieren.[30] *Bilanzielle* Überrenditen oder Unterrenditen können demnach auf Dauer nicht bestehen.

Mit der Performance-Messung auf Basis von Erwartungswerten sind die Möglichkeiten einer stochastischen Finanzsimulation aber bei weitem noch nicht ausgeschöpft. Fragen nach der Wahrscheinlichkeit bestimmter Zustände können mit statistischer Zuverlässigkeit beantwortet werden. Beispielsweise, wie hoch ist die Wahrscheinlichkeit, daß innerhalb von n Jahren wegen unzureichender Kapitalrendite die Dividende ausfällt, das Eigenkapital negativ wird, das *EBIT* nicht ausreicht, um den Zinsaufwand zu decken, der Verschuldungsgrad einen bestimmten Grenzwert übersteigt, der Bestand an

---

29 Vgl. stellvertretend COPELAND/KOLLER/MURRIN (1998).
30 Ebenda (1998), S. 301.

Finanzanlagen aufgezehrt wird, die Abschreibungen die Reinvestitionen unterschreiten oder eine Kapitalerhöhung erforderlich wird, wenn der Fremdkapitalbestand (oder die Fremdkapitalquote) konstant gehalten wird?

Abbildung 2.4: Beispiel für Einen Kapitalrenditebaum[31]

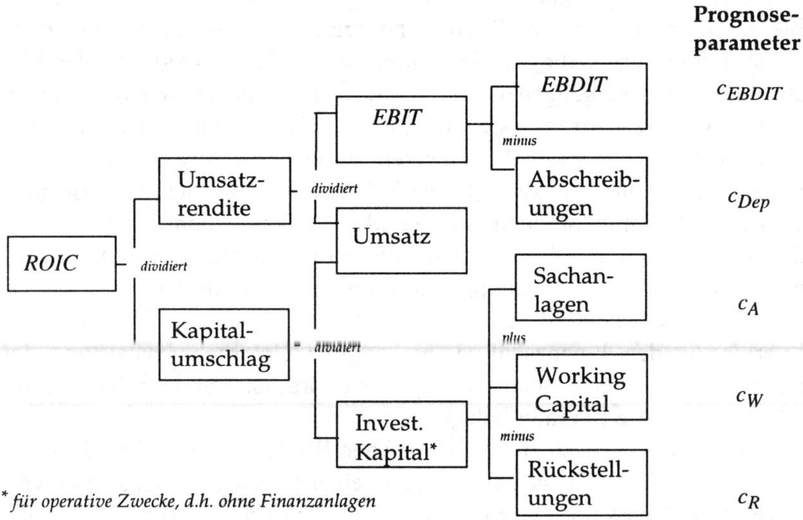

* *für operative Zwecke, d.h. ohne Finanzanlagen*

Bei einer Prognose von drei oder fünf Szenarien bleiben diese Fragen unbeantwortet. Bei dem hier vorgeschlagenen Vorgehen ist das anders. Durch einfaches Abzählen kann die Wahrscheinlichkeit eines definierten Ereignisses bestimmt werden. Zur Schätzung der Verlustwahrscheinlichkeit innerhalb der nächsten *n* Jahre werden die Jahre mit negativem Jahresüberschuß gezählt und durch die Anzahl der möglichen Ereignisse ($n \times N$) dividiert.

Beispielhaft seien zwei Wahrscheinlichkeiten definiert. Die Wahrscheinlichkeit eines (aufgrund von Verlusten und fehlender Kapitalerhöhungen) negativen Buchwertes des Eigenkapitals

31 In Anlehnung an COPELAND/KOLLER/MURRIN (1998), S. 129; *ROIC* steht für Return on Invested Capital. Zum investierten Kapital werden hier nur die operativen Komponenten, d.h. nicht die Finanzanlagen gezählt. Folglich sind die Zinserträge auch nicht im *EBIT* enthalten.

$$(2.29)\quad q_E(n)=\frac{\sum_i x_i}{nN}\quad \text{mit}: x_i=\begin{cases}1, \text{falls } E_{it}<0 \text{ und } t\le n\\ 0, \text{sonst}\end{cases}$$

$$i=1,2,\ldots,N;\, t,n\in \mathbf{T},$$

sowie die Verlustwahrscheinlichkeit

$$(2.30)\quad q_L(n)=\frac{\sum_i y_i}{nN}\quad \text{mit}: y_i=\begin{cases}1, \text{falls } EBT_{it}-TAX_{it}<0 \text{ und } t\le n\\ 0, \text{sonst}\end{cases}.$$

Auf Basis der so ermittelten Wahrscheinlichkeiten kann die Prognose besser plausibilisiert werden. Bewerter bzw. Auftraggeber können sich fragen, ob sie z.B. eine Insolvenzwahrscheinlichkeit von 50%, approximiert durch die Wahrscheinlichkeit eines negativen Eigenkapitalbetrags, in den nächsten 5 Jahren für realistisch halten, wenn das Unternehmen momentan nicht unter Ertragsschwäche leidet. Was als "realistisch" beurteilt werden darf, kann das Verfahren freilich nicht beantworten. Es enthüllt implizite Annahmen, die oft ohne Absicht getroffen werden, jedoch das Bewertungsresultat erheblich beeinflussen können.

2.3.3 Analyse der Wachstumserwartungen

Der zweite Faktor, der neben der Profitabilität einen maßgeblichen Einfluß auf das Bewertungsergebnis hat, ist die erwartete Wachstumsrate der Umsatzerlöse. Diesbezüglich sind die Annahmen zu explizieren und, soweit es geht, quantitativ zu untermauern. Auch dabei bildet die Vergangenheit oft einen Bezugspunkt: Ist eine Wachstumsrate realistisch, die in der Vergangenheit nie realisiert wurde, die über der erwarteten Wachstumsrate des Marktes und derjenigen der Wettbewerber liegt? Werden neue Märkte geschaffen oder wird Marktanteil von Wettbewerben gewonnen? Welche Wettbewerber verlieren aus welchem Grund Marktanteile? Von welchen Reaktionen des Wettbewerbs ist auszugehen? Ist andererseits ein Nullwachstum trotzt einer positiven Inflationsrate realistisch? Bietet die langfristige Wachstumsrate des Bruttosozialproduktes einen Anhaltspunkt? Diese und ähnliche Fragen sind für die Unternehmensbewertung zentral, können aber nur im Einzelfall und keinesfalls hier beantwortet werden.

In der Literatur zur Unternehmensbewertung werden häufig idealisierte Wachstumsstrukturen zugrunde gelegt: DRUKARCZYK/SCHWETZLER gehen in Beispielen von variablen Wachstumsraten für einen Zeitraum von 7 Jahren aus und unterstellen danach ewiges Nullwachstum.[32] Diese sogenannte Phasenmethode, bei der die Wachstumsraten in der ersten Phase periodenspezifisch und danach uniform, meist Null sind, ist weit verbreitet.[33] Wird eine von Null verschiedene, ewige Wachstumsrate unterstellt, erfolgt oft eine Orientierung an der Inflationsrate, die bei vollständiger Überwälzung zu proportionalem Wachstum der Zahlungen führt.[34] COPELAND/KOLLER/MURRIN verbinden die Annahme zur Konvergenz der Kapitalrendite mit der Wachstumsprämisse. Entspricht die Kapitalrendite den Kapitalkosten, wird durch Wachstum des investierten Kapitals kein zusätzlicher Unternehmenswert geschaffen. Unterstellt man eine einheitliche Wachstumsrate für das investierte Kapital und die bewertungsrelevanten Zahlungen, hat die Wachstumsrate keinen Einfluß auf den Unternehmenswert. Folglich kann dann auf eine explizite Prognose der Wachstumsraten verzichtet werden.[35]

Daß Unternehmen über sehr lange Zeiträume Umsatzwachstumsraten über dem Durchschnitt aller Unternehmen realisieren, ist nicht sehr wahrscheinlich. Auf Basis der Stichprobe der 78 Unternehmen ergeben sich 63 Fälle, in denen es Unternehmen geschafft haben, in den fünf Jahren von 1993 bis 1997 einmal ein Umsatzwachstum über dem Durchschnitt von 6,9% zu realisieren. In 27 Fällen gelang es zweimal hintereinander den Durchschnitt zu übertreffen, in 5 Fällen dreimal, in 2 Fällen viermal, und in weiteren 3 Fällen (SAP, Heidelberger Druckmaschinen, Computer 2000) schafften es die Unternehmen, über den gesamten Zeitraum von 5 Jahren überdurchschnittliche Wachstumsraten zu erzielen.[36]

Abschließend sei auf eine einfache Plausibilitätsprüfung hingewiesen, die sowohl die rechnerische als auch die inhaltliche Dimension erfaßt: Wenn die Kapitalrendite (ROIC) in jeder Periode über (unter) dem durchschnittlichen Kapitalkostensatz lag, muß der berechnete Unternehmensgesamtwert den Buchwert des investierten Kapitals übersteigen (unterschreiten). Entspricht die Kapitalrendite in jeder Periode exakt dem Kapitalkostensatz, sind Buchwert und Unternehmenswert identisch. Den aus der Berechnung folgenden Verhältniswert des Unternehmensgesamtwertes zum Buchwert des investierten Kapitals vergleiche man mit den auf Basis der Börsenkapitalisie-

---

32 Ebenda (1998), S. 209ff.

33 Vgl. IDW (1998), S. 58, S. 75; BALLWIESER, W. (1993), S. 157.

34 Vgl. MOXTER, A. (1983), S. 186; BALLWIESER, W. (1988), S. 801; MANDL/RABEL (1997), S. 156; DRUKARCZYK/SCHWETZLER (1998), S. 378.

35 Ebenda (1998), S. 300; ebenso BORN, K. (1995), S. 118 – 120.

36 Durch Unternehmenstransaktionen bedingte Umsatzveränderungen wurden nicht bereinigt.

rungen berechneten Verhältniswerten von Wettbewerben. Signifikante Differenzen sollten sich begründen lassen durch unterschiedliche Rendite- und Wachstumserwartungen.

3 Modelle für Alternativrenditen

In den folgenden Abschnitten werden Modelle für Alternativrenditen risikobehafteter und risikoloser Investitionen betrachtet (Abschnitt 3.1 bzw. 3.2). Ein wesentliches Element bei der Schätzung von Alternativrenditen risikobehafteter Investitionen stellt die Rendite des Marktportefeuilles dar. Abschnitt 3.1 ist folglich auf die Simulation der Rendite eines breit diversifizierten Aktienindexes konzentriert. Die Rendite des Indexes und der risikolose Zins sind jedoch in der Realität nicht unabhängig voneinander, so daß in Abschnitt 3.3 ein Modell zur kombinierten Prognose skizziert wird. Die Abschnitte 3.2 und 3.3 stellen einen Exkurs dar. Eine tiefergehende Betrachtung ist nicht beabsichtigt, da aus Gründen der Komplexitätsreduktion für die weitere Diskussion von einem nicht-stochastischen risikolosen Zins ausgegangen wird.

3.1 Rendite-Modelle für risikobehaftete Anlagen

Ein Modell für unsichere Alternativrenditen könnte wie folgt hergeleitet werden. Angenommen, die Renditen breit diversifizierter Aktienportefeuilles unterlägen zwar zufälligen Schwankungen, würden aber langfristig gegen eine stabile Rate konvergieren. Diese langfristig zu erwartende Rendite sei bekannt, ebenso wie die momentane Rendite einschließlich der Varianz. Zusammen mit einer Annahme über die Geschwindigkeit, mit der die momentane Rendite zur langfristigen Durchschnittsrate zurückkehrt, kann folgendes Modell formuliert werden:[37]

$$(2.31)\quad r_{M,t+1} = r_{Mt} + \eta(\alpha - r_{Mt}) + \sigma_M \varepsilon_{t+1}$$

37 Dieser Prozeß konvergiert gegen den sogenannten Ornstein/Uhlenbeck-Prozeß; eine ausführliche Diskussion findet sich bei VASICEK, O. (1977). Die zugehörige Differenzialgleichung lautet:
$dr_M = \eta\ (\alpha - r_M)\ dt + \sigma_M\ dz.$

Die Funktion des Konvergenzfaktors η wird deutlich, wenn die Klammer ausmultipliziert wird. Man sieht dann, daß die Rendite der nächsten Periode sich ergibt aus dem gewichteten Mittel der Rendite der Vorperiode und der langfristig erwarteten Rendite $\alpha = \bar{r}_M$. Die Entwicklung der Rendite wird überlagert durch zufällige Störungen:

(2.32) $r_{M,t+1} = r_{Mt}(1-\eta) + \eta\bar{r}_M + \sigma_M\varepsilon_{t+1}$

Im Falle von $\eta = 1$ liegt ein stationärer Prozeß (im folgenden "einfacher Renditeprozeß") vor, der um eine Konstante schwankt. Bei $\eta = 0$ folgt ein Renditeprozeß ohne Drift:

(2.33) $r_{M,t+1}(\eta = 1) = \bar{r}_M + \sigma_M\varepsilon_{t+1}$ bzw. $r_{M,t+1}(\eta = 0) = r_{Mt} + \sigma_M\varepsilon_{t+1}$

Die Erwartungswerte bestimmt man wiederum durch rekursives Einsetzen. In den ersten beiden Fällen ($\eta \in]0;1[$ bzw. $\eta = 1$) entspricht dieser dem langfristig erwarteten Parameter $\bar{r}_M$. Im dritten Fall ($\eta = 0$) stimmen Startwert und Erwartungswert überein.

Für das in Abbildung 2.5 abgebildete Beispiel ergeben sich aus der Simulation folgende Schätzer:

$\mathrm{E}_0[r_{M240}] \approx 1\% = \bar{r}_M$

$\mathrm{Var}_0[r_{M240}] \approx 0{,}1\% \equiv \sigma^2 T$ bzw. $Std_0[r_{M240}] \approx 3{,}1\% \equiv \sigma\sqrt{T}$

Die Schätzung des Konvergenzfaktors η kann auf Basis einer linearen Regression erfolgen.[38] Um dies zu sehen, wird (2.31) in eine Differenzengleichung überführt:

(2.34) $r_{Mt+1} - r_{Mt} = a + br_{Mt} + \varepsilon'_{t+1}$

Aus den Koeffizienten a und b folgen die Schätzer für η und α:

(2.35) $\eta = -b$ und $\alpha = -\frac{a}{b}$

Der dargestellte Renditeprozeß schließt im Zeitablauf negative Renditen für einzelne Perioden nicht aus. Negative Realisierungen (> -100%) sind nicht unplausibel, wenn diese Alternativrenditen darstellen, die sich etwa aus

38 Vgl. DIXIT/PINDYCK (1993), S. 76 – 77.

der Entwicklung eines Aktienindex ableiten. Langfristig wird eine Konvergenz gegen eine Rendite angestrebt, die ausreichen soll, um risikoaverse Anleger für ein Engagement in Aktien zu gewinnen.

Abbildung 2.5: Konvergierender Renditeprozeß

$r_{M0} = -0{,}1$; $\alpha = 0{,}01$; $\sigma = 0{,}002$; $\eta = 0{,}025$, $T = 240$, $N = 1000$

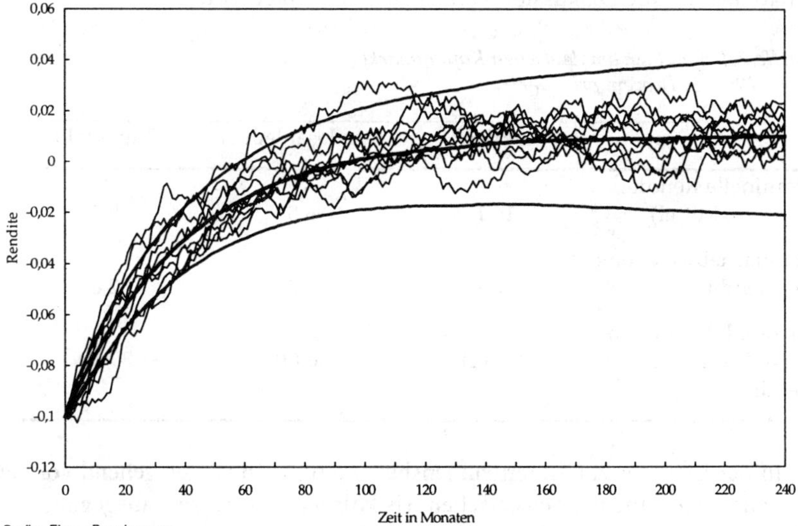

Quelle: Eigene Berechnungen

3.2 Zur Modellierung des risikolosen Zinses

Neben der Alternativrendite für risikobehaftete Anlagen wird für die Zwecke der Bewertung risikoloser Investitionen ein Zinssatz für sichere Geldanlagen benötigt. Dieser Zinssatz leitet sich aus der Kursentwicklung von Anleihen ab, deren Zahlungen mit Sicherheit geleistet werden. Die Höhe des zukünftigen risikolosen Zinses ist unbekannt, so daß auch hierfür ein Modell zweckmäßig erscheint. Eine Ursache für diese Unsicherheit besteht in sich ändernden Erwartungen über die zukünftige Inflationsrate, die im risikolosen Nominalzins enthalten ist.

Die in Abschnitt 3.1 dargestellten Modelle für Alternativrenditen sind für sichere Geldanlagen nicht unmittelbar geeignet. Negative Zinssätze sind auszuschließen. Zum Bezugspunkt zur Schätzung des risikolosen Zinses wird vorläufig die nominelle Rendite von Tagesgeldern benutzt. Diese Wertpapiere wiesen stets positive Renditen auf (siehe Tabelle 2.4). In der Literatur finden sich auch Modelle, die dies berücksichtigen.[39] Das Bildungsgesetz (2.32) könnte angepaßt werden, indem zum Beispiel die Varianzfunktion modifiziert wird. Am Prinzip der Rendite-Simulation ändert sich hierdurch wenig, so daß hier auf die Diskussion von Details verzichtet wird.[40]

Tabelle 2.4: Renditen am deutschen Kapitalmarkt 1954 - 1992, in Prozent pro Jahr[41]

	Aktien	Bundesanleihen	Tagesgeld
Nominelle Rendite (Arithm. Mittel)	14,1	6,8	5,5
Standardabweichung der Rendite	27,2	5,5	2,6
Anzahl Jahre mit positive (negativer) Rendite	27 (12)	36 (3)	39 (0)

In der Literatur zur Unternehmensbewertung wird weitestgehend von der Existenz eines nicht-stochastischen risikolosen Zinssatzes ausgegangen.[42] Diese Annahme ist freilich nicht realistisch und als Maßnahme zur Komplexitätsreduktion zu interpretieren. Die Unsicherheit im Hinblick auf die Aktienmarktrendite wird im Rahmen des CAPM erfaßt. Diese Rendite unterliegt relativ und absolut betrachtet deutlich höheren Schwankungen als der Zins für Tagesgelder, so daß damit zumindest die Rendite mit dem höchsten Unsi-

39 Vgl. etwa COX/INGERSOLL/ROSS (1985); eine Übersicht über verschiedene Zinsmodelle befindet sich in INGERSOLL/ROSS (1992).

40 Wie bereits erwähnt, wird im folgenden aus Vereinfachungsgründen von der Existenz eines sicheren, risikolosen Zinses ausgegangen.

41 Entnommen aus BIMBERG, L. (1995). STEHLE/HARTMOND ermitteln durchschnittliche Aktienmarktrenditen von 12,1% (1954 – 1988) bzw. 11,7% (1954 – 1976) bzw. 12,7% (1977 – 1988); ebenda (1991), S. 398. UHLIR/STEINER kommen (1994) kommen auf 14,4% (1953 – 1984).

42 Diese Annahme wird im allgemeinen nicht explizit formuliert, so daß auf die Angabe von Quellen hier verzichtet wird.

cherheitsgrad entsprechend abgebildet wird. Der Zins für Tagesgelder lag im Durchschnitt der Jahre 1954 bis 1992 bei etwa 5,5%, die Standardabweichung bei 2,6% pro Jahr. Im gleichen Zeitraum schwankte die Aktienmarktrendite mit einem Variationskoeffizienten von etwa 200% um ihren Mittelwert. Es wurden 12 von 39 Jahre beobachtet, in denen die Rendite negativ war.

3.3 Kombinierte Simulation von Aktienrenditen und Zinsen

Sowohl die Entwicklung des risikolosen Zinses als auch die Renditen von Aktienportefeuilles sind in der Realität mit Unsicherheit behaftet. Sie sind jedoch nicht unabhängig voneinander – (unerwartete) Zinserhöhungen gehen oft einher mit negativen Aktienkursreaktionen. Bei der Modellierung eines stochastischen Zinssatzes ist also die Korrelation mit der Marktrendite zu berücksichtigen. Dies kann z.B. mit dem folgenden System kombinierter Renditeprozesse erfolgen:

$$(2.36)\quad \begin{aligned} r_{f,t+1} &= \bar{r}_f + \sigma_f \varepsilon_{f,t+1} \\ r_{M,t+1} &= \bar{r}_M + \rho_{fM} \frac{\sigma_M}{\sigma_f}(r_{f,t+1} - \bar{r}_f) + \sigma_M \sqrt{1-\rho_{fM}^2}\,\varepsilon_{M,t+1} \\ &\qquad \text{mit } E\left[\varepsilon_{f,t+1}\varepsilon_{M,t+1}\right] = 0 \end{aligned}$$

Dieses Gleichungssystem von Renditeprozessen erzeugt einen Erwartungswert des Zinses in Höhe von $\bar{r}_f$, die Standardabweichung beträgt σ_f. Gemäß Tabelle 2.4 könnten hierfür Werte von 5,5% bzw. 2,6% angesetzt werden. Hierbei handelt es sich um nominelle Werte unter Berücksichtigung der (stochastischen) Inflationsrate. Die Aktienmarktrendite weist einen Erwartungswert von $\bar{r}_M$ und eine Standardabweichung von σ_M auf. Die empirischen Schätzwerte hierfür betragen 14,1% bzw. 27,2%. Beträgt der Korrelationskoeffizient von Aktienmarktrendite und Zins $\rho_{fM} = 0$, ergibt sich der einfache Renditeprozeß. Bei perfekter Korrelation entfällt die stochastische Komponente der Aktienmarktrendite. Zur Gleichung (2.36) für die Aktienmarktrendite gelangt man, indem man den Renditeprozeß für den Zins als Basis wählt, von den empirisch bestimmbaren Parametern $\bar{r}_f, \bar{r}_M, \sigma_f, \sigma_M, \rho_{fM}$ sowie von einem linearen Zusammenhang zwischen Aktienmarktrendite und Zins ausgeht:

$$(2.37)\quad r_{Mt} = a + b\, r_{ft} + c\, \varepsilon_{Mt}$$

Die Koeffizienten *a, b, c* werden unter Benutzung der empirischen Daten festgelegt. Wir beginnen mit dem Erwartungswert der Aktienmarktrendite:

$$(2.38)\quad \mathrm{E}[r_{Mt}] = a + b\bar{r}_f \stackrel{!}{=} \bar{r}_M$$

Aus der Definition der Varianz folgt:

$$(2.39)\quad var[r_{Mt}] = var[b\, r_{ft}] + var[c\, \varepsilon_{Mt}] + 2cov[b\, r_{ft}; c\, \varepsilon_{Mt}] = b^2\sigma_f^2 + c^2 \stackrel{!}{=} \sigma_M^2$$

Die dritte Gleichung konstruieren wir unter Benutzung des Korrelationskoeffizienten:

$$(2.40)\quad \frac{\mathrm{cov}[r_{Mt}; r_{ft}]}{\sigma_M \sigma_f} = \frac{\mathrm{cov}[b\, r_{ft} + c\, \varepsilon_{Mt}; r_{ft}]}{\sigma_M \sigma_f}$$
$$= \frac{\mathrm{cov}[b\, r_{ft}; r_{ft}] + \mathrm{cov}[c\, \varepsilon_{Mt}; r_{ft}]}{\sigma_M \sigma_f} = b\frac{\sigma_f}{\sigma_M} \stackrel{!}{=} \rho_{fM}$$

Abbildung 2.6: Kombinierte Prognose von Marktrendite und Zins

$\bar{r}_M = 0{,}141; \sigma_M = 0{,}272; \bar{r}_f = 0{,}055; \sigma_f = 0{,}026$

Links: ρ = 0; mitte: ρ = +1; rechts: ρ = -1

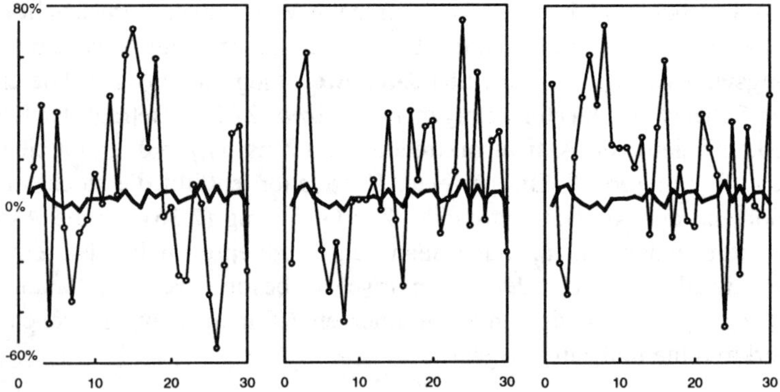

Damit liegen drei Gleichungen für die drei Unbekannten *a, b, c* vor. Die Lösung dieses Gleichungssystems liefert:

$$(2.41)\quad a=\bar{r}_M-\rho_{fM}\frac{\sigma_M}{\sigma_f}\bar{r}_f \qquad b=\rho_{fM}\frac{\sigma_M}{\sigma_f} \qquad c=\sigma_M\sqrt{1-\rho_{fM}^2}$$

Durch Einsetzen dieses Resultates und Vereinfachen der Terme erhält man den weiter oben dargestellten Renditeprozeß.

Abbildung 2.6 zeigt ein Anwendungsbeispiel. Die fettgedruckte Kurve zeigt die Entwicklung des risikolosen Zinses. In Abhängigkeit vom Zins und vom Korrelationskoeffizienten sind die Aktienmarktrenditen für einen Simulationslauf dargestellt.

4 Zur Modellierung der Lebensdauer

Wir könnten fortfahren und einen Lebensdauerprozeß entwickeln. In der Literatur finden sich Modelle, etwa auf Basis poissonverteilter Zufallszahlen.[43] In jenen Modellen nimmt die Wahrscheinlichkeit eines plötzlichen Endes im Zeitablauf exponentiell zu, ein Abbruch der Veranstaltung Unternehmung wird also immer wahrscheinlicher. Wir wollen im folgenden nur zwei Gründe für ein Lebensende zulassen:

- Liquidation, wenn die Vermögensgegenstände des Unternehmens veräußert werden können und daraus ein höherer Unternehmenswert als bei Fortführung resultiert.
- Konkurs, wenn die entsprechenden insolvenzrechtlichen Auslösekriterien erfüllt werden.

Anhand dieser später noch zu präzisierenden Sachverhalte soll für jedes Ereignis geprüft werden, ob das Lebensende erreicht ist. Es besteht somit kein Bedarf nach einer unabhängigen Modellierung der Lebensdauer. Auf Basis der simulierten Jahresabschlußdaten sowie zusätzlicher Annahmen erfolgt die Prüfung der Lebensfähigkeit bzw. der Vorteilhaftigkeit einer Fortführung. Bevor im fünften Kapitel die Details zur Entscheidung über Liquidation oder Fortführung erörtert werden, soll folgende Annahme halten: Die Zahlungen der Unternehmung folgen einem multiplikativen Prozeß, sind also stets positiv. Es möge keine alternative Verwendungsmöglichkeit für die

43 Vgl. hierzu die Modelle von LANDES/LOISTL (1991) sowie LOISTL, O. und LOISTL/ROSENTHAL (beide 1984).

Vermögensgegenstände geben. Folglich gibt es keinen Grund zur Liquidation. Konkurs ist ausgeschlossen, wenn die Unternehmung nur mit Eigenkapital finanziert wird. Auf Basis dieser Annahmen reicht die Lebensdauer des Unternehmens bis zum Ende des Universums. Geeignete Annahmen sind alles.[44]

5 Ein Modell zur verbundenen Prognose von Zahlungen und Marktrenditen

Bei der Prognose von Zahlungen und Alternativrenditen sind Korrelationen zwischen diesen Faktoren zu berücksichtigen. In frühen Arbeiten zur Monte Carlo Simulation wurden diese Zusammenhänge oft ausgeblendet. Für Produktpreise, Absatzmengen, Kostenstrukturen oder Zinssätze wurden jeweils separate Wahrscheinlichkeitsverteilungen zugrunde gelegt, diese teilweise mittels funktionaler Abhängigkeiten oder über Korrelationskoeffizienten miteinander verknüpft. Im allgemeinen unterblieb aber die Verbindung der Zahlungen mit der *Alternativrendite*.[45] Dieser Zusammenhang ist für den vorliegenden Zweck jedoch zentral. Die Entwicklung des Aktienmarktindexes wird hier als eine Art Konjunkturbarometer interpretiert. Hohe Aktienkurse repräsentieren Boomphasen (verbunden mit der Erwartung vergleichsweise hoher Zahlungen), die Baisse entspricht einer Depression (geringe Zahlungserwartungen). Die Entwicklung des zu bewertenden Unternehmens ist im allgemeinen nicht unabhängig vom Zustand der Volkswirtschaft. Insofern ist eine Verknüpfung des Unternehmens mit seiner Umwelt zweckmäßig.

5.1 Das Prinzip der verbundenen Prognose

In der Literatur finden sich Ansätze, die die Zahlungen von Unternehmen oder Projekten zur Entwicklung des Aktienmarktes in Beziehung setzen. Eine frühe Arbeit stammt von ROSS, in der die Zahlungen als lineare Funktion

---

44 Die Unternehmensbewertung auf Basis von DCF- oder Ertragswertmethoden erfolgt im allgemeinen unter Ausblendung von Insolvenzrisiken. In der Regel wird diese Annahme nicht explizit formuliert; eine Ausnahme bilden DRUKARCZYK/SCHWETZLER (1998), S. 151, S. 153, S. 179.

45 Vgl. stellvertretend hierfür KRUSCHWITZ, L. (1998), S. 263ff.

eines Aktienmarktindex dargestellt werden.[46] Dieser Ansatz wurde weiterverfolgt von SICK, BLACK und BRENNAN.[47] Die Autoren gehen von Zahlungen aus, die mit der Aktienmarktrendite verknüpft sind. Die betrachteten Zusammenhänge sind entweder additiv oder multiplikativ:[48]

$$(2.42)\quad C_t = a_t + \sum_{n=0}^{t-1} b_n r_{M,t-n} + \xi_t$$
$$\text{oder}\quad C_t = a_t \prod_{n=0}^{t-1} \left(1 + \gamma_n (r_{M,t-n} - \bar{r}_M) + \xi_t\right)$$

Darin bezeichnen a, b und γ Konstanten, r_{Mt} die im Zeitpunkt t - 1 unbekannte Aktienmarktrendite und ξ eine Störvariable. Man erkennt unmittelbar, daß die Zahlung C eine Funktion der Aktienmarktrendite ist. Dieses Grundprinzip wird auch im folgenden benutzt; im Unterschied dazu werden aber die in den Abschnitten 2 und 3 hergeleiteten Modelle für Zahlungen und Alternativrenditen integriert.

5.2 Das multiplikative Wachstums-Rendite-Modell

Wir unterstellen weiterhin, daß die Umsatzerlöse einem multiplikativen Prozeß folgen:

$$(2.43)\quad U_{t+1} = U_t + U_t \alpha_{t+1} + U_t \sigma \varepsilon_{U,t+1}$$

Die Umsätze der Periode t + 1 ergeben sich aus den Umsätzen der Vorperiode zuzüglich der jetzt stochastischen Wachstumskomponente sowie zuzüglich der Varianzfunktion. Ziel ist, die Wachstumsrate und deren Standardabweichung in Beziehung zu setzen zur Rendite und Standardabweichung eines breit diversifizierten Aktienindexes. Die zentrale Annahme ist, daß zwischen der Umsatzwachstumsrate und der Rendite des Indexes ein linearer Zusammenhang besteht:

$$(2.44)\quad \alpha_{t+1} = a + b_0 r_{M,t+1} + \sum_{j=1}^{n-1} b_j r_{M,t+1-j}$$

---

46 ROSS, S. (1978), S. 464.

47 SICK, G. (1986), S. 24ff; BLACK, F. (1988), S. 7 – 11; BRENNAN, M. (1993), S. 44 – 46.

48 Vgl. SICK, G. (1986), S. 24 bzw. S. 29.

Die Umsatzwachstumsrate resultiert aus einer Konstanten a, der mit b_0 gewichteten und in t unbekannten Rendite des Indexes, $r_{M,t+1}$, sowie n - 1 mit b_j gewichteten und in t bekannten (historischen) Renditen des Indexes. Diese nicht-stochastischen Komponenten und die Zufallsvariable $r_{M,t+1}$ beschreiben die Dynamik der Wachstumsrate.[49]

Zur Prognose der Umsatzerlöse benötigen wir die Rendite des Indexes, die mit dem bereits weiter oben diskutierten Renditeprozeß modelliert wird. Sie entwickelt sich im einfachsten Fall nach folgendem Bildungsgesetz:

$$(2.45) \quad r_{M,t+1} = \bar{r}_M + \sigma_M \varepsilon_{M,t+1}$$

Darin ist $\bar{r}_M$ der Erwartungswert der Indexrendite, die mit einer Standardabweichung von σ_M variiert. Die Koeffizienten a und b_j sowie die Standardabweichung σ in (2.44) werden mittels multipler Regression auf Basis von Vergangenheitsdaten geschätzt. Folglich ist eine Fortschreibung mit diesen Parametern an die Prämisse gebunden, daß in Zukunft keine strukturellen Veränderungen im Gefüge zwischen Unternehmen und Kapitalmarkt zu erwarten sind. Diese Annahme impliziert jedoch keine simple Extrapolation der Situation in der Vergangenheit: Die Länge des Zeitraums, für den die Regressionsanalyse durchgeführt werden kann, wird primär durch die Anzahl der Jahre bestimmt, für die Jahresabschlußdaten und damit Umsatzerlöse vorliegen. Die in dieser gemeinsamen Stichprobenperiode ermittelte Aktienmarktrendite kann von den Durchschnittswerten abweichen, die über längere Zeiträume etwa gemäß Tabelle 2.4 zu beobachten waren. Wird die Regressionsanalyse in einer Baisse durchgeführt, ist folglich in Zukunft mit ansteigenden Renditen und Umsatzwachstumsraten zu rechnen. Die Prognose wird gedämpft, wenn die Regressionsanalyse auf Daten einer Hausse-Periode beruht. Der in Abschnitt 2 diskutierte, konvergierende Renditeprozeß liefert die analytische Grundlage.

Die verbundene Prognose von Zahlungen (Wachstumsraten) und Alternativrenditen ist zentral für die konsistente Abbildung der Unsicherheit. Eine "naive" Simulation von Zahlungen und Alternativrenditen auf Basis jeweils unabhängiger Zufallszahlen würde jede Korrelation ausschließen und damit – in der Sprache des CAPM – zu Betafaktoren von Null führen. Dies kann in Einzelfällen eine berechtigte Annahme sein, die sich jedoch nicht verallgemeinern läßt. Zur Durchführung des relativen Vorteilhaftigkeitsvergleichs ist

---

49 Die Dividenden der im Index enthaltenen Aktien mögen unmittelbar nach Ausschüttung reinvestiert werden (Verwendung eines "Performance-Indexes").

die Alternativinvestition zu definieren. Diese zeichnet sich dadurch aus, daß die Zahlungen mit den Zahlungen aus dem Bewertungsobjekt in einem linearen Zusammenhang stehen (vgl. erstes Kapitel). Liegt dieser Zusammenhang vor, besteht eine perfekte Korrelation zwischen den Zahlungen. D.h., beide Zahlungsströme *müssen* im Rahmen einer verbundenen Prognose hergeleitet werden.

5.3 Anwendungsbeispiel – Teil 2

Die verbundene Prognose von Zahlungen und Marktrenditen wird im folgenden anhand realer Daten illustriert. Ziel ist es, die Grundlage für die Bewertung eines nicht am Kapitalmarkt notierten Unternehmens – der POLY AG – zu schaffen, um folgende Frage beantworten zu können: Wie hoch wäre der Marktwert der POLY AG, wenn die Aktien des Unternehmens an der Börse gehandelt würden?

5.3.1 Zum Vorgehen

Die Durchführung der verbundenen Prognose für die POLY AG umfaßt vier Schritte: Zuerst sind die Ausgangsdaten zusammenzustellen. Hierzu gehört die Entwicklung der Umsatzerlöse in der Vergangenheit, die daraus ableitbaren Wachstumsraten sowie die Entwicklung der Rendite des DAX 100 Performance Index. Im zweiten Schritt wird die Regressionsanalyse durchgeführt, um den Zusammenhang zwischen der Umsatzwachstumsrate und der Rendite des Index ("Marktrendite") festzustellen. Im dritten Schritt wird die Entwicklung der Marktrendite unter Benutzung des einfachen Renditemodells und historisch realisierten Parametern prognostiziert. Es wird beispielhaft einer von vielen möglichen Renditepfaden dargestellt, der zusammen mit der in Schritt 2 aufzustellenden Regressionsgleichung zur Ableitung eines möglichen Umsatzpfades benutzt wird (4. Schritt).

5.3.2 Wachstumsraten und Marktrenditen in der Vergangenheit

Die nachstehende Tabelle zeigt die Umsatzerlöse der POLY AG von 1989 bis 1997. Die Wachstumsrate schwankte zwischen -3,7% und 14,2%. Der arithmetische Mittelwert lag bei 3,6%, die Standardabweichung bei 6,2%. Die Entwicklung des DAX 100 Performance Index ist seit 1987 dargestellt.

Die jährlichen Renditen lagen im Durchschnitt bei 11,5% (Standardabweichung 22,7%)

Tabelle 2.5: Umsatzerlöse der POLY AG und DAX 100 Index

MW = Mittelwert, Std = Standardabweichung, jeweils 1990 – 1997; Umsätze gem. Geschäftsbericht, DAX 100 Index von Datastream (1987 = 100 gesetzt)

Jahr	Umsatz in Mio. DM	Wachstumsrate des Umsatzes	DAX 100 Performance Index	Wachstumsrate des Aktienindex
1987	-	-	100,0	-
1988	-	-	131,9	31,9%
1989	8.934	-	180,8	37,1%
1990	10.206	14,2%	154,3	-14,7%
1991	10.331	1,2%	161,6	4,7%
1992	10.270	-0,6%	151,30	-6,4%
1993	10.160	-1,1%	219,4	45,1%
1994	10.409	2,5%	204,0	-7,0%
1995	10.953	5,2%	215,7	5,7%
1996	10.543	-3,7%	263,5	22,1%
1997	11.707	11,0%	374,4	42,1%
MW		3,6%		11,5%
Std		6,2%		22,7%

5.3.3 Multiple Regression

Mittels multipler Regression soll der Zusammenhang zwischen der Umsatzwachstumsrate der POLY AG und der Marktrendite hergestellt werden. Grundlage ist das folgende Modell:

$$(2.46)\quad \alpha_{t+1} = a + b_0 r_{M,t+1} + \sum_{j=1}^{n-1} b_j r_{M,t+1-j}$$

Darin bezeichnet α_{t+1} die gesuchte Umsatzwachstumsrate der nächsten Periode. Grundlage für die Prognose sind die Entwicklung der Marktrendite $r_{M,t+1}$ in der nächsten Periode und die Marktrenditen in den zurückliegenden n - 1 Perioden. Im folgenden wird ein Modell mit $n = 3$ entwickelt. Die dementsprechend aufbereiteten Ausgangsdaten sind in Tabelle 2.6 zusammengefaßt.

Tabelle 2.6: Daten für die Regression

Jahr	t	α_t	r_{Mt}	r_{Mt-1}	r_{Mt-2}
1990	-7	14,2%	-14,7%	37,1%	31,9%
1991	-6	1,2%	4,7%	-14,7%	37,1%
1992	-5	-0,6%	-6,4%	4,7%	-14,7%
1993	-4	-1,1%	45,1%	-6,4%	4,7%
1994	-3	2,5%	-7,0%	45,1%	-6,4%
1995	-2	5,2%	5,7%	-7,0%	5,2%
1996	-1	-2,2%	22,1%	5,7%	-7,0%
1997	0	11,0%	42,1%	22,1%	5,7%

Wir versuchen einen Ansatz auf Basis des folgenden Modells:[50]

(2.47) $\alpha_t = b_1 r_{M,t-1} + b_2 r_{M,t-2} + u_t$

Das Ergebnis der Regression, das mit einer Standardsoftware berechnet werden kann, sieht so aus:

Tabelle 2.7: Parameter der Regressionsgleichung

	b_1	B_2
Koeffizienten	0,18972	0,16891
Standardfehler	0,05728	0,05404
Prüfgröße t-Test (2,447 bei 95%)	3,312	3,126

Der F-Test wird erfüllt (F_{emp} = 6,71, kritischer Wert = 5,14 bei 95% Vertrauenswahrscheinlichkeit). Der Korrelationskoeffizient beträgt r^2 = 0,69 (bzw. korrigiert: 0,59). Die Standardabweichung der Residuen wird auf 3,74% geschätzt.

50 Alternative Modelle wurden getestet; das vorliegende erscheint brauchbar für den vorliegenden Zweck. Die Regression läßt sich weiter verbessern, indem zur Berechnung der durchschnittlichen Marktrendite Monatsdaten anstelle von Jahresdaten verwendet werden. Das Modell wird jedoch in der vorliegenden Form zur Prognose der Umsatzwachstumsraten zugrunde gelegt.

5.3.4 Prognose der Marktrendite

Die Marktrendite wird in diesem Beispiel anhand des einfachen Renditemodells prognostiziert:

(2.48) $r_{Mt+1} = \bar{r}_M + \sigma_M \varepsilon_{t+1}$

Für die erwartete Marktrendite wird der bekannte Wert von 14,1% eingesetzt. Die dazugehörige Standardabweichung beträgt 27,2%.[51] Tabelle 2.8 zeigt die Anwendung des Modells für einen Simulationslauf.

Tabelle 2.8: Prognose der Marktrendite

Jahr	t	ε_t	r_{Mt}	r_{Mt-1}	r_{Mt-2}
1997	0	-	42,1%	22,1%	5,7%
1998(e)	1	0,994	41,1%	42,1%	22,1%
1999(e)	2	-0,631	-3,1%	41,1%	42,1%
2000(e)	3	-0,389	3,5%	-3,1%	41,1%
2001(e)	4	1,269	48,6%	3,5%	-3,1%
2002(e)	5	-1,629	-30,2%	48,6%	3,5%
2003(e)	6	-0,005	12,6%	-30,2%	48,6%
2004(e)	7	0,440	26,1%	12,6%	-30,2%
MW		0,0	14,1%	16,4%	17,8%
Std		1,0	27,2%	29,0%	29,0%

Die Berechnung wird anhand eines Beispiels deutlich. Es wird die für das Jahr 1998 "gezogene" Zufallszahl von $\varepsilon_{1998} = 0,994$ verwendet:

$$r_{M98} = 0{,}141 + 0{,}272 \times 0{,}994 = 0{,}411$$

Damit sind die Grundlagen zur Prognose der Umsatzerlöse gelegt.

51 Vgl. Tabelle 2.4.

5.3.5 Ableitung der Umsatzerlöse

Zur Ableitung der Umsatzerlöse benötigen wir die Regressionsgleichung (2.47), die unter Ergänzung der geschätzten Standardabweichung der Residuen wie folgt aussieht:

$$\alpha_t = 0{,}18972 \times r_{M,t-1} + 0{,}16891 \times r_{M,t-2} + 0{,}0374 \times \varepsilon'_t$$

Eine zweite Serie von Zufallszahlen ε' wird zur Abbildung der unsystematischen Abweichungen benötigt, die unabhängig von den Zufallszahlen zur Prognose der Marktrendite (ε) sein müssen. Tabelle 2.9 stellt einen auf dieser Basis abgeleiteten Umsatzpfad dar.

Tabelle 2.9: Prognose der Umsatzerlöse

Jahr	t	r_{Mt}	r_{Mt-1}	r_{Mt-2}	ε'_t	α_t	Umsatz Mio DM
1997	0	42,1%	22,1%	5,7%	-	-	11.707
1998(e)	1	41,1%	42,1%	22,1%	-0,493	9,89%	12.865
1999(e)	2	-3,1%	41,1%	42,1%	0,491	16,76%	15.021
2000(e)	3	3,5%	-3,1%	41,1%	0,341	7,65%	16.169
2001(e)	4	48,6%	3,5%	-3,1%	1,026	3,99%	16.814
2002(e)	5	-30,2%	48,6%	3,5%	0,227	10,67%	18.608
2003(e)	6	12,6%	-30,2%	48,6%	0,434	4,10%	19.371
2004(e)	7	26,1%	12,6%	-30,2%	-2,026	-10,29%	17.378
MW		14,1%	16,4%	17,8%	0,0	6,10%	-
Std		27,2%	29,0%	29,0%	1,0	8,40%	-

Die konkrete Berechnung soll wiederum anhand eines Beispiels nachvollzogen werden. Die für das Jahr 1998 gezogene Zufallszahl beträgt – 0,493. Damit folgt für die Wachstumsrate:

$$\begin{aligned}\alpha_{98} &= 0{,}18972 \times r_{M97} + 0{,}16891 \times r_{M96} + 0{,}0374 \times \varepsilon'_{98} \\ &= 0{,}18972 \times 42{,}1\% + 0{,}16891 \times 22{,}1\% - 0{,}0374 \times 0{,}493 = 9{,}89\%\end{aligned}$$

Auf Basis dieser Wachstumsrate und des Umsatzes des Jahres 1997 (11.707 Mio. DM) wird nun der Umsatz des Jahres 1998 (12.865 Mio. DM) prognostiziert.

Aus den Umsatzerlösen folgt unmittelbar die bewertungsrelevante Zahlung an die Eigentümer:

$$(2.49) \quad C_t = f_t(U_t)$$

Darin bezeichnet C die bewertungsrelevante Zahlung an die Eigentümer; U entspricht dem unsicheren Umsatzerlös. Die Funktion f sei in $t = 0$ bekannt und formal über die Vorschriften zur Konstruktion von Planbilanz und Plan-GuV definiert. Auf Basis von N Simulationsläufen können damit die Erwartungswerte der bewertungsrelevanten Zahlung geschätzt werden.

5.4 Der Spezialfall einer perfekten Korrelation

Das im vorherigen Abschnitt diskutierte Konzept einer gemeinsamen Prognose von Umsatzwachstum und Aktienmarktrendite läßt sich nur auf Unternehmen anwenden, für die historische Jahresabschlüsse vorliegen. Welche Möglichkeit besteht, wenn diese Daten nicht vorhanden sind oder aufgrund von Sondereinflüssen in der Vergangenheit nicht zur Aktienmarktrendite in Beziehung gebracht werden können? Man könnte geeignete Annahmen über den Zusammenhang formulieren. Das obige Modell mit n Koeffizienten eignet sich hierzu nicht, da diese Faktoren im allgemeinen ohne empirische Datenbasis nur schwer geschätzt werden können. Eine Vereinfachung des Modells geht von einer perfekten Korrelation zwischen Umsatzwachstumsrate und Aktienmarktrendite aus. Wenn man Grund zu der Annahme hat, daß dieser enge Zusammenhang in Zukunft besteht, kann folgendes Bildungsgesetz für Umsätze bzw. Aktienmarktrenditen zugrunde gelegt werden:

$$(2.50) \quad \begin{aligned} U_{t+1} &= U_t + \alpha U_t + \sigma_u U_t \varepsilon_{t+1} \\ r_{M,t+1} &= \bar{r}_M + \sigma_M \varepsilon_{t+1} \end{aligned}$$

Vereinfachend wird für die Modellierung der Umsatzerlöse und für die Aktienmarktrendite die gleiche Zufallszahl ε_{t+1} verwendet. Die Implikation dieser Annahme ist eine perfekte Korrelation von U und r_M. Der Wachstums-Rendite-Prozeß sieht so aus:

$$(2.51) \quad U_{t+1} = U_t + \alpha U_t + \sigma_u U_t \frac{r_{M,t+1} - \bar{r}_M}{\sigma_M}$$

Hat man Grund zu der Annahme, daß Umsatzerlöse und Aktienmarktrenditen vollständig unkorreliert sind, verwendet man zwei unabhängige Zufallszahlen ε_M und ε_R. Freilich handelt es sich bei diesen Ansätzen nur um Hilfskonstruktionen, auf die man nur zurückgreift, wenn keine statistische Datenbasis vorliegt.

5.5 Abschließende Bemerkung zur Integration der strategischen Planung

Die Formulierung der Zahlungs- und Renditemodelle ist für die Unternehmensbewertung essentiell. Die Verwendung von stochastischen Modellen steht dabei nicht im Widerspruch zur strategischen Planung. Diese kann dazu dienen, die deterministischen Komponenten der Modelle sowie die Annahmen zur Volatilität argumentativ zu untermauern. Zur Formulierung der Drift können etwa Erfahrungskurven, Lebenszykluskonzepte oder Industriekostenkurven benutzt werden. Stochastische Modelle ergänzen diese Konzepte, indem sie die Unsicherheit *sichtbar* machen und sie nicht hinter Erwartungswerten verbergen.

In bezug auf die Planung der Auszahlungen dürfte klar sein, wie zum Beispiel die Erfahrungskurve in die vorliegende Prognose- und Planungssystematik integriert wird: Die Parameter c_{EBDIT} (Bruttomarge) und c_A (Investitionsquote) sind entsprechend zu formulieren. Wie läßt sich aber demgegenüber eine im Zeitablauf variable Umsatzwachstumsrate darstellen? Zunächst ist anzumerken, daß hier die Verbindung zwischen Umsatzwachstumsrate und Aktienmarktrendite unmittelbar hergestellt wurde, da der operative Leistungsbereich des Unternehmens nicht im Zentrum der Diskussion steht. Man kann stattdessen in einem Zwischenschritt zunächst eine verbundene Prognose der Marktrendite und der Wachstumsrate des Gütermarktes herstellen. Grundlage für letzteres könnte etwa die amtliche Produktionsstatistik sein. Das nominelle Marktwachstum wird jetzt aus der Entwicklung der Aktienmarktrendite oder eines Branchenindexes abgeleitet. Im zweiten Schritt ist eine Annahme über den Marktanteil zu formulieren, den das Unternehmen in Zukunft erwarten läßt. Im einfachsten Fall könnte der Marktanteil eine deterministische Funktion der Zeit sein. Das Instrument der strategischen Planung, etwa Lebenszykluskurven, können nun benutzt werden, um diese Funktion zu beschreiben. Das Produkt aus Marktvolumen in GE und Marktanteil liefert die Umsatzerlöse. Auf dieser Basis kann dann gemäß der zuvor beschriebenen Systematik verfahren werden.

Die Nutzung der strategischen Planung für Prognosezwecke steht also nicht im Widerspruch zum hier gewählten Vorgehen. Sie steht jedoch nicht im Vordergrund dieser Arbeit, so daß auf die einschlägige Literatur verwiesen wird. [52]

Literatur

ARNOLD, L. (1973), Stochastische Differentialgleichungen, München.

BACHELIER, L. (1900), Théorie de la spéculation, in: Annales de l'Ecole normale supérieure, Vol. 3, S. 21 – 86; Übersetzung von BONESS, A. J. in COOTNER, P. H. (Hrsg.), The Random Character of Stock Market Prices (1967), Cambridge.

BACKHAUS, K./ERICHSON, B./PLINKE, W./WEIBER, R. (1994), Multivariate Analysemethoden, Eine anwendungsorientierte Einführung, 7. Auflage, Berlin.

BALLWIESER, W. (1988), Unternehmensbewertung bei unsicherer Geldentwertung, in: .ZfbF, 40. Jg., S. 798 – 812.

BALLWIESER, W. (1990) und (1993), siehe erstes Kapitel.

BAXTER, M./RENNIE, A. (1997), Financial Calculus, An Introduction to Derivative Pricing, Cambridge.

BIMBERG, L. H. (1995), Langfristige Renditenberechnung zur Ermittlung von Risikoprämien, Frankfurt.

BLACK, F. (1988), A Simple Discounting Rule, in: FM, S. 7 – 11.

BORN, K. (1995), siehe erstes Kapitel.

BOYLE, P. P. (1977), Options: A Monte Carlo Approach, in: JoFE, Vol. 4, S. 323 – 328.

BRATLEY, P./FOX, B./SCHRAGE, L. (1987), A Guide to Simulation, 2nd Edition, Montréal.

BRENNAN, M. J. (1993), Project Analysis, unveröffentlichtes Manuskript, UCLA, Management #231A.

BRENNAN, M. J. (1997), The Term Structure of Discount Rates, in: FM, Vol. 26, S. 81 – 90.

CAMPBELL, J./LO, A./MACKINLAY, C. (1997), siehe erstes Kapitel.

COPELAND, T./KOLLER, T./MURRIN, J. (1998), siehe erstes Kapitel.

COX, J./INGERSOLL, J./ROSS, S. (1985), A Theory of the Term Structure of Interest Rates, in: Econometrica, Vol. 53, S. 385 - 407.

DIRRIGL, H. (1988), Die Bewertung von Beteiligungen an Kapitalgesellschaften, Betriebswirtschaftliche Methoden und steuerlicher Einfluß, Hamburg.

DIXIT, A./PINDYCK, R. (1993), Investment Under Uncertainty, New Jersey.

DRUKARCZYK, J./SCHWETZLER, B. (1998), siehe erstes Kapitel.

DUFFIE, D. (1996), Dynamic Asset Pricing Theory, 2nd Edition, Princeton, New Jersey.

FAHRMEIER, L./KAUFMANN, H./OST, F. (1981), Stochastische Prozesse, München.

GOLDENBERG, D./SCHMIDT, R. (1996), On Estimating the Expected Rate of Return in Diffusion Price Models with an Application to Estimating the Expected Return on the Market, in: JFQA, Vol. 31, S. 605 – 633.

INGERSOLL, J. E. (1987), Theory of Financial Decision Making, Maryland.

---

52 Vgl. etwa BALLWIESER, W. (1990), RICHTER, F. (1996) sowie die dort zitierten Quellen.

INGERSOLL, J./ROSS, S. (1992), Waiting to Invest: Investment and Uncertainty, in: JoB, S. 1 – 29.

INSTITUT DER WIRTSCHAFTSPRÜFER, IDW (1998), siehe erstes Kapitel.

KALOS, M./WHITLOCK, P. (1986), Monte Carlo Methods, Volume I: Basics, New York.

KARATZAS, I./SHREVE, S. E. (1991), Brownian Motion and Stochastic Calculus, 2nd Ed., New York.

KARLIN, S./TAYLOR, H. (1975), A First Course in Stochastic Processes, 2nd Edition, New York.

KARLIN, S./TAYLOR, H. (1981), A Second Course in Stochastic Processes, San Diego.

KLOEDEN, P./PLATEN, E./SCHURZ, H. (1997), Numerical Solution of SDE Through Computer Experiments, Berlin.

KRUSCHWITZ, L. (1998), Investitionsrechnung, 7. Aufl., Berlin.

LANDES, T./LOISTL, O. (1991), Capital Structure, Principal/Agency-Relation and the Value of the Corporation: A Simulation Study, in: Omega Int. J. of Mgmt. Sci., Vol. 19, S. 291 – 303.

LAWLER, G. F. (1996), Introduction to Stochastic Processes, London.

LOISTL, O. (1984), Kapitalstruktur und Ertragskraft, in: ZfB, 54. Jg. S. 664 – 689.

LOISTL, O./ROSENTHAL, H. (1984), Zur Bewertung konkursgefährdeter Finanztitel, in: ZfB, 56. Jg., S. 104 – 131.

MANDELBROT, B. B. (1989), Louis Bachelier, in: Eatwell, J./Milgate, M./Newman, P. (Hrsg.),
Finance, S. 86 – 88.

MANDL, G./RABEL, K. (1997), siehe erstes Kapitel.

MILSHTEIN, G. (1974), Approximate Integration of Stochastic Differential Equiations, in: Theory of Probability and its Applications, Vol. 3, S. 557 - 562.

MILSHTEIN, G. (1978), A Method of Second-Order Accuracy Integration of Stochastic Differential Equations, in: Theory of Probability and its Applications , Vol. 23, S. 396 - 401.

MOOD, A./GRAYBILL, F./BOES, D. (1974), Introduction to the Theory of Statistics, 3. Ed., Auckland.

MOXTER, A. (1983), siehe erstes Kapitel.

PRESS, W./TEUKOLSKY, S./VETTERLING, W./FLANNERY, B. (1994), Numerical Recipes in C, The Art of Scientific Computing, 2nd Edition, Cambridge.

RICHTER, F. (1996), Konzeption eines marktwertorientierten Steuerungs- und Monitoringsystems, Frankfurt/Main.

ROSE, G. (1997), Die Ertragsteuern, 15. Auflage, Wiesbaden.

ROSS, S. A. (1978), A Simple Approach to the Valutaion of Risky Streams, in: JoB, Vol. 51, S. 453 – 475.

ROSS, S. M. (1983), Stochastic Processes, New York.

RUBINSTEIN, M. (1973), A Mean-Variance Synthesis Of Corporate Financial Theory, in: JoF, Vol. 28, S. 167 – 181.

SICK, G. A. (1986), A Certainty-Equivalent Approach to Capital Budgeting, in: FM, S. 23 – 32.

STEHLE, R./HARTMOND, A. (1991), Durchschnittsrenditen deutscher Aktien 1954 – 1988, in: Kredit und Kapital, S. 371 – 411.

UHLIR, H./STEINER, P. (1994), Wertpapieranalyse, 3. Auflage, Heidelberg.

VASICEK, O. (1977), An Equilibrium Characterization of the Term Structure, in: JoFE, Vol. 5, S. 178 - 198.

Drittes Kapitel
Bewertungsmethodische Grundlagen

Zweck des folgenden, dritten Kapitels ist die zusammenfassende Darstellung von methodischen Grundlagen für die kapitalmarktorientierte Unternehmensbewertung. Diese Methoden sollen dazu dienen, die prognostizierten Zahlungen und Alternativrenditen in einen potentiellen Marktpreis zu überführen. Die Grundlage für die Prognose bilden die im zweiten Kapitel entwickelten Modelle.

Vor dem Hintergrund der intensiven Diskussion der Discounted-Cashflow (DCF)-Methoden in der Literatur läge es nahe, eben diese in ihren unterschiedlichen Ausprägungen darzulegen. Die Literatur leistet dies jedoch bereits.[1] Es wird deshalb wie folgt vorgegangen: Stellvertretend für die Anwendung der DCF-Methoden wird mit der Adjusted-Present-Value (APV)-Methode begonnen (Abschnitt 1). Bekanntlich lassen sich die APV-Methode und die übrigen DCF-Methoden (zum Beispiel die Entity/WACC-Methode oder die Equity-Methode) ineinander überführen. Folglich ist es nicht überraschend, daß potentielle Anwendungsprobleme der APV-Methode auch die anderen Ansätze treffen. Hierzu gehört etwa das zentrale Problem der Formulierung geeigneter Alternativrenditen, insbesondere der Eigenkapitalkosten. Die DCF-Methoden liefern eine Lösungsstruktur, jedoch keine inhaltlichen Aussagen über die erwarteten Zahlungen und Alternativrenditen.[2] In der praktischen Anwendung versucht man häufig, die Erwartungen bezüglich der Alternativrendite auf Basis eines Kapitalmarktmodells – in der Regel die statische Variante des CAPM – zu konkretisieren.

In der Tat stellt die Schätzung der Eigenkapitalkosten für die Anwendung von DCF-Methoden ein Problem dar, das selbst mit Hilfe des CAPM nur auf unbefriedigende Weise gelöst wird, soweit von einer Lösung überhaupt gesprochen werden kann. In Abschnitt 2 werden deshalb Lösungsvorschläge vorgestellt und weiterentwickelt, die auf die Formulierung von risikoadjustierten Kapitalkosten verzichten. Hierzu gehört die sicherheitsäquivalente Formulierung des CAPM, auch als Multiperiod Asset Pricing Model bezeichnet, sowie die arbitragefreie Bewertung auf Basis der Argumente von BLACK und ROSS. Insbesondere die Aussagen von BLACK und ROSS lassen sich in das Grundprinzip des relativen Vorteilhaftigkeitsvergleichs überführen. Der auf dieser Basis hergeleitete Bewertungsansatz wird in der Literatur zur Optionspreistheorie als risikoneutrale Bewertung bezeichnet. In Ab-

---

1 Vgl. hierfür stellvertretend die aktuelle Darstellung von DRUKARCZYK/HONOLD (1998).

2 WILHELM nennt dies "materielle Unbestimmtheit der Marktwerte", ebenda (1981), S. 891.

schnitt 3 wird die Implementierung dieses Ansatzes im Rahmen der kapitalmarktorientierten Unternehmensbewertung vorgestellt.

1 Adjusted Present Value (APV)-Methode

Die Herleitung der APV-Methode beginnt häufig mit Arbitrageüberlegungen. Diese werden in der Literatur ausführlich beschrieben[3] und müssen daher hier nicht wiederholt werden. Akzeptiert man etwa aufgrund der Überlegungen zum relativen Vorteilhaftigkeitsvergleich die Kapitalwertmethode und das Additivitätsprinzip von Kapitalwerten, so kann auf Arbitragebeweise verzichtet werden. Die APV-Methode stellt nämlich im Kern nichts anderes dar als eine Zerlegung der Zahlung an die Eigentümer in Komponenten, denen dann jeweils spezifische Diskontierungsraten zugeordnet werden. In Abschnitt 1.1 werden die Zahlungen an die Eigentümer vorläufig, d.h. für den Zweck dieses Kapitels definiert, Abschnitt 1.2 zeigt die Dekomposition dieser Zahlung, und in Abschnitt 1.3 wird die Zuordnung von Alternativrenditen diskutiert.

1.1 Prinzip der Bewertung der Zahlungen an die Eigentümer

Für den Zahlungsstrom an die Eigentümer wird das Symbol D_t benutzt, wenn nur die Ausschüttungen gemeint sind. Die bewertungsrelevante Zahlung umfaßt prinzipiell weitere Zuflüsse aus Anteilsrückkäufen, Bezugsrechten und dergleichen. Einzahlungen der Eigentümer, zum Beispiel bei Kapitalerhöhungen, sind abzuziehen.[4] A. MOXTER bezeichnet diesen Grundsatz als Zuflußprinzip: Unternehmen haben für ihre Eigentümer einen Wert nach "*Maßgabe der durch den Unternehmensbesitz ermöglichten Bedürfnisbefriedigung*".[5] Es kommt auf die faktischen Zahlungsströme an, da nur diese für Zwecke des Konsums verwendet werden können. Einbehaltene Gewinne realisieren erst dann ihren Wert, wenn sie zu höheren zukünftigen Aus-

---

3 Ausgehend von MODIGLIANI/MILLER (1958), (1963), (1969) sowie MILLER, M. (1977); eine zusammenfassende Darstellung steht bei DRUKARCZYK, J. (1993), S. 131ff.

4 Vgl. unlängst COENENBERG/SCHULTZE (1998), S. 275. Das Symbol *KE* wird für die Summe der Zahlungen zwischen Unternehmen und Anteilseignern ausschließlich der Dividende verwendet.

5 Vgl. MOXTER, A. (1983), S. 79.

schüttungen führen oder wenn die Rücklagen aufgelöst und ausgeschüttet werden. Dabei kommt es nicht darauf an, ob die Einbehaltung aus einer Gewinnverwendungsentscheidung oder aus handelsrechtlichen Ausschüttungssperren resultiert. Das Zahlungs- oder Zuflußprinzip gilt als unstrittig,[6] die Umsetzung ist hingegen zu klären.

Neben den Zahlungen zwischen Unternehmen und Eigentümer sind auch die Einkommensteuern (TAX_p) zu berücksichtigen, da jene den für konsumtive Zwecke verfügbaren Zahlungsüberschuß mindern. Der relevante Erfolgsstrom entspricht den Nettozahlungen an die Eigentümer:

$$(3.1) \quad C_t = D_t - TAX_{pt} - KE_t$$

Im vorliegenden, dritten Kapitel wird der bewertungsrelevante Zahlungsstrom zur einfacheren Darstellung mit den Ausschüttungen gleichgesetzt. Vorläufig werden die Einkommensteuer und Kapitalveränderungen ausgeblendet.

Zur Bestimmung des Wertes des Eigenkapitals als Kapitalwert der erwarteten Nettozahlungen können nun verschiedene Wege beschritten werden. Im Rahmen der Equity-Methode wird im allgemeinen eine Diskontierung der erwarteten Nettozahlungen mit Alternativrenditen vorgenommen, die den risikolosen Zins um eine Risikoprämie übersteigen. Diese risikoäquivalenten Alternativrenditen werden als Eigenkapitalkosten (Eigenkapitalkostensatz) bezeichnet:

$$(3.2) \quad S_0 = \sum_{t=1}^{\infty} \overline{D}_t (1+\overline{k}_t)^t \qquad C_t = D_t \text{, wenn } TAX_{pt} = KE_t = 0$$

Grundlage ist das im ersten Kapitel begründete Prinzip des relativen Vorteilhaftigkeitsvergleichs.

1.2 Notwendigkeit zur Dekomposition von Zahlungen

Das Prognoseproblem sei auf Basis der Methoden aus dem zweiten Kapitel gelöst. Es liegen damit die Zahlungen des Unternehmens und potentielle Alternativrenditen in Form der Marktrendite und des risikolosen Zinses vor. Die Frage ist nun, ob und wie diese aus Marktdaten abgeleiteten Renditen

6 Vgl. DRUKARCZYK/SCHWETZLER (1998), S. 126.

modifiziert werden müssen, um einen unternehmens*spezifischen* Zahlungsstrom zu bewerten. Zunächst sei vereinfachend unterstellt, daß das operative Geschäftsrisiko keinen Schwankungen im Zeitablauf unterliegt.[7] Als Maß für das "Risiko" wird die Kovarianz der Eigenkapitalrenditen mit der Marktrendite verwendet. Diese Definition folgt aus dem CAPM und wird später begründet. Neben dem operativen Risiko mögen auch alle übrigen Marktparameter, insbesondere der risikolose Zins r_f und der Marktpreis des Risikos λ, im Zeitablauf konstant sein. Das Problem besteht nun darin, daß selbst unter diesen vereinfachenden Prämissen – konstantes operatives Risiko, unveränderliche Marktparameter – die Annahme von im Zeitablauf konstanten Eigenkapitalkosten in der Regel nicht aufrecht erhalten werden kann. Der Grund hierfür liegt in (oft unvermeidbaren) Veränderungen der Finanzierungsstruktur der Unternehmen – ausgedrückt z.B. im Verhältnis Wert des Fremdkapitals zu Wert des Eigenkapitals.

Veränderungen der Finanzierungsstruktur lassen die geforderten Renditen der Eigentümer und damit die Eigenkapitalkosten nicht unberührt. Mit zunehmender Verschuldung steigt die Kovarianz zwischen den erwarteten Eigenkapitalrenditen (Eigenkapitalkosten) bei anteiliger Fremdfinanzierung und der Marktrendite.[8] Mit zunehmender Verschuldung steigt das Risiko und dementsprechend müssen die Eigenkapitalkosten an Veränderungen des Verschuldungsgrades angepaßt werden. Bei im Zeitablauf veränderlichen Finanzierungsstrukturen sind die Eigenkapitalkosten daher periodenspezifisch. Diese periodenspezifischen Anpassungen der Kapitalkosten stellen ein nichttriviales Problem dar, welches man gern umgehen würde.

Die APV-Methode versucht es durch Dekomposition der Zahlungen zu lösen, um zumindest bei konstanten Marktparametern (r_f und λ) sowie unveränderlichem operativen Risiko mit uniformen Kapitalkosten rechnen zu können. Dazu werden die Komponenten der Zahlungen in Risikoklassen eingeteilt. Diesen Teilzahlungsströmen werden dann Alternativrenditen (Kapitalkosten) zugeordnet, die unter den genannten Bedingungen *nicht* periodenspezifisch sind. Damit vereinfacht sich der formale Aspekt des Bewertungsproblems.

Wie sieht diese Zerlegung aus? Aus der Perspektive der GuV ergibt sich die Ausschüttung zu

---

7 Als "operativ" wird jenes Risiko bezeichnet, daß ein Unternehmen bei reiner Eigenfinanzierung aufweisen würde. Aus der Fremdfinanzierung induzierte Risiken sind darin also nicht enthalten.

8 Siehe Anhang a.

$$(3.3) \quad D_t = EBIT_t - r_B B_{t-1} - TAX_t - TRE_t .$$

Vom Ergebnis vor Zinsen und Steuern wird zuerst der Zinsaufwand abgezogen.[9] Vereinfachend wird an dieser Stelle angenommen, daß keine Finanzanlagen und damit keine Zinserträge vorliegen. Somit sind lediglich noch die Steuern und die Zuführungen zu den Gewinnrücklagen abzuziehen. Zu einer primär an Zahlungen orientierten Perspektive gelangt man, indem die Rücklagenzuführungen durch Differenzen von Bilanzpositionen ersetzt werden. Bei fehlenden Kapitalerhöhungen entspricht die Rücklagenzuführung (bzw. die Auflösung) der Veränderung des Eigenkapitals. Diese wiederum läßt sich aus der Veränderung der übrigen Bilanzpositionen erklären:

$$(3.4) \quad TRE_t = \Delta E_t = \Delta A_t + \Delta W_t - \Delta R_t - \Delta B_t$$

Aus der Veränderung der Sachanlagen und der Veränderung des Nettoumlaufvermögens ergibt sich die Veränderung des investierten Kapitals. Nach Abzug der Veränderungen von Rückstellungen und zinspflichtigem Fremdkapital folgt somit die Veränderung des Eigenkapitals. Einsetzen in die Bestimmungsgleichung für die Ausschüttung liefert:

$$(3.5) \quad D_t = EBIT_t - r_B B_{t-1} - TAX_t - \Delta A_t - \Delta W_t + \Delta R_t + \Delta B_t$$

Im nächsten Schritt werden die Steuern aufgeteilt, und zwar in die Steuern, die einerseits auf das *EBIT* und andererseits auf die Abzugsfähigkeit der Zinsen entfallen. Steuertechnische Details, zum Beispiel unterschiedliche Bemessungsgrundlagen für Gewerbesteuer und Körperschaftsteuer bleiben an dieser Stelle vereinfachend unberücksichtigt; die Bemessungsgrundlage sei ein stets positives *EBT*:

$$(3.6) \quad TAX_t = EBIT_t s - r_B B_{t-1} s$$

Damit kann endlich die zahlungsorientierte Zerlegung der Ausschüttung dargestellt werden, die im Rahmen der Anwendung der APV-Methode so zentral ist:

---

9 Die Berechnung des Zinsaufwands wird hier stark vereinfacht, indem der Jahresanfangsbestand des Fremdkapitals als Bezugsgröße gewählt und der Markwert dem Buchwert des Fremdkapitals gleichgesetzt wird.

$$(3.7) \quad D_t = D_{et} + sr_B B_{t-1} + (\Delta B_t - r_B B_{t-1})$$

$$\text{mit: } D_{et} = EBIT_t(1-s) + \Delta R_t - \Delta A_t - \Delta W_t$$

Die Ausschüttung hat in dieser Sortierung drei Komponenten: Erstens, die Ausschüttung, die das Unternehmen bei reiner Eigenfinanzierung leisten könnte (D_e),[10] zweitens den Steuervorteil aus der anteiligen Finanzierung mit Fremdkapital und drittens die Zahlungen an die Fremdkapitalgeber:

- Daß D_e der Ausschüttung bei reiner Eigenfinanzierung entsprechen muß, erkennt man unmittelbar anhand von (3.7), wenn zu jedem Zeitpunkt t der Fremdkapitalbestand $B_t = 0$ gesetzt wird. Diese fiktive Ausschüttung bei reiner Eigenfinanzierung kann auch aus dem *EBIT* abgeleitet werden, indem zunächst die Steuern, die bei reiner Eigenfinanzierung zu zahlen wären, abgezogen werden. Danach werden die im *EBIT* enthaltenen, nicht zahlungswirksamen Bewegungen der Rückstellungen korrigiert und die Investitionen in Sachanlagen und Working Capital abgezogen, soweit diese die Abschreibungen übersteigen.
- Die zweite Komponente nimmt die steuerlichen Vorteile auf, die aus dem Abzug der Fremdkapitalzinsen von der steuerlichen Bemessungsgrundlage resultieren. Jene Steuereffekte sind in D_e nicht enthalten.
- Die dritte Komponente enthält die Zinszahlungen sowie die Tilgungen und Zuführungen neuen Fremdkapitals. Dieser Zahlungsstrom entspricht also der gesamten Zahlung an die Gläubiger bzw. von den Gläubigern, die ebenfalls in D_e nicht enthalten ist.

Damit sind die wesentlichen Aspekte der Zahlungsdekomposition erklärt; weitere Aspekte, etwa Zahlungen aus Finanzanlagen können ergänzt werden.

1.3 Zuordnung von Alternativrenditen

Den einzelnen Komponenten der Ausschüttung werden nun Diskontierungsraten zugeordnet. Dazu wird in Abschnitt 1.3.1 zunächst die Idee der Standardvariante der APV-Methode dargelegt. In dieser Variante wird davon ausgegangen, daß die Steuervorteile aus anteiliger Fremdfinanzierung mit Sicherheit eintreten, d.h.: Die Steuervorteile in $t = 1,2,\ldots,T$ werden durch eine Finanzierungsentscheidung unwiderruflich bereits in $t = 0$ festgelegt und *ereignisunabhängig* realisiert. Die Implikation dieser Annahme – Diskontie-

---

10 Es wird hier vorläufig unterstellt, daß D_e auch ausgeschüttet werden kann, also keine Ausschüttungsbarrieren bestehen bzw. diese überwunden werden können.

rung der Steuervorteile mit dem risikolosen Zins – wird in Abschnitt 1.3.2 diskutiert. Abschnitt 1.3.3 skizziert das zentrale Problem, die Eigenkapitalkosten bei reiner Eigenfinanzierung zu bestimmen.

1.3.1 Vorgehen der "klassischen" APV-Methode

Die Zerlegung der bewertungsrelevanten Zahlung in Komponenten ergab:

(vgl. 3.7) $$D_t = D_{et} + sr_B B_{t-1} + (\Delta B_t - r_B B_{t-1})$$

Im Rahmen der klassischen APV-Methode werden diesen Komponenten folgende Diskontierungsraten zugeordnet:

- $(\Delta B_t - r_B B_{t-1})$: Die Zahlungen zwischen Unternehmen und Fremdkapitalgebern werden mit der Alternativrendite diskontiert, die das Risiko dieses Zahlungsstroms reflektiert. Es wird unterstellt, daß keine Insolvenzrisiken vorliegen, das Unternehmen folglich in jedem Umweltzustand in der Lage ist, seinen früher zugesicherten Zahlungsverpflichtungen nachzukommen. Betrachten wir zunächst die Tilgungszahlungen, die in $t = 0$ bereits vertraglich fixiert sind und annahmegemäß unabhängig von der zukünftigen Entwicklung der operativen Zahlungen immer geleistet werden. Zukünftige Zuführungen von Fremdkapital und dadurch ausgelöste Zins- und Tilgungszahlungen müssen in die Bewertung der betrachteten Zahlungskomponente nicht einbezogen werden, da deren Kapitalwert annahmegemäß insgesamt Null beträgt. Folglich ist der risikolose Zins r_f die Alternativrendite, die zur Diskontierung der Zahlungen geeignet ist. Bei Übereinstimmung von r_f und r_B – davon wird vorläufig ausgegangen – beträgt der Wert der Zahlungen an die Gläubiger B_0. Wird das Fremdkapital am Markt etwa in Form von Anleihen gehandelt, besteht kein Bewertungsproblem; der Marktpreis betrage ebenfalls B_0.
- $sr_B B_{t-1}$: Die Steuervorteile, die aus der anteiligen Finanzierung mit Fremdkapital resultieren, dessen Zins- und Tilgungszahlungen in $t = 0$ vertraglich fixiert und planmäßig erfolgen, sind als sicher einzuschätzen, wenn gleichzeitig die steuerlichen Bemessungsgrundlagen ausreichen, um die Steuervorteile immer zu realisieren. Im Rahmen der Standardvariante der APV-Methode wird vereinfachend unterstellt, daß diese Bedingungen für die *gesamte* Lebensdauer des Unternehmens zutreffen. Dann ist auch auf diese Zahlungskomponente der risikolose Zins anzuwenden.
- D_{et}: Zentral ist die Definition der Diskontierungsrate für die Zahlung an die Eigentümer bei reiner Eigenfinanzierung des Unternehmens. Es sind

die Eigenkapitalkosten zur Diskontierung zu benutzen, die das Unternehmen bei reiner Eigenfinanzierung aufweisen würde. Hierbei handelt es sich in der Regel um eine fiktive, nicht beobachtbare Alternativrendite. Im Rahmen der APV-Methode wird nicht erklärt, *wie* diese Eigenkapitalkosten konkret zu bestimmen sind. Klar ist hingegen, daß die Eigenkapitalkosten bei reiner Eigenfinanzierung, $\bar{k}_e$, per Definition unabhängig von der faktischen oder geplanten Finanzierung des Unternehmens sind. Wir wollen vorläufig annehmen, daß $\bar{k}_e$ bekannt ist.

Abbildung 3.1: Prinzip der APV-Methode

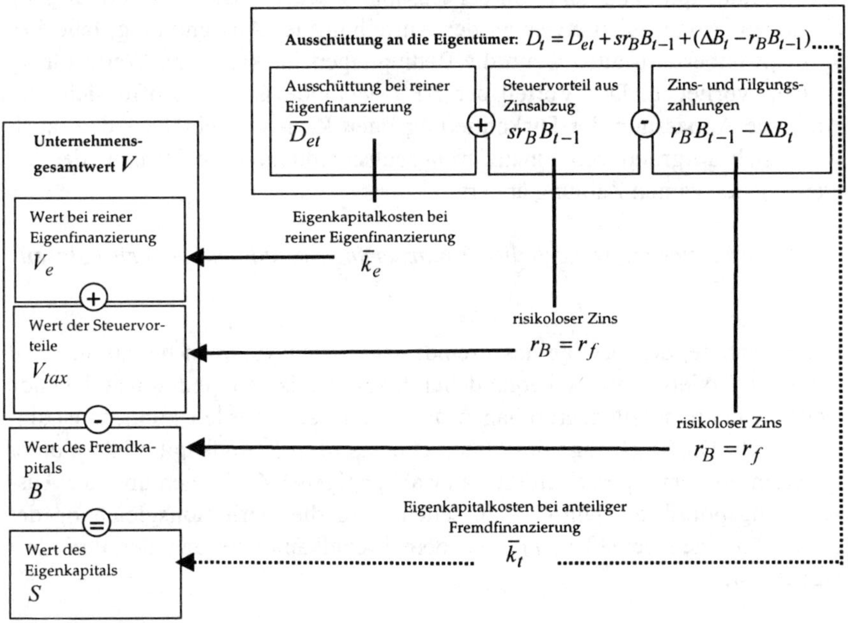

Quelle: Eigene Darstellung

Abbildung 3.1 faßt die Idee zusammen:[11] Die diskontierten Zahlungen bei reiner Eigenfinanzierung ergeben den Unternehmenswert bei reiner Ei-

---

11 Zur Adjusted Present Value-Methode vgl. MYERS, S. (1974). Zur Anwendung unter deutschen Rahmenbedingungen vgl. DRUKARCZYK/RICHTER (1995), DRUKARCZYK/

genfinanzierung. Wir bezeichnen diesen fiktiven Wert mit V_e, der bei anteiliger Fremdfinanzierung um den Wert des Fremdkapitals – d.h. die erwarteten diskontierten Zahlungen an die Gläubiger – zu reduzieren ist. Die Eigentümer kommen auf Basis der hier unterstellten Annahmen in den Genuß der steuerlichen Vorteile aus der Fremdfinanzierung, so daß deren Barwert den Wert des Eigenkapitals erhöht.

Der Abbildung entnimmt man, daß der APV-Methode das Prinzip der Bewertung der Zahlungen an die Eigentümer zugrunde liegt. Unmittelbar transparent wird auch, daß die Eigenkapitalkosten bei anteiliger Fremdfinanzierung ($\bar{k}_t$) von den Eigenkapitalkosten bei reiner Eigenfinanzierung ($\bar{k}_e$), vom Fremdkapitalzins und von der Zusammensetzung der Ausschüttung D_t abhängen. Ändert sich etwas an der Aufteilung der Ausschüttung, läßt dies $\bar{k}_t$ nicht unberührt, auch wenn die Bedingungen für konstante Werte für $\bar{k}_e$ und r_f vorliegen. Der Vorteil der APV-Methode ist damit offensichtlich: Auf eine Anpassung der Diskontierungsraten kann verzichtet werden, auch wenn sich aufgrund von Finanzierungsentscheidungen die Struktur der bewertungsrelevanten Zahlung ändert.

1.3.2 Diskontierung steuerlicher Finanzierungsvorteile mit dem risikolosen Zins?

Die Annahme, der zufolge das Fremdfinanzierungsvolumen bereits in $t = 0$ auf ewig fixiert werden kann, dabei Insolvenzrisiken und unzureichende steuerliche Bemessungsgrundlagen ausgeschlossen werden können, ist unrealistisch. Die Nachfrage des Unternehmens nach Fremdkapital hängt unter anderem von den operativen (zustandsabhängigen!) Zahlungen und der Ausschüttungspolitik ab. Um dies zu sehen, wird die Definitionsgleichung der Ausschüttungen gemäß (3.7) nach dem Fremdkapitalbestand der Periode t umgestellt:

$$(3.8) \qquad B_t = B_{t-1} - \left(D_{et} - r_B B_{t-1}(1-s)\right) + D_t$$

Es besteht ein funktionaler Zusammenhang zwischen der unsicheren Zahlung D_{et} und dem Fremdkapital B_t. Damit ist der zukünftige Fremdkapitalbestand i.d.R. auch unsicher. Diese Unsicherheit überträgt sich auch auf die daraus abgeleiteten Zins- und Steuerzahlungen. Dies gilt insbesondere,

---

SCHWETZLER (1998). Einkommensteuereffekte, die aus der Ausschüttungspolitik resultieren können, bleiben zunächst unberücksichtigt.

wenn man von einer bereits in t-1 fixierten Ausschüttung D_t ausgeht. Deutsche Unternehmensleitungen orientieren sich bei der Bemessung der Dividende nicht selten auch an der Ausschüttung des Vorjahres.[12] Unterstellt man jeweils die im nächsten Jahr zu realisierende Ausschüttung als sicher, besteht wegen (3.8) ein enger Zusammenhang zwischen dem Betrag des Risikos bei reiner Eigenfinanzierung und dem Betrag des Risikos des Fremdkapitals.[13] Dieser Zusammenhang läßt sich durch bestimmte Formen der Ausschüttungspolitik unterbrechen. Der Fremdkapitalbestand verbleibt auf unverändertem Niveau, wenn $D_t = \left(D_{et} - r_B B_{t-1}(1-s)\right)$ gilt. Das Volumen der Fremdfinanzierung ist jetzt im Bewertungszeitpunkt bekannt, die Steuervorteile nicht mehr zustandsabhängig und die Diskontierung mit r_f berechtigt.

Bei jeder anderen Ausschüttungspolitik, die zu unsicheren Fremdkapitalbeständen führt, stellt sich die Frage nach der Alternativrendite für die volumenmäßig unbekannten Vorteile aus anteiliger Fremdfinanzierung. Bei einem in t =0 nicht genau bekannten zukünftigen Fremdkapitalbedarf ist eine pauschale Verwendung des risikolosen Zinses jedenfalls nicht plausibel. Legt man etwa den Verschuldungsgrad $L = B / V$ bereits im Bewertungszeitpunkt fest, folgen daraus unsichere Steuervorteile:

$$(3.9) \quad L_t V_t = B_{t-1} - \left(D_{et} - r_B B_{t-1}(1-s)\right) + D_t$$
$$\Rightarrow D_t = L_t V_t - B_{t-1} + \left(D_{et} - r_B B_{t-1}(1-s)\right)$$

Die Ausschüttung D_t ist bei dieser Finanzierungspolitik so einzustellen, daß der Zielverschuldungsgrad und gleichzeitig ein finanzielles Gleichgewicht auf Unternehmensebene hergestellt wird. Aus den Analysen von MILES/EZZEL (1980) sowie KRUSCHWITZ/LÖFFLER (1998) folgt, daß auch unter diesen Bedingungen das Risiko der Zahlungen bei reiner Eigenfinanzierung auf die Steuervorteile übertragen wird. Voraussetzung für den Risikotransfer ist ein bereits in t = 0 festgelegter Verschuldungsgrad. Dieser muß nicht konstant, darf jedoch nicht mit Unsicherheit behaftet sein. Zur Diskontierung der Steuervorteile aus anteiliger Fremdfinanzierung sind dann die Eigenkapitalkosten bei reiner Eigenfinanzierung zu benutzen.[14]

12 Zum empirischen Beleg vgl. KÖNIG, R. (1991), S. 1153.

13 Vgl. erstes Kapitel, Abschnitt 2.3.3 sowie die dort genannten Quellen.

14 Anzumerken ist, daß auch diese Finanzierungsprämisse nicht realistisch ist; im vierten Kapitel wird hierauf zurückgekommen.

Damit gelangen wir zum zentralen Problem der APV-Methode: Wie bestimmt man jene Rate, die die Eigentümer bei vollständiger Eigenfinanzierung zur Diskontierung der erwarteten Ausschüttungen benutzen würden?

1.3.3 Bestimmung der Eigenkapitalkosten als ungelöstes Problem

Die APV-Methode liefert – nicht mehr und nicht weniger – eine schlüssige Argumentation dafür, wie sich unter bestimmten Bedingungen das Bewertungsproblem bei reiner Eigenfinanzierung verändert, wenn man auf eine anteilige Finanzierung mit Fremdkapital übergeht. Sie läßt hingegen offen, wie die Diskontierungsraten zu bestimmen sind und repräsentiert insofern keine geschlossene Theorie des Unternehmenswertes. Wie wird dieses Leck im Konzept der APV-Methode im allgemeinen gestopft? Man bedient sich eines Kapitalmarktmodells, um zunächst die Alternativrendite $\bar{k}$ (= Eigenkapitalkosten bei anteiliger Fremdfinanzierung) zu schätzen. Häufig wird hierzu die einperiodige Variante des CAPM benutzt. Voraussetzung für die praktische Anwendung dieses Modells ist, daß das zu bewertende Unternehmen börsennotiert ist oder eine Stichprobe vergleichbarer, börsennotierter Unternehmen existiert. Auf Basis der Schätzung für $\bar{k}$ muß dann der Effekt der i.d.R. vorliegenden anteiligen Fremdfinanzierung eliminiert werden. Dazu wird meist der als Leverage-Formel bekannte Zusammenhang zwischen $\bar{k}$ und $\bar{k}_e$ benutzt:[15]

(3.10)
$$1.\ \beta = \frac{\mathrm{cov}[r_M, r]}{\mathrm{var}[r_M]} \quad \text{bzw.} \quad \bar{k} = r_f + \beta(\bar{r}_M - r_f)$$
$$2.\ \beta_e = \frac{\beta}{1 + (1-s)L/(1-L)}$$
$$3.\ \bar{k}_e = r_f + \beta_e(\bar{r}_M - r_f)$$

Darin entspricht β der Kovarianz zwischen der Aktienrendite des betrachteten Unternehmens (bzw. der durchschnittlichen Aktienrendite der Stichprobe vergleichbarer Unternehmen) mit der Marktrendite, dividiert durch die Varianz der Marktrendite; s ist der Steuersatz und $L = B_0/(B_0 + S_0)$ der Verschuldungsgrad. Für S_0 und B_0 werden die Börsenwerte angesetzt. Der unternehmensspezifische Risikofaktor wird multipliziert mit der Risiko-

15 Vgl. Anhang a sowie RUBINSTEIN, M. (1973), S. 178. Zur Konkretisierung des Steuerparameters vgl. Tabelle 1.9. Grundlegend zum einperiodigen CAPM ist SHARPE, W. (1964).

prämie, der Differenz zwischen erwarteter Marktrendite und risikolosem Zins. Diese Risikoprämie, erhöht um den risikolosen Zins, liefert eine Schätzung der Eigenkapitalkosten bei reiner Eigenfinanzierung. Klammert man empirische Probleme der Anwendung des CAPM aus, bleiben folgende kritische Punkte:

- Die Marktwerte B_0 und S_0 (bzw. L) sowie β müssen bei Anwendung von (3.10) bekannt sein, um $\bar{k}_e$ ausrechnen zu können. Liegt S_0 bereits vor, besteht ein Bewertungsproblem nur dann, wenn von anderen *Finanzierungs*prämissen ausgegangen werden soll, als der Börsenbewertung zugrunde liegen.
- Die Umrechnungsformel ist in der dargestellten Form an Annahmen zur Finanzierungspolitik gebunden: Konstante, nicht-stochastische Fremdkapitalbestände. Ob diese Finanzierungsprämisse den in den Beta-Faktoren zum Ausdruck kommenden Markterwartungen entspricht,[16] darf bezweifelt werden bzw. gilt zumindest als unbelegt.
- Selbst wenn es gelänge, β_e zu isolieren, ist fraglich, ob dieses zu einem Zeitpunkt auf Basis von Vergangenheitsdaten ermittelte Risikomaß auch für alle zukünftigen Perioden unverändert benutzt werden kann. Die Anwendung historischer Risikofaktoren auf zukünftige Zahlungen, die für den Zweck der Unternehmensbewertung von den Erwartungen des Marktes abweichen, ist kritisch zu sehen. Geht man also von anderen Erwartungen als den Markterwartungen aus, sind die Wirkungen dieser Erwartungsänderungen auf β_e zu berücksichtigen. Hinzu kommt, daß die in β_e zum Ausdruck kommenden operativen Risiken im Zeitablauf im allgemeinen nicht konstant sein dürften.[17] Wie dies berücksichtigt werden kann, ist weitgehend offen.
- Wird für nicht-notierte Unternehmen ersatzweise auf die Betas vergleichbarer Unternehmen zurückgegriffen, trifft die Kritik an der Multiplikatoren-Bewertung auch hier zu: Vergleichbarkeit hinsichtlich aller

---

16 Vgl. DRUKARCZYK/HONOLD (1998), S. 19.

17 Vgl. ZIMMERMANN, P. (1997), S. 373: "... sind die Betas einzelner Aktien im Zeitablauf nicht stabil. Es kann vermutet werden, daß diese beobachtete Instabilität nicht alleine auf Schätzfehler zurückzuführen ist, sondern auf ökonomischen Ursachen beruht". Zu den ökonomischen Ursachen gehören auch Veränderungen der Finanzierung. Diese erklären die Variabilität der Betafaktoren jedoch nur zum Teil; ebenda, S. 286 sowie BAUER, C. (1992), S. 168, S. 171, S. 202 – 203. Folglich besteht Grund zur Vermutung, daß die durch β_e gemessenen operativen Risiken im Zeitablauf nicht konstant sind.

wert- und damit beta-relevanten Eigenschaften läßt sich nur selten herstellen.[18]

Die dargestellte Adjustierung von Beta-Faktoren kann nicht als befriedigende Lösung akzeptiert werden; damit stellt die Bestimmung der Eigenkapitalkosten bei reiner Eigenfinanzierung (und die praktische Anwendung von DCF-Methoden) ein ungelöstes Problem dar.

2 Bewertungsmethoden ohne risikoadjustierte Kapitalkosten

Die Ergebnisse des vorherigen Abschnitts legen nahe, nach Methoden zu suchen, die ohne die explizite Formulierung von risikoadjustierten Eigenkapitalkosten auskommen. Diesbezügliche Alternativen werden im folgenden dargestellt. Im Kern beruhen diese Methoden auf einer Überführung der Erwartungswerte der bewertungsrelevanten Zahlungen in Sicherheitsäquivalente[19], die dann mit dem risikolosen Zins diskontiert werden können.

2.1 APV-Methode und die sicherheitsäquivalente Formulierung des CAPM

Die Lebensdauer des zu bewertenden Unternehmens sei endlich, auf *T* Jahre festgelegt. Der Wert des Unternehmens am Ende der Periode *T* sei Null. Auf Basis der sicherheitsäquivalenten Variante des CAPM läßt sich der Wert des Eigenkapitals aus den zukünftig erwarteten Zahlungen an die Eigentümer ableiten:[20]

$$(3.11)\quad S_0 = \sum\nolimits_{t=1}^{T} \frac{\mathrm{E}_0[D_t] - \lambda \operatorname{cov}[D_t; r_{Mt}]}{(1+r_f)^t}$$

Die Ausschüttung an die Eigentümer, *D*, wird entsprechend der APV-Methode in Komponenten zerlegt:

$$(\text{vgl. } 3.7)\quad D_t = D_{et} + s r_f B_{t-1} + (\Delta B_t - r_f B_{t-1})$$

---

18 Siehe hierzu erstes Kapitel.

19 Zum Begriff des Sicherheitsäquivalentes und zur Anwendung bei der Unternehmensbewertung vgl. BALLWIESER, W. (1990), S. 171.

20 Zur Herleitung siehe Anhang b. Zum mehrperiodigen CAPM vgl. CONSTANTINIDES, G. (1980), BHATTACHARYA, S. (1981), FRANKE, G. (1984).

Das CAPM wird nun in Form eines rekursiven Algorithmus angewendet, der in T beginnt und bis $t = 0$, dem Bewertungsstichtag, fortgesetzt wird:

$$(3.12)\quad S_{T-1} = \frac{\mathrm{E}_{T-1}[D_T] - \lambda \operatorname{cov}[D_T, r_{MT}]}{1 + r_f}$$
$$= \frac{\mathrm{E}_{T-1}[D_{eT}] - \lambda \operatorname{cov}[D_{eT}; r_{MT}] + s r_f B_{T-1} - B_{T-1} - r_f B_{T-1}}{1 + r_f}$$

Eine Risikokorrektur findet nur bezüglich der Zahlung bei reiner Eigenfinanzierung statt, da der Zins und der Fremdkapitalbestand am Ende der Vorperiode bekannt, also sicher sind. Die Kovarianz zwischen einer sicheren Größe und der Marktrendite ist Null. Der Fremdkapitalbestand am Ende der Periode T sei vollständig getilgt, d.h. $B_T = 0$.

Unter Benutzung der äquivalenten Darstellungsformen des CAPM kann (3.12) unmittelbar in die Struktur der APV-Methode überführt werden:

$$(3.13)\quad S_{T-1} = \frac{\mathrm{E}_{T-1}[D_{eT}] - \lambda \operatorname{cov}[D_{eT}; r_{MT}]}{1 + r_f} + \frac{s r_f B_{T-1}}{1 + r_f} - \frac{B_{T-1} + r_f B_{T-1}}{1 + r_f}$$
$$= \frac{\mathrm{E}_{T-1}[D_{eT}]}{1 + \bar{k}_e} + \frac{s r_f B_{T-1}}{1 + r_f} - B_{T-1}$$

Der erste Term stellt den Wert bei reiner Eigenfinanzierung dar. Zur Diskontierung der Zahlungen bei reiner Eigenfinanzierung werden die Eigenkapitalkosten bei reiner Eigenfinanzierung verwendet. Jene Rate ist über das CAPM eindeutig bestimmt. Der Wert bei reiner Eigenfinanzierung ist um den Vorteil aus anteiliger Fremdfinanzierung zu erhöhen. Die Bewertung dieser zusätzlichen Zahlung an die Eigentümer ist hier einfach, da sämtliche Parameter, der Steuersatz, der Zins und der Fremdkapitalbestand, in $T - 1$ bekannt sind. Die Summe aus dem Wert bei reiner Eigenfinanzierung und dem Wert der Steuervorteil entspricht dem Unternehmensgesamtwert, der nach Reduktion um den Wert des Fremdkapitals zum Wert des Eigenkapitals führt.[21]

Um den Algorithmus fortsetzen zu können sind Finanzierungsprämissen erforderlich, die den Risikogehalt der Steuervorteile festlegen. Diese werden

---

21 In Anhang c wird gezeigt, daß diese Zusammenhänge unverändert gelten, selbst wenn der Anleihezins vom risikolosen Zins abweicht und der Anleihezins unsicher ist.

im vierten Kapitel erörtert. Die Diskussion kann hier jedoch mit der Erkenntnis unterbrochen werden, daß der Anwender nichts einbüßt, wenn er anstelle der APV-Methode direkt das CAPM zugrunde legt.

2.2 Arbitragefreie Bewertung auf Basis der Argumente von BLACK und ROSS

Wenn zwischen den Zahlungen des Unternehmens und der Aktienmarktrendite ein linearer Zusammenhang besteht, reduziert sich das Bewertungsproblem erheblich.[22] BLACK fragte, welcher Wert einer Zahlung in $t + 1$ beizumessen sei, die sich als Vielfaches der Überrendite $(r_M - r_f)$ darstellen läßt; z.B.:[23]

(3.14) $D_{t+1} = D_t(r_{M,t+1} - r_f)$

Tabelle 3.1: Arbitrageargument von BLACK

Position	Wert in t	Zahlung in $t + 1$
Zu bewertende Zahlung	0	$D_t(r_{M,t+1} - r_f)$
Verschuldung	D_t	$-D_t(1 + r_f)$
Investition in Marktportefeuille	$-D_t$	$+D_t(1 + r_{M,t+1})$
Summe Portefeuille	0	$D_t(r_{M,t+1} - r_f)$

Zwischen der Zahlung und der Aktienmarktrendite besteht offensichtlich ein linearer Zusammenhang. BLACK behauptete, der Wert dieser Zahlung in t sei Null und begründete seine These mit folgender Arbitrageüberlegung: Die Zahlung in $t + 1$ kann dupliziert werden durch eine Verschuldung in Höhe von D_t zum Zinssatz r_f. Dies führt zu einer Einzahlung in t in Höhe von D_t und zu einer Auszahlung in $t + 1$ von $D_t(1 + r_f)$. Die Einzahlung in t wird umgehend in das Marktportefeuille investiert. Die Differenz aus Ein- und Auszahlungen in t ist damit Null. In $t + 1$ folgt aus dem Marktportefeuille ein Rückfluß von $D_t(1 + r_{M,t+1})$. Zusammen mit der Rückzahlung für den in t aufgenommenen Kredit ergibt sich die Nettozahlung zu $D_{t+1} = D_t(r_{M,t+1} - r_f)$. Diese Nettozahlung entspricht genau der zu bewerten-

22 Ebenda (1988), S. 8.

23 Vgl. auch die Darstellung in BIERMAN/SMIDT (1993) sowie die Diskussion in FISCHER, E. (1998).

den Zahlung, die folglich in t ebenfalls einen Wert von Null haben muß. Tabelle 3.1 faßt den Sachverhalt zusammen.

Das Argument ruht auf Arbitrageüberlegungen und ist nicht an die Gültigkeit des CAPM gebunden, führt jedoch zum gleichen Resultat:

$$(3.15)\quad V_t(D_{t+1}) = \frac{\mathrm{E}_t\left[D_t(r_{M,t+1} - r_f)\right] - \lambda \operatorname{cov}\left[D_t(r_{M,t+1} - r_f); r_{M,t+1}\right]}{1 + r_f}$$

$$= \frac{D_t(\bar{r}_M - r_f) - \lambda D_t \operatorname{cov}\left[r_{M,t+1}; r_{M,t+1}\right]}{1 + r_f} = 0$$

$$\text{wegen } \lambda = \frac{\bar{r}_M - r_f}{\sigma_M^2} \text{ und } \operatorname{cov}\left[r_{M,t+1}; r_{M,t+1}\right] = \sigma_M^2$$

Für die spätere Verwendung dieses Resultates ist folgender Satz nützlich: *Der Wert einer Zahlung, die sich aus dem Produkt einer Konstanten und der Überrendite* $(r_M - r_f)$ *ergibt, ist Null.*

Dieser Satz offenbart zugleich eine häßliche Seite des CAPM: Ein Geschäft, das keine Investition von Eigenkapital erfordert, jedoch einen Ertrag erwarten läßt, stellt wohl keine reale Investitionsgelegenheit dar. Im vorliegenden Fall ist der erwartete Rückfluß aus dem Portefeuille positiv, obwohl es keine Kosten zu seiner Errichtung verursacht. Die zugrunde liegende Handelsstrategie kann verglichen werden mit einer Strategie im Roulette, bei der stets auf eine der beiden Farben rot oder schwarz gesetzt wird. Wird ein Spiel verloren, wird der Einsatz verdoppelt. Es läßt sich ein sicherer Gewinn über den Einsatz hinaus erwarten, wenn der Spieler über eine finanzielle Ausstattung verfügt, die es ihm erlaubt, seinen Einsatz so oft wie nötig zu verdoppeln. Das "free lunch" läßt sich nur verhindern, wenn die Verschuldungsmöglichkeiten der Anleger begrenzt werden.[24]

In Ergänzung wird im folgenden ein Argument von ROSS (1978) wiedergegeben, das die Bewertung ebenso wie BLACK's Argument von den Prämissen des CAPM löst und auf eine einzige, zentrale Annahme reduziert: Keine Arbitrage. Das Argument besticht durch seine Einfachheit; es handelt sich um die Umsetzung der Idee des relativen Vorteilhaftigkeitsvergleichs (siehe erstes Kapitel). Danach ergibt sich der Wert einer Zahlung D aus dem Preis einer alternativen Investitionsgelegenheit M:

---

24 Vgl. HARRISON/KREPS (1979), S. 400.

(vgl. 1.15) $V_{t-1}(D_t) = D_t \frac{P_{t-1}(M_t)}{M_t}$

Unter Ausschluß von Möglichkeiten zum Erzielen risikoloser Arbitragegewinne muß der Barwert der Zahlung dem gegenwärtigen Preis der Alternativinvestition entsprechen, wenn die Zahlungen in t in jedem Umweltzustand proportional sind. Zur Begründung der risikoneutralen Bewertung sind *keine weiteren* Annahmen erforderlich.

Zentral für den Vorteilhaftigkeitsvergleich ist, daß zwischen der Zahlung und *einem beliebigen*, am Kapitalmarkt gehandelten Wertpapier ein linearer Zusammenhang besteht, im einfachsten Fall etwa in folgender Form:

(3.16) $D_t = aM_t$

Danach entwickelt sich die Zahlung proportional zu M, das zum Beispiel einen Aktienindex darstellen könnte. Der Wert der Zahlung beträgt damit eindeutig

(3.17) $V_{t-1}(D_t) = aP_{t-1}(M_t)$.[25]

Mit diesem einfachen Prinzip läßt sich die risikoneutrale Bewertung für die drei betrachteten Modelle begründen, ohne die restriktiven Prämissen des CAPM zugrunde legen zu müssen. Um dies zu sehen, wird die Marktrendite auf Basis des Wertes des Aktienindex, M, formuliert:

(3.18) $r_{Mt} = \frac{M_t}{M_{t-1}} - 1$

Damit kann das Bewertungsmodell z.B. für den Fall der perfekten Korrelation zwischen Zahlungen und Marktrendite so geschrieben werden:

(3.19) $D_{t+1} = D_t \left\{ 1 + \alpha + \frac{\sigma}{\sigma_M} \left(\frac{M_t}{M_{t-1}} - 1 - \bar{r}_M \right) \right\}$

Die Bewertung kann für die sicheren und unsicheren Komponenten separat erfolgen:

25 Vgl. ROSS, S. (1978), S. 465, (1995), S. 98. Vgl. auch GEHR, A. (1981).

$$(3.20)\quad V_t(D_{t+1}) = V_t\left[D_t\left(1+\alpha-\frac{\sigma}{\sigma_M}-\frac{\sigma}{\sigma_M}\bar{r}_M\right)\right]+V_t\left[D_t\frac{\sigma}{\sigma_M}\frac{M_t}{M_{t-1}}\right]$$

Die erste Zahlungskomponente besteht nur aus Konstanten bzw. aus in t bekannten Werten. Somit ist hierfür der risikolose Zins zur Diskontierung zu verwenden:

$$(3.21)\quad V_t\left[D_t\left(1+\alpha-\frac{\sigma}{\sigma_M}-\frac{\sigma}{\sigma_M}\bar{r}_M\right)\right]=\frac{D_t\left(1+\alpha-\frac{\sigma}{\sigma_M}-\frac{\sigma}{\sigma_M}\bar{r}_M\right)}{1+r_f}$$

Interessanter ist die zweite Zahlungskomponente, die sich proportional zur Entwicklung des Indexes verhält. Auf Basis der aus dem Prinzip des relativen Vorteilhaftigkeitsvergleichs abgeleiteten Beziehung (1.15) hat diese Zahlungskomponente in t folgenden Wert:

$$(3.22)\quad V_t\left[D_t\frac{\sigma}{\sigma_M}\frac{M_t}{M_{t-1}}\right]=D_t\frac{\sigma}{\sigma_M}$$

Zusammenfassend folgt damit für den Wert der Zahlung:

$$(3.23)\quad V_t(D_{t+1})=\frac{D_t\left(1+\alpha-\frac{\sigma}{\sigma_M}-\frac{\sigma}{\sigma_M}\bar{r}_M\right)}{1+r_f}+D_t\frac{\sigma}{\sigma_M}$$

Elementare Umformungen ergeben schließlich das folgende Resultat:

$$(3.24)\quad V_t(D_{t+1})=\frac{D_t(1+\alpha-\sigma\phi)}{1+r_f}\quad\text{mit: }\phi=\frac{\bar{r}_M-r_f}{\sigma_M}$$

Die analoge Argumentation läßt sich nicht nur für den Fall der perfekten Korrelation, sondern auch für die beiden anderen Modelle – additiver Zahlungs-Rendite-Prozeß sowie multiplikativer Zahlungs-Rendite-Prozeß – führen. Die Bewertung ist folglich nicht an die Gültigkeit des CAPM gebunden.

Abschließend soll eine Einschätzung dieses Resultats von ROSS wiedergegeben werden:

"Let us stress again the power of these results. To begin with, expectational mechanisms to describe how we anticipate the index ... will behave are irrelevant. Furthermore, there is no need for X_t (der Index) *to follow a diffusion process to apply ... or for the stream c* (der Zahlungsstrom) *to follow any specific process. All that is necessary is the assumption, that current asset values do not permit arbitrage. In particular, then, we do not have to assume that the current index price is in equilibrium to correctly appraise the project."*[26]

Der Umweg über die APV-Methode und das CAPM ist vor diesem Hintergrund nicht unnütz. Wer hätte erwartet, daß zum Beispiel die Finanzierungseffekte, die im Rahmen der APV-Methode in filigraner Weise bewertet werden, sowie die scharfsinnige Analyse der relevanten Risikomenge im CAPM in dem einfachen Modell des relativen Vorteilhaftigkeitsvergleichs bereits enthalten sind? Hinzu kommt, daß das CAPM begründete Möglichkeiten zur Vereinfachung eröffnet, wenn der Zusammenhang zwischen der Zahlung und dem Preis der Alternative nicht perfekt ist und sich etwa wie folgt präsentiert:

(3.25) $D_t = aM_t + \xi_t$

Darin bezeichnet ξ_t eine zusätzliche stochastische Komponente, die den linearen Zusammenhang zwischen D und M überlagert. Man könnte nun nach einer Alternativinvestition für diese Komponente suchen und jene separat bewerten:

(3.26) $\xi_t = bM'_t \Rightarrow V_{t-1}(\xi_t) = bP_{t-1}(M'_t) \neq 0$

Kann auch dieser Zusammenhang nicht exakt hergestellt werden, ist nach weiteren Alternativinvestitionen für die Residuen zu suchen. Auf diesem Weg gelangt man zu einer auf mehreren Referenzpapieren ruhenden Bewertungsgleichung. Das CAPM stellt somit eine Möglichkeit zur Vereinfachung dar, in dem man unterstellt, daß $E[\xi] = \text{cov}[\xi, r_M] = 0$ gilt. Die "unsystematische" Komponente hat damit keinen Wert.

Viele Aussagen der modernen Finanzierungstheorie können mit dem Prinzip fehlender Arbitragemöglichkeiten begründet werden. Es sollte jedoch

---

26 ROSS, S. (1978), S. 465.

nicht verschwiegen werden, daß die Bedingung arbitragefreier Märkte in der Realität nicht immer vorliegt. Ob am Markt stets ein gleichgewichtiger Preisprozeß unter Verarbeitung aller verfügbaren Informationen entsteht, so daß auch kleinste Arbitragegewinne sofort ausgenutzt werden, darf bezweifelt werden.[27] Ein Grund für nicht ausgenutzte Arbitragegewinne ist in institutionellen Beschränkungen zu suchen. Zur Realisierung von Arbitragegewinnen eignet sich die Konstruktion von Portefeuilles, die den Zahlungsstrom des fehlbewerteten Wertpapiers duplizieren. Dies erfordert oftmals Leerverkäufe, die bekanntlich nicht allen Marktteilnehmern erlaubt oder nur zu erheblichen Kosten möglich sind.

Wenn Leerverkäufe eingeschränkt sind, können Positionen nicht unmittelbar ausgeglichen und damit Arbitragegewinne nicht sofort realisiert werden. Unabhängig davon können Anleger, die zum Beispiel Unterbewertungen erkennen, jene Wertpapiere erwerben und halten. Kehrt der Preis des unterbewerteten Papiers auf ein arbitragefreies Niveau zurück, kann durch Verkauf der Arbitragegewinn realisiert werden. Für Anleger mit sehr kurzem Anlagehorizont eignet sich diese Strategie oftmals nicht, da unklar ist, wann die Preisanpassung erfolgt. Neben der Anlagedauer ist überschüssige oder mangelnde Liquidität der Anleger eine weitere Ursache für potentielle Fehlbewertungen.[28]

Schließlich ist der Einfluß nicht informierter Händler auf den Preisprozeß zu nennen. Die idealtypische Vorstellung des rationalen Anlegers dürfte in der Realität nicht immer vorliegen. Sogenannte Noise Trader, die unabhängig von Fundamentalwerten agieren könnten, würden aufgrund von Fehleinschätzungen für zusätzliche Volatilität der Preise sorgen. Daraus könnten zusätzliche Risiken entstehen, die rationale Anleger nur bei einem Aufschlag auf die zu erwartende Rendite zu tragen bereit sind. Läßt sich diese Risikoprämie nicht realisieren, würde nicht jede Fehlbewertung ausgeglichen.[29]

Zusammenfassend ist festzustellen, daß Situationen nicht ausgeschlossen werden können, in denen aus unterschiedlichen Gründen die Realisierung von Arbitragegewinnen aus rationalen Überlegungen oder aufgrund von Beschränkungen unterbleibt. Dies schränkt aber die Anwendungsmöglichkeiten der kapitalmarktorientierten Unternehmensbewertung nicht wirklich ein, die als Bezugspunkt von einem Idealzustand ausgeht.

---

27 Vgl. unlängst NÖTH, M. (1998), S. 15ff.

28 Vgl. WEBER, M. (1990), S. 176 - 177.

29 DE LONG/SHLEIFER/SUMMERS/WALDMANN (1990), S. 714; SHLEIFER/VISHNY (1997).

2.3 Arbitragefreie Bewertung bei verschiedenen Zahlungsmodellen

Im folgenden werden die im zweiten Kapitel diskutierten kombinierten Rendite-Zahlungsmodelle mit dem gerade entwickelten Ansatz bewertet. Wir beginnen mit dem Spezialfall einer perfekten Korrelation zwischen Zahlungen und Marktrenditen (Abschnitt 2.3.1). Danach werden in Abschnitt 2.3.2 der additive und in 2.3.3 der multiplikative Zahlungsprozeß betrachtet. Die Kalküle werden für den allgemeinen Fall variabler Zahlungen entwickelt und – soweit möglich –dann in vereinfachende Spezialfälle überführt, um die Prämissen für im Zeitablauf konstante Risikozuschläge herauszustellen. Das Ergebnis dieser Betrachtungen ist in der nächsten Tabelle enthalten. Sie zeigt, daß multiplikative Modelle mit konstanter Wachstumsrate und unbegrenzter Lebensdauer zu konstanten Betas führen. Für das additive Modell gilt dies nicht, so daß der Beta-Faktor auch im "Rentenfall mit Wachstum" periodenspezifisch ist.

Tabelle 3.2: Wachstumsraten und Beta-Faktoren im Rentenfall

Modell (angewendet im Fall konstanter Prozeßparameter und $T \to \infty$)	Risikobereinigte Wachstumsrate des Erwartungswertes der Zahlungen	Korrespondierender Beta-Faktor
Perfekte Korrelation	$g^* = \alpha - \sigma\phi = r_f$	$\beta = \sigma / \sigma_M$
Additives Modell	$g_t^* = \dfrac{\alpha^*}{C_0 + (t-1)\alpha^*}$ $\alpha^* = a + br_f$	$\beta_t = f(t)$
Multiplikatives Modell	$g^* = \alpha^* = a + br_f$	$\beta = \dfrac{b(1+r_f)}{1+a+br_f}$

2.3.1 Perfekte Korrelation zwischen Zahlungen und Marktrenditen

Eine perfekte Korrelation läßt sich konstruieren, indem sowohl für die Modellierung der Zahlungen als auch für die Marktrenditen die gleiche Zufallszahl benutzt wird:

$$(3.27) \quad D_{t+1} = D_t(1 + \alpha + \sigma\varepsilon_{t+1}) \text{ und } r_{M,t+1} = \bar{r}_M + \sigma_M \varepsilon_{t+1}$$

Die Zufallszahl ε kommt in beiden Prozessen vor, so daß die Zahlung als Funktion der Indexrendite formuliert werden kann:

$$(3.28)\quad D_{t+1} = D_t\left(1+\alpha+\sigma\frac{r_{M,t+1}-\bar{r}_M}{\sigma_M}\right)$$

Zur Bewertung dieser Zahlung wenden wir die sicherheitsäquivalente Formulierung des CAPM in Form eines rekursiven Algorithmus an:

$$(3.29)\quad V_t(D_{t+1}) = \frac{D_t(1+\alpha)-\lambda\,\mathrm{cov}\left[\dfrac{D_t\sigma r_{M,t+1}}{\sigma_M};r_{M,t+1}\right]}{1+r_f} = \frac{D_t(1+\alpha-\sigma\phi)}{1+r_f}$$

$$\text{mit: } \phi = \frac{\bar{r}_M - r_f}{\sigma_M}$$

Im nächsten Schritt ist der Wert aus der Perspektive der Periode $t-1$ zu bestimmen. Dabei ist der Wert in t sowie die in t fällige Zahlung zu berücksichtigen. Aufgrund des Wertadditivitätsprinzips gilt:

$$(3.30)\quad V_{t-1}(V_t + D_t) = V_{t-1}(V_t) + V_{t-1}(D_t)$$

Die zweite Komponente ist analog zum ersten Schritt zu bewerten:

$$(3.31)\quad V_{t-1}(D_t) = \frac{D_{t-1}(1+\alpha-\sigma\phi)}{1+r_f}$$

Zur Bewertung der ersten Komponente setzen wir den für V_t gem. (3.29) berechneten Wert ein und verfahren analog:

$$(3.32)\quad V_{t-1}(V_t) = V_{t-1}\left(\frac{D_t(1+\alpha-\sigma\phi)}{1+r_f}\right)$$

Wertadditivität impliziert lineare Bewertungsoperatoren, so daß die sicheren Faktoren wie folgt isoliert werden können:[30]

30 Vgl. WILHELM, J. (1981), S. 894, zu Eigenschaften linearer Bewertungsoperatoren; vgl. auch DYBVIG/ROSS (1989), S. 60.

$$(3.33)\quad V_{t-1}(V_t) = \frac{1+\alpha-\sigma\phi}{1+r_f} V_{t-1}(D_t)$$

Der Wert der Zahlung kann nun gemäß (3.31) eingesetzt werden:

$$(3.34)\quad V_{t-1}(V_t) = \frac{1+\alpha-\sigma\phi}{1+r_f}\frac{D_{t-1}(1+\alpha-\sigma\phi)}{1+r_f} = D_{t-1}\left(\frac{1+\alpha-\sigma\phi}{1+r_f}\right)^2$$

Insgesamt erhalten wir damit:

$$(3.35)\quad V_{t-1}(V_t + D_t) = D_{t-1}\left(\frac{1+\alpha-\sigma\phi}{1+r_f}\right)^2 + D_{t-1}\left(\frac{1+\alpha-\sigma\phi}{1+r_f}\right)$$

In Fortsetzung des Algorithmus finden wir den Wert des mehrperiodigen Zahlungsstroms und damit den Wert des Eigenkapitals:

$$(3.36)\quad S_0 = \sum\nolimits_{t=0}^{T} D_0\left(\frac{1+\alpha^*}{1+r_f}\right)^t \qquad \text{mit: } \alpha^* = \alpha - \sigma\phi$$

Bei unbeschränkter Lebensdauer reduziert sich dieser Ausdruck auf das in Tabelle 3.2 bereits vorgestellte Resultat:[31]

$$(3.37)\quad S_0 = D_0 + D_0 \frac{1+\alpha^*}{r_f - \alpha^*} \qquad \text{mit: } \alpha^* < r_f .$$

Diese Zusammenhänge gelten freilich für beliebige Zahlungen, d.h. auch für die Zahlungen bei reiner Eigenfinanzierung, wenn diese dem Bildungsgesetz (3.28) folgen. Entspricht also α^* der risikobereinigten Wachstumsrate bei reiner Eigenfinanzierung, ist das zentrale Problem der Bestimmung der Alternativrendite bei reiner Eigenfinanzierung für den vorliegenden Rentenfall mit Wachstum gelöst:

---

31 Der Wert des Eigenkapitals enthält in dieser Darstellung die Zahlung am Ende der Periode $t = 0$. Die bekannte Darstellung des Rentenfalls mit ewigem Wachstum erhält man, indem der Wert des Eigenkapitals ohne diese Zahlung dargestellt wird.

$$(3.38)\quad \beta_e = \frac{1+r_f}{1+\alpha-\sigma\phi}\frac{\sigma}{\sigma_M}$$

Entspricht die risikobereinigte Wachstumsrate $\alpha^* = \alpha - \sigma\phi$ dem risikolosen Zins, ergibt sich β aus dem Verhältnis der Standardabweichungen von Marktrendite und Wachstumsrate.[32] Das zu bewertende Unternehmen muß also nicht börsennotiert sein.

2.3.2 Additiver Zahlungs-Rendite-Prozeß

Wir wollen im folgenden das Argument von BLACK benutzen, um den im zweiten Kapitel definierten additiven Zahlungsprozeß zu bewerten. Es liegt das folgende Bildungsgesetz zugrunde:

$$(3.39)\quad D_{t+1} = D_t + (a + br_{M,t+1}) + \sigma\varepsilon_{t+1}$$

Die Drift des additiven Zahlungsprozesses steht in einer linearen Beziehung zur Indexrendite, die nicht mit der unsystematischen Zahlungskomponente ε korreliert. Was ist der Wert dieser Zahlungen in t ? Wir erweitern die Drift und wenden BLACKS Argument an:

$$(3.40)\quad D_{t+1} = D_t + a + b(r_{M,t+1} - r_f) + br_f + \sigma\varepsilon_{t+1}$$

Diese Zahlung kann nun einfach bewertet werden: Sämtliche Konstanten und die in t bekannte Zahlung D_t werden mit dem risikolosen Zinssatz diskontiert. Der Barwert der Überrendite ist ebenso Null wie der Barwert der unsicheren Zahlungskomponente. Somit ergibt sich der Wert der Zahlung $V_t(D_{t+1})$ wie folgt:

$$(3.41)\quad V_t(D_{t+1}) = \frac{D_t + a + br_f}{1+r_f}$$

Die Fortsetzung der Rechnung führt auf den Wert der Zahlung in $t = 0$:

---

32 Zu diesem Resultat gelangen auf anderem Weg auch MYERS/TURNBULL (1977), S. 329.

$$(3.42)\quad V_0(D_{t+1}) = \frac{D_0 + t(a+b)r_f}{(1+r_f)^t}$$

Aufgrund der unterstellten Wertadditivität kann die Bewertung eines mehrperiodigen Zahlungsstroms aus der Summe der einzelnen Zahlungen zusammengesetzt werden. Somit können wir den Unternehmenswert bestimmen:

$$(3.43)\quad S_0 = \sum_{t=0}^{\infty} \frac{D_0 + t\alpha^*}{(1+r_f)^t} \quad \text{mit: } \alpha^* = (a+b)r_f$$

Damit liegt ein potentiell praktisch anwendbares Modell vor, das auf die Annahme der perfekten Korrelation zwischen Zahlungen und Marktrendite verzichten kann. Die Überführung in ein Rentenmodell und die Ableitung eines konstanten Eigenkapitalkostensatzes (bei reiner Eigenfinanzierung) ist hier nicht möglich.

2.3.3 Multiplikativer Zahlungs-Rendite-Prozeß

Wir wollen nun den Fall untersuchen, in dem die Wachstums*rate* der Zahlungen mit der Marktrendite in einem linearen Zusammenhang steht.

$$(3.44)\quad D_{t+1} = D_t(1 + a + br_{M,t+1} + \sigma\varepsilon_{t+1})$$

Das Argument von BLACK läßt sich auch auf den vorliegenden Fall anwenden. Um dies zu sehen, wird der Zahlungsprozeß zunächst in Summanden zerlegt:

$$(3.45)\quad D_{t+1} = D_t(1+a) + D_t br_{M,t+1} + D_t\sigma\varepsilon_{t+1}$$

Der zweite Summand mit der unsicheren Aktienmarktrendite wird erweitert, um die Differenz zwischen Marktrendite und risikolosem Zins zu erzeugen:

$$(3.46)\quad D_{t+1} = D_t(1+a) + D_t b(r_{M,t+1} - r_f) + D_t br_f + D_t\sigma\varepsilon_{t+1}$$

Die in t bereits bekannten Werte und die Konstanten werden mit dem risikolosen Zinssatz diskontiert. Die Barwerte der Überrendite und der unsystematischen Zahlungskomponente sind Null. Die Zusammenfassung der von Null verschiedenen Summanden etabliert somit das folgende Zwischenresultat:

$$(3.47)\quad V_t(D_{t+1}) = \frac{D_t(1+a+br_f)}{1+r_f}$$

Die Rechnung ist fortzusetzen, um den Wert der Zahlung in $t = 0$ zu erhalten. Dazu zerlegen wir das Problem in die Bewertung der Zahlung D_t und in die Bewertung des Wertes V_t:

$$(3.48)\quad V_{t-1}(D_t + V_t) = V_{t-1}(D_t) + V_{t-1}(V_t)$$

Zunächst zur ersten Komponente: Aufgrund von (3.47) können wir den Wert der Zahlung D_t in $t-1$ unmittelbar angeben:

$$(3.49)\quad V_{t-1}(D_t) = D_{t-1}\frac{1+a+br_f}{1+r_f}$$

Zur Bewertung der zweiten Komponente wird V_t ersetzt. Dann werden alle konstanten Terme ausgeklammert:

$$\begin{aligned}(3.50)\quad V_{t-1}(V_t) &= V_{t-1}\left(\frac{D_t(1+a+br_f)}{1+r_f}\right)\\ &= V_{t-1}\left(\frac{D_{t-1}(1+a+br_f)(1+a+br_{Mt}+\sigma\varepsilon_t)}{1+r_f}\right)\\ &= \frac{D_t(1+a+br_f)}{1+r_f}V_{t-1}(1+a+br_{Mt}+\sigma\varepsilon_t)\end{aligned}$$

Damit reduziert sich die Bewertung, die mittels CAPM durchgeführt wird, auf folgenden Rest:

$$(3.51)\quad V_{t-1}(1+a+br_{Mt}+\sigma\varepsilon_t)=\frac{(1+a+b\bar{r}_M)-\lambda\operatorname{cov}[br_{Mt}+\sigma\varepsilon_t;r_{Mt}]}{1+r_f}=\frac{(1+a+b\bar{r}_M)-b(\bar{r}_M-r_f)}{1+r_f}$$

Zusammensetzen der einzelnen Zwischenresultate liefert schließlich:

$$(3.52)\quad V_{t-1}(V_t+D_t)=D_{t-1}\left(\frac{1+a+br_f}{1+r_f}\right)^2+D_{t-1}\left(\frac{1+a+br_f}{1+r_f}\right)$$

Diese Rechnung kann fortgesetzt werden bis zum Zeitpunkt $t = 0$. Für den Wert des Zahlungsstroms können wir folglich festhalten:

$$(3.53)\quad S_0=D_0\sum_{t=0}^{T}\left(\frac{1+\alpha^*}{1+r_f}\right)^t \quad \text{mit: } \alpha^*=a+br_f$$

Die Bewertungsformel ist unabhängig von der erwarteten Wachstumsrate α. Ursächlich hierfür ist der lineare Zusammenhang zwischen dieser Wachstumsrate und der Marktrendite. Ein hohes Wachstum der Zahlungen impliziert eine hohe Marktrendite und entsprechend hohe Kapitalkosten.

Bei unbegrenzter Lebensdauer ($T \to \infty$) erhalten wir wiederum ein Rentenmodell mit Wachstum, aus dem die Eigenkapitalkosten abgeleitet werden können:

$$(3.54)\quad S_0=D_0+\frac{D_0(1+\alpha^*)}{r_f-\alpha^*}\Rightarrow\beta=\frac{b(1+r_f)}{1+a+br_f} \quad \text{mit: } r_f>\alpha^*$$

Diese Zusammenhänge lassen sich übertragen auf den Fall der reinen Eigenfinanzierung. Damit liegt ein Ansatz vor, mit dem die Eigenkapitalkosten (ggf. bei reiner Eigenfinanzierung) bestimmt werden können.

3 Zur Implementierung der risikoneutralen Bewertung

Die in den vorherigen Abschnitten zusammengetragenen Bewertungsgrundlagen werden nun im Hinblick auf die praktische Anwendung weiter konkretisiert. Dazu wird in Abschnitt 3. 1 zunächst das grundlegende Bewertungsprinzip zusammengefasst und der Begriff der risikoneutralen Bewertung definiert. In Abschnitt 3.2 wird gezeigt, wie die Prognose von Jahresabschlüssen modifiziert werden kann, um auf dieser Basis sicherheitsäquivalente Zahlungen abzuleiten. Dazu wird jede einzelne Bilanz- bzw. GuV-Position risikobereinigt, so daß die daraus abgeleiteten Zahlungen – seien es die Zahlungen bei reiner Eigenfinanzierung, die tatsächlich erwarteten Ausschüttungen oder die Vorteile aus anteiliger Fremdfinanzierung – ebenfalls in risikobereinigter Form vorliegen. In Abschnitt 3.3 wird die Bewertung dieser sicherheitsäquivalenten Zahlungen erläutert. Es zeigt sich, daß dann auf die komponentenweise Bewertung gemäß der APV-Methode verzichtet werden kann, da auf alle Zahlungskomponenten nur noch eine einzige Diskontierungsrate, der risikolose Zinssatz, anzuwenden ist. Der Abschnitt 3.4 enthält Überlegungen zur Fehlertoleranz, die zu einem weiteren Argument für das hier vorgeschlagene Bewertungsprinzip führen. Abschließend erfolgt in 3.5 ein erster Ansatz zur Bewertung der POLY AG.

3.1 Zusammenfassung des Bewertungsprinzips

Das Prinzip der risikoneutralen Bewertung ist zentral für die folgenden Überlegungen. Es läßt sich für die drei betrachteten Rendite-Zahlungsprozesse wie folgt zusammenfassen. Die drei Prozesse sind das Modell der perfekten Korrelation zwischen Zahlungen und Markrenditen, der additive Rendite-Zahlungsprozeß sowie der multiplikative Rendite-Zahlungsprozeß:

1. Perfekte Korrelation: $D_{t+1} = D_t\left(1+\alpha+\sigma\frac{r_{M,t+1}-\bar{r}_M}{\sigma_M}\right)$
2. Additiver Prozeß: $D_{t+1} = D_t + a + br_{M,t+1} + \sigma\varepsilon_{t+1}$
3. Multiplikativer Prozeß: $D_{t+1} = D_t\left(1 + a + br_{M,t+1} + \sigma\varepsilon_{t+1}\right)$

Charakteristisch für diese Modelle ist der funktionale Zusammenhang zwischen der Zahlung und der Marktrendite. Für letztere wurde der einfache Renditeprozeß zugrunde gelegt:[33]

33 Die Zufallsvariable wird hier mit einem Apostroph versehen, um sie von den Zufallszahlen der Zahlungsprozesse zu unterscheiden.

4. Einfacher Renditeprozeß: $r_{M,t+1} = \bar{r}_M + \sigma_M \varepsilon'_{t+1}$

Der Renditeprozeß ist durch einen Pseudorenditeprozeß zu ersetzen, dessen Erwartungswert der risikofreien Verzinsung und dessen Varianz derjenigen der Marktrendite entspricht. Die Begründung hierfür folgt unmittelbar aus dem Argument von Black. In der realen Welt hat eine zur Differenz aus Marktrendite und risikolosem Zins proportionale Zahlung keinen Wert. In der risikoneutralen Welt ist der Erwartungswert einer zur Differenz aus Pseudo-Marktrendite und risikolosem Zins proportionalen Zahlung Null. Der Pseudorenditeprozeß ist, bei Verwendung des einfachen Renditeprozesses, wie folgt definiert:

5. Pseudorenditeprozeß: $r^*_{M,t+1} = r_f + \sigma_M \varepsilon'_{t+1}$

In einer risikoneutralen Welt beträgt die erwartete Rendite des Aktienportefeuilles $\bar{r}_M = r_f$. Die Anleger fordern keine Risikoprämie, weil sie risikoneutral sind. Aber auch in dieser Welt herrscht Unsicherheit. Die risikoneutrale Indexrendite ist stochastisch und hat die gleiche Varianz wie r_M. Der risikoneutrale Bewertungsansatz sieht im Kalkül von BLACK damit so aus:

$$(3.55)\quad V_t(D_{t+1}) = \frac{\mathrm{E}_t\left[D_t(r^*_{M,t+1} - r_f)\right]}{1 + r_f} = 0 \quad \text{wegen } \mathrm{E}\left[r^*_{M,t+1}\right] = r_f .$$

Auch in der risikoneutralen Welt ergibt sich der Wert der Zahlung zu Null, da der Erwartungswert von $r^*_{M,t+1}$ dem risikolosen Zinssatz entspricht. Die Risikoaversion der Anleger kommt in der niedrigeren Drift der Zahlungen zum Ausdruck, was durch das Ersetzen von r_M durch r^*_M in den Zahlungsprozessen bewirkt wird. Zur Diskontierung der (risikobereinigten) Pseudozahlungen ist der risikolose Zinssatz zu benutzen. Wir formulieren diesen Sachverhalt so:

6. Diskontierung mit r_f: $V_t(D_{t+1}) = \dfrac{\mathrm{E}_t\left[D^*_{t+1}\right]}{1 + r_f}$

Bislang wurden vereinfachend nur Modelle mit $n = 1$ untersucht. Das allgemeinere multiplikative Modell der verbundenen Prognose von Zahlungen und Alternativrenditen lautet:[34]

$$(3.56)\quad \alpha_{t+1} = a + b_0 r_{M,t+1} + \sum_{j=1}^{n-1} b_j r_{M,t+1-j} + \xi_{t+1}$$

Die risikoneutrale Bewertung wurde bisher ohne den Summenterm begründet. Das Prinzip bleibt aber auch im allgemeinen Fall erhalten. Es lassen sich dann aber keine einfachen Bewertungsformeln darstellen, da Potenzen von Zufallsvariablen auftreten. Zur Lösung des Problems ist die Simulation der Zahlungspfade explizit auszuführen. Aufbauend darauf erfolgt die numerische Bestimmung der Erwartungswerte (Sicherheitsäquivalente).

3.2 Transformation ganzer Jahresabschlüsse

Zur Veranschaulichung des nächsten Implementierungsschrittes benutzen wir eine Analogie der Optionsbewertung. Eine Option kann man sich als eine zustandsbedingte Zahlung vorstellen, die in einem funktionalen Zusammenhang zu dem zugrunde liegenden Wertpapier steht. Im Fall einer Europäischen Verkaufoption auf eine Aktie ist diese Funktion am Ende der Laufzeit T so definiert:

$$(3.57)\quad C_T = \max\{X - S_T; 0\}$$

Darin bezeichnet C_T die Zahlung und gleichzeitig den Wert der Option am Verfallstag, X den Ausübungskurs und S_T den Aktienkurs in T. Letzterer ist unbekannt, die Zahlung zustandsbedingt. Wenn der Preisprozeß der Aktie bekannt ist, könnte man den Kurs in T simulieren und damit den Wert der Option bestimmen. Damit hat man aber erst den Wert der Option in T; gesucht ist der Wert in $t = 0$. Die Formulierung einer geeigneten Diskontierungsrate ist komplex und im allgemeinen nicht in geschlossener Form möglich. Zur Lösung des Problems bietet sich das Prinzip der risikoneutralen Bewertung an. Wenn wir die Drift des Preisprozesses α durch die risikoadju-

34 Zur risikoneutralen Bewertung wird wiederum der Prozess für die Marktrendite durch den Pseudoprozess ersetzt. Letzterer weist einen Erwartungswert auf, der gegen den risikolosen Zins konvergiert.

stierte Drift α^* ersetzen, kann das so erzeugte Sicherheitsäquivalent mit dem risikolosen Zins diskontiert werden. Damit ergibt sich folgende Bewertungsformel:[35]

$$(3.58) \quad V_0(C_T) = \mathrm{E}\left[\max\left\{X - S_T^*;0\right\}\right] \, (1+r_f)^{-T}$$

Aus der Darstellung entnimmt man, daß Zahlungen, die sich aus dem Pseudopreisprozeß einer Basiszahlung ableiteten, ebenfalls mit dem risikolosen Zinssatz zu diskontieren sind. Die Zahlung aus der Verkaufoption stellt eine abgeleitete Zahlung dar, die mit r_f diskontiert wird.

Dieses der Optionspreistheorie entnommene Prinzip können wir im Rahmen der risikoneutralen Bewertung von Unternehmen einsetzen. Bislang haben wir lediglich Modelle untersucht, in denen die Zahlungen im unmittelbaren Zusammenhang zur Marktrendite stehen. Das im zweiten Kapital entwickelte Prognosemodell sieht aber vor, daß die Umsatzerlöse mittels eines stochastischen Prozesses formuliert und die Zahlungen an die Eigentümer daraus abgeleitet werden. Der Umsatzerlös entspricht der Basiszahlung, die Ausschüttung der abgeleiteten Zahlung. Den Umsatzprozeß formulieren wir nun unter Benutzung des Pseudorenditeprozesses:

$$(3.59) \quad U_{t+1}^* = f(r_{M,t+1}^*) \;\; \text{mit: } r_{M,t+1}^* = r_f + \sigma_M \varepsilon_{t+1}$$

Die konkrete Form des Zusammenhangs hängt von dem verwendeten Modell ab (i.d.R. multiplikativer Prozeß). Die Pseudo-Umsatzerlöse werden nun als Basis verwendet, um mittels der nicht-stochastischen Prognoseparameter (vgl. Abschnitt 2.2 im zweiten Kapitel) die Bilanzen einschließlich Gewinn- und Verlustrechnungen zu erzeugen. Die Idee ist, die Finanzsimulation in der risikoneutralen Welt durchzuführen. Sämtliche Variablen der Tabellen 2.2 und 2.3 werden risikobereinigt. Der Vorteil dieser vollständigen Transformation besteht darin, daß die aus den Bilanzen und GuV abgeleiteten Zahlungen oder Zahlungskomponenten bereits Sicherheitsäquivalente darstellen. Dafür gibt es nur eine Diskontierungsrate, den risikolosen Zins.

---

35 Vgl. etwa BAXTER/RENNIE (1997), S. 91. Grundlegend zur Bewertung von Aktienoptionen: BLACK/SCHOLES (1973), MERTON, R. (1973b), COX/ROSS (1976), MÜLLER, S. (1985).

Mit dem Ansatz der risikoneutralen Bewertung löst man das Problem der Bestimmung risikoadjustierter Diskontierungsraten. Durch die Modifikation der Drift entstehen Erwartungswerte, die sicherheitsäquivalenten Beträgen entsprechen. Dies trifft sowohl auf die Ausschüttungen, die Zahlungen bei reiner Eigenfinanzierung, die Zins- und Tilgungszahlungen als auch auf die steuerlichen Vorteile aus anteiliger Fremdfinanzierung zu. Es gibt nur noch eine einzige Diskontierungsrate, r_f, die auf jede der Komponenten der Zahlungen an die Eigentümer anzuwenden ist. Die Bewertungsformel hat nun folgende Struktur:

$$S_0 = \sum_{t=1}^{\infty} \mathrm{E}_0^*[D_{et}](1+r_f)^{-t} - \sum_{t=1}^{\infty} \mathrm{E}_0^*\left[B_{t-1} - B_t + r_f B_{t-1}\right](1+r_f)^{-t} + \sum_{t=1}^{\infty} \mathrm{E}_0^*\left[s r_f B_{t-1}\right](1+r_f)^{-t} \tag{3.60}$$

Das Symbol "*" am Erwartungswertoperator signalisiert, daß die in den Klammern folgenden Variablen risikobereinigt sind (soweit diese nicht schon sicher sind). Der erste Term entspricht dem Wert bei reiner Eigenfinanzierung, der zweite dem Wert des Fremdkapitals und der dritte dem Barwert der finanzierungsinduzierten Steuervorteile. Sämtliche Zahlungskomponenten leiten sich aus der unsicheren Umsatzentwicklung ab, die auf Basis des Pseudorenditeprozesses simuliert werden.

Da alle Zahlungskomponenten mit dem Zinssatz r_f diskontiert werden, können die Teilströme wieder zu D_t zusammengefaßt werden, und wir erhalten die folgende übersichtliche Bewertungsgleichung:

$$S_0 = \sum_{t=1}^{\infty} \mathrm{E}_0^*[D_t](1+r_f)^{-t} \tag{3.61}$$

Die risikoneutrale Bewertung läutet eine Renaissance der Equity-Methode ein. Die APV-Methode, sozusagen die "Mutter der DCF-Ansätze", bereitet hierfür den Weg. Sie erklärt, warum neben den operativen Risiken auch die mit der Fremdfinanzierung verbundenen Risiken im dargestellten Equity-Modell berücksichtigt sind.

Die Equity-Methode hat weitere Vorteile:

- Die Ausschüttung an die Eigentümer ist eine zentrale Komponente der bewertungsrelevanten Zahlungen, die sich am Jahresüberschuß orientiert. Die Modellierung des Jahresüberschusses berücksichtigt handels- und steuerrechtliche Normen, d.h., die aus Rückstellungsdotierungen und Auflösungen, Verlustvorträge und dergleichen potentiell resultierenden Ausschüttungssperren lassen sich auf vergleichsweise einfache Weise erfassen. Die separate Bewertung zum Beispiel von Verlustvorträgen ist demgegenüber wesentlich komplexer.[36]
- Die Formulierung der Zahlungen unter der Fiktion eines vollständig eigenfinanzierten Unternehmens ist unnötig. Diese Zerlegung ist ohnehin kompliziert, da die Ertragsteuern keine lineare Funktion der Bemessungsgrundlage darstellen. Bezeichnet BG die steuerliche Bemessungsgrundlage und s den hierauf anzuwendenden Steuersatz, gilt im einfachsten Fall ohne Verlustvorträge $TAX_t = s \times \max\{ BG_t,0 \}$. Die Bemessungsgrundlage soll nun aufgeteilt werden in die Bemessungsgrundlage bei reiner Eigenfinanzierung BG_e sowie die Veränderung derselben aufgrund der anteiligen Fremdfinanzierung, ΔBG. Das Problem besteht nun darin, daß $TAX_t \neq s \times \max\{ BG_{et},0\} - s \times \max\{\Delta BG_t,0\}$ gelten kann, obwohl $BG_t = BG_{et} + \Delta BG_t$ entspricht. Dies ist etwa der Fall, wenn die Bemessungsgrundlage bei reiner Eigenfinanzierung positiv, diejenige bei anteiliger Fremdfinanzierung hingegen negativ ist.[37]
- Die Ausschüttung ist eine nicht-lineare Funktion des Jahresüberschusses. Es bezeichne wie gehabt D_e die Ausschüttung bei reiner Eigenfinanzierung und D diejenige bei anteiliger Fremdfinanzierung. Nun sind aber Ausschüttungen bei fehlenden Rücklagen nur möglich, wenn die Jahresüberschüsse (NI) positiv sind. Also gilt $D_{et} = \max\{c_{De} \times NI_{et},0\}$ bzw. $D_t = \max\{ c_D \times NI_t,0\}$. Daraus folgt, daß die Wirkungen von Ausschüttungssperren sowohl bei der Definition der Zahlungen bei reiner Eigenfinanzierung als auch bei der faktisch geplanten Ausschüttung detailliert zu berücksichtigen sind. Die sich aus den Unterschieden von c_{De} und c_D bzw. NI_e und NI ergebenen Differenzen sind ggf. in separaten Kapitalwerten zu berücksichtigen.[38]

---

36 Vgl. hierzu etwa DRUKARCZYK/SCHWETZLER (1998), S. 391ff.

37 Bei der Berechnung von Erwartungswerten ist die Nichtlinearität der Steuerfunktionale ebenfalls zu beachten.

38 Ein Beispiel hierfür ist der Einkommensteuereffekt nach DRUKARCZYK/RICHTER (1995). Im sechsten Kapitel wird darauf zurückgekommen.

Prinzipiell könnten die hier skizzierten Nicht-Linearitäten auch im Rahmen der APV-Methode berücksichtigt werden. Dies macht das Kalkül aber komplexer und anfällig für Handhabungsfehler. Darüber hinaus kann der Wert bei reiner Eigenfinanzierung auch mittels der Equity-Methode berechnet werden, indem die Simulation unter der Finanzierungsprämisse $B_t = 0$, $t = 0$, 1, 2 ..., T, durchgeführt wird. Mit der Equity-Methode kann damit die gleiche Information wie auf Basis des APV erzeugt werden, *ohne* die bewertungsrelevante Zahlung sezieren zu müssen.

3.4 Überlegungen zur Fehlertoleranz

Die risikoneutrale Bewertungsmethode hat eine Reihe von Vorteilen, die in den vorangegangenen Ausführungen herausgestellt wurden. Abschließend soll noch ein zusätzliches Argument zur Fehlertoleranz vorgetragen werden. Angenommen, die Schätzung des Marktpreises des Risikos sei mit unsystematischen Fehlern behaftet:

$$(3.62)\quad \phi = \frac{\bar{r}_M + \xi - r_f}{\sigma_M}$$

Darin bezeichnet ξ eine Störvariable, die einen Erwartungswert von Null hat. Dieser Schätzfehler läßt den erwarteten Barwert der Zahlungen unberührt, wenn mit der risikoneutralen Bewertung gearbeitet wird:

$$\begin{aligned}(3.63)\quad V_t &= \mathrm{E}_t^*\left[\frac{D_{t+1}}{1+r_f}\right] \\ &= \frac{1}{1+r_f}\mathrm{E}_t\left[D_t + \alpha^* D_t + \sigma D_t \varepsilon_{t+1}\right] \\ &= \frac{1}{1+r_f}\mathrm{E}_t\left[D_t + (\alpha - \sigma\rho(\phi + \xi/\sigma_M))D_t\right] \\ &= \frac{1}{1+r_f}\mathrm{E}_t\left[D_t + (\alpha - \sigma\rho\phi)D_t\right] \\ &= D_t\frac{1+\alpha-\sigma\rho\phi}{1+r_f}\end{aligned}$$

Im Gegensatz hierzu können selbst unsystematische Schätzfehler in den risikoangepaßten Eigenkapitalkosten den erwarteten Barwert verzerren:

$$(3.64)\quad V_t = \mathrm{E}_t\left[D_{t+1} / (1 + r_f + \beta_t(\bar{r}_M + \xi - r_f))\right]$$
$$= D_t(1+\alpha)\mathrm{E}_t\left[1/(1 + r_f + \beta_t(\bar{r}_M + \xi - r_f))\right]$$

Das Problem besteht darin, daß der Erwartungswert des Diskontierungs-*faktors* (der Quotient) nicht dem Quotienten aus eins durch eins plus dem Erwartungswert der Alternativrendite entspricht:

$$(3.65)\quad \mathrm{E}_t\left[1/(1 + r_f + \beta_t(\bar{r}_M + \xi - r_f))\right] \neq \frac{1}{1 + r_f + \beta_t(\bar{r}_M - r_f)}$$

Folglich wird der erwartete Barwert verzerrt, selbst wenn der (unvermeidliche) Schätzfehler des Marktpreises des Risikos *un*verzerrt ist.[39] Die risikoneutrale Bewertung löst nicht nur das Problem der Bestimmung von Eigenkapitalkosten; sie ist fehlertoleranter als jene Methoden, die mit Risikozuschlägen arbeiten.

3.5 Anwendungsbeispiel – Teil 3

Das im zweiten Kapitel begonnene Beispiel zur Bewertung der POLY AG wird unter Benutzung der in diesem Kapitel dargelegten Bewertungsansätze fortgesetzt. Dabei geht es weniger um die Darstellung von Details, sondern erst einmal um das prinzipielle Vorgehen. Zunächst erfolgt die Schätzung der sicherheitsäquivalenten Wachstumsrate, die dann in einem zweiten Schritt zur Herleitung der bewertungsrelevanten Zahlungen benutzt wird.

Unter Benutzung der erwarteten Marktrendite und der Parameter aus der Regression kann die erwartete Umsatzwachstumsrate abgeleitet werden, die sich im Zeitablauf auf Basis einer Vielzahl von Simulationsläufen in etwa einstellen wird. Eine Schätzung für die erwartete Wachstumsrate ergibt sich aus folgender Formel:[40]

$$(3.66)\quad \bar{\alpha} \approx (b_1 + b_2)\bar{r}_M$$

---

39 Vgl. BUTLER/SCHACHTER (1989), S. 17.

40 Es wird darauf zurückzukommen sein, warum es sich hierbei nur um eine Schätzung handelt.

Bezüglich der erwarteten Marktrendite sollen drei Fälle unterschieden werden:

- *Fall A* läuft unter der Annahme, daß die Anleger die durchschnittliche Aktienrendite, die im Zeitraum 1990 – 1997 realisiert wurde, auch für die Zukunft zugrunde legen. Auf Basis von $\bar{r}_M = 11{,}5\%$ ergibt sich eine erwartete Wachstumsrate von 4,1%:
  $\bar{\alpha} \approx (0{,}18972 + 0{,}16891) \times 11{,}5\% = 4{,}1\%$
- Der zur Schätzung der Marktrendite zugrunde gelegte Zeitraum in Fall A orientierte sich an der Verfügbarkeit der Basisdaten. In *Fall B* wird diese nicht zwingende Annahme modifiziert, indem der langfristige Durchschnittswert in Höhe von $\bar{r}_M = 14{,}1\%$ benutzt wird. Die erwartete Umsatzwachstumsrate beträgt damit 5,1%:
  $\bar{\alpha} \approx (0{,}18972 + 0{,}16891) \times 14{,}1\% = 5{,}1\%$
- Schließlich wird noch der hier primär interessierender *Fall C* betrachtet. Die erwartete Marktrendite entspricht hier dem risikolosen Zins, d.h. etwa $\bar{r}_M^* = 6\%$. Die daraus folgende Wachstumsrate soll sicherheitsäquivalente bzw. risikoneutrale Wachstumsrate heißen; sie beträgt 2,2%:
  $\bar{\alpha} \approx (0{,}18972 + 0{,}16891) \times 6\% = 2{,}2\%$

Mit Hilfe der sicherheitsäquivalenten Wachstumsrate in Höhe von ca. 2,2% pro Jahr können ausgehend von den Umsatzerlösen im Jahr 1997 (11.707 Mio. DM) die sicherheitsäquivalenten Umsätze in den Folgejahren prognostiziert werden. Der Geschäftsbericht der POLY AG enthält eine Zehnjahresübersicht, aus der das durchschnittliche Verhältnis von Gewinn nach Steuern zu Umsatzerlösen abgeleitet werden kann. Nach Korrektur um die Ertragsteuern, die von der Obergesellschaft belastet wurden, läßt sich so der Quotient aus *EBT* und Umsatzerlös (vorläufig) schätzen.

Tabelle 3.3: Schätzung der Ausschüttung der POLY AG

Durchschnittswerte 1987 – 1997 sind mit "#" gekennzeichnet, alle übrigen Angaben sind Annahmen bzw. abgeleitete Werte

Gewinn nach Steuern/Umsatzerlöse#	1,26%
Geschätzter Steuersatz#	32,4%
Gewinn vor Steuern/Umsatzerlöse	1,86%
Angenommener Gewerbeertragsteuersatz	16,67%
Ausschüttungsfähiger Gewinn/ Umsatzerlöse	1,55%

Auf Basis dieser Daten und des Dividenden-Wachstumsmodells soll nun eine erste grobe Unternehmensbewertung durchgeführt werden:

$$(3.67)\quad S_0 = \frac{E_0^*[D_1]}{r_f - \alpha^*} = \frac{1{,}55\% \times 11.707 \times (1+2{,}2\%)}{6\% - 2{,}2\%} \approx 4.880 \text{ Mio. DM}$$

Dieses Modell kann man auch benutzen, um bei gegebenen Werten für den Marktwert, den Ausgangswert der Ausschüttung sowie für den risikolosen Zins die impliziten, risikobereinigten Wachstumsraten zu schätzen:

N = 38#	Basis: Dividenden $\alpha^* = 4{,}1\%$	Basis: Jahresüberschüsse $\alpha^* = 2{,}3\%$

\# Auf Basis der durchschnittlichen Dividenden bzw. Jahresüberschüsse der Jahre 1993 – 1997, Börsenkapitalisierung 31.12.97, risikoloser Zins 6%; nur positive durchschnittliche Jahresüberschüsse einbezogen; Dividenden und Jahresüberschüsse enthalten Steuergutschriften der geleisteten Ausschüttung.

Die sicherheitsäquivalente Zahlung, welche die POLY AG bei Vollausschüttung im ersten Prognosejahr erwarten läßt, wurde auf Basis der durchschnittlichen Quote von 1,55%, dem Umsatz des Jahres 1997 (11.707 Mio. DM) sowie der sicherheitsäquivalenten Wachstumsrate geschätzt. Die Diskontierung erfolgt mit einem risikolosen Zins von 6%. Unter der Prämisse eines ewigen Wachstums der Zahlungen mit 2,2% ergibt sich der Wert des Eigenkapitals von circa. 4,88 Mrd. DM.

Hierbei handelt es sich um eine einfache und sehr grobe Bewertung:

- Die Prognose des ausschüttungsfähigen Ergebnisses erfolgte auf Basis von Ausschüttungen, für die angenommen wurde, daß sie in der Vergangenheit in der Tat ausschüttungsfähig waren. Dies ist durch eine zukunftsgerichtete, detaillierte Analyse zu ersetzen, die Kapitalzufuhren zur Finanzierung des Wachstums vorsieht. Institutionelle Normen sollten genauer abgebildet werden, insbesondere hinsichtlich des Handels- und Steuerrechts sowie der Insolvenzordnung.
- Das rechnerisch exakte Ergebnis läßt sich auf Basis der einfachen Formel einer ewigen Rente mit Wachstum nur für lineare, einparametrige Modelle ableiten. Im vorliegenden Fall ist folglich die Simulationsrechnung explizit auszuführen.
- Die Handlungsoptionen der Eigentümer zur Gestaltung der Finanzierung, der und Ausschüttung sowie das Recht auf Liquidation blieben unbe-

rücksichtigt. Zwar wurden die Vorteile der anteiligen Fremdfinanzierung, nicht jedoch die Nachteile (Insolvenzrisiken) berücksichtigt.

- Der risikolose Zins wurde "gegriffen", die Einkommensteuer blieb unberücksichtigt.

Es wird sich zeigen, daß die hier vorgenommenen Vereinfachungen so gravierend sind, daß aus dem Resultat unserer ersten Bewertung nicht allzuviel abgeleitet werden kann. Sie dient deshalb ausschließlich dem Zweck, die Anwendung des Prinzips der risikoneutralen Bewertung zu illustrieren.

Anhang a:
Zusammenhang zwischen dem Risiko bei reiner Eigenfinanzierung und dem Risiko bei anteiliger Fremdfinanzierung

Das relevante Risikomaß sei die Kovarianz zwischen Eigenkapitalrendite (= Eigenkapitalkosten) und Marktrendite. Die Eigenkapitalrendite in Abhängigkeit vom Verschuldungsgrad sei über die bekannte Leverage-Beziehung definiert:

$$r = r_e + (r_e - r_f)(1 - s')\frac{L}{1 - L}$$

Darin bezeichnet r die in aller Regel periodenspezifische Eigenkapitalrendite bei anteiliger Fremdfinanzierung, r_e die Eigenkapitalrendite bei reiner Eigenfinanzierung, s' den relativen Steuervorteil der anteiligen Fremdfinanzierung und L den Verschuldungsgrad. Die Eigenkapitalrendite steigt mit zunehmendem Verschuldungsgrad.

Für die Kovarianz der Eigenkapitalrendite mit der Marktrendite gilt dann:

$$\operatorname{cov}\left(r_e + (r_e - r_f)(1 - s')\frac{L}{1 - L}; r_M \right)$$
$$= \operatorname{cov}(r_e; r_M) + \operatorname{cov}(r_e; r_M)(1 - s')\frac{L}{1 - L} > \operatorname{cov}(r_e; r_M)$$

Die erste Komponente auf der rechten Seite der obigen Gleichung stellt das operative Geschäftsrisiko dar, die zweite den zusätzlichen Einfluß der Finanzierung. Mit steigender Verschuldung steigt folglich die Kovarianz der Eigenkapitalrendite mit der Marktrendite. Voraussetzung ist freilich der postulierte Zusammenhang zwischen der Eigenkapitalrendite bei anteiliger Fremdfinanzierung und der Eigenkapitalrendite bei reiner Eigenfinanzierung. Die Leverage-Formel gilt für den Fall sicherer Steuervorteile und ist <u>*nicht*</u> an die Voraussetzung ewiger konstanter Zahlungen gebunden. Um dies zu sehen, definiere man die Rendite bei reiner Eigenfinanzierung r_e bzw. bei anteiliger Fremdfinanzierung r so:

$$r_{et} = \frac{D_{et} + V_{et} - V_{et-1}}{V_{et-1}} \Rightarrow D_{et} = r_{et}V_{et-1} + V_{et-1} - V_{et}$$
$$r_t = \frac{(D_{et} - r_B B_{t-1} + B_t - B_{t-1} + sr_B B_{t-1}) + (V_t - B_t) - (V_{t-1} - B_{t-1})}{V_{t-1} - B_{t-1}}$$

Diese elementaren Beziehungen, Rendite = Dividendenrendite + Wertänderung, folgen unmittelbar aus dem Kapitalwertkalkül. Bei anteiliger Fremdfinanzierung ergibt sich die Dividendenrendite aus der Ausschüttung bei reiner Eigenfinanzierung, abzüglich der Zins- und Tilgungszahlungen sowie zuzüglich Steuervorteile (erste Klammer), bezogen auf den Wert des Eigenkapitals. Dieser ergibt sich bei anteiliger Fremdfinanzierung aus dem Unternehmensgesamtwert V abzüglich Wert des Fremdkapitals B. Die Differenz der zweiten und der dritten Klammer steht für die Veränderung des Wertes des Eigenkapitals. In die Gleichung für r wird nun die zuvor hergeleitete Formulierung für D_e eingesetzt:

$$r_t = \frac{r_{et}V_{et-1} + V_{et-1} - V_{et} - r_B B_{t-1} + sr_B B_{t-1} + V_t - V_{t-1}}{V_{t-1} - B_{t-1}}$$

Unter Benutzung des Zusammenhangs zwischen dem Unternehmensgesamtwert, $V = V_e + V_{tax}$, läßt sich die Formel weiter vereinfachen:

$$r_t = \frac{r_{et}V_{t-1} - r_{et}V_{tax,t-1} + V_{tax,t} - V_{tax,t-1} - r_B B_{t-1}(1-s)}{V_{t-1} - B_{t-1}}$$

Sind die Steuervorteile sicher, läßt sich zwischen $V_{tax,t}$ und $V_{tax,t\text{-}1}$ folgender Zusammenhang herleiten:

$$V_{tax,t-1} = \frac{sr_B B_{t-1} + V_{tax,t}}{1 + r_B} \Rightarrow V_{tax,t} - V_{tax,t-1} = r_B V_{tax,t-1} - sr_B B_{t-1}$$

Damit erhalten wir nachstehende Gleichung, die in Vorbereitung auf das Folgende bereits im Zähler um den "Nullterm" $\pm r_{et} B_{t-1}$ erweitert wurde:

$$r_t = \frac{r_{et}V_{t-1} - r_{et}V_{tax,t-1} + r_B V_{tax,t-1} - r_B B_{t-1} + r_{et} B_{t-1} - r_{et} B_{t-1}}{V_{t-1} - B_{t-1}}$$

Nun sind noch der relative Finanzierungsvorteil $s_t' = V_{tax,t} / B_t$ sowie der Verschuldungsgrad $L_t = B_t / V_t$ einzuführen, um durch elementare Umformungen das gesuchte Resultat zu bestätigen:

$$r_t = \frac{r_{et}V_{t-1} - r_{et}s'_{t-1}B_{t-1} + r_B s'_{t-1}B_{t-1} + (r_{et} - r_B)B_{t-1} - r_{et}B_{t-1}}{V_{t-1}(1 - L_{t-1})}$$

$$= \frac{r_{et}V_{t-1}(1 - L_{t-1}) + (r_{et} - r_B)(1 - s'_{t-1})L_{t-1}V_{t-1}}{V_{t-1}(1 - L_{t-1})}$$

$$= r_{et} + (r_{et} - r_B)(1 - s'_{t-1})\frac{L_{t-1}}{1 - L_{t-1}}$$

Im einfachen Fall eines im Zeitablauf konstanten Fremdkapitals entspricht s' dem Unternehmenssteuersatz s:

$$s'_0 = \frac{\sum_{t=1}^{\infty} sr_B B_0 (1 + r_B)^{-t}}{B_0} = s$$

Enthalten die Steuervorteile das gleiche Risiko wie die Zahlungen bei reiner Eigenfinanzierung, stellt sich die Differenz der Steuervorteile $V_{tax,t}$ minus $V_{tax,t\text{-}1}$ so dar:

$$V_{tax,t} - V_{tax,t-1} = r_t \; V_{tax,t-1} - sr \;\; B_{t-1}$$

Die entsprechenden Umformungen liefern damit folgenden Zusammenhang:

$$r_t = r_t \; \frac{1}{1 - L_{t-1}} - r \; \frac{L_{t-1}}{1 - L_{t-1}}$$

Die gleiche Argumentation läßt sich führen für den Fall unsicherer Steuervorteile i.S.v. MILES/EZZELL (1980). Die Differenz der Steuervorteile $V_{tax,t}$ minus $V_{tax,t\text{-}1}$ stellt sich dann so dar:

$$V_{tax,t} - V_{tax,t-1} = r_t \; V_{tax,t-1} - \frac{1 + r_t}{1 + r} sr \;\; B_{t-1}$$

Nach entsprechender Umformung erhalten wir:

$$r_t = r_t \; + (r_t \; - r \;\;)(1 - \frac{sr_f}{1 + r_f})\frac{L_{t-1}}{1 - L_{t-1}}$$

Damit ist klar, daß mit zunehmender Verschuldung im allgemeinen das Kovarianzrisiko zwischen der Eigenkapitalrendite und damit die Eigenkapitalkosten steigt.

Anhang b:
Zur Wertadditivitätseigenschaft des CAPM

Das zentrale Bewertungstheorem auf Basis des CAPM lautet wie folgt:

$$E_t[r_{t+1}] = r_f + \beta_t(\bar{r}_M - r_f)$$

Im folgenden soll damit eine einzige, in T fällige Zahlung X bewertet werden. Dazu wird die Rendite wie folgt definiert:

$$r_T = \frac{X_T}{V_{T-1}(X_T)}$$

Das Beta ergibt sich damit wie folgt:

$$\beta_T = \frac{\operatorname{cov}\left(\frac{X_T}{V_{T-1}(X_T)}; r_{MT}\right)}{\sigma_M^2} = \frac{1}{V_{T-1}(X_T)} \frac{\operatorname{cov}(X_T; r_{MT})}{\sigma_M^2}$$

Zur Bewertung der Zahlung wird der Erwartungswert der Zahlung mit der erwarteten Alternativrendite diskontiert:

$$V_{T-1}(X_T) = \frac{E_{T-1}[X_T]}{1 + r_f + V_{T-1}(X_T)^{-1} \operatorname{cov}(X_T; r_{MT}) \sigma_M^{-2} (E_{T-1}[r_{MT}] - r_f)}$$

Diese Gleichung läßt sich umstellen zu der sicherheitsäquivalenten Formulierung des CAPM:

$$V_{T-1}(X_T) = \frac{E_{T-1}[X_T] - \lambda \operatorname{cov}(X_T; r_{MT})}{1 + r_f} \quad \text{mit: } \lambda = \frac{E[r_M] - r_f}{\sigma_M^2}$$

Im Sinne obiger Definition gilt also:

$$V_T(X_T) = E[X_T] - \lambda \operatorname{cov}(X_T, r_{MT})$$

Damit können wir zeigen, daß es sich bei der hier verwendeten Form des CAPM um eine lineare Bewertungsfunktion handelt, welche folgende Bedingungen erfüllt:

Bedingung 1:

$$V_{T'}(X_{T'}+Y_{T'}) = \mathrm{E}[X_{T'}+Y_{T'}] - \lambda\,\mathrm{cov}(X_{T'}+Y_{T'};r_{MT'})$$
$$= \mathrm{E}[X_{T'}] + \mathrm{E}[Y_{T'}] - \lambda\{\mathrm{cov}(X_{T'};r_{MT'}) + \mathrm{cov}(Y_{T'};r_{Mt})\}$$
$$= V_T(X_T) + V_T(Y_T)$$

Bedingung 2:

$$V_{T'}(a+bX_{T'}) = \mathrm{E}[a+bX_{T'}] - \lambda\,\mathrm{cov}(a+bX_{T'};r_{MT'})$$
$$= a + b\mathrm{E}[X_{T'}] - \lambda b\,\mathrm{cov}(X_{T'};r_{MT'})$$
$$= a + bV_{T'}(X_{T'})$$

Anhang c: Anwendung des CAPM zur Bewertung der steuerlichen Vorteile bei unsicherem Fremdkapitalzins

Wir beginnen mit dem Bewertungstheorem auf Basis der sicherheitsäquivalenten Form des CAPM.

$$S_{T-1} = \frac{\mathrm{E}_{T-1}[D_T] - \lambda \operatorname{cov}(D_T; r_{MT})}{1+r_f}$$

$$= \frac{\mathrm{E}_{T-1}[D_{eT}] - \mathrm{E}[r_{BT}]B_{T-1}(1-s)}{1+r_f} +$$

$$\frac{-\lambda \{\operatorname{cov}[D_{eT}; r_{MT}] + B_{T-1}(1-s)\operatorname{cov}[r_{BT}; r_{MT}]\} - B_{T-1}}{1+r_f}$$

Der Fremdkapitalzins ist unsicher, der Erwartungswert sei jedoch im Zeitablauf konstant; der Zeitindex am Erwartungswertoperator kann folglich entfallen. Der Wert bei reiner Eigenfinanzierung kann isoliert werden:

$$S_{T-1} = V_{eT-1} - \frac{\mathrm{E}[r_{BT}]B_{T-1}(1-s) - \lambda B_{T-1}(1-s)\operatorname{cov}[r_{BT}, r_{MT}] + B_{T-1}}{1+r_f}$$

Für den Erwartungswert des Fremdkapitalzinses wird die Beziehung gemäß CAPM eingesetzt:

$$\mathrm{E}[r_B] = r_f + \lambda \operatorname{cov}[r_{BT}; r_{MT}]$$

Damit können Terme zusammengefaßt werden, so daß schließlich folgende, bereits bekannte Darstellung resultiert:

$$S_{T-1} = V_{eT-1} + \frac{s r_f B_{T-1}}{1+r_f} - B_{T-1}$$

Hierbei handelt es sich einerseits um die klassischen APV-Methode sowie andererseits um eine Anwendung der risikoneutralen Bewertung. Die "Drift" der unsicheren Zinszahlungen $\mathrm{E}[r_B]$ wird um einen Risikoabschlag auf r_f reduziert. Die auf diesem Weg hergestellten Sicherheitsäquivalente sind mit dem risikolosen Zins zu diskontieren.

Literatur

BALLWIESER, W. (1990), siehe erstes Kapitel.

BAUER, C. (1992), Das Risiko von Aktienanlagen – Die fundamentale Analyse und Schätzung von Aktienrisiken, Köln.

BAXTER, M./RENNIE, A. (1997), siehe zweites Kapitel.

BHATTACHARYA, S. (1981), Notes on Multiperiod Valuation and the Pricing of Options, in: JoF, Vol. 36, S. 163 - 180.

BIERMAN, H./SMIDT, S. (1993), The Capital Budgeting Decision, 8th Edition, New York.

BLACK, F. (1988), siehe zweites Kapitel.

BLACK, F./SCHOLES, M. (1973), The Pricing of Options and Corporate Liabilities, in: JoPE, Vol. 81, S. 637 – 654.

BRENNAN, M. J. (1989), Capital Asset Pricing Model, in: Eatwell/Milgate/Newman, Finance, S. 91 - 102.

BUTLER, J./SCHACHTER, B. (1989), The Investment Decision: Estimation Risk and Risk Adjusted Discount Rates, in: FM, Vol. 18, S. 13 – 22.

CAMPBELL, J./LO, A./MACKINLAY, C. (1997), siehe erstes Kapitel.

COENENBERG, A./SCHULTZE, W. (1998), Unternehmensbewertung anhand von Entnahme- oder Einzahlungsüberschüssen: Die Discounted Cash Flow-Methode, in: Matschke, M./ Schildbach, T. (Hrsg.), Unternehmensberatung und Wirtschaftsprüfung, Festschrift für G. Sieben, S. 301 - 321.

CONSTANTINIDES, G. M. (1978), Market Risk Adjustment In Project Valuation, in: JoF, Vol. 38, S. 603 - 616.

CONSTANTINIDES, G. M. (1980), Admissible Uncertainty in the Intertemporal Asset Pricing Model, in: JoFE, Vol. 8, S. 71 – 86.

COX, J./ROSS, S. (1976), The Valuation of Options for alternative stochastic processes, in: JoFE, Vol. 3, S. 145 – 166.

COX, J./ROSS, S./RUBINSTEIN, M. (1979), Option Pricing: A simplified Approach, in: JoFE, Vol.. 7, S. 229 – 263.

DE LONG, J./SHLEIFER, A./SUMMERS, L./WALDMANN, R. (1990), Noise Trader Risk in Financial Markets, in: Journal of Political Economy, Vol. 98, S. 703 - 738.

DRUKARCZYK, J. (1993), siehe erstes Kapitel.

DRUKARCZYK, J./HONOLD, D. (1998), siehe erstes Kapitel.

DRUKARCZYK, J./RICHTER, F. (1995), siehe erstes Kapitel.

DRUKARCZYK, J./SCHWETZLER, B. (1998), siehe erstes Kapitel.

DUFFIE, D. (1996), siehe zweites Kapitel.

DYBWIG, P./ROSS, S. (1989), Arbitrage, in: Eatwell/Milgate/Newman (Hrsg.), Finance, London, S. 57 – 71.

FAMA, E. F. (1970), Multiperiod consumption-investment decisions, in: AER, Vol. 60, S. 163 – 174.

FISCHER, E. O. (1998), siehe erstes Kapitel.

FRANKE, G. (1984), Conditions for Myopic Valuation and Serial Independence of the Market Excess Return in Discrete Time Models, in: JoF, Vol. 34, S. 425 - 442.

GEHR, A. K. (1981), Risk-Adjusted Capital Budgeting Using Arbitrage, in: FM, Vol. 5, S. 14 – 19.

HARRISON, J./KREPS, D. (1979), Martingales and Arbitrage in Multiperiod Securities Markets, in: Journal of Economic Theory, Vol. 20, S. 381 – 408.

KÖNIG, R. (1991), Dividende und Jahresüberschuß, in: ZfB, 61. Jg., S. 1149 – 1155.

KRUSCHWITZ, L./LÖFFLER, A. (1998), siehe erstes Kapitel (1998a).

MERTON, R. C. (1973a), An Intertemporal Capital Asset Pricing Model, in: Merton, R. C. (1993), Continuous Time Finance, Kapitel 15, Cambridge.

MERTON, R. C. (1973b), Theory of Rational Option Pricing, in: Merton, R. C. (1993), Continuous Time Finance, Kapitel 8, Cambridge.

MILES, J./EZZELL, J. (1980), siehe erstes Kapitel.

MILLER, M. H. (1977), Debt and Taxes, in: JoF, Vol. 32, S. 261 – 275.

MODIGLIANI, F./MILLER, M. (1958), The Cost of Capital, Corporate Finance and the Theory of Investment, in: AER, Vol. 48, S. 261 – 297.

MODIGLIANI, F./MILLER, M. (1963), siehe erstes Kapitel.

MODIGLIANI, F./MILLER, M. (1969), Reply to Heins and Sprenkle, in: AER, Vol. 59, S. 592 – 595.

MOXTER, A. (1983), siehe erstes Kapitel.

MÜLLER, S. (1985), Arbitrage Pricing of Contingent Claims, Berlin.

MYERS, S. C. (1974), siehe erstes Kapitel.

MYERS, S./TURNBULL, S. (1977), Capital Budgeting and the Capital Asset Pricing Model: Good News and Bad News, in: JoF, Vol.32, S. 321 - 333.

NÖTH, M. (1998), Informationsaggregation und Insidererkennung in Finanzmärkten, Wiesbaden.

ROSS, S. A. (1978), siehe zweites Kapitel.

ROSS, S. A. (1995), Uses, Abuses, and Alternatives to the Net-Present-Value Rule, in: FM, Vol. 24, S. 96 - 102.

RUBINSTEIN, M. E. (1973), siehe zweites Kapitel.

SHARPE, W. (1964), siehe erstes Kapitel.

SHLEIFER, A./VISHNY, R. (1997), The Limits of Arbitrage, in: Journal of Finance, Vol. 52, S. 35 – 55.

WEBER, M. (1990), Risikoentscheidungskalküle in der Finanzierungstheorie, Stuttgart.

WILHELM, J. (1981), Zum Verhältnis von Capital Asset Pricing Model, Arbitrage Pricing Theory und Bedingungen der Arbitragefreiheit von Finanzmärkten, in: zfbf, 33. Jg., S. 891 – 905.

ZIMMERMANN, P. (1997), Schätzung und Prognose von Betawerten, Eine Untersuchung am deutschen Aktienmarkt, Bad Soden/Ts.

Viertes Kapitel
Finanzierungs- und Ausschüttungsprämissen

Im zweiten Kapitel wurden verschiedene Bewertungsprämissen zur Prognose der Zahlungen erst vorläufig festgelegt. Im folgenden sollen diese unter Berücksichtigung der Handlungsoptionen von Managern und Kapitalgebern modifiziert werden. Dabei werden nur Handlungsoptionen im Hinblick auf die Gestaltung der Finanzierung und der Ausschüttungspolitik unter einfachen Rahmenbedingungen formuliert. Daneben bestehen freilich Handlungsoptionen im operativen Bereich des Unternehmens. Dieser Bereich entzieht sich jedoch aufgrund der Abhängigkeit vom Einzelfall einer allgemeingültigen Analyse. Vereinfachend wird deshalb von einem gegebenen Investitionsprogramm ausgegangen, das die Aktivseite der Bilanz sowie die GuV von den Umsatzerlösen bis zum *EBDIT* determiniert. Die Finanzierungs- und Ausschüttungsprämissen legen die Passivseite der Bilanz fest und ergänzen die GuV um die Strecke vom *EBDIT* über den Jahresüberschuß bis zur Ausschüttung. Die Formulierung von Finanzierungs- und Ausschüttungsstrategien erfolgt in diesem Kapitel unter der Prämisse fehlender Insolvenzrisiken und ohne Berücksichtigung der Einkommensteuer. Diese Annahmen werden im fünften und sechsten Kapitel aufgehoben.

Abschnitt 1 untersucht die Anatomie der bewertungsrelevanten Zahlungen an die Eigentümer. Die Wirkung unterschiedlicher Finanzierungs- und Ausschüttungsprämissen auf diese Zahlungen wird im Gleichungssystem der Bilanzpositionen erläutert. Die dabei herausgestellten Zusammenhänge bilden die Grundlage für die Abschnitte 2 und 3, in denen potentialorientierte Finanzierungs- und Ausschüttungsprämissen diskutiert werden. Diese Prämissen können vorerst ohne explizite Berücksichtigung der Einkommensteuer formuliert werden: Nach altem Recht (bis 2000) konnte von einer Vollausschüttung des Jahresüberschusses ausgegangen werden, da der Einkommensteuersatz des repräsentativen Anlegers regelmäßig unter dem Körperschaftsteuersatz für einbehaltene Gewinne liegt. Eine Abkehr von der Vollausschüttung ist erforderlich, wenn körperschaftsteuerliche Verlustvorträge vorliegen, die den effektiven Körperschaftsteuersatz temporär bis auf Null reduzieren können. In diesem Fall wird folglich von Gewinnthesaurierung ausgegangen. Auch bei Verlustvorträgen ist die Festlegung der Ausschüttungsprämisse ohne Kenntnis des Einkommensteuersatzes möglich. Nach neuem Recht erscheint eher die Vollthesaurierungshypothese zweckmäßig, um die Doppelbesteuerung der Ausschüttungen zu vermeiden. Damit ist freilich nicht gemeint, den freien Cash-flow, d.h., die auf Unternehmensebene nicht benötigten Zahlungsüberschüsse, einzubehalten. Diese Mittel müssen dann auf anderem Weg, etwa durch Aktienrückkäufe, ausgekehrt werden. Unabhängig davon ist auch nach neuem Recht die vorläufige Fixierung der Ausschüttungspolitik ohne Kenntnis des exakten Einkommensteuersatzes möglich. Abschnitt 4 enthält einen Exkurs über die Wirkung von Rückstellungen als wichtige Quelle der Innenfinanzierung. Abschnitt 5 setzt die Fallstudie fort.

1 Abbildung von Finanzierungs- und Ausschüttungsstrategien im Gleichungssystem der Bilanzpositionen

Mit der Formulierung von Finanzierungsprämissen soll die Finanzierungsstrategie des Unternehmens konkretisiert werden. Für den vorliegenden Zweck wird sie reduziert auf die aktive Gestaltung des Volumens der Fremdfinanzierung im Verhältnis zum Volumen der Eigenfinanzierung. Wird das Volumen der Fremdfinanzierung festgelegt, folgt daraus bei gegebenem Investitionsprogramm das Volumen der Eigenfinanzierung. Folglich degeneriert die Ausschüttungspolitik als ein wesentliches Element der Eigenfinanzierungspolitik auf das Auskehren residualer Überschüsse. Umgekehrt gilt, daß eine aktive Ausschüttungspolitik die Finanzierungspolitik in eine passive Rolle drängt. Dieser Zusammenhang wird im folgenden genauer betrachtet.

Aus den Planbilanzen mit GuV leiten sich die bewertungsrelevanten Zahlungen an die Eigentümer ab. Man kann sich das Problem der Ableitung dieser Zahlung auf Basis der im zweiten Kapitel definierten Strukturen als Lösung eines linearen Gleichungssystems vorstellen. Dieses System besteht aus sieben Gleichungen:[1]

---

1 Vgl. Kapitel 2; Tabellen 2.2 und 2.3.

(4.1) $A_t + F_t + W_t - E_t - R_t - B_t = 0$

A Sachanlagen
F Finanzanlagen und Wertpapiere
W Working Capital
E Eigenkapital
R Rückstellungen
B Zinspflichtiges Fremdkapital

(4.2) $A_t = A_{t-1} + c_A U_t - c_{Dep}\left(A_{t-1} + \frac{c_A U_t}{2}\right)$

c_A Investitionsquote
U Umsatzerlös
c_{Dep} Abschreibungsrate

(4.3) $W_t = W_{t-1} + c_W(U_t - U_{t-1})$ — c_W Working Capital-Quote

(4.4) $R_t = R_{t-1} + c_R(U_t - U_{t-1})$ — c_R Rückstellungsquote

(4.5) $E_t = E_{t-1} + X_t$ — X Veränderung Eigenkapital

(4.6) $B_t = B_{t-1} + Y_t$ — Y Veränderung Fremdkapital

(4.7) $F_t = F_{t-1} + Z_t$ — Z Veränderung Finanzanlagen

Die Finanzierungs- und Ausschüttungspolitik zielt auf die Gestaltung der Komponenten X, Y und Z, so daß vor dem Hintergrund noch zu diskutierender Restriktionen der Zahlungsstrom an die Eigentümer und damit der Wert des Eigenkapitals maximiert wird. Die Gleichung (4.1) reflektiert die Wirkungen sowohl der Investitionsstrategie als auch der Finanzierungs- und Ausschüttungsstrategie. Sie muß stets erfüllt sein, damit auf Unternehmensebene ein finanzielles Gleichgewicht herrscht. Die Gleichungen (4.2) bis (4.4) sind durch die Investitionsstrategie festgelegt, die Gleichungen (4.5) bis (4.7) durch die Finanzierungs- und Ausschüttungsentscheidungen. Jene bestimmen die Entwicklung des Eigenkapitals, des zinspflichtigen Fremdkapitals sowie der Finanzanlagen. Letztere erfüllen eine "Pufferfunktion", um zum Beispiel auf Unternehmensebene entstandene, aber aufgrund von Ausschüttungssperren nicht ausschüttungsfähige Überschüsse "parken" zu können.

Die sieben Gleichungen enthalten insgesamt sechzehn gegebene Variablen. Dies sind die Parameter c_A, c_{Dep}, c_W, c_R sowie die jeweils in t bekannten Vorjahreswerte A_{t-1}, F_{t-1}, W_{t-1}, E_{t-1}, R_{t-1}, B_{t-1}, U_{t-1}. Darüber hinaus werden (oben nicht sichtbare) ergänzende Parameter benutzt: Die Zinssätze r_f und r_B, der Unternehmenssteuersatz s sowie die Ausschüttungsquote c_D. Der Umsatz U_t wird auf Basis des stochastischen Modells entwickelt und wird hier ebenfalls als gegeben unterstellt. Neun Variablen sind unbekannt. Dies sind die mit dem Zeitindex t gekennzeichneten Variablen der Gleichung (4.1) sowie X, Y und Z.

Ausschüttungsprämissen legen die Variable X fest, Finanzierungsprämissen die Variable Y. Es wird vorläufig nur eine der beiden Variablen X oder Y so festgelegt, daß sich $Z = 0$ ergibt.[2] Damit reduziert sich die Anzahl der Unbekannten auf acht Variablen. Folglich ist mit der Formulierung einer Finanzierungs- oder einer Ausschüttungsprämisse das Gleichungssystem lösbar.

Die Lösung des Gleichungssystems führt im ersten Schritt auf die Ausschüttung. Darauf aufbauend kann die bewertungsrelevante Zahlung vor ($C_t = D_t - KE_t$) und (später) nach Einkommensteuern ($C_t = D_t - KE_t - TAX_{pt}$) abgeleitet werden. Dabei werden zwei Perspektiven unterschieden, erstens die GuV-Perspektive und zweitens die Zahlungsperspektive:

(4.8) $$D_t = EBT_t - TAX_t - TRE_t$$

bzw.[3] $$D_t = C_{et} - r_B B_{t-1}(1-s) + Y_t + KE_t$$

Aus der GuV-Perspektive ergibt sich die Ausschüttung aus dem Ergebnis vor Steuern, abzüglich Ertragsteuern (*TAX*) und Zuführungen zu den Gewinnrücklagen (*TRE*):

---

2 Der Grund für die Forderung von $Z = 0$ besteht in der negativen Wirkung von Wertpapieranlagen auf Unternehmensebene im Vergleich zur direkten Anlage durch die Eigentümer. Der negative Effekt resultiert aus der Gewerbesteuer, die Unternehmen auch auf die Erträge aus Finanzinvestitionen abzuführen haben. Auf der Ebene privater Anleger entsteht die Gewerbesteuer hingegen nicht. Somit hat die Investition in Finanzanlagen auf Unternehmensebene einen negativen Kapitalwert; vgl. WAGNER, F. (1987), S. 417; SCHWETZLER, B. (1998), S. 697.

3 Die Identität der beiden Darstellungen erkennt man unmittelbar mit $Z_t = 0$, $TAX_t = s\, EBT_t$ und $C_{et} = EBIT_t\,(1-s) + R_t - R_{t-1} - (A_t - A_{t-1} + W_t - W_{t-1})$: $EBT_t\,(1-s) - TRE_t = EBIT_t\,(1-s) + R_t - R_{t-1} - (A_t - A_{t-1} + W_t - W_{t-1}) - r_B\, B_{t-1}\,(1-s) + B_t - B_{t-1} + E_t - E_{t-1} - TRE_t$. Hierbei handelt es sich um die zu (4.1) gehörende Differenzengleichung.

$$(4.9)\quad (EBT_t - TAX_t)(1-c_D) = TRE_t \begin{cases} >0 & \textit{Zuführung zu Gewinnrücklagen} \\ <0 & \textit{Auflösung von Gewinnrücklagen} \\ =0 & \textit{Vollausschüttung} \end{cases}$$

Aus der Zahlungsperspektive ergibt sich die Ausschüttung gemäß (4.8) aus der bewertungsrelevanten Zahlung bei reiner Eigenfinanzierung ($C_e = D_e - KE_e$), abzüglich Zinszahlungen nach Steuern ($r_B\, B_{t-1}(1-s)$) sowie zuzüglich der Veränderung des Fremdkapitalbestands (Y) und Kapitalerhöhungen (KE).[4]

Zwischen X und Y, den Zielvariablen der Finanzierungs- und Ausschüttungspolitik, besteht folgender Zusammenhang:[5]

$$(4.10)\quad X_t = INV_t - IFP_t - Y_t = TRE_t + KE_t \quad \text{bzw.} \quad Y_t = INV_t - IFP_t - X_t$$

Darin bezeichnet INV die Investitionsauszahlungen, also die Veränderung von Sachanlagen zuzüglich Abschreibungen und Veränderung Working Capital. IFP steht für das Innenfinanzierungspotential (ohne offene Selbstfinanzierung),[6] das sich aus der Veränderung der Rückstellungen und den Abschreibungen zusammensetzt. Zusammenfassend kann man daher wie folgt formulieren: Die erforderliche Veränderung des Eigenkapitals (X) ergibt sich aus den Investitionen, die das Innenfinanzierungspotential und die Veränderung des Fremdkapitals (Y) übersteigen.

Diese Zusammenhänge lassen sich auch empirisch beobachten. Dabei ist ein vergleichsweise enger Zusammenhang zwischen den Veränderungen des Fremdkapitals und der Differenz $INV - IFP$ festzustellen. Zwischen X und Y besteht hingegen nur eine schwache Verbindung. Abbildung 4.1 zeigt dies für die bereits früher benutzte Stichprobe der 78 Unternehmen in 1997.

---

4 In aller Regel unterscheiden sich die erforderlichen Kapitalerhöhungen bei reiner Eigenfinanzierung KE_e von denjenigen bei anteiliger Fremdfinanzierung (KE).

5 Mit $Z_t = 0$ erhält man folgende Differenzengleichung: $A_t - A_{t-1} + W_t - W_{t-1} = X_t + Y_t + R_t - R_{t-1}$. Auflösen nach X_t und Erweitern um Abschreibungen (DEP) liefert: $X_t = A_t - A_{t-1} + DEP_t + W_t - W_{t-1} - (R_t - R_{t-1}) - DEP_t - Y_t$. Definiert man die Gesamtinvestitionen als $INV_t = A_t - A_{t-1} + DEP_t + W_t - W_{t-1}$ und das Innenfinanzierungspotential als $IFP_t = R_t - R_{t-1} + Dep_t$, folgt der angegebene Zusammenhang.

6 Vgl. bezüglich der Abgrenzung von Innenfinanzierung und Selbstfinanzierung etwa DRUKARCZYK, J. (1993), S. 16.

Abbildung 4.1: Deckung des Finanzmittelbedarfs
78 Industrieunternehmen, 1997[7]

Normiert auf investiertes Kapital

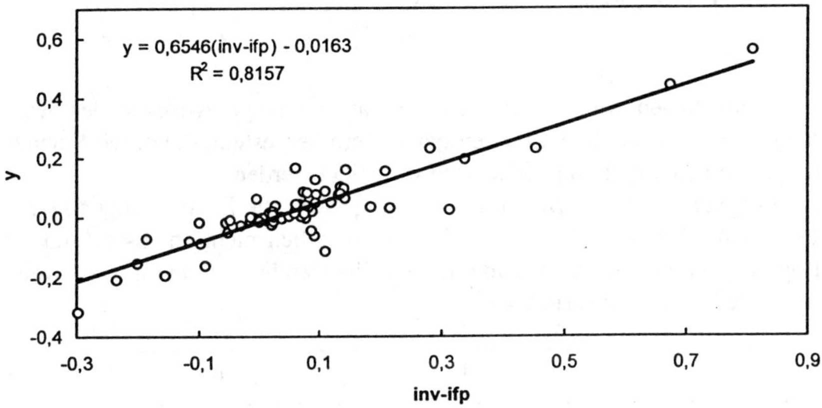

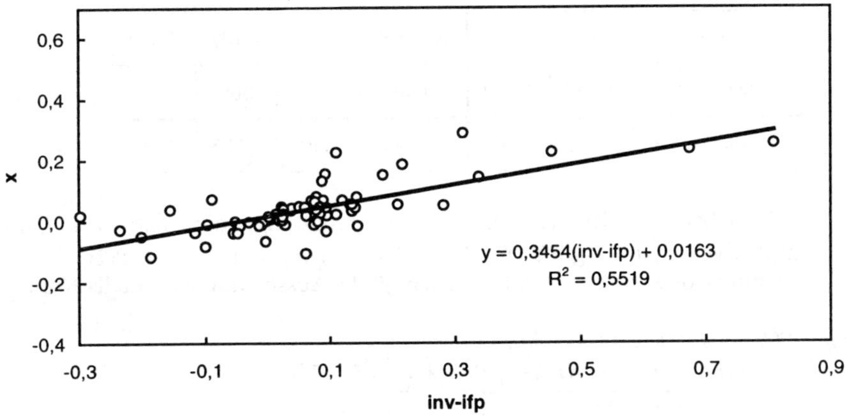

---

7 Es liegt die bereits im zweiten Kapitel benutzte Stichprobe zugrunde. Bezüglich des Zusammenhangs zwischen y und x gilt in 1997: $y = 0{,}5981x + 0{,}0026$ ($R^2 = 0{,}1471$). Die Variablen werden mit kleinen Buchstaben versehen, um anzudeuten, daß diese auf den Buchwert des investierten Kapitals bezogen werden.

Im nächsten Schritt kann die bewertungsrelevante Zahlung aus der Ausschüttung abgeleitet werden, indem diese um die Kapitalerhöhung (-herabsetzung) reduziert (erhöht) wird:

$$(4.11) \quad C_t = EBT_t - TAX_t - TRE_t - KE_t = EBT_t - TAX_t - X_t$$

$$\text{bzw.} \quad C_t = C_{et} - r_B B_{t-1}(1-s) + Y_t$$

Damit haben wir die benötigten Zusammenhänge zwischen der bewertungsrelevanten Zahlung und den Parametern hergestellt, die durch Finanzierungs- und Ausschüttungsprämissen festgelegt werden.

Beispiel 4.1: Das *EBIT* in $t = 1$ betrage –99, die Zinszahlungen $r_B\ B_0$ = 18 und somit das *EBT* = -117 GE. Steuern fallen nicht an. Es erfolgt eine Kapitalerhöhung von *KE* = 800 GE. Die Bilanzen in $t = 0$ und in $t = 1$ weisen folgende Bestände aus (in GE):

	$t=0$	$t=1$		$t=0$	$t=1$
Anlagevermögen	6.817	7.727	Eigenkapital	3.717	4.400
Finanzanlagen	149	149	Rückstellungen	4.102	4.573
Working Capital	1.159	1.292	Fremdkapital	306	195
Investiertes Kapital	8.125	9.168	Investiertes Kapital	8.125	9.168

Zunächst zur Berechnung der Ausschüttung, die sich aus GuV-Perspektive zu Null ergibt: $D_t = EBT_t - TAX_t - TRE_t = -117 - 0 - (-117) = 0$
Bei zahlungsorientierter Betrachtung beträgt die Ausschüttung ebenfalls Null:

$$\begin{aligned} D_t &= C_{et} - r_B B_{t-1} + Y_t + KE_t \\ &= \underbrace{(EBIT_t(1-s) - INV_t)}_{-99-0-572} - \underbrace{r_B B_{t-1}}_{18} + \underbrace{Y_t}_{-111} + \underbrace{KE_t}_{800} = 0 \end{aligned}$$

Die Zahlung bei reiner Eigenfinanzierung (erste Klammer) ergibt sich aus dem *EBIT* abzüglich (hier nicht vorhandener) Steuern und abzüglich Investitionen, die das Innenfinanzierungspotential übersteigen. Diese Erweiterungsinvestitionen betragen 572 = 1.043 – 471; sie setzen sich aus der Veränderung des Investierten Kapitals (1.043 = 9.168 – 8.125) abzüglich Veränderung der Rückstellungen zusammen (471 = 4.573 – 4.102). Die Zahlung (Ausschüttung + Kapitalerhöhung) bei reiner Eigenfinanzierung beträgt damit –671 GE. Schließlich sind noch Zinszahlungen von 18, die Veränderung des zinspflichtigen Fremdkapitals Y (= -111 = 195 – 306) und die Kapitalerhöhung von 800 zu berücksichtigen.

Der Zusammenhang zwischen der Veränderung des Eigenkapitals und der Veränderung des Fremdkapitals stellt sich so dar:

$$X_t = TRE_t + KE_t = (INV_t - IFP_t) - Y_t$$
$$-117 + 800 = (572) - (-111) = 683 = E_t - E_{t-1}$$

Die Eigentümer erhalten keine Ausschüttung und leisten eine Kapitalerhöhung von 800 GE. Die bewertungsrelevante Zahlung beträgt somit –800 GE:

$$C_t = EBT_t - TAX_t - X_t = -117 - 0 - 683 = -800 \text{ bzw.}$$
$$C_t = C_{et} - r_B B_{t-1} - Y_t = -671 - 18 + (195 - 306) = -800$$

Abschließend sei auf einen wesentlichen Unterschied bei der Definition der bewertungsrelevanten Zahlung aus GuV- bzw. Zahlungsperspektive hingewiesen. Berechnet man C ausgehend vom Jahresüberschuß ggf. unter Nutzung der Vollausschüttungshypothese, sind die Kapitalveränderungen explizit zu berücksichtigen. Wählt man hingegen die zahlungsorientierte Perspektive, sind die Kapitalveränderungen bereits implizit über die Erweiterungsinvestitionen in C_e erfaßt.[8]

2 Finanzierungsprämissen

Zur Ableitung einer potentialorientierten Finanzierungsprämisse werden zunächst einige Beispiele für verschiedene Finanzierungsstrategien dargestellt (Abschnitt 2.1). Diese werden im Anschluß mittels des risikoneutralen Ansatzes bewertet (Abschnitt 2.2). In Kenntnis der Wirkung der Finanzierungsstrategien und zu berücksichtigender Nebenbedingungen wird in Abschnitt 2.3 eine Finanzierungsprämisse formuliert, die für den Zweck der Unternehmensbewertung bei fehlenden Insolvenzrisiken geeignet erscheint.

8 Siehe vor diesem Hintergrund nochmals Abbildung 1.1.

2.1 Beispiele für verschiedene Finanzierungsstrategien

Im folgenden werden beispielhaft fünf alternative Finanzierungsstrategien dargestellt, die sich im Hinblick auf den Verlauf und den Grad der Unsicherheit der Fremdkapitalbestände B_1, B_2, B_3 … B_T unterscheiden. Auf Basis des Gleichungssystems der Bilanzpositionen ergibt sich der Bestand des Fremdkapitals einer Periode *t* wie folgt:

(4.12) $B_t = B_{t-1} + Y_t$

mit Implikation für: $C_t = C_{et} - r_B B_{t-1}(1-s) + Y_t$

Konkret geht es also um die Festlegung des Veränderungsbetrags *Y*. Die fünf Finanzierungsstrategien sollen anhand eines Beispiels erläutert werden. Darin ist sowohl der Unternehmensgesamtwert als auch der Buchwert des investierten Kapitals unsicher. Diese Werte mögen sich entsprechend folgendem Bildungsgesetz entwickeln:

(4.13) $V_{t+1} = V_t(1+\alpha_v + \sigma_v \varepsilon_{t+1})$ bzw. $IK_{t+1} = IK_t(1+\alpha_k + \sigma_k \varepsilon_{t+1})$

Beispiel 4.2: Die Startwerte betragen $V_0 = 1000$ bzw. $IK_0 = 400$, $\alpha_v = 10\%$ bzw. $\alpha_k = 2\%$, $\sigma_v = 40\%$ bzw. $\sigma_k = 3\%$; $\varepsilon \in \{+1,-1\}$. Der Wert des Fremdkapitals betrage $B_0 = 200$. Damit sind die Unternehmenswerte und die Buchwerte des investierten Kapitals in *t* = 1 ebenfalls festgelegt: $\{V_{11};V_{12}\} = \{1500;700\}$, $\{IK_{11};IK_{12}\} = \{420;396\}$.

- *Absolut konstante Finanzierungspolitik (F1)*: $Y_t = 0$, *t* = 1, 2, 3 …, *T*
  Der Ausgangswert des Fremdkapitals, B_0, wird beibehalten; die zukünftigen Fremdkapitalbestände sind weder zeit-, noch zustandsabhängig. Die Veränderung des Fremdkapitals beträgt folglich Null, die Verschuldungsgrade (L_v = Wert des Fremdkapitals zu Unternehmensgesamtwert, L_k = Wert des Fremdkapitals zu Buchwert des Investierten Kapitals) sind zeit- und zustandsabhängig:

	Y_{11}	Y_{12}	B_{11}	B_{12}	L_{v11}	L_{v12}	L_{k11}	L_{k12}
F1	0	0	200	200	13,3%	28,6%	47,6%	50,5%

- *Relativ konstante Finanzierungspolitik (F2)*: $Y_t = cB_{t-1}$
  Der Ausgangswert des Fremdkapitals, B_0, wird pro Periode um den Faktor 1+*c* erhöht. Im Beispiel betrage *c* = -30%. Der Verlauf des

Fremdkapitalbestands ist damit zeit-, aber nicht zustandsabhängig. Immer dann, wenn der Unternehmenswert (bzw. der Buchwert des investierten Kapitals) unsicher ist, der Wert des Fremdkapitals hingegen nicht, ist der entsprechende Verschuldungsgrad zustandsabhängig.

	Y_{11}	Y_{12}	B_{11}	B_{12}	L_{v11}	L_{v12}	L_{k11}	L_{k12}
F2	-60	-60	140	140	9,3%	20%	33,3%	35,3%

- *Deterministisch-veränderliche Finanzierungspolitik (F3)*: $Y_t = c_t B_{t-1}$
  Der Ausgangswert des Fremdkapitals, B_0, wird pro Periode um einen periodenspezifischen, aber nicht mit Unsicherheit behafteten Faktor erhöht. Der Verlauf des Fremdkapitalbestands ist hier ebenfalls sicher. Gegenüber der relativ konstanten Finanzierungspolitik ergeben sich keine grundsätzlich anderen Aussagen.[9]
- *Unternehmenswertorientierte Finanzierungspolitik (F4)*:
  $Y_t = L_{vt} V_t - L_{vt-1} V_{t-1}$
  Der Veränderungsbetrag des Fremdkapitals wird hier an die Veränderung des Unternehmensgesamtwertes gekoppelt. Der Verschuldungsgrad darf periodenspezifisch, jedoch nicht mit Unsicherheit behaftet sein. In $t = 0$ muß die Folge der Verschuldungsgrade, L_{v1}, L_v , L_{v3} … L_{vT}, bekannt sein. Unternehmensgesamtwert und Fremdkapitalwert korrelieren perfekt, enthalten also das gleiche Risiko.[10] Mit $L_{v1} = 0{,}3$ ergibt sich folgendes Resultat – man beachte, daß sich bei dieser Finanzierungspolitik Situationen ergeben können, in denen der aus dem Unternehmenswert abgeleitete Fremdkapitalbestand den Buchwert des investierten Kapitals übersteigt:

	Y_{11}	Y_1	B_{11}	B_1	L_{v11}	L_{v1}	$L\ _{11}$	$L\ _1$
F4	250	10	450	210	30%	30%	107%	53%

9 Die ersten drei Finanzierungsprämissen FP 1 – FP 3 gehören zu den autonomen Finanzierungsstrategien, die im Rahmen der klassischen APV-Methode diskutiert werden; vgl. stellvertretend DRUKARCZYK/ SCHWETZLER (1998), S. 208ff.

10 Die Abbildung dieser Finanzierungsprämisse im Rahmen von Discounted Cashflow-Methoden wird in der Literatur intensiv diskutiert; vgl. MILES/EZZELL (1980), HARRIS/PRINGLE (1985), HACHMEISTER, D. (1996), INSELBAG/KAUFOLD (1997), KRUSCHWITZ/LÖFFLER (1998), DRUKARCZYK/HONOLD (1998). Im Zentrum der Diskussion stehen die Berücksichtigung des Risikos der mit der anteiligen Fremdfinanzierung potentiell einher gehenden Steuervorteile, wenn das Finanzierungsvolumen am Unternehmensgesamtwert ausgerichtet wird; vgl. erstes Kapitel.

- *Bilanzorientierte Finanzierungspolitik (F5)*: $Y_t = L_{kt} K_t - L_{kt-1} K_{t-1}$
Der Veränderungsbetrag des Fremdkapitals wird hier an die Veränderung des bilanziellen Wertes des investierten Kapitals gekoppelt. Der Verschuldungsgrad darf periodenspezifisch, jedoch nicht mit Unsicherheit behaftet sein. Investiertes Kapital und Wert des Fremdkapitals korrelieren perfekt.[11] Im Beispiel ergibt sich mit $L_{v1} = 0{,}5$ folgendes Bild:

	Y_{11}	Y_{12}	B_{11}	B_{12}	L_{v11}	L_{v12}	L_{k11}	L_{k12}
F5	10	-2	210	198	14%	28,3%	50%	50%

In den ersten drei Varianten wird der absolute Fremdkapitalbestand gesteuert, die letzten zwei Varianten zielen auf die Festlegung von Verschuldungsgraden. Die nachstehende Tabelle faßt wesentliche Eigenschaften und Implikationen der diskutierten Finanzierungsstrategien zusammen.

Tabelle 4.1: Zusammenfassung Finanzierungsstrategien

	F1	F2	F3	F4	F5
Y	0	zeitvariabel	zeitvariabel	zeitvariabel	zeitvariabel
B	konstant	deterministisch	deterministisch	stochastisch	stochastisch
L_v	stochastisch	stochastisch	stochastisch	deterministisch	stochastisch
L_k	stochastisch	stochastisch	stochastisch	stochastisch	deterministisch
Bedingung	$B<V$, $B<IK$	$B<V$, $B<IK$	$B<V$, $B<IK$	$B<IK$	$B<V$

In der letzten Zeile sind die Bedingungen angegeben, die zur Realisierung der Strategie erfüllt sein müssen. In den Fällen F1 – F3 und F5 ist prinzipiell für jeden Umweltzustand zu prüfen, ob der Betrag des Fremdkapitals kleiner als der Unternehmensgesamtwert ist – andernfalls liegt ökonomische Überschuldung vor. Zusätzlich ist sicherzustellen, daß der Betrag des Fremdkapitals die bilanzielle Verschuldungskapazität nicht übersteigt (F1 – F4). In F4 wird der am Unternehmenswert festgemachte Verschuldungsgrad

11 Die Abbildung dieser Finanzierungsprämisse im Rahmen der WACC-Methode wird von BRENNAN, M. (1973), S. 28 – 29, angesprochen. Dabei wird jedoch von einem deterministischen Verhältnis von Unternehmenswert und Wert des investierten Kapitals ausgegangen.

so festgelegt, daß es nicht zur ökonomischen Überschuldung kommen kann. Die bilanzielle Verschuldungskapazität ist auch hier zu prüfen. Reziprokes gilt im Fall F5. Damit können bei allen fünf Finanzierungsstrategien Widersprüche zur Annahme fehlender Insolvenzrisiken oder im Hinblick auf deren Realisierung nicht ausgeschlossen werden. Dies gelingt erst durch die Abbildung der Handlungsoptionen von Gläubigern und Eigentümern (im fünften Kapitel).

Welche Finanzierungsstrategien in der Realität verfolgt werden, läßt sich auf empirischem Weg nur schwer herausfinden. Grundsätzlich definiert und verantwortet der Vorstand die Finanzierungspolitik im Rahmen der Leitung der AG (§ 76 AktG). Die Satzung kann jedoch Einschränkungen enthalten (§ 82 AktG). Auf Basis der Stichprobe des ersten Kapitels spricht mehr für die Hypothese einer engeren Orientierung an Bilanzsummen als an Unternehmenswerten. Tabelle 4.2 zeigt die Ergebnisse einer diesbezüglichen Auswertung.

Tabelle 4.2: Korrelation zwischen der Veränderung des Fremdkapitals und des investierten Kapitals bzw. des Unternehmensgesamtwertes[12]

R^2	1993	1994	1995	1996	1997
$Y, \Delta K$	0,214	0,400	0,586	0,405	0,616
$Y, \Delta V$	0,243	0,081	0,409	0,003	0,129
N	78	78	78	78	78

2.2 Risikoneutrale Bewertung der Finanzierungsstrategien

Die Wirkung der anteiligen Fremdfinanzierung läßt sich bei fehlenden Insolvenzrisiken unter den gesetzten Annahmen auf die steuerlichen Effekte reduzieren. Die mit der Fremdfinanzierung einher gehenden Steuervorteile erhöhen dann den bewertungsrelevanten Zahlungsstrom an die Eigentümer. Die sicherheitsäquivalente Transformation dieses Zahlungsstroms lautet

12 Für B wurde der Buchwert des zinspflichtigen Fremdkapitals angesetzt, V entspricht diesem Buchwert zuzüglich der Börsenkapitalisierung.

(4.14) $\mathrm{E}\left[s r_B B_{t-1}^*\right]$ mit: $t = 1, 2, \ldots T$.

Darin kennzeichnet s den Unternehmenssteuersatz, r_B den Fremdkapitalzins und B_{t-1}^* den jeweiligen Fremdkapitalbestand zu Beginn der Periode t, wobei die Prognose in der risikoneutralen Welt erfolgt. Die Diskontierung der sicherheitsäquivalenten Steuervorteile erfolgt unabhängig von der Finanzierungspolitik mit dem risikolosen Zins. Um eine potentialorientierte Finanzierungsstrategie zu formulieren, sollten wir mit der Konkretisierung von B_t^* beginnen.

2.2.1 Herleitung der Fremdkapitalbestände und Bewertung der Steuervorteile bei ausreichender Bemessungsgrundlage

Die absolut konstante, die relativ konstante und die deterministisch-veränderliche Finanzierungspolitik implizieren im Zeitablauf sichere Fremdkapitalbestände. Dies erfordert, daß die vom Management geplante Entwicklung des Fremdkapitalbestands in *jedem* Umweltzustand realisiert wird.[13] Der sicherheitsäquivalente Fremdkapitalbestand ist damit gegeben:

- Absolut konstante Finanzierungspolitik, F1: $B_t^* = B_0$
- Relativ konstante Finanzierungspolitik, F2: $B_t^* = B_0(1+c)^t$
- Veränderliche Finanzierungspolitik, F3: $B_t^* = B_0(1+c_1)(1+c_2)\ldots(1+c_t)$

Die Fremdkapitalbestände sind unsicher, wenn eine am Verschuldungsgrad orientierte Finanzierungspolitik verfolgt wird und die jeweilige Bezugsgröße – der Unternehmensgesamtwert (F4) bzw. der Bilanzwert des investierten Kapitals (F5) – mit Unsicherheit behaftet ist. Für die am Unternehmensgesamtwert orientierte Finanzierungspolitik kann der Wert des Fremdkapitals rekursiv, beginnend in T, hergeleitet werden. Der Algorithmus läßt sich anschaulich für den Fall eines konstanten Verschuldungsgrades darstellen, auf den er freilich nicht beschränkt ist. Mit $B_T^* = 0$ und $L_{vt} = L = const.$ folgt:[14]

13 Diese Annahme ist sicher nicht realistisch, da das in Erwartung einer Wachstumsphase benötigte Fremdfinanzierungsvolumen nicht realisiert werden dürfte, wenn wider Erwarten eine Rezession folgt.

14 Anzumerken ist, daß in diesem Spezialfall das Bewertungsproblem bereits gelöst ist: Der Wert des Eigenkapitals beträgt $S_0 = B_0 L / (1 - L)$.

(4.15) $B_{T-1}^* = LV_{T-1}^*, B_{T-2}^* = LV_{T-2}^*, \ldots, B_0 = LV_0$

Bestimmend für den Verlauf des Fremdkapitals ist die Entwicklung des Unternehmensgesamtwertes. In dieser Form läßt sich das in die Planung einzustellende Fremdkapital nicht herleiten, da dazu der Unternehmensgesamtwert bereits bekannt sein müßte.[15] Dieses Planungsproblem löst sich auf, wenn der Unternehmensgesamtwert zunächst geeignet zerlegt wird:[16]

$$(4.16)\quad V_{T-1}^* = \frac{C_{eT}^*}{1+r_f} + \frac{L V_{T-1}^* \, s \, r_B}{1+r_f}$$

Darin bezeichnet der erste Summand den Wert bei reiner Eigenfinanzierung, der zweite entspricht dem Barwert der Steuervorteile aus anteiliger Fremdfinanzierung. Aufgelöst nach V_{T-1}^* ergibt sich in $T-1$

$$(4.17)\quad V_{T-1}^* = \frac{C_{eT}^*}{1+r_f}\frac{1}{1-\theta} \quad \text{mit: } \theta = \frac{L s r_B}{1+r_f},$$

$$\text{bzw. in } T-2\text{: } V_{T-2}^* = \frac{C_{eT}^*}{(1+r_f)^2}\frac{1}{(1-\theta)^2} + \frac{C_{eT-1}^*}{1+r_f}\frac{1}{1-\theta} \quad \text{usf.}$$

Damit kann nun die Planung des risikobereinigten Fremdkapitals dargestellt werden:[17]

$$(4.18)\quad B_t^* = L\sum\nolimits_{\tau=1}^{T} C_{e,t+\tau}^*((1+r_f)(1-\theta))^{-\tau}$$

Anhand dieser Darstellung ist unmittelbar erkennbar, daß bei der am Unternehmensgesamtwert orientierten Finanzierungspolitik (unter den gesetzten Prämissen) das in den Zahlungen bei reiner Eigenfinanzierung enthaltene Risiko auf den Bestand des Fremdkapitals übertragen wird.[18]

Bei bilanzorientierter Finanzierungspolitik entwickelt sich der sicherheitsäquivalente Fremdkapitalbestand so:

---

15 In Kenntnis von V wäre das Bewertungsproblem wiederum schon gelöst.

16 Man beachte, daß C_e^*, V^* und B^* hier unsicher sind.

17 Siehe Anhang a; die Summe in (4.18) entspricht freilich unverändert dem Unternehmensgesamtwert.

18 Im Rahmen einer modifizierten APV-Methode erfolgt die Diskontierung der steuerlichen Vorteile bei anteiliger Fremdfinanzierung dementsprechend mit den Eigenkapitalkosten bei reiner Eigenfinanzierung; vgl. KRUSCHWITZ/LÖFFLER (1998), S. 39, Formel (10).

$$(4.19)\quad B_t^* = L_{Kt} K_t^* = L_{Kt}(A_t^* + F_t^* + W_t^*)$$

Darin bezeichnet K_t^* den risikobereinigten Betrag des investierten Kapitals, der sich aus den Bilanzpositionen Sachanlagen, Finanzanlagen und Working Capital ergibt. Die Planung der bilanzorientierten Finanzierungspolitik ist einfacher durchführbar als die am Unternehmenswert festgemachte Politik.

Auf der Grundlage der risikobereinigten Fremdkapitalbestände kann nun die Bewertung der Vorteile aus anteiliger Fremdfinanzierung erfolgen:

$$(4.20)\quad V_{tax,0} = \sum_{t=1}^{T} \mathrm{E}_0\left[s r_B B_{t-1}^*\right](1 + r_f)^{-t}$$

In diese Gleichung können die entsprechenden Fremdkapitalverläufe eingesetzt werden. Im Ergebnis ist festzustellen, daß der Wert der steuerlichen Vorteile aus anteiliger Fremdfinanzierung um so höher ausfällt, je höher der Startwert des Fremdkapitals, B_0, je höher die Wachstumsraten c_t bzw. je höher die Verschuldungsgrade L_{vt} und L_{kt} sind.

Aufgrund der mit der Fremdfinanzierung einher gehenden Steuervorteile wirkt sich Verschuldung, solange Insolvenzrisiken ausgeschlossen sind, positiv auf den Unternehmenswert aus. Weitere Voraussetzung ist, daß die steuerlichen Bemessungsgrundlagen in jeder Periode und in jedem Umweltzustand so hoch sind, daß der Abzug der Schuldzinsen tatsächlich zur Steuerersparnis führt. Sind diese Voraussetzungen erfüllt, erzeugen diejenigen Finanzierungsstrategien, die zu sicheren Fremdkapitalbeständen und Steuervorteilen führen, einen größeren Wert, als Finanzierungsstrategien, die zwar gleiche Erwartungswerte, aber unsichere Fremdkapitalverläufe (Steuervorteile) induzieren. Der Erwartungswert eines unsicheren Fremdkapitalbestands, $\mathrm{E}[\tilde{B}_t]$, kann dem sicheren Fremdkapitalbetrag B_t entsprechen. Aufgrund der unterstellten Risikoaversion der Anleger ist aber $\mathrm{E}[\tilde{B}_t^*] < B_t$. In der Sprache des CAPM: Bei sicherem Fremdkapitalverlauf, sicheren Zins- und Steuersätzen ist die Kovarianz der Steuervorteile mit der Marktrendite Null. Die Quelle des Risikos bei wert- oder bilanzorientierten Finanzierungsstrategien liegt in der Kopplung zum Unternehmenswert bzw. zum bilanziellen Wert des investierten Kapitals. Diese Werte hängen u.a. von der Entwicklung der zukünftigen Zahlungsüberschüsse ab, sind somit unsicher. Daraus folgt, daß Anleger die riskanten Steuervorteile geringer bewerten als die sicheren.

Bei der Festlegung des maximalen Fremdkapitalvolumens, das im Rahmen einer potentialorientierten Unternehmensbewertung eingeplant werden sollte, sind Nebenbedingungen zu beachten:

- Das Fremdfinanzierungsvolumen darf nur bis zu einem Grenzwert erhöht werden, der Insolvenzrisiken weitgehend ausschließt. Dieser Grenzwert ist zu spezifizieren. Insbesondere bei den autonomen Finanzierungsstrategien ist die Einhaltung des Grenzwertes in jeder Periode und in jedem Umweltzustand zu prüfen, da eine starre Finanzierungsplanung vor dem Hintergrund unsicherer Zahlungen (Unternehmenswerte) erfolgt.
- Das Fremdkapitalvolumen muß „aufnahmefähig" sein, d.h. der Wert des Fremdkapitals darf den bilanziellen Wert des investierten Kapitals nicht übersteigen. Insbesondere bei der am Unternehmensgesamtwert orientierten Finanzierungsprämisse ist dies in jeder Periode und in jedem Umweltzustand zu prüfen. Die bilanzorientierte Politik stellt dies generell sicher.
- Die Implikation der Finanzierungspolitik für die Ausschüttungspolitik ist zu berücksichtigen (dies erfolgt im nächsten Abschnitt).

Mit der Auswahl einer der fünf Finanzierungsprämissen liegen acht Gleichungen für acht Unbekannte vor, so daß das System der Bilanzpositionen gelöst und die bewertungsrelevante Zahlung dargestellt werden kann.

2.2.2 Zur Wirkung unsicherer Bemessungsgrundlagen

Im vorherigen Abschnitt wurde gezeigt, wie die Unsicherheit bezüglich des Fremdfinanzierungsvolumens berücksichtigt werden kann. Es gibt noch weitere Gründe, weshalb die Finanzierungseffekte mit Unsicherheit behaftet sein können:

- Das Unternehmen könnte in Insolvenz geraten und ist dann nicht mehr in der Lage, die Zinszahlungen zu leisten. Die steuerlichen Finanzierungsvorteile werden dann nicht realisiert.[19]
- Die Zinssätze für zinspflichtiges Fremdkapital und damit die Höhe der Zinszahlungen sind unsicher.[20]
- Der „risikolose" Zins, mit dem sichere Steuervorteile diskontiert werden, ist unsicher.[21]
- Der Steuersatz ist unsicher.

---

19 Vgl. hierzu etwa BRENNAN/SCHWARTZ (1978), S. 103ff; LELAND, H. (1994), S. 1213 – 1252; LELAND/TOFT (1996). Dieses Problem wird im fünften Kapitel erörtert.

20 Vgl. diesbezüglich SICK, G. (1990), S. 1437 sowie den Anhang c im dritten Kapitel.

21 Vgl. hierzu ROSS, S. (1995), S. 96 – 102 sowie die Ausführungen im sechsten Kapitel dieser Arbeit.

- Das Unternehmen weist unsichere steuerliche Bemessungsgrundlagen auf, so daß die Vorteile der anteiligen Fremdfinanzierung zeitlich aufgeschoben werden oder ins Leere gehen können. Ursache hierfür können zu geringe (unsichere) Jahresüberschüsse und/oder Verlustvorträge sein, deren Höhe und Verwertung ebenfalls unsicher ist.

Im vorliegenden Abschnitt geht es um die Bewertung von steuerlichen Finanzierungsvorteilen, wenn die steuerlichen Bemessungsgrundlagen unsicher sind. Alle anderen Quellen der Unsicherheit werden ausgeschlossen.

Unter den gesetzten Annahmen weist ein anteilig fremdfinanziertes Unternehmen bei fehlenden Verlustvorträgen und nach Abzug der Gewerbesteuer einen ausschüttungsfähigen Erfolg in folgender Höhe auf:[22]

$$(4.21) \quad EBT_T - s_{GE} \max\{EBT_T, 0\}$$

Darin bezeichnet *EBT* das Ergebnis vor Steuern, s_{GE} den Gewerbesteuersatz. Steuern werden nur bei positiver Bemessungsgrundlage, die vereinfachend dem *EBT* entsprechen möge, erhoben. Die Eigentümer eines zweiten, bis auf die Finanzierung identischen Unternehmens realisieren folgende Nettozahlung:

$$(4.22) \quad EBIT_T - s_{GE} \max\{EBIT_T, 0\} - I_T$$

Die Ausschüttung des rein eigenfinanzierten Unternehmens ist um die Zinszahlungen (I_T) abzüglich Steuervorteil höher als die Ausschüttung des anteilig fremdfinanzierten Unternehmens. Jedoch müssen die Eigentümer die anteilige Fremdfinanzierung selbst herbeiführen und die daraus resultierenden Zinszahlungen von I_T tragen. Der Vorteil aus anteiliger Fremdfinanzierung läßt sich als Differenz dieser Zahlungen darstellen:[23]

$$(4.23) \quad TAX_{FT} = (EBT_T - s_{GE} \max\{EBT_T, 0\}) - (EBIT_T - s_{GE} \max\{EBIT_T, 0\} - I_T)$$

Nun gilt $EBIT_T - I_T = EBT_T$, so daß sich der Ausdruck vereinfachen läßt:

$$(4.24) \quad TAX_{FT} = s_{GE} \max\{EBIT_T, 0\} - s_{GE} \max\{EBIT_T - I_T, 0\}$$

22 Es wird Vollausschüttung des Jahresüberschusses unterstellt; finanzieller Überschuß und Jahresüberschuß seien deckungsgleich.

23 Vgl. zum prinzipiellen Vorgehen DRUKARCZYK, J. (1993), Kapitel 5; MODIGLIANI/MILLER (1963), (1969).

Bei sicheren Erwartungen und ausreichend hoher Bemessungsgrundlage ($EBIT_T > I_T$) beträgt der Steuervorteil $s_{GE}\, I_T$. Bei positivem $EBIT_T$, das nicht ausreicht, um die Zinsen vollständig zu decken, ergibt sich der Steuervorteil zu $s_{GE}\, EBIT_T$. Erst bei negativem $EBIT_T$ bzw. bei $EBIT_T = 0$ reduziert sich der Steuervorteil auf Null. Die steuerlichen Vorteile aus anteiliger Fremdfinanzierung können unter den hier gesetzten Prämissen also nicht negativ werden.

Um die Analyse unter Unsicherheit durchführen zu können, muß die Verteilung der Bemessungsgrundlagen konkretisiert werden. Dazu wird angenommen, daß die Zinszahlungen sicher sind. Es gelte $I_T = I = const$. Das *EBIT* wird hier zur Veranschaulichung auf Basis des (stetigen) multiplikativen Zahlungsmodells (α = Wachstumsrate, σ = Standardabweichung der Wachstumsrate) modelliert. Eine Implikation dieses Modells sind lognormalverteilte *EBIT*, deren Erwartungswert mit der Rate α wächst.

In Kenntnis der Verteilung der Bemessungsgrundlagen kann damit der Erwartungswert der Steuervorteile bestimmt werden:[24]

$$(4.25)\quad V_0(TAX_{FT}) = s_{GE}\left(EBIT_0 \times N(-d_1) + I\, N(d_2)\exp(-r_f T)\right)$$

$$\text{mit: } d_1 = \frac{\ln\left(\frac{EBIT_0}{I}\right) + (r_f + 0{,}5\sigma^2)T}{\sigma\sqrt{T}} \quad \text{und: } d_2 = \frac{\ln\left(\frac{EBIT_0}{I}\right) + (r_f - 0{,}5\sigma^2)T}{\sigma\sqrt{T}}$$

Die Grundlage für die Bestimmung des Erwartungswertes der Steuervorteile bildet das bekannte Integrationstheorem von SMITH (1976). Diese Bewertung unterstellt, daß die durch Zinsaufwendungen induzierten Verlustvorträge nicht in Folgejahren mit positiven Bemessungsgrundlagen verrechnet werden können. Dies ist freilich nicht realistisch; die Verlustvorträge müssen ebenfalls in die Betrachtung einbezogen werden.

2.2.3 Zur Berücksichtigung von Verlustvorträgen

Die isolierte Bewertung eines Verlustvortrages eines ausschließlich mit Eigenkapital finanzierten Unternehmens erfolgt auf analoge Weise. Bezeichnet *TLC* den sicheren Verlustvortrag, berechnet sich der damit verbundene Vorteil so:[25]

---

24 Wir diskontieren hier in stetiger Zeit; zur Herleitung vgl. Anhang b.

25 Die Wirkungen von Ausschüttungssperren werden vorerst ausgeblendet.

$$\text{(4.26)} \quad TAX_{VT} = s_{GE} \max\{EBIT_T, 0\} - s_{GE} \max\{EBIT_T - TLC_T, 0\}$$

Dementsprechend gilt die im vorherigen Abschnitt dargestellte Lösung, in der lediglich die Zinszahlung durch den Verlustvortrag zu ersetzen ist. Ein einfaches Zahlenbeispiel soll die Anwendung des Modells illustrieren.

Beispiel 4.3: Der Ausgangswert $EBIT_0$ betrage 100 GE, der risikolose Zins 7 %, der Gewerbeertragsteuersatz 25 %, die Standardabweichung 40 % und der Verlustvortrag (oder die Zinszahlung) 45 GE. Die zu bewertende Zahlung fällt in $T = 5$ an. Im ersten Schritt werden die Parameter d_1 und d_2 ermittelt:

$$d_1 = \frac{\ln\left(\frac{100}{45}\right) + (0{,}07 + 0{,}5 \times 0{,}4 \times 0{,}4) \times 5}{0{,}4\sqrt{5}} = 1{,}731$$

$$d_2 = \frac{\ln\left(\frac{100}{45}\right) + (0{,}07 - 0{,}5 \times 0{,}4 \times 0{,}4) \times 5}{0{,}4\sqrt{5}} = 0{,}837$$

Die zugehörigen Wahrscheinlichkeiten betragen $N(-d_1) = 0{,}0417$ und $N(d_2) = 0{,}799$. Damit ergibt sich der Wert des Steuervorteils zu $0{,}25 \times (100 \times 0{,}0417 + 45 \times \exp(-0{,}07 \times 5) \times 0{,}799) = 7{,}37$.

Bei sicheren Erwartungen ergibt sich demgegenüber ein um 7,6 % höherer Wert: $0{,}25 \times 45 \times \exp(-0{,}07 \times 5) = 7{,}93$

Bei der Interpretation dieser Werte ist folgendes zu beachten: Wenn es sich um die Bewertung des Steuervorteils aus der Zinszahlung von 45 GE handelt, können in der Realität die in der Periode $T = 5$ nicht realisierten Steuervorteile in späteren Perioden durch Verlustvortrag nachgeholt werden. Kann etwa der im Beispiel erwartete Verlustvortrag aus der Periode $T = 5$ mit Sicherheit in der Periode 6 mit positiven Bemessungsgrundlagen verrechnet werden, ohne dabei andere Aufwendungen von der Abzugsfähigkeit zu verdrängen, ergibt sich lediglich ein Unterschiedsbetrag in Höhe der Zinsdifferenz. Der aus der obigen Rechnung folgende Differenzbetrag von 0,56 GE unterstellt demgegenüber fehlende Verlustvorträge.

Verlustvorträge und die steuerlichen Effekte der anteiligen Fremdfinanzierung sollten im Zusammenhang analysiert werden. Dabei sind zwei Aspekte voneinander zu trennen. Erstens kann gefragt werden, wie hoch der Vorteil aus anteiliger Fremdfinanzierung ist, wenn gleichzeitig ein steuerlicher Verlustvortrag vorliegt. Zweitens sind die intertemporalen Verwendungsmöglichkeiten von Verlustvorträgen einzubeziehen, die durch die anteilige Fremdfinanzierung ausgelöst werden können.

Zunächst zur ersten Frage: Das anteilig fremdfinanzierte Unternehmen realisiert eine Ausschüttung von[26]

$$(4.27)\quad EBT_T - s_{GE}\max\{EBT_T - TLC,0\} = EBT_T - s_{GE}\max\{EBIT_T - (I + TLC),0\},$$

während die Eigentümer des rein eigenfinanzierten, mit einem Verlustvortrag in gleicher Höhe ausgestatteten Unternehmens eine Nettozahlung erwarten von:

$$(4.28)\quad EBT_T - s_{GE}\max\{EBIT_T - TLC,0\}$$

Abbildung 4.2: Wert der Steuervorteile bei unsicherer Bemessungsgrundlage

I bzw. $TLC = 45$ GE, $rf = 7\%$, $sGE = 25\%$, $T = 5$

In GE

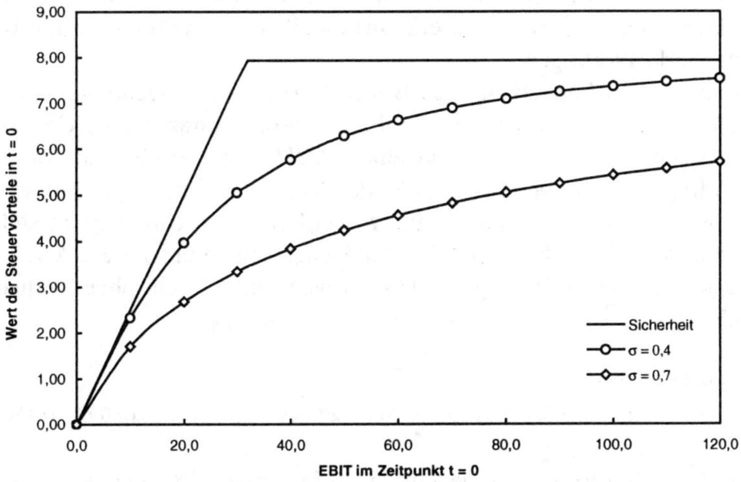

Der Steuervorteil aus anteiliger Fremdfinanzierung unter Berücksichtigung des Verlustvortrags stellt sich somit so dar:

26 Der steuerliche Verlustvortrag möge nicht zu unüberwindlichen Ausschüttungssperren führen.

(4.29) $TAX_{FV,T} = s_{GE} \max\{EBIT_T - TLC, 0\} - s_{GE} \max\{EBIT_T - (I + TLC), 0\}$

Die Lösung zu diesem Problem lautet:[27]

$$(4.30)\quad \begin{aligned} V_0(TAX_{FV,T}) = s_{GE}\ EBIT_0\big(N(d_3) - N(d_5)\big) + s_{GE}\ I\ N(d_6)\exp(-r_f T) \\ - s_{GE}\ TLC \exp(-r_f T)\big(N(d_4) - N(d_6)\big) \end{aligned}$$

mit:

$$d_3 = \frac{\ln\left(\frac{EBIT_0}{TLC}\right) + (r_f + 0{,}5\sigma^2)T}{\sigma\sqrt{T}}, \quad d_4 = \frac{\ln\left(\frac{EBIT_0}{TLC}\right) + (r_f - 0{,}5\sigma^2)T}{\sigma\sqrt{T}}$$

$$d_5 = \frac{\ln\left(\frac{EBIT_0}{I + TLC}\right) + (r_f + 0{,}5\sigma^2)T}{\sigma\sqrt{T}}, \quad d_6 = \frac{\ln\left(\frac{EBIT_0}{I + TLC}\right) + (r_f - 0{,}5\sigma^2)T}{\sigma\sqrt{T}}$$

Für den Spezialfall $TLC = 0$ ergibt sich das weiter oben dargestellte Modell zur Bewertung der Steuervorteile aus anteiliger Fremdfinanzierung bei fehlenden Verlustvorträgen.

Beispiel 4.4: In Fortsetzung des Beispiels wird jetzt angenommen, daß zusätzlich zu der Zinszahlung von 45 GE ein Verlustvortrag von 60 GE vorliegt. Bei sicheren Erwartungen und einem *EBIT* von 100 GE kann dieser Verlustvortrag nicht ausgeschöpft bzw. der Vorteil aus anteiliger Fremdfinanzierung nicht in voller Höhe realisiert werden. Unter Unsicherheit stellt sich der Sachverhalt so dar: Der Wert der Steuervorteile unter Berücksichtigung des Verlustvortrags beträgt 4,50 GE (gegenüber 7,37 GE ohne Verlustvortrag).[28]

$$\begin{aligned} 4{,}50 = 0{,}25 \times 100 \times (0{,}921 - 0{,}783) \\ + 0{,}25 \times 45 \times 0{,}456 \times \exp(-0{,}35) - 0{,}25 \times 60 \times \exp(-0{,}35) \times (0{,}697 - 0{,}456) \end{aligned}$$

Auch diese Bewertung ignoriert die intertemporalen Effekte des Verlustvortrags. Deswegen sind diese Modelle aber keinesfalls nutzlos. Mit ihrer Hilfe kann die Bandbreite festgelegt werden, in der sich der Wert der Steuer-

---

27 Siehe Anhang c.

28 $d_3 = 1{,}410$, $d_4 = 0{,}515$, $d_5 = 0{,}784$, $d_6 = -0{,}110$; $N(d_3) = 0{,}921$, $N(d_4) = 0{,}697$, $N(d_5) = 0{,}783$, $N(d_6) = 0{,}456$.

vorteile befindet. Der obere Grenzwert ist durch den Wert bei sicheren Erwartungen gegeben (vgl. Abbildung 4.2). Der untere Grenzwert der Bandbreite folgt aus der Bewertung ohne intertemporale Verknüpfung, in der es kein Nachholen von Steuervorteilen gibt.

Darüber hinaus liefern die einfachen Modelle genau die Bausteine, die zur Formulierung eines intertemporalen Modells benötigt werden. Der Verlustvortrag ist jetzt zustands- und zeitabhängig. Ausgehend vom Ausgangswert des Verlustvortrags erhöht er sich um Verluste und reduziert sich bei Gewinnen:

$$(4.31) \quad TLC_{t+1} = \max\{TLC_t - EBT_t ; 0\}$$

Dieser sich so im Zeitablauf entwickelnde Verlustvortrag ist in obige Formeln einzusetzen. In Analogie zur Optionspreistheorie kann von einer pfadabhängigen Option gesprochen werden, die wir später im Rahmen der Fallstudie mittels Simulation bewerten werden.

2.3 Potentialorientierte Finanzierungsprämissen

Von welchen konkreten Finanzierungsprämissen kann man ausgehen? Ein konservativer Ansatz bestünde darin, eine vollständige Finanzierung mit Eigenkapital anzunehmen. Damit würde die Prämisse fehlender Insolvenzrisiken eingelöst. Hierbei handelt es sich um eine realisierbare Strategie, die aber durch mindestens eine andere Finanzierungsstrategie dominiert wird. Es existieren pragmatische Regeln der Kreditvergabe, die zumindest eine grobe Dimensionierung von Verschuldungskapazitäten erlauben. Ein Kriterium läßt sich etwa auf Basis des dynamischen Verschuldungsgrades entwickeln. Dieser ergibt sich aus dem Verhältnis von zinspflichtigem Fremdkapital und den für die Kredittilgung verfügbaren Zahlungsüberschüssen. Dieser "freie" Zahlungsüberschuß sei definiert als die Zahlung bei reiner Eigenfinanzierung abzüglich Zinszahlungen nach Steuern. Er steht potentiell zur Kredittilgung zur Verfügung, wenn die Eigentümer keine Ausschüttung erhalten:[29]

29 Der Steuersatz s ist hier unter der Prämisse einer vollständigen Gewinnthesaurierung zu berechnen. Nur bei Einbehaltung potentiell ausschüttungsfähiger Gewinne kann – fehlende Kapitalerhöhungen vorausgesetzt – eine Verwendung zur Schuldentilgung unterstellt werden.

(4.32) $FCF_t = C_{et} - r_B B_{t-1}(1-s)$

Der dynamische Verschuldungsgrad ergibt sich damit zu

(4.33) $$\gamma = \frac{B_{t-1}}{C_{et} - r_B B_{t-1}(1-s)}$$

Liegt ein empirischer Grenzwert für γ vor, bei dem erfahrungsgemäß nur ganz selten Insolvenzen auftreten, kann der maximale Fremdkapitalbestand ermittelt werden:

(4.34) $$B_{\max t} = \frac{\gamma_{\max}}{1 + r_B(1-s)\gamma_{\max}} C_{et}$$

Im Rahmen der sogenannten Bayer-Formel wird für γ ein Grenzwert von 3,5 Jahren angesetzt.[30]

Tabelle 4.3: Rating-Kriterien von STANDARD & POOR'S
(Three-year 1992 – 1994 medians, U.S. industrial companies)[31]

	AAA	AA	A	BBB	BB	B
Pretax interest coverage (×)	21,39	10,02	5,67	2,90	2,25	0,74
EBDIT interest coverage (×)	31,68	14,78	8,25	5,02	3,46	1,56
Funds from operations/total debt (%)	109,8	75,4	49,1	30,3	20,2	9,8
Total debt/ capitalization (%)	22,6	28,3	36,7	45,3	55,6	71,4

30 Vgl. zur Anwendung bei der Unternehmensbewertung RICHTER, F. (1996), S. 79. Hierbei handelt es sich um eine Variante der wertorientierten Finanzierungspolitik. Der Fremdkapitalbestand ist zustandsabhängig und das Risiko der Zahlungen bei reiner Eigenfinanzierung überträgt sich auf das Fremdfinanzierungsvolumen.

31 Pretax interest coverage = (Pretax income from continuing operations + interest expense) / gross interest; capitaliziation = total debt + equity (Börsenkapitalisierung).

Die von Rating-Agenturen benutzten Kennzahlen verschaffen ebenfalls Einblick in die Perspektive der Gläubiger. STANDARD & POOR'S verwenden u.a. die Kriterien gemäß Tabelle 4.3.

Ein weiterer einfacher Ansatz besteht in der Orientierung an bilanziellen Grenzwerten, etwa einer Mindest-Eigenkapitalquote ($g_{\min}$), die nicht unterschritten werden darf. Danach ergibt sich der maximale Fremdkapitalbestand so:[32]

(4.35) $B_{\max t} = \max\{0, K_t - g_{\min} K_t - R_t\}$

Der Vorteil dieses Ansatzes ist, daß nur Fremdkapitalbestände zugelassen werden, die vor dem Hintergrund der Struktur der Passiva realisierbar sind. Bei hohen Rückstellungen und hohen Eigenkapitalanforderungen kann sich Fremdfinanzierung als nicht realisierbar erweisen (so auch erkennbar in der Fortsetzung der Fallstudie).

Finanzierungsprämisse FP 1:

Es wird unterstellt, daß Gläubiger dem Unternehmen Fremdkapital bis zum Maximalbetrag $B_{\max}$ zur Verfügung stellen und dafür eine Rendite in Höhe von r_B erwarten. Darüber hinaus erfolgt kein weiteres Angebot an Fremdkapital, auch wenn die Unternehmensleitung eine höhere Rendite versprechen würde.[33] Die Unternehmensleitung realisiert die Maximalverschuldung.

Damit ist die bewertungsrelevante Zahlung (vor Einkommensteuern) definiert:

(4.36) $C_t = EBT_t - TAX_t - X_t$

mit: $X_t = INV_t - IFP_t - (B_{\max t} - B_{\max t-1})$

Die Eigentümer erhalten danach den Jahresüberschuß abzüglich der für Investitionen benötigten Mittel, die nicht durch Innenfinanzierung und die

32 Damit liegt eine bilanzorientierte Finanzierungspolitik vor. Das in K (und R) enthaltene Risiko überträgt sich auf das Fremdkapitalvolumen.

33 Vereinfachend wird also von der Risikovermeidungshypothese in Verbindung mit der Negativklausel einer maximalen Verschuldung ausgegangen: vgl. hierzu etwa DRUKARCZYK, J. (1993), S. 320 bzw. S. 328ff.

Veränderung des Fremdkapitals gedeckt sind. Damit diese Zahlung realisiert werden kann, muß folgende Prämisse gelten:

Finanzierungsprämisse FP 2:

Es wirken keine Ausschüttungssperren, die verhindern, daß der Zahlungsüberschuß C an die Eigentümer ausgekehrt wird. Die Eigentümer leisten Kapitalerhöhungen (= X, wegen TRE = 0), falls diese zur Herstellung des finanziellen Gleichgewichts auf Unternehmensebene benötigt werden.

Beispiel 4.5: Wie sieht die bewertungsrelevante Zahlung des ersten Beispiels vor dem Hintergrund der gerade formulierten Finanzierungsprämissen aus? Die Mindesteigenkapitalquote betrage $g_{\min}$ = 0,48; damit folgt für den maximalen Fremdkapitalbestand:

$$B_{\max 1} = 9168 - 0{,}48 \times 9168 - 4573 = 194$$

Die Bilanz in Beispiel 4.1 weist mit 195 GE offenbar schon den maximalen Fremdkapitalbestand auf. Folglich sind keine weiteren Anpassungen opportun; die Zahlung an die Eigentümer lässt sich in dieser Dimension nicht weiter optimieren.

Bei Annahme der FP 2 können wir es freilich nicht bewenden lassen. Erstens sind Ausschüttungssperren explizit zu berücksichtigen, um eine realistischere Bewertung durchzuführen. Zweitens ist noch keine Aussage über die Zusammensetzung von X gemacht worden. Das Management hat die Wahl, zwischen Kapitalerhöhungen und der Bildung bzw. Auflösung von Rücklagen. Die bewertungsrelevante Zahlung beträgt somit unverändert – 800 GE.

3 Ausschüttungsprämissen

Im Gegensatz zur Finanzierungspolitik, die auf die Festlegung der Kapitalstruktur zielt, geht es bei der Ausschüttungspolitik um die direkte Gestaltung des Zahlungsstroms an die Eigentümer. Die Entscheidung über das Fremdfinanzierungsvolumen legt zugleich den Bedarf an Eigenkapital fest. Im Rahmen der Ausschüttungspolitik verbleiben dennoch Freiräume, dieses Eigenkapital herzustellen, indem die Instrumente "Ausschüttung und Thesaurierung" sowie "Kapitalerhöhung und Kapitalherabsetzung" eingesetzt werden, so daß auf Unternehmensebene das finanzielle Gleichgewicht gemäß (4.1) hergestellt wird. Im folgenden wird also davon ausgegangen, daß *Y* vorliegt und nur noch die Aufteilung von *X* in *TRE* und *KE* aussteht.

Analog zum Vorgehen oben werden zunächst Beispiele für verschiedene Ausschüttungsstrategien dargestellt (Abschnitt 3.1). Ökonomische Gründe sprechen dafür, die auf Unternehmensebene nicht in wertsteigernde Projekte investierbaren Mittel auszuschütten. In Abschnitt 3.2 wird geprüft, unter welchen Bedingungen diese residuale Ausschüttungspolitik unter den geltenden institutionellen Normen herstellbar ist. Die Formulierung einer potentialorientierten Finanzierungs- und Ausschüttungsprämisse erfolgt in Abschnitt 3.3.

3.1 Beispiele für verschiedene Ausschüttungsstrategien

Im folgenden werden fünf alternative Ausschüttungsstrategien formuliert, die jeweils unterschiedlich auf die bewertungsrelevante Zahlung wirken. Der hier relevante Teil des Gleichungssystems stellt sich so dar:

(4.37) $C_t = EBT_t - TAX_t - X_t$

mit: $X_t = TRE_t + KE_t = INV_t - IFP_t - Y_t$

Konkret geht es also um die Zusammensetzung des Veränderungsbetrags des Eigenkapitals *X*, indem zwischen der Bildung bzw. Auflösung von Gewinnrücklagen (*TRE*) sowie Kapitalerhöhungen bzw. Kapitalherabsetzungen (*KE*) entschieden wird. Die hier betrachteten Finanzierungsstrategien werden anhand eines einfachen Beispiels illustriert.

Beispiel 4.6: Das *EBIT* sei die einzige unsichere Variable, die sich entsprechend folgendem Bildungsgesetz entwickeln möge:

(4.38) $EBIT_1 = EBIT_0(1 + \alpha + \sigma\varepsilon_1)$

mit: $EBIT_0 = 55; \alpha = 5\%; \sigma = 40\%; \varepsilon \in \{+1, -1\}$

Darüber hinaus seien der von der Gewinnverwendung unabhängige Steuersatz s = 25%, die Zinsen I = 45, die Investitionen INV = 40, das Innenfinanzierungspotential IFP = 15 und die Veränderung des Fremdkapitals Y =

12 gegeben. Damit betragen die zustandsabhängigen Ergebnisse vor Steuern $EBT = \{34,75; -9,25\}$, die Steuerzahlungen $TAX = \{8,69; 0\}$ und die Jahresüberschüsse $NI = \{26,06; -9,25\}$.

- *Jahresüberschußbezogene Vollausschüttung* $A1$:
  $TRE_t = \min\{0, EBT_t - TAX_t\}$ und $KE_t = 0$. Der gesamte Jahresüberschuß wird ausgeschüttet.[34] Auf Kapitalerhöhungen oder Reduktionen wird verzichtet.[35]

	TRE_{11}	TRE_{12}	KE_{11}	KE_{12}	X_{11}	X_{12}	Y_{11}	Y_{12}
A1	0	-9,25	0	0	0	-9,25	25	34,25

Um finanzielles Gleichgewicht herzustellen, wird entweder das Investitions- oder das Finanzierungsprogramm verändert. Bei Mittelüberschüssen könnte eine Tilgung von Fremdkapital ($Y < 0$) oder eine Investition in Finanzanlagen ($Z > 0$) erfolgen. Bei Defiziten wird zusätzliches Fremdkapital benötigt oder Finanzanlagen müßten – entsprechende Bestände vorausgesetzt – verkauft werden. Ist Y vorgegeben, kann der Ausgleich nur über die Finanzanlagen hergestellt werden. Im Beispiel müßte $Z = \{-13, -22,25\}$ realisiert werden. Nun wirken Finanzanlagen auf Unternehmensebene ebenso wertmindernd wie Abweichungen von der festgelegten Maximalverschuldung, so daß diese Strategie dominiert wird.

- *Jahresüberschußbezogene Vollthesaurierung A2*: $TRE_t = EBT_t - TAX_t$ und $KE_t = 0$.
  Der gesamte Jahresüberschuß wird einbehalten. Bei fehlenden Kapitalerhöhungen steigt der Buchwert des Eigenkapitals um den positiven Jahresüberschuß der Periode. Der Eigenkapitalbestand ist unsicher, die Ausschüttung Null. Übersteigt die Summe aus Innenfinanzierungspotential, Fremdkapitalveränderung und Thesaurierung den Investitionsbedarf, müssen zur Herstellung des finanziellen Gleichgewichts Modifikationen des Investitions- und/oder Finanzierungsprogramms erfolgen. Folglich wird diese Strategie dominiert ($Z = \{13,06; -22,25\}$).

	TRE_{11}	TRE_{12}	E_{11}	E_{12}	X_{11}	X_{12}	11	12
A2	26,06	-9,25	0	0	26,06	-9,25	-1,06	34,25

34 Nach B. SCHWETZLERS Auffassung führt diese Prämisse "regelmäßig zu suboptimalen Investitions- und Finanzierungsstrategien und damit zu suboptimalen Grenzpreisen"; ebenda, (1998), S. 697.

35 Y ist in dieser und in den folgenden Tabellen für den Fall $Z = 0$ dargestellt.

- *Jahresüberschußbezogene Teilausschüttung A3*:
  $TRE_t = EBT_t - TAX_t - c_D \max\{0; EBT_t - TAX_t\}$
  Der Anteil in Höhe von c_D wird ausgeschüttet und der Rest einbehalten. Die Ausschüttungsquote ist deterministisch, möglicherweise periodenspezifisch. Hierbei handelt es sich um eine Kombination der beiden dominierten Strategien A1 und A2. Im Beispiel ergibt sich mit $c_D = 0{,}4$ folgendes Bild (Z = {2,64; -22,25}):

	TRE_{11}	TRE_{12}	KE_{11}	KE_{12}	X_{11}	X_{12}	Y_{11}	Y_{12}
A3	15,64	-9,25	0	0	15,64	-9,25	9,36	34,25

- *Konstante Ausschüttungspolitik A4*: $TRE_t = EBT_t - TAX_t - D_0$
  Es wird eine unveränderliche Dividende von D_0 ausgeschüttet. Der Dividendenstrom ist damit zwar sicher, der bewertungsrelevante Zahlungsstrom deswegen aber nicht. Auch hierbei handelt es sich um eine jahresüberschußbezogene Teilausschüttung, wobei hier die Ausschüttungsquote unsicher ist. Unabhängig davon wird auch diese Politik aus dem gleichen Grund wie A1 – A3 dominiert. Im Beispiel ergibt sich mit D_0 = 5 und Z = {8,06; -27,25}:

	TRE_{11}	TRE_{12}	KE_{11}	KE_{12}	X_{11}	X_{12}	Y_{11}	Y_{12}
A4	21,06	-14,25	0	0	21,06	-14,25	3,94	39,25

- *An finanziellen Überschüssen orientierte Ausschüttungspolitik (a, nach altem Recht) in Verbindung mit Vollausschüttung des Jahresüberschusses und (b, nach neuem Recht) in Verbindung mit Vollthesaurierung des Jahresüberschusses:*
  A5a: $TRE_t = \min\{0, EBT_t - TAX_t\}$ und $KE_t = INV_t - IFP_t - Y_t - TRE_t$. Die bewertungsrelevante Zahlung entspricht hier den finanziellen Überschüssen, die sich auf Unternehmensebene aus den Einzahlungen nach Abzug von Auszahlungen einschließlich Reinvestition, Zins- und Steuerzahlungen ergeben: $C_t = EBT_t - TAX_t - (INV_t - IFP_t - Y_t)$. Ausgangspunkt ist der Jahresüberschuß, der unter der Prämisse der Vollausschüttung bestimmt wird. Davon abzuziehen sind die Investitionsauszahlungen, soweit sie nicht durch Innenfinanzierung oder zusätzliches Fremdkapital finanziert

werden können.[36] Kapitalerhöhungen sind erforderlich, wenn die Investitionen das Innenfinanzierungspotential und die Veränderung des Fremdkapitals übersteigen. Kommt es zu Verlusten ($EBT - TAX < 0$), sind diese ebenfalls durch Kapitalerhöhungen zu decken. Finanzanlagen und Anpassungen derselben sind bei dieser Ausschüttungsstrategie nicht erforderlich $Z = \{0; 0\}$, wenn $KE < 0$ zugelassen wird:

	TRE_{11}	TRE_{12}	KE_{11}	KE_{12}	X_{11}	X_{12}	Y_{11}	Y_{12}
A5a	0	-9,25	13	22,25	13	13	12	12

A5b: $TRE_t = EBT_t - TAX_t$ und $KE_t = INV_t - IFP_t - Y_t - TRE_t$. Auch diese Ausschüttungspolitik führt zu Z = 0, wenn überschüssige Mittel durch Reduktionen des Eigenkapitals, d.h. $KE < 0$, ausgeglichen werden können. Im Beispiel ist dies im Umweltzustand 1 aufgrund der Höhe der Investitionen relativ zum Innen- und Außenfinanzierungspotential erforderlich:

	TRE_{11}	TRE_{12}	KE_{11}	KE_{12}	11	12	Y_{11}	Y_{12}
A5b	26,06	-9,25	-13,06	22,25	13	13	12	12

Zu beachten ist, daß alle Ausschüttungsstrategien zu einer bewertungsrelevanten Zahlung von $C = \{13{,}06; -22{,}25\}$ führen.[37] Dazu ist bei den Strategien A1 – A4 die Veränderung der Finanzanlagen (*Z*) explizit zu berücksichtigen. Deswegen sind diese Strategien aus Sicht der Eigentümer noch nicht gleichwertig. Erstens gilt es, die steuerlichen Nachteile von Finanzanlagen, die erst in Folgeperioden sichtbar werden, zu verhindern. Zweitens sollten Körperschaftsteuerzahlungen aufgrund von Gewinnthesaurierungen (altes Recht) ebenso wie Doppelbesteuerungen (neues Recht) vermieden werden. In jedem Fall erscheint eine residuale Ausschüttungspolitik als Ausgangspunkt angebracht. Bevor wir diese auf ihre Realisierbarkeit überprüfen, soll ein weiterer wichtiger Bewertungsaspekt beleuchtet werden.

Die Bewertung bei residualer Ausschüttung läßt sich anschaulich für den Spezialfall fehlender Kapitalveränderungen mittels des Ansatzes der Opti-

---

36 Die an finanziellen Überschüssen orientierte Ausschüttungspolitik wird diskutiert in DRUKARCZYK/ RICHTER (1995), S. 567.

37 Die Steuersätze sind in diesem einfachen Beispiel von der Gewinnverwendung unabhängig.

onspreistheorie skizzieren ($INV - IFP - Y = 0 \Rightarrow C = D = EBT - TAX$). Ohne Verlustvorträge beträgt die Ausschüttung:

$$(4.39)\quad \begin{aligned} D_T &= \max\{EBIT_T - I_T - TAX_T, 0\} \\ &= (1 - s_{GE})\max\{EBIT_T - I_T, 0\} \end{aligned}$$

Aus dieser Darstellung ist ersichtlich, daß es sich bei der Ausschüttung wie bei den Steuervorteilen aus anteiliger Fremdfinanzierung um eine nichtlineare Funktion des Ergebnisses vor Zinsen und Steuern handelt. Die Auswertung dieser Funktion erfolgt wiederum für ein Zahlenbeispiel.

Beispiel 4.7: In Fortsetzung des Beispiels 4.3 erhalten wir ($EBIT_0 = 100$, $I = 45$, $r_f = 7\%$, $s_{GE} = 25\%$, $\sigma = 40\%$, $T = 5$, $d_1 = 1{,}731$, $N(d_1) = 0{,}958$, $d_2 = 0{,}837$, $N(d_2) = 0{,}799$):

$$V_0(D_T) = (1 - 0{,}25)(100 \times 0{,}958 - 45 \times 0{,}799 \times \exp(-0{,}07 \times 5)) = 52{,}88$$

Abbildung 4.3 zeigt Werte des Eigenkapitals für verschiedene Ausgangswerte für $EBIT_0$; man erkennt das für Call-Optionen typische Bild.

Abbildung 4.3: Wert Einer Ausschüttung bei anteiliger Fremdfinanzierung

In GE

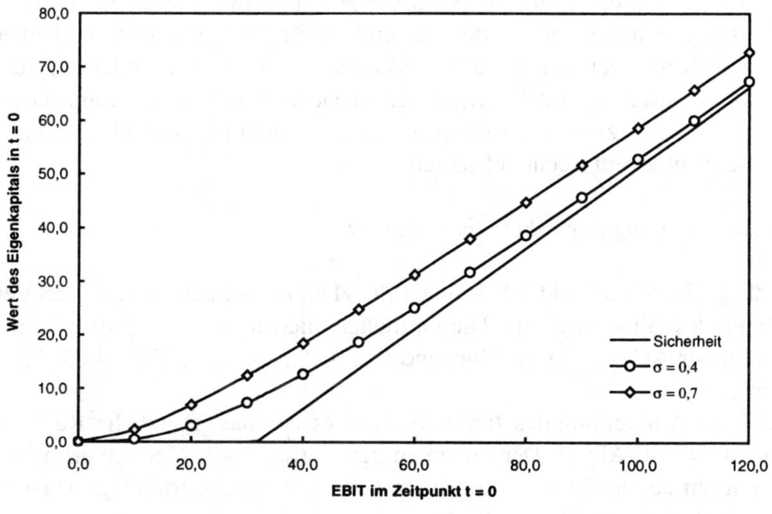

Aus ökonomischen Gründen sollte bei gegebenem Investitions- und Finanzierungsprogramm die residuale Ausschüttung erfolgen. Im Unternehmen nicht in wertsteigernde Projekte investierbare Mittel werden den Eigentümern zurückgegeben, auf Investitionen in Finanzanlagen wird verzichtet. Dies erfolgt in Kombination mit der Vollausschüttung oder der Vollthesaurierung des Jahresüberschusses und der Annahme, daß Herabsetzungen des Eigenkapitals realisierbar sind. Der bewertungsrelevante Überschuß stellt sich dann so dar:

$$(4.40) \quad C_t = EBT_t - TAX_t - INV_t + IFP_t + B_{\max t} - B_{\max t-1}$$

Damit ergibt sich formal keine Änderung gegenüber (4.12). Lediglich der Veränderungsbetrag des Fremdkapitals wurde in (4.40) konkretisiert und mit der Annahme einer residualen Ausschüttung verknüpft.

3.2 Zur Realisierbarkeit der residualen Ausschüttung

Die Realisierbarkeit der residualen Ausschüttung wird in drei Schritten geprüft. Zunächst werden die Normen dargelegt, die auf die Verwendung des Jahresüberschusses gerichtet sind. Dann wird der Fall betrachtet, in dem die Vollausschüttung des Jahresüberschusses zu Finanzmitteldefiziten führt, die durch Kapitalerhöhungen zu decken sind. Schließlich wird der Fall überschüssiger Mittel betrachtet, die trotz Vollausschüttung noch oder aufgrund der Vollthesaurierung auf Unternehmensebene verfügbar sind. Damit lassen sich die Voraussetzungen für die residuale Ausschüttung sowohl nach altem als auch nach neuem Recht definieren.

3.2.1 Ausschüttung des Jahresüberschusses

Gemäß § 174 Abs. 1 AktG beschließt die Hauptversammlung über die Verwendung des Bilanzgewinns. Die Grundlage hierfür ist der geprüfte Jahresabschluß der AG, den i.d.R. Vorstand und Aufsichtsrat (§ 172 AktG) "feststellen".

Bei der Aufstellung des Jahresabschlusses ist eine gesetzliche Rücklage zu bilden (§ 150 AktG). Der um einen ggf. vorhandenen Verlustvortrag aus dem Vorjahr zu mindernde Jahresüberschuß (Bemessungsgrundlage 1) ist bis zu einem Betrag von 5% zur Bildung der gesetzlichen Rücklage zu verwenden, bis die gesetzliche Rücklage und die Kapitalrücklagen zusammen mindestens 10% des Grundkapitals erreichen. Die hier relevanten Komponenten der Kapitalrücklagen gem. § 272 Abs. 2 HGB sind:

1. Das Agio, das bei der Ausgabe von Anteilen über den Nennbetrag hinaus erzielt wird.
2. Das Agio, das bei der Ausgabe von Schuldverschreibungen für Wandlungsrechte und Optionsrechte zum Erwerb von Anteilen erzielt wird.
3. Die Zuzahlungen, die Gesellschafter gegen Gewährung eines Vorzugs für ihre Anteile leisten.

Die Zuführung zur gesetzlichen Rücklage schmälert den Bilanzgewinn und damit den ausschüttungsfähigen Gewinn.

Die Einstellungen in die Gewinnrücklagen sind in § 58 AktG geregelt. Wenn Vorstand und Aufsichtsrat den Jahresabschluß feststellen, können maximal 50% des korrigierten Jahresüberschusses[38] in die Gewinnrücklagen eingestellt werden (Abs. 2). Darüber hinaus kann die Satzung vorsehen, daß weitere Anteile in die Gewinnrücklagen einzustellen sind, bis die anderen Gewinnrücklagen 50% des Grundkapitals erreicht haben. Stellt die Hauptversammlung den Jahresabschluß fest (§ 173 AktG), sind die Zuführungen entsprechend der Satzung vorzunehmen. Auch in diesem Fall gilt die Obergrenze von 50% (Abs. 1). Die Hauptversammlung kann jedoch beschließen, weitere Beträge in die Gewinnrücklagen einzustellen (Abs. 3). Die Aktionäre haben Anspruch auf den verbleibenden Bilanzgewinn (Abs. 4). Tabelle 4.4 faßt die formale Bestimmung des ausschüttungsfähigen Ergebnisses zusammen.[39]

Nach § 254 Abs. 1 AktG kann der Beschluß über die Verwendung des Bilanzgewinns angefochten werden, wenn die Einstellung nach "vernünftiger kaufmännischer Beurteilung nicht notwendig ist, um die Lebens- und Widerstandsfähigkeit der Gesellschaft für einen ... übersehbaren Zeitraum zu sichern" und die Aktionäre nicht mindestens eine auf das Grundkapital bezogene Dividendenrendite von 4% erhalten.

38 Dies ist der Jahresüberschuß abzüglich Zuführung zur gesetzlichen Rücklage und abzüglich Verlustvortrag (Bemessungsgrundlage 2).

39 Vgl. COENENBERG, A. (1997), S. 204.

Tabelle 4.4: Bemessungsgrundlage für die Ausschüttung

Jahresüberschuß

\- Verlustvortrag

= Bemessungsgrundlage 1

\- Pflichtdotierung der gesetzlichen Rücklagen

= Bemessungsgrundlage 2 (korrigierter Jahresüberschuß)

\- Einstellung in die anderen Gewinnrücklagen (max. 50% des korrigierten Jahresüberschusses)

\- Laut Satzung mögliche zusätzliche Einstellung in andere Gewinnrücklagen

---

= Bemessungsgrundlage 3

\- Einstellung in die Rücklagen für eigene Anteile

\- Einstellung in die satzungsmäßigen Rücklagen

\- Einstellung des Eigenkapitalanteils von Wertaufholungen im Anlage- und Umlaufvermögen sowie aufgrund von steuerrechtlich abzugsfähigen Rücklagen, die nicht unter die umgekehrte Maßgeblichkeit fallen, in die anderen Gewinnrücklagen

---

= Bemessungsgrundlage 4 (Bilanzgewinn)

\+ Gewinnvortrag

= Bemessungsgrundlage 5 für den Gewinnverwendungsbeschluß der Hauptversammlung

Zur Abbildung der residualen Ausschüttung bei der Unternehmensbewertung ist von vereinfachenden Annahmen auszugehen. Annahme 1 lautet:

Ausschüttungsprämisse RA 1

Die gesetzlichen Anforderungen zur Bildung von Rücklagen sind erfüllt. Die Hauptversammlung stellt den Jahresabschluß fest, der keine Zuführungen zu anderen Gewinnrücklagen vorsieht. Die Satzung sieht keine Einstellungen in Rücklagen vor. Wertaufholungen und steuerlich abzugsfähige, nicht unter die umgekehrte Maßgeblichkeit fallende Rücklagen liegen nicht vor. Die Hauptversammlung beschließt die Vollausschüttung.

3.2.2 Einzahlungen bei Finanzmitteldefiziten

Reichen die auf Unternehmensebene verfügbaren finanziellen Überschüsse nicht für die Reinvestition bei gleichzeitiger Vollausschüttung des Jahresüberschusses (i.S.v. Bemessungsgrundlage 5) aus, sind Einzahlungen der Eigentümer einzuplanen, um finanzielles Gleichgewicht herzustellen. Dies ist der Fall, wenn der Kapitalbedarf das Innenfinanzierungspotential und die Veränderung des Fremdkapitals übersteigt, also $INV_t - IFP_t - Y_t > 0$ gilt.[40]

Einzahlungen der Eigentümer können auf dem Weg der Kapitalerhöhung durchgeführt werden. Die hier relevanten Normen sind in den §§ 182 - 191 AktG (Kapitalerhöhung gegen Einlagen), §§ 192 – 201 (bedingte Kapitalerhöhung) sowie §§ 202 – 206 (genehmigtes Kapital) kodifiziert.

Die Hauptversammlung muß mit Dreiviertelmehrheit (bzw. entsprechend der in der Satzung festgelegten Mehrheit) der anwesenden Stimmen die Kapitalerhöhung beschließen. Sie kann nur durch Ausgabe neuer Aktien ausgeführt werden und muß im Handelsregister eingetragen werden. Dies kann erst erfolgen, wenn die neuen Aktien gezeichnet und die Einlagen geleistet wurden.

Die bedingte Kapitalerhöhung erfordert ebenfalls den Beschluß der Hauptversammlung. Sie soll nur zur Gewährung von Umtausch- oder Bezugsrechten an Gläubiger von Wandelschuldverschreibungen, zur Vorbereitung des Zusammenschlusses mehrerer Unternehmen sowie zur Gewährung von Bezugsrechten an Arbeitnehmer der AG im Rahmen von Gewinnbeteiligungen beschlossen werden.

Das genehmigte Kapital ermächtigt den Vorstand per Satzung, das Grundkapital um den Betrag des genehmigten Kapitals durch Ausgabe neuer Aktien gegen Einlage zu erhöhen. Die Übertragung des grundsätzlich auf die Hauptversammlung beschränkten Rechtes kann höchstens für 5 Jahre erteilt werden.

Auf dieser Basis kann nun Annahme 2 zur Durchführung der residualen Ausschüttungspolitik formuliert werden:

Ausschüttungsprämisse RA 2

Die Hauptversammlung möge die Satzung so formulieren und jeweils ändern, daß der Vorstand stets über ausreichend genehmigtes Kapital

40 Man beachte, daß aufgrund der Ausschüttungsprämisse $TRE = 0$ gilt.

verfügt, um Finanzmitteldefizite einmal jährlich auf dem Weg der Kapitalerhöhung auszugleichen.

3.2.3 Auszahlungen bei Finanzmittelüberschüssen

Liegen nach Vollausschüttung des Jahresüberschusses weitere finanzielle Mittel auf Unternehmensebene vor, d.h. $INV_t - IFP_t - Y_t < 0$, die nicht in wertsteigernde Projekte investiert werden können, müssen zur Durchführung der residualen Ausschüttung zusätzliche Zahlungen an die Eigentümer geleistet werden. Dies kann durch eine Kapitalherabsetzung in Verbindung mit dem Rückkauf eigener Aktien geschehen.

Im AktG sind drei Arten der Kapitalherabsetzung definiert, die dem Ausgleich von Verlusten, Wertminderungen oder der Rückzahlung von Kapital dienen. Die ordentliche Kapitalherabsetzung (§§ 222 – 228) erfolgt auf Beschluß der Hauptversammlung mit den Mehrheiten, wie sie für Kapitalerhöhungen gelten. Die Interessen der Gläubiger sollen durch eigenständige Normen berücksichtigt werden: Die AG hat Sicherheiten für diejenigen Gläubiger zu leisten, die sich innerhalb von 6 Monaten nach Bekanntmachung des Kapitalherabsetzungsbeschlusses melden und keine Befriedigung ihrer Ansprüche verlangen können (§ 225 Abs. 1). Zahlungen an die Aktionäre können frühestens 6 Monate nach Bekanntmachung erfolgen (§ 225 Abs. 2).

Die vereinfachte Kapitalherabsetzung (§§ 229 – 236 AktG) erfordert geringere Auflagen im Hinblick auf den Gläubigerschutz. Sie kann jedoch nur für die im Gesetz genannten Zwecke verwendet werden. § 230 AktG enthält ein Verbot von Zahlungen an die Aktionäre, die aus der Auflösung der Kapital- oder Gewinnrücklagen und der Kapitalherabsetzung gewonnen werden. Darüber hinaus sind im § 233 Ausschüttungssperren vorgesehen, die der Vollausschüttung des Jahresüberschusses entgegen stehen.

Die Kapitalherabsetzung durch Einzug von Aktien (§§ 237 – 239 AktG) kann auch zur Rückzahlung von Kapital eingesetzt werden. Von der AG erworbene eigene Aktien können immer zu einer Kapitalherabsetzung verwendet werden. Dabei gelten die Vorschriften zur ordentlichen Kapitalherabsetzung (§ 237 Abs. 2). Diese Vorschriften brauchen nicht befolgt zu werden, wenn die Aktien zu Lasten des Bilanzgewinns oder einer anderen Gewinnrücklage eingezogen werden. Für diesen Fall genügt die einfache Stimmenmehrheit (soweit nicht anders in der Satzung festgelegt). In die Kapitalrücklage ist ein Betrag einzustellen, der dem Gesamtnennbetrag der eingezogenen Aktien gleichkommt (§ 237 Abs. 5).

Die Kapitalherabsetzung durch Einzug von Aktien stellt insbesondere in Verbindung mit dem durch das KonTraG erleichterten Rückkauf eigener Aktien einen potentiell gangbaren Weg zur Umsetzung der residualen Ausschüttung dar. Das KonTraG enthält u.a. Änderungen des AktG und des HGB. Der Erwerb eigener Aktien ist darin in den §§ 71 – 75 geregelt.

Der Erwerb eigener Aktien durch Unternehmen ist im Grundsatz verboten. Dieses Verbot ist durch Rechtsfolgen abgesichert: Unwirksamkeit des Verpflichtungsgeschäftes, Pflicht zur Weiterveräußerung bzw. Einziehung der Aktien, Sanktionierung als Ordnungswidrigkeit.

Ausgenommen von diesem Verbot ist der eingeschränkte Erwerb. Relevant ist insbesondere die Ergänzung des § 71 Abs. 1 Nr. 8 durch das KonTraG. Danach ist es der Unternehmensleitung grundsätzlich erlaubt, eigene Aktien zu erwerben, wenn sie zuvor von der Hauptversammlung dazu ermächtigt wurde. Diese Ermächtigung ist auf einen Zeitraum von 18 Monaten beschränkt und muß den niedrigsten und höchsten Gegenwert (den Kaufpreis für die Aktien) sowie den Anteil am Grundkapital, der 10 % des gleichen nicht übersteigen darf, konkretisieren. Der Aktienrückkauf darf nicht zum Zweck des Handels in eigenen Aktien erfolgen. Die Hauptversammlung kann den Vorstand ermächtigen, die eigenen Aktien ohne weiteren Hauptversammlungsbeschluß einzuziehen. Damit wird die Kapitalherabsetzung durch Einzug von Aktien zwar erleichtert. Es gilt jedoch die Mengenbegrenzung, und es muß der Gesellschaft möglich sein, eine Rücklage für eigene Anteile zu bilden, ohne Grundkapital oder eine andere nicht ausschüttbare Rücklage zu mindern (§ 71 Abs. 2). Die Kapitalherabsetzung ist auch gemäß der neuen Rechtslage Voraussetzung für die residuale Ausschüttung.

Ausschüttungsprämisse RA 3

Die Hauptversammlung ermächtigt den Vorstand zum Rückkauf und Einzug eigener Aktien. Der Kaufpreis der eigenen Aktien wird gegen das gezeichnete Kapital gem. § 237 Abs. 3 Nr. 2 AktG zu Lasten des Bilanzgewinns, der anderen Gewinnrücklagen gem. § 266 Abs. (3) A III Nr. 4 HGB und/oder eines Gewinnvortrags ausgebucht. Anschließend wird das gezeichnete Kapital um die Kapitalherabsetzung (Nennwert der eingezogenen Aktien) reduziert und die Kapitalrücklagen entsprechend erhöht (§ 237 Abs. 5 AktG).[41]

41 Vgl. GÜNTHER/MUCHE/WHITE (1998), S. 579.

Neben den handelsrechtlichen Aspekten sind die steuerlichen Folgen zu beachten. Bislang liegen noch keine steuerlichen Normen für den Aktienrückkauf bei gleichzeitigem Einzug der Aktien vor. Die Verrechnung mit den Gewinnrücklagen führt zu einer Ausschüttungssperre bezüglich derselben.[42] Führt zum Beispiel der Rückkauf eigener Aktien zur Reduktion des mit Körperschaftsteuer belasteten Eigenkapitals (EK 45 oder EK 30)[43], würde dies im Vergleich zur Ausschüttung zum Verlust der erstattungsfähigen Körperschaftsteuer führen. Deshalb sollte nur nicht mit Körperschaftsteuer belastetes steuerlich verwendbares Eigenkapital zur Verrechnung verwendet werden. Entsprechend der steuerlichen Regelungen zur Kapitalherabsetzung durch Einzug von eigenen Anteilen (Abschnitt 95 Abs. 2 und 83 Abs. 4 KStR) sollte ggf. ein negativer Korrekturposten im nicht steuerlich belasteten EK 04 gebildet werden können. Darüber hinaus sollte ein Weg gefunden werden, der verhindert, daß negatives EK 04 die Ausschüttung von EK 45 verhindert.[44]

Unklar ist ob die Finanzverwaltung an ihrem bisherigen Standpunkt festhalten wird, dem zufolge der Erwerb eigener (GmbH) Anteile zur Einziehung regelmäßig zu einer verdeckten Gewinnausschüttung führt.[45] Steuerliche Nachteile, die mit dem Rückkauf eigener Aktien verbunden sein könnten, würden der Intention des KonTraG widersprechen.

---

42 Vgl. Arbeitskreis "Externe Unternehmensrechnung" der SCHMALENBACH-Gesellschaft (1998), S. 1676.

43 Das KStG definiert in § 30 Abs. 1 die Struktur des verwendbaren Eigenkapitals entsprechend seiner Tarifbelastung. Zu unterscheiden sind insbesondere die Eigenkapitalkonten EK 45, EK 30 und EK 0. Das EK 45 enthält vornehmlich thesaurierte, voll besteuerte inländische Gewinne. EK 30 speichert auszuschüttende, voll besteuerte inländische Gewinne. Das EK 0 wird in vier Konten unterteilt: EK 01 resultiert aus steuerbefreiten ausländischen Gewinnen, die sowohl zur Thesaurierung als auch zur Ausschüttung verwendet werden können. EK 02 kann einen positiven (steuerbefreite inländische Gewinne) oder negativen Saldo (Verlustvorträge) aufweisen. Das vor dem 1.1.77 angesammelte Altkapital ist im EK 03 enthalten. EK 04 nimmt steuerfreie Einlagen der Anteilseigner seit dem 1.1.77 auf; vgl. ROSE, G. (1997), S. 166 – 167.

44 Vgl. zum Problem der "Ausschüttungsfalle" GÜNTHER/MUCHE/WHITE (1998), S. 574.

45 Kritisch hierzu KLINGBERG, D. (1998), S. 1579.

Ausschüttungsprämisse RA 4

Der Rückkauf eigener Anteile möge steuerneutral erfolgen. Der Gesetzgeber formuliert diesbezüglich geeignete Normen oder die AG verfügt über ausreichende Bestände an EK 04.

3.3 Eine potentialorientierte Finanzierungs- und Ausschüttungsprämisse

Zur Maximierung der Zahlung an die Eigentümer gilt es unter Berücksichtigung der Nebenbedingungen die finanziellen Überschüsse auszukehren und die Zuführungen zum Eigenkapital zu minimieren. Dies soll vor dem Hintergrund einer Mindesteigenkapitalquote erfolgen, die die Position der Gläubiger schützt. Der Ablauf stellt sich schematisch für den Fall der residualen Ausschüttung in Kombination mit Vollausschüttungshypothese so dar:

1. Herstellung des maximalen Fremdkapitalvolumens durch Zeichnung entsprechender Kontrakte (Finanzierungsprämisse FP 1).
2. Vorschlag und Beschluß der Vollausschüttung des Jahresüberschusses (Ausschüttungsprämisse RA 1).
3. Feststellung des verbleibenden Finanzmittelbedarfs bzw. Finanzmitteüberschusses: $INV_t - IFP_t - Y_t = 0?$
4. Schaffung der rechtlichen und steuerlichen Voraussetzungen für Kapitalmaßnahmen (Ausschüttungsprämissen RA 2 – 4).
5. Durchführung der residualen Ausschüttung.

Hinsichtlich der Realisierbarkeit der residualen Ausschüttung können nicht alle Zweifel ausgeräumt werden. Dies gilt insbesondere aufgrund der noch nicht geklärten steuerlichen Regelungen. Daneben sind die Transaktionskosten zu sehen, die bei einer jährlichen Anpassung des Eigenkapitals anfallen.[46] Man könnte die Realitätsnähe erhöhen, indem der Zeitabstand von Kapitalanpassungen zum Beispiel auf 3 Jahre vergrößert wird. Zwischenzeitlich anfallende Finanzmittelüberschüsse könnten in Wertpapieren geparkt, Defizite durch den Verkauf von Wertpapieren gedeckt werden. Liegen keine Wertpapiere mehr vor, könnten Tilgungen erfolgen. Die Kosten dieser Lösung bestehen u.a. in den durch die Finanzanlage auf Unternehmensebene ausgelösten Gewerbesteuern bzw. durch die Tilgung von Fremdkapital entgangenen Gewerbesteuerersparnissen. Schließlich verbleibt noch das breite

46 Diese betragen etwa 4 – 5% des Nennbetrags; vgl. HIELSCHER/LAUBSCHER (1991), S. 39.

Spektrum bilanzpolitischer Maßnahmen, mit deren Hilfe der Jahresüberschuß so gestaltet werden könnte, daß der Unterschied zum finanziellen Überschuß möglichst klein wird.[47]

Die Realisierung der residualen Ausschüttung wird aufgrund der Steuerreform nicht erleichtert. Die Hauptversammlung müßte der Vollthesaurierung zustimmen, und es müßte stets ein ausreichend hoher Bestand „geeigneter“ Eigenkapitalpositionen vorhanden sein, um Aktienrückkäufe in der erforderlichen Höhe vornehmen zu können.

4 Exkurs: Marktwert und Kapitalkosten von Rückstellungen

Informierte Leser werden wissen, daß die Berücksichtigung von Rückstellungen im Rahmen der Unternehmensbewertung in jüngster Vergangenheit intensiv diskutiert wird.[48] Folglich wollen wir darauf zumindest in Form eines Exkurses eingehen,[49] auch wenn sich daraus keine Änderung des bislang verwendeten Kalküls ergibt. Das Folgende belegt die korrekte Abbildung von Rückstellungswirkungen im Rahmen der risikoneutralen Variante der Equity-Methode. Um dies zu verdeutlichen, werden in 4.1 zunächst die Begriffe "Marktwert" und "Kapitalkosten von Rückstellungen" definiert. In 4.2 wird ausführlicher als zuvor dargelegt, wie Rückstellungen die bewertungsrelevante Zahlung beeinflussen. Die Bewertung der Rückstellungen erfolgt in 4.3 bei unüberwindlichen Ausschüttungssperren sowie in 4.4 für den Fall, daß diese umgangen werden können. Abschließend werden Implikationen für die Unternehmensbewertung festgehalten (Abschnitt 4.5).

4.1 Definition der Begriffe

Der Kapitalkostensatz eines Finanzierungskontraktes ergibt sich aus dem internen Zinsfuß der Zahlungsreihe, die eine Auszahlung in $t = 0$ in Höhe des

---

47 Vor diesem Hintergrund könnte gar ein Nutzen aus "flexibleren" Rechnungslegungsnormen erwachsen, wenn jene denn im Sinne der Aktionäre genutzt würden.

48 Vgl. DRUKARCZYK/RICHTER (1995), SCHWETZLER, B. (1998), DRUKARCZYK/SCHWETZLER (1998).

49 Dies gilt insbesondere vor dem Hintergrund der praktischen Bedeutung von Rückstellungen. Die Unternehmen der im zweiten Kapitel verwendeten Stichprobe wiesen zwischen 1993 und 1997 einen Anteil Rückstellungen von 42% am investierten Kapital auf (Eigenkapital etwa 25%, zinspflichtiges Fremdkapital circa 33%).

Marktwertes des Kontraktes enthält, sowie in $t > 0$ alle sonstigen, aus dem Eigentum des Kontraktes zu erwartenden Ein- und Auszahlungen. Die Kapitalkosten k einer gehandelten Anleihe sind danach so zu bestimmen:

$$(4.41) \quad -B_0 + \sum_{t=1}^{T} \mathrm{E}[I_t](1+k)^{-t} + \mathrm{E}[B_T](1+k)^{-T} = 0$$

Darin entspricht B_0 dem (beobachtbaren) Marktwert der Anleihe, $\mathrm{E}[I_t]$ den erwarteten Zinszahlungen und $\mathrm{E}[B_T]$ dem erwarteten Rückzahlungsbetrag. Der Zinsfuß k ist die Diskontierungsrate, die den Barwert der erwarteten Zahlungen auf Null stellt. Der interne Zinsfuß bei *sicheren* Erwartungen heißt risikoloser Zins (r_f), bei *unsicheren* Erwartungen wird von risikoäquivalenter Alternativrendite gesprochen.[50]

Die Finanzierung mit Anleihen löst steuerliche Folgen aus. Auf Unternehmensebene werden die steuerlichen Bemessungsgrundlagen bei Dauerschulden um die halben Zinsaufwendungen, bei Nicht-Dauerschulden um die vollen Zinsaufwendungen reduziert. Im folgenden wird unterstellt, daß Zinsaufwendungen und Zinszahlungen identisch sind. Bei sicheren Erwartungen läßt sich der Wert der Steuervorteile so berechnen:

$$(4.42) \quad V_0(TAX_F) = \sum_{t=1}^{T} s_{GE} I_t (1+r_f)^{-t} \qquad \text{mit:}^{51} \; I_t = r_B B_{t-1}$$

Oben wurden die Kapitalkosten von Anleihen auf Basis des internen Zinsfußes vor Berücksichtigung der steuerlichen Folgewirkungen auf Unternehmensebene definiert. Die Kapitalkosten *nach* Unternehmenssteuern erhält man, indem man beide Barwerte simultan betrachtet:

$$(4.43) \quad -B_0 + \sum_{t=1}^{T} I_t (1-s_{GE})(1+r_f)^{-t} + B_T (1+r_f)^{-T} = 0$$

Bei gegebenem Marktpreis sind die Kapitalkosten nach Steuern damit immer kleiner als die Kapitalkosten vor Steuern. Man erkennt, daß zur Berechnung der Kapitalkosten der Marktwert des Finanzierungstitels bekannt sein muß. Ohne Kenntnis von B_0 ist (4.43) unbestimmt. Für am Markt gehandelte Anleihen liegt diese Information vor. Für Rückstellungen gilt dies

50 Es wird Arbitragefreiheit und eine flache Zinsstrukturkurve unterstellt, so daß nur ein risikoloser Zins existiere.

51 Auf einem vollkommenen Kapitalmarkt und bei sicheren Erwartungen gilt $k = r_B = r_f$.

hingegen nicht. Folglich wird ein Bewertungstheorem benötigt, das die Herleitung von potentiellen Marktwerten nicht notierter Finanzierungskontrakte erlaubt. Diesbezüglich könnte etwa von der mehrperiodigen Variante des CAPM ausgegangen werden; bei risikoneutraler Bewertung gilt:

$$(4.44) \quad R_0 = \sum_{t=1}^{T} \mathrm{E}^*[CR_t](1+r_f)^{-t}$$

Darin bezeichnet *CR* die noch zu spezifizierenden Zahlungswirkungen von Rückstellungen, bezüglich derer im folgenden vereinfachend von sicheren Erwartungen ausgegangen wird. Diese Annahme ist unkritisch, da bei Unsicherheit eine Risikokorrektur der Zahlungen erfolgt und unverändert mit dem risikolosen Zins diskontiert wird.

4.2 Rückstellungen und bewertungsrelevante Zahlung

Die Anatomie der bewertungsrelevanten Zahlung ist für die Analyse der Rückstellungen wichtig. Es liegt folgende Struktur zugrunde (GuV-Perspektive, Einkommensteuersatz 0%):

$$(4.45) \quad C_t = \underbrace{OE_t + r_f F_{t-1} - r_B B_{t-1} - Zuf_t + Auf_t - CR_t}_{EBT_t} - TAX_t - X_t$$

Die erste Komponente, *OE*, entspricht dem operativen Ergebnis des Unternehmens vor Berücksichtigung von Rückstellungen. Dieses Ergebnis ist zu erhöhen um Zinserträge, dargestellt aus dem Produkt der Rendite auf Wertpapiere und dem Wertpapierbestand zu Beginn der Periode. Zinszahlungen, die dritte Komponente, sind abzuziehen. Die nächsten drei Summanden, *Zuf*, *Auf*, und *CR*, symbolisieren die Zuführungen zu Rückstellungen, Auflösungen und die Zahlungen bei Eintreten des Rückstellungsgrundes. Die Unternehmenssteuern werden zusammenfassend durch *TAX* abgebildet. Schließlich ist noch der potentielle Unterschiedsbetrag zwischen dem zahlungsorientierten Überschuß auf Unternehmensebene und dem ausschüttungsfähigen Ergebnis zu berücksichtigen. Es wird von einer Vollausschüttung stets positiver handelsbilanzieller Überschüsse ausgegangen ($X = KE$). Finanzmitteldefizite werden durch Kapitalerhöhungen, überschüssige Mittel auf dem Wege des Aktienrückkaufs ausgeglichen. Finanzielles Gleichgewicht liegt vor, wenn der Jahresüberschuß vollständig ausgeschüttet wird und zugleich folgende Bedingung erfüllt ist:

$$(4.46)\quad \underbrace{INV_t - DEP_t - \overbrace{(Zuf_t - Auf_t)}^{R_t - R_{t-1}}}_{-IFP_t} - \overbrace{(B_t - B_{t-1})}^{Y_t} - KE_t = 0$$

Darin bezeichnet INV_t die gesamten Investitionen in Anlage- und Umlaufvermögen, DEP_t entspricht den Abschreibungen, $Zuf_t - Auf_t$ der Veränderung von Rückstellungen und B_t - B_{t-1} der Veränderung des zinspflichtigen Fremdkapitals. KE_t stellt bei Vollausschüttung des Jahresüberschusses die Veränderung des Eigenkapitals X_t dar.

Schließlich müssen noch die Unternehmenssteuern spezifiziert werden. Dazu werden drei Steuersätze benötigt: s_n entspricht dem "normalen" Satz, der auf das operative Ergebnis anzuwenden ist. Aufgrund der Vollausschüttungshypothese entspricht s_n dem effektiven Gewerbeertragsteuersatz. Der Steuersatz zur Bestimmung des Steuervorteils aufgrund der Zinszahlungen wird mit s_B bezeichnet; er entspricht dem halben Gewerbeertragsteuersatz bei Dauerschulden und sonst dem Normalsatz. Der dritte Steuersatz wird mit s_R bezeichnet. Dieser beträgt Null, wenn die Zuführungen zur betrachteten Rückstellungsart nicht steuerlich abzugsfähig sind (z.B. bei Aufwandsrückstellungen) und sonst dem Normalsatz. Die bewertungsrelevante Zahlung an die Eigentümer stellt sich nun so dar:[52]

$$(4.47)\quad \begin{aligned} C_t = {} & OE_t(1-s_n) + r_f F_{t-1}(1-s_n) - r_B B_{t-1}(1-s_B) \\ & - (Zuf_t - Auf_t + CR_t)(1-s_R) - KE_t \end{aligned}$$

Damit die Wirkungen der Rückstellungen auf die bewertungsrelevante Zahlung erkennbar.

4.3 Unüberwindliche Ausschüttungssperren und "Bewertungseinheiten"

Zunächst soll die Ermittlung der Kapitalkosten von Rückstellungen nach DRUKARCZYK (1990) bzw. SCHWETZLER (1994, 1996, 1998a) skizziert wer-

52 Es wird hier vereinfachend angenommen, daß negative Bemessungsgrundlagen zu sofortigen Steuererstattungen führen.

den. Es wird unterstellt, daß die durch die Bildung von Rückstellungen induzierten Ausschüttungssperren nicht überwunden werden können, die Mittel also im Unternehmen verbleiben. Bei gegebenem (operativen) Investitionsprogramm kann bei Finanzmittelüberschüssen das finanzielle Gleichgewicht nur durch Investitionen in Wertpapiere oder durch Rückführung des zinspflichtigen Fremdkapitals hergestellt werden. Zur Vereinfachung wird hier zusätzlich unterstellt, daß Finanzmitteldefizite durch den Verkauf von Wertpapieren bzw. durch Zufuhr neuen Fremdkapitals immer gedeckt werden können. Folglich können wir hier vereinfachend von $KE = 0$ ausgehen und den bewertungsrelevanten Überschuß so darstellen:

$$(4.48) \quad \begin{aligned} C_t &= OE_t(1-s_n) + r_f F_{t-1}(1-s_n) \\ &\quad \underbrace{-r_B B_{t-1}(1-s_B) - (Zuf_t - Auf_t + CR_t)(1-s_R)}_{Drukarczyk} \end{aligned}$$

Man erkennt nun unmittelbar die Ausschüttungssperre, die durch Rückstellungsbildung entsteht und welche die bewertungsrelevante Zahlung reduziert, wenn $Zuf > CR - Auf$ gilt.

Zur Bestimmung der Kapitalkosten von Pensionsrückstellungen geht DRUKARCZYK davon aus, daß jene als Finanzierungsinstrument eingesetzt werden, die "normales" zinspflichtiges Fremdkapital ersetzen.[53] Damit konstruiert er eine Bewertungseinheit, wie sie in (4.48) angedeutet ist.

Die Zuführungen zu Pensionsrückstellungen lassen sich konkretisieren durch den Rechnungszins i_R und den Buchwert der Pensionsrückstellung zu Beginn der Vorperiode, R_{t-1}, sowie die Summe der gleichbleibenden Jahresbeträge (J_t). Es wird unterstellt, daß sich Rückstellungsauflösung und Rentenzahlung genau entsprechen, was unmittelbar aus der Annahme sicherer Erwartungen folgt. Die Frage ist nun, wieviel Fremdkapital unter Berücksichtigung der Steuereffekte und Ausschüttungssperren durch die Finanzierung über Pensionsrückstellungen verdrängt wird:

$$(4.49) \quad r_t R_{t-1}(1-s_B) = i_R R_{t-1}(1-s_R) + J_t(1-s_R) \equiv Zuf_t$$

Auf der linken Seite stehen belastungsgleiche, auf den Buchwert der Pensionsrückstellung bezogene Zinsen. Diese sollen den Zuführungen zur Pensionsrückstellungen (Zinsanteil und Summe der gleichbleibenden Jahres-

53 Ebenda (1990), S. 337.

beträge) entsprechen. Man beachte, daß die Rentenzahlung hier nicht relevant ist, da sie durch eine korrespondierende, den ausschüttungsfähigen Gewinn erhöhende Auflösung von Rückstellungen kompensiert wird. Nun ist nicht die periodenbezogene Identität der Zahlungen erforderlich; die Äquivalenz der Barwerte ist eine schwächere, aber hinreichende Bedingung. Als vorteilsneutralen Fremdkapitalkostensatz bezeichnet DRUKARCZYK dementsprechend den Zinssatz, der Barwertäquivalenz der Zahlungen in obiger Gleichung herstellt:[54]

$$(4.50)\quad \sum_{t=1}^{T} \frac{rR_{t-1}(1-s_B)}{(1+r_B(1-s_B))^t} = \sum_{t=1}^{T} \frac{i_R R_{t-1}(1-s_R)+J_t(1-s_R)}{(1+r_B(1-s_B))^t}$$

Am Diskontierungsfaktor erkennt man unmittelbar, daß die aus der Bewertungseinheit resultierende Finanzierungsprämisse die Höhe der vorteilsneutralen Fremdkapitalzinssätze impliziert.

Die vorteilsneutralen Fremdkapitalzinssätze sind nicht als Kapitalkosten der Pensionsrückstellung zu interpretieren, da jene eine Kompensation für den Zinsanteil *und* die gleichbleibenden Jahresbeträge, also den gesamten Aufwand für die Altersversorgung, repräsentieren. Darüber hinaus werden Buchwerte benutzt, um den absoluten Betrag der belastungsgleichen Kosten zu berechnen.

Als nächstes wenden wir uns dem Ansatz von SCHWETZLER zu, der ebenfalls von einer Finanzierungs- bzw. Reinvestitionsprämisse ausgeht:

$$(4.51)\quad \begin{aligned} C_t &= OE_t(1-s_n) - r_B B_{t-1}(1-s_B) \\ &\quad \underbrace{+ r_f F_{t-1}(1-s_n) - (Zuf_t - Auf_t + CR_t)(1-s_R)}_{Schwetzler} \end{aligned}$$

Hier werden die Zahlungswirkungen der (kurzfristigen) Rückstellungen verknüpft mit der Annahme über die Verwendung der aufgrund unüberwindlicher Ausschüttungssperren an das Unternehmen gebundenen Mittel: "*Die Kapitalkosten auf den Ausschüttungsverzicht entsprechen ... den Nettozinserträgen, die den Anteilseignern durch den Verzicht auf die Anlage des Ausschüttungbetrags in vergleichbare risikolose festverzinsliche Wertpapiere*

54 Vgl. DRUKARCZYK, J. (1990), S. 343, mit Einkommensteuersatz = 0, Gewerbekapitalsteuersatz = 0 in Verbindung mit S. 345; dort ist zusätzlich der Vermögensteuersatz auf 0 zu setzen.

auf Anteilseignerebene entgehen".[55] Der aus dieser Überlegung folgende relative Kapitalkostensatz wird ebenfalls von der Finanzierungsprämisse bestimmt. Die Ausgangsbasis bildet der risikolose Zinssatz für festverzinsliche Anleihen.

Dieser Ansatz ist für die vorliegende Arbeit von Bedeutung, da daraus – im Gegensatz zu DRUKARCZYK – unmittelbare Implikationen für die Unternehmensbewertung abgeleitet werden. SCHWETZLER diskutiert drei Möglichkeiten, die Rückstellungen und ihre Kapitalkosten im Rahmen der DCF-Methoden zu berücksichtigen:

- *Adjusted Present Value:*[56] Die Bewertung erfolgt in Komponenten, separat für zwei Bewertungseinheiten.
  1. Das Realinvestitionsprogramm und die positive Differenz aus Wertpapieren und Rückstellungen bilden die erste Bewertungseinheit, der das Eigen- und das zinspflichtige Fremdkapital des Unternehmens vollständig zugeordnet werden. Die Bewertung dieser Einheit erfolgt unter der Fiktion fehlender Rückstellungen.
  2. Die zweite Bewertungseinheit umfaßt die restlichen Wertpapiere, deren Betrag dem Buchwert der Rückstellungen genau entspricht. Der Wert des Eigenkapitals ergibt sich aus den Werten der beiden Bewertungseinheiten.
- *Bruttomethode mit durchschnittlichen Kapitalkosten:*[57] Die Kapitalkosten der Rückstellungen werden bei der Berechnung des durchschnittlichen Kapitalkostensatzes berücksichtigt. Dabei sei die Verwendung von Marktwerten zur Gewichtung problematisch, so daß auf die Nominalwerte der Rückstellung zurückzugreifen sei.
- *Nettomethode:*[58] Die zu bewertende Überschußgröße wird um die absoluten Kapitalkosten ("Capital Charge") gekürzt. Der verbleibende Erfolgsstrom wird mit den risikoäquivalenten Eigenkapitalkosten diskontiert.

SCHWETZLER meint, daß Brutto- und Nettomethode des Einbezugs der Rückstellungen im Regelfall nicht zu identischen Ergebnissen führen, da Marktwert und Buchwert der Rückstellungen voneinander abweichen. Dies begründe u.a. die Präferenz für die APV-Methode, die im Gegensatz zu den beiden anderen Ansätzen auf eine intertemporale Anpassung der Diskontie-

---

55 SCHWETZLER, B. (1998a), S. 687.
56 Ebenda (1998a), S. 692.
57 Ebenda (1998a), S. 694.
58 Ebenda (1998a), S. 694.

rungsraten verzichten könne. Die zu prüfende Gegenthese lautet: Alle drei DCF-Methoden verarbeiten die gleiche Information und müssen bei richtiger Anwendung zum gleichen Resultat führen. Auch im APV-Ansatz wird der Marktwert der Rückstellungen gebraucht, um vom Unternehmensgesamtwert auf den Wert des Eigenkapitals überleiten zu können. Zuvor soll aber – entsprechend dem bisherigen Vorgehen – der Wert und die Kapitalkosten von Rückstellungen bei fehlenden bzw. überwindbaren Ausschüttungssperren definiert werden.

4.4 Isolierte Bewertung ohne Ausschüttungssperren

Im folgenden wird unterstellt, daß Ausschüttungssperren steuerneutral überwunden werden können. Der bewertungsrelevante Überschuß stellt sich dann so dar:[59]

$$\begin{aligned} C_t &= OE_t + r_f F_{t-1} - r_B B_{t-1} - Zuf_t + Auf_t - CR_t - TAX_t - KE_t \\ &= OE_t - r_f F_{t-1} - r_B B_{t-1} - Zuf_t + Auf_t - CR_t - TAX_t - \\ &\qquad (INV_t - DEP_t + Auf_t - Zuf_t - Y_t) \end{aligned} \tag{4.52}$$

Zur besseren Übersicht fassen wir die Komponenten der Zahlung bei reiner Eigenfinanzierung und ohne Rückstellungseffekte zusammen: $C_e = OE(1-s_n) - INV + DEP$. Hierbei handelt es sich um die Zahlung, die ein rein eigenfinanziertes Unternehmen bei fehlenden Ausschüttungssperren an seine Eigentümer leisten könnte. Es wird unterstellt, daß nur dieses Unternehmen keine Rückstellungen bildet. Damit ergibt sich der bewertungsrelevante Überschuß wie folgt:

$$\begin{aligned} C_t &= C_{et} + r_f F_{t-1}(1-s_n) - r_B B_{t-1}(1-s_B) \\ &\quad - (Zuf_t - Auf_t + CR_t)(1-s_R) - Auf_t + Zuf_t - B_{t-1} + B_t \end{aligned} \tag{4.53}$$

Nun können *unabhängige* Bewertungseinheiten gebildet werden, um die Nettorendite von Finanzanlagen auf Unternehmensebene oder die Kapitalkosten verschiedener Finanzierungsquellen zu bestimmen. Zunächst sind die jeweiligen Zahlungsströme zu separieren:

---

59 Diese Gleichung entspricht (4.47). Die Kapitalanpassung *KE* wird aus (4.45) hergeleitet und in (4.47) eingesetzt.

Tabelle 4.5: Zerlegung der bewertungsrelevanten Zahlung

Cash-flow bei reiner Eigenfinanzierung	C_{et}
Zinseinnahmen nach Abzug der Steuern	$r_f F_{t-1}(1-s_n)$
Zins- und Tilgungszahlungen abzüglich Steuern ($r_B = r_f$)	$r_B B_{t-1} + B_{t-1} - B_t - s_B r_B B_{t-1}$
Zahlungswirkungen der Rückstellungen abzüglich Steuern	$CR_t(1-s_R) - s_R(Zuf_t - Auf_t)$

Im allgemeinen dürfte der Marktpreis der Wertpapiere bekannt sein, so daß die Rendite der Finanzanlage nach Abzug von Steuern bei sicheren Erwartungen einfach bestimmt werden kann. Dabei gehen wir davon aus, daß aufgrund der residualen Ausschüttungspolitik der Bestand an Wertpapieren im Zeitablauf konstant bleibt:

$$(4.54) \quad -F_0 + \sum_{t=1}^{T} \frac{r_f F_0(1-s_n)}{(1+r_F)^t} + \frac{F_0}{(1+r_F)^T} = 0 \Rightarrow r_F = r_f(1-s_n)$$

Die Rendite der betrieblichen Finanzanlage ergibt sich danach aus dem risikolosen Zins abzüglich Unternehmenssteuern. Für das zinspflichtige Fremdkapital ergibt sich Analoges, hier ist jedoch von einem variablen Bestand auszugehen:

$$(4.55) \quad -B_0 + \sum_{t=1}^{T} \frac{r_f B_{t-1}(1-s_B) + B_{t-1} - B_t}{(1+k_B)^t} + \frac{B_T}{(1+k_B)^T} = 0 \Rightarrow \; k_B = r_f(1-s_B)$$

Die Kapitalkosten für zinspflichtiges Fremdkapital ergeben sich aus dem risikolosen Zins abzüglich Unternehmenssteuern. Für den Fall der Rückstellungen muß ein Umweg in Kauf genommen werden, da kein Marktpreis vorliegt. Um dennoch zu einer Lösung zu kommen, bestimmen wir den Marktwert zuvor auf theoretischem Weg. Danach ergibt sich der Wert einer Rückstellung unter Sicherheit (und Einbezug der Steuervorteile) aus den mit dem risikolosen Zins diskontierten Zahlungswirkungen:[60]

---

60 *R* kennzeichnet den Buchwert der Rückstellung, *V(R)* den Marktwert vor Steuern und $V_R = V(R) + V_{Rtax}$ den Wert einschließlich der Steuervorteile.

$$(4.56)\quad V(R_0)+V_{Rtax}=V_R=\sum_{t=1}^{T}\frac{CR_t(1-s_R)-s_R(Zuf_t-Auf_t)}{(1+r_f)^t}+\frac{V_{RT}}{(1+r_f)^T}$$

Aufgrund der sicheren Erwartungen beträgt die Kovarianz der Zahlungen aus der Rückstellungsfinanzierung mit der Marktrendite Null. Zur Diskontierung ist der risikolose Zins zu verwenden. Nun ist zu sehen, daß der so berechnete Barwert äquivalent ist mit folgender Formulierung:

$$(4.57)\quad \begin{aligned}&\sum_{t=1}^{T}\frac{CR_t(1-s_R)-s_R(Zuf_t-Auf_t)}{(1+r_f)^t}+\frac{V_{RT}}{(1+r_f)^T}\\ &=\sum_{t=1}^{T}\frac{r_f V_{Rt-1}(1-s_R)+V_{Rt-1}-V_{Rt}}{(1+k_R)^t}+\frac{V_{RT}}{(1+k_R)^T}\quad \text{mit } k_R=r_f(1-s_R)\end{aligned}$$

Folglich ist es berechtigt, die Kapitalkosten der Rückstellungen aus dem risikolosen Zins abzüglich Unternehmenssteuern herzuleiten.[61]

Beispiel 4.8: Der Wert der betrieblichen Finanzanlage betrage 100 GE, der risikolose Zins 5%, der relevante Unternehmenssteuersatz 20% und die Planungsperiode 4 Jahre. Damit ergibt sich folgende Zahlungsreihe zur Bestimmung des internen Zinsfußes:

Finanzanlage	$t = 0$	1	2	3	4
$r_F = 4\%$	-100	4	4	4	104

Um die Kapitalkosten des zinspflichtigen Fremdkapitals auszurechnen, werden neben den Zinszahlungen auch Tilgungen und die Zuführungen neuen Fremdkapitals einbezogen. Der Wert des Fremdkapitals in $t = 0$ betrage ebenfalls 100 GE, in $t = 1, 2, 3, 4$ ergeben sich die Veränderungen des Fremdkapitals zu +10, –20, –30 und –10. Der Wert des Fremdkapitals in $t = 4$ beträgt somit 50 GE. Der Cash-flow der ersten Periode beträgt bei unverändertem Steuersatz –6 GE = 100 GE × 5% × (1 – 20%) – 10 GE. Die gesamte Zahlungsreihe zur Bestimmung des internen Zinsfußes sieht damit so aus:

---

61 Anzumerken ist, daß prinzipiell auch andere Zinssätze benutzt werden könnten, um bei gegebenem Marktwert einen barwertäquivalenten Zahlungsstrom zu konstruieren. Aufgrund der sicheren Erwartungen ist es jedoch berechtigt, vom risikolosen Zins auszugehen. Daneben ist es plausibel, die Identität der Strukturen von (4.54) und (4.56) auszunutzen, um die Kapitalkosten zu formulieren.

Fremdkapital	$t = 0$	1	2	3	4
k_B = 4%	-100	-6	24,4	33,6	62,4

Betrachten wir nun eine Rückstellung, die in $t = 1$ gebildet und in $t = 4$ in Anspruch genommen wird. Die Zahlung beträgt dann 100 GE, der Buchwert der Rückstellung ergibt sich so:

Rückstellung	= 0	1	2	3	4
Zahlung					100
Zuführung		100	0	0	0
Auflösung		0	0	0	100
Buchwert		100	100	100	0

Um den Marktwert auszurechnen, ist zunächst der bewertungsrelevante Cash-flow herzuleiten. Dieser ergibt sich aus dem Steuervorteil bei Rückstellungszuführung und der Zahlung bei Inanspruchnahme; diskontiert wird mit dem risikolosen Zins von 5%:

Rückstellung	= 0	1	2	3	4
Zahlung					100
Marktwert	82,27	86,38	90,70	95,24	0,0

Damit kann eine barwertäquivalente Zahlungsreihe konstruiert werden, die dann zur Bestimmung der Kapitalkosten der Rückstellung benutzt wird. Der Cash-flow eines Jahres wird jetzt aus dem verzinsten Marktwert zuzüglich der Veränderung des Marktwertes dargestellt:

Rückstellung	= 0	1	2	3	4
Zins nach Steuern		3,29	3,46	3,63	3,81
Wert-änderung		4,11	4,32	4,54	-95,24
Cash-flow		-0,82	-0,86	-0,91	99,05
k_R = 4%	-82,27	-0,82	-0,86	-0,91	99,05

Der interne Zinsfuß ergibt sich auch in diesem Fall zu 4%, da wiederum von einem Bruttozins von 5% und einem Unternehmenssteuersatz von 20% ausgegangen wurde.

Zusammenfassend ergeben sich die Renditen bzw. Kapitalkosten aus dem risikolosen Zins abzüglich spezifischer Steuersätze wie folgt:

Tabelle 4.6: Kapitalkosten bei sicheren Erwartungen

Wertpapiere	$r_F = r_f(1 - s_n)$
Zinspflichtiges Fremdkapital	$k_B = r_f(1 - s_B)$
Rückstellungen	$k_R = r_f(1 - s_R)$

Man beachte, daß diese Kapitalkostensätze unabhängig von der Bildung spezifischer Bewertungseinheiten sind und lediglich von der Annahme der Alternativrendite – hier dem risikolosen Zins – abhängen.

4.5 Implikation für die Unternehmensbewertung

Auf der Grundlage der Zerlegung der bewertungsrelevanten Zahlung und der hergeleiteten Kapitalkosten von Rückstellungen können nun Implikationen für die Unternehmensbewertung diskutiert werden. Wir beginnen mit der APV-Methode, die einen separaten Ausweis des Wertes bei reiner Eigenfinanzierung, der Finanzierungseffekte sowie des Wertes des Fremdkapitals einschließlich der Rückstellungen anstrebt. Dementsprechend sind sieben Teilzahlungsströme zu formulieren, deren Summe in jeder Periode der residualen Zahlung an die Eigentümer bei anteiliger Fremdfinanzierung entspricht:[62]

62 Vgl. (4.53).

1.	Cash-flow bei reiner Eigenfinanzierung	C_{et}
2.	Cash-flow aus Finanzanlagen	$r_f F_{t-1}$
3.	Steuernachteil der Investition in Wertpapiere	$-r_f F_{t-1} s_n$
4.	Cash-flow aus Rückstellungen	CR_t
5.	Steuervorteil der Finanzierung mit Rückstellungen	$(Zuf_t - Auf_t + CR_t) s_R$
6.	Cash-flow aus Fremdfinanzierung	$r_f B_{t-1} + B_{t-1} - B_t$
7.	Steuervorteil der Fremdfinanzierung	$r_f B_{t-1} s_B$
8.	Residuale Zahlung an Eigentümer	C_t

Diesen Teilzahlungsströmen sind nun geeignete Diskontierungsraten zuzuordnen. Unter den Annahmen nicht vorhandener Insolvenzrisiken, ausreichend hoher steuerlicher Bemessungsgrundlagen sowie fehlender Kovarianz-Risiken ist für die Zahlungsströme 2 – 7 der risikolose Zins zu verwenden. Hierbei ist zu beachten, daß davon keine Steuerkorrektur vorzunehmen ist, da die Zahlungen und die damit verbundenen Steuervorteile separat bewertet werden.[63] Tabelle 4.7 faßt die Diskontierungsregeln zusammen.

Tabelle 4.7: Diskontierungsregeln

Zinszahlungen	***nach Steuern***	Barwert einschließlich Steuervorteil	Barwert ohne Steuervorteil
	vor Steuern	Barwert ohne Steuervorteil	keine sinnvolle Interpretation
		vor Steuern	***nach Steuern***
		Diskontierungsrate	

Bei gegebenem risikolosen Zins reduziert sich das Problem auf die Schätzung der Eigenkapitalkosten bei reiner Eigenfinanzierung, die zur Diskontierung des ersten Zahlungsstroms dienen. Liegt eine diesbezügliche Schätzung vor, kann damit die Bestimmung des Wertes des Eigenkapitals in Komponenten erfolgen:

63 RICHTER, F. (1996), S. 135, DRUKARCZYK/SCHWETZLER (1998), S. 231, verfahren genauso.

Tabelle 4.8: Unternehmenswert unter Berücksichtigung von Rückstellungen nach der APV-Methode

	Wert des Unternehmens bei reiner Eigenfinanzierung (aus 1.)
+	Wert der Wertpapiere (2.)
-	Wert der Steuernachteile der Finanzierung mit Wertpapieren (3.)
+	Wert der Steuervorteile der Rückstellungsfinanzierung (5.)
+	Wert der Steuervorteile der Fremdfinanzierung (7.)
=	**Unternehmensgesamtwert**
-	Wert der Rückstellungen (4.)
-	Wert des Fremdkapitals (6.)
=	**Wert des Eigenkapitals (entsprechend 8.)**

Beispiel 4.9: Der Wert des Eigenkapitals betrage 200 GE in $t = 0, 1, 2, \ldots, \infty$, die Eigenkapitalkosten bei reiner Eigenfinanzierung $k_e = 12\%$, der (uniforme) Steuersatz $s = 20\%$. Das Unternehmen weist neben der Rückstellung, die in $t = 1$ gebildet und in $t = 4$ wegen Inanspruchnahme aufgelöst wird, kein sonstiges Fremdkapital auf. Damit ergibt sich folgende Bewertung:

	$t = 0$	1	2	3	4	5 …
V_e	200	200	200	200	200	200
CR					**100**	
$V(R)$	82,27	86,38	90,70	95,24	0	0
Steuer-vorteil		**20**				
V_{tax}	19,05					
S	136,78	113,62	109,30	104,76	200	200

Zum identischen Ergebnis gelangt man mit der Equity-Methode. Dazu ist zunächst die Zahlung an die Eigentümer darzustellen. Jene ergibt sich aus der Zahlung bei reiner Eigenfinanzierung (24 GE), zuzüglich der Steuervorteile aus der Rückstellungsbildung (20 GE in $t = 1$, Null sonst) und abzüglich der Zahlung bei Inanspruchnahme (100 GE in $t = 4$, Null sonst).[64]

64 Man beachte, daß man diese Zahlung (wie in der Praxis üblich) ausgehend vom $EBIT$ berechnen kann: $C = EBIT\,(1 - s) + \Delta R$; vgl. COPELAND/KOLLER/MURRIN (1998), S. 19, S. 214; RICHTER/SIMON-KEUENHOF (1996).

	$t=0$	1	2	3	4	5 ...
C_e		24	24	24	24	24
Steuer-vorteil		**20**				
CR					**-100**	
C		44	24	24	-76	24

Zur Bestimmung der Eigenkapitalkosten benötigen wir weitere Zutaten: Formel (1.26) aus dem ersten Kapitel, den Verschuldungsgrad sowie den relativen Vorteil aus der Finanzierung mit Rückstellungen:

	$t=0$	1	2	3	4	5 ...
L		**0,3756**	0,4319	0,4535	0,4762	0,0000
s'		**0,2315**	0	0	0	0
K		**0,1524**	0,1732	0,1781	0,1836	0,12

Der Verschuldungsgrad ergibt sich aus dem Wert der Rückstellung zum Unternehmensgesamtwert, der relative Finanzierungsvorteil aus dem Wert der Finanzierungsvorteile zum Wert der Rückstellung, in $t = 1$ also zu

$$L_1 = \frac{82{,}27}{136{,}78 + 82{,}27} = 0{,}3756 \quad \text{und} \quad s_1' = \frac{19{,}05}{82{,}27} = 0{,}2315 .$$

Damit können nun die risikoäquivalenten Eigenkapitalkosten berechnet werden:

$$k_1 = k_e + (k_e - r_f)(1 - s_1')\frac{L_1}{1 - L_1} = 0{,}12 + 0{,}07(1 - 0{,}2315)\frac{0{,}3756}{0{,}6244} = 0{,}1524$$

Diese Rechnung kann analog zu SCHWETZLERS Ausführungen auch auf Basis kalkulatorischer Kapitalkosten durchgeführt werden.[65] Dazu wird die Zahlung bei reiner Eigenfinanzierung um "Zins- und Tilgungszahlungen" reduziert. Die Zinsen ergeben sich aus dem risikolosen Zinssatz und dem Wert der Rückstellung zu Beginn der Periode. Die Tilgung entspricht der Veränderung des Wertes der Rückstellung.

65 Ebenda (1998a), S. 694.

	$t = 1$	2	3	4	5 ...
C_e	24	24	24	24	24
Zinsen (nach Steuern)	4,11 - 20	4,32	4,54	4,76	0
Tilgung	-4,11	-4,32	-4,54	95,24	0
C	44	24	24	-76	24

Berechnet man die Zahlung wie dargestellt, sind die weiter oben berechneten Eigenkapitalkosten auch hier zu verwenden. Zur Anwendung der Bruttomethode definieren wir den Quotienten von Steuervorteil und Zins s_1'' $= 20 / 4{,}11 = 4{,}8662$ in Periode 1 und Null sonst.[66] Die Zahlungen bei reiner Eigenfinanzierung von 24 GE sind mit dem durchschnittlichen Kapitalkostensatz zu diskontieren. Dieser beträgt 12% ab Periode 2 und 2,26% in $t = 1$:

$$WACC_1 = k_1(1 - L_1) + r_f(1 - s_1'')L_1$$
$$= 0{,}1524 \times 0{,}6244 + 0{,}05 \times (1 - 4{,}8662) \times 0{,}3756 = 0{,}0226$$

Die Diskontierung der Zahlung bei reiner Eigenfinanzierung mit den durchschnittlichen Kapitalkostensätzen liefert Unternehmensgesamtwerte von 219,05 in $t = 1$ und 200 GE danach. Dies bestätigt das Ergebnis der APV-Methode und unsere oben formulierte Gegenthese. Darüber hinaus ist festzuhalten, daß

- DCF-Methoden aufgrund des Vorhandenseins von Rückstellungen grundsätzlich nicht modifiziert werden müssen; es sind "lediglich" die richtigen Werte für s (s', s'') in die bekannten Kapitalkostenformeln einzusetzen.
- die in der Praxis häufig vorzufindende Berechnungsweise des freien Cash-flow, bei der die Steuern auf das *EBIT* bezogen werden und die Veränderung der Rückstellungen hinzu addiert wird, korrekt ist, wenn von fehlenden oder überwindlichen Ausschüttungssperren ausgegangen wird. Die Rückstellungen sind dann weder bei der Formulierung des durchschnittlichen Kapitalkostensatzes zu berücksichtigen noch vom Unternehmensgesamtwert abzuziehen.

---

66 Dieser Faktor ist zugegebener Weise im vorliegenden Kontext schwierig zu interpretieren. Dies ändert aber nichts an der formalen Richtigkeit.

- die APV-Methode diejenige Methode ist, die bei gegebenen Eigenkapitalkosten bei reiner Eigenfinanzierung zum richtigen Bewertungsergebnis führt, ohne auf die Bewertungsleistung anderer Verfahren abstellen zu müssen. Unabhängig davon führen alle drei DCF-Methoden bei richtiger Anwendung zum gleichen Resultat.

Bei risikoneutraler Bewertung schwindet der Vorteil der APV-Methode, und es kann ohne Verlust mit der Equity-Methode gerechnet werden.

5 Anwendungsbeispiel – Teil 4

Im vierten Teil der Fallstudie soll sowohl die Realitätsnähe der Modellierung als auch die Bewertungsmethodik verfeinert werden. Dazu wird in Abschnitt 5.1 zunächst der aus der Simulation folgende Erwartungswert der Umsatzwachstumsrate präzisiert. In Abschnitt 5.2 wird der Branchenzyklus der chemischen Industrie in die Analyse einbezogen. Vor diesem Hintergrund wird in Abschnitt 5.3 die Wirkung der risikoneutralen Bewertung auf die Höhe des Unternehmenswertes berechnet. All dies bildet die Grundlage für Abschnitt 5.4, in dem die Wirkungen der Finanzierungs- und Ausschüttungsprämissen analysiert werden. Abschnitt 5.5 faßt zusammen und bereitet den Weg für das nächste Kapitel.

5.1 Die erwartete Umsatzwachstumsrate

Im ersten Teil der Fallstudie wurde das folgende Regressionsmodell entwikkelt, um die Umsatzwachstumsrate der POLY AG zu prognostizieren:

$$(4.58)\quad \alpha_t = b_1 r_{M,t-1} + b_2 r_{M,t-2} + u_t$$

Auf dieser Basis erfolgte eine Schätzung für die erwartete Umsatzwachstumsrate:

$$(4.59)\quad \overline{\alpha} \approx (b_1 + b_2)\overline{r}_M$$

Die sicherheitsäquivalente Wachstumsrate ergibt sich auf dieser Basis zu etwa 2,2%. Diese Schätzung ist aber aus zwei Gründen unpräzise:

- Sie berücksichtigt erstens nicht die Realisationen der Marktrendite in der Vergangenheit. Die prognostizierte Wachstumsrate für $t = 1$ leitet sich ab aus der Marktrendite in $t = 0$ und in $t = -1$. Diese vorliegenden Renditen weichen in aller Regel vom langfristigen Erwartungswert ab: Für 1996 ermittelten wir eine Rendite in Höhe von 22,1%, für 1997 von 42,1%. Der langfristige Mittelwert liegt dem gegenüber bei 14,1% (bzw. 6% für die risikoneutrale Bewertung). Diese Realisationen sind bei der Prognose der Umsatzwachstumsrate zu berücksichtigen. Der Erwartungswert der Wachstumsrate wird hier folglich über dem Wert von 2,2% liegen.
- Aufgrund der multiplikativen Struktur des Modells und der Prognose der Umsatzerlöse in Pfaden kommt es zu Produkten verschiedener und Potenzen gleicher Zufallszahlen. Die Produkte verschiedener, unabhängiger Zufallszahlen haben einen Erwartungswert von Null. Die Potenz einer Zufallszahl wird in der Regel einen von Null verschiedenen Erwartungswert aufweisen. Am Beispiel eines prognostizierten Umsatzpfades bis zum Jahr 2000 wird dies deutlich:

$$(4.31)\quad \begin{aligned} U_{2000} = U_{1998} \times (1 + b_1 r_{M1998} + b_2 r_{M1997} + \sigma_U \varepsilon_{1999}) \\ \times (1 + b_1 r_{M1999} + b_2 r_{M1998} + \sigma_U \varepsilon_{2000}) \end{aligned}$$

  Die Marktrendite des Jahres 1998 und damit die zu ihrer Prognose benutzte Zufallszahl kommt in der zweiten Potenz vor. Der Erwartungswert des Quadrates dieser Zufallszahlen ist aufgrund der Konvexität der Quadratfunktion gemäß der Jensen-Ungleichung größer als das Quadrat der Erwartungswerte der Zufallszahlen.[67] Folglich ist die erwartete Umsatzwachstumsrate größer als 2,2%.

Eine verbesserte Schätzung läßt sich auf Basis der Simulation durchführen. Es wird $N = 1000$ gesetzt und die Erwartungswerte der Umsatzerlöse für fünf Planjahre ermittelt. Daraus können dann die erwarteten, sicherheitsäquivalenten Wachstumsraten abgeleitet werden.

Auch die verbesserte Schätzung ist mit Fehlern behaftet, die aus der Simulation resultieren. Der risikobereinigte Erwartungswert der Marktrendite beträgt über alle Perioden und Simulationsläufe gerechnet zwar 6%. In den einzelnen Perioden können aber hiervon abweichende Werte auftreten. Der sich daraus ergebende Fehler ist ab $N = 1000$ Simulationsläufen vergleichsweise klein.

---

67 Vgl. zweites Kapitel.

Tabelle 4.9: Umsatzprognosen der POLY AG

(a) Unter der Fiktion, daß die Marktrendite in 1996 und 1997 dem risikolosen Zins von 6% entsprochen hätte, (b) auf Basis der realisierten Marktrenditen in 1996 und 1997; $N = 1000$, $T = 5$.

	1997	1998	1999	2000	2001	2002
Umsatz (a)	11.707	11.963	12.213	12.541	12.878	13.184
Wachstum		*2,2%*	*2,1%*	*2,7%*	*2,4%*	*2,4%*
Umsatz (b)	11.707	13.052	14.146	14.515	14.940	15.321
Wachstum		*11,5%*	*8,4%*	*2,6%*	*2,9%*	*2,5%*

Abbildung 4.4: Zyklus der EBDIT*-Marge POLY AG, Ist und Prognose*

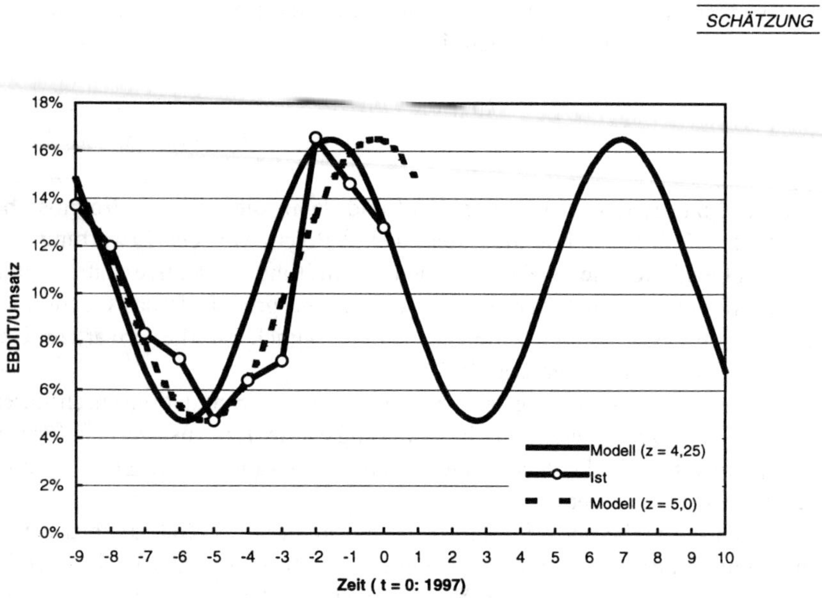

5.2 Abbildung des Branchenzyklus

Die erwartete Wachstumsrate der Umsatzerlöse ist periodenspezifisch, so daß die im zweiten Teil der Fallstudie durchgeführte Grobbewertung schon deshalb kritisch zu beurteilen ist. Ein zweiter Grund für die Ablehnung des "Dividendenwachstumsmodells" ist die Verwendung eines konstanten Faktors, auf dessen Basis der bewertungsrelevante Erfolgsstrom aus den Umsatzerlösen abgleitet wurde (Ausschüttung = 1,55% × Umsatz). Unter anderem aufgrund des Branchenzyklus der chemischen Industrie ist dieser Faktor ebenfalls periodenspezifisch. Dieser Zyklus schlägt sich weniger in Schwankungen der Umsatzwachstumsraten nieder. Betroffen ist vielmehr die Marge, etwa das Verhältnis von *EBDIT* zu Umsatz. Abbildung 4.4 zeigt den Verlauf der *EBDIT*-Marge in der Vergangenheit sowie ein daraus entwickeltes Prognosemodell.

Abbildung 4.5: Investitionen und Branchenzyklus

1988 – 1997 gemäß GB, ab 1998 Prognosemodelle
In Prozent vom Umsatz

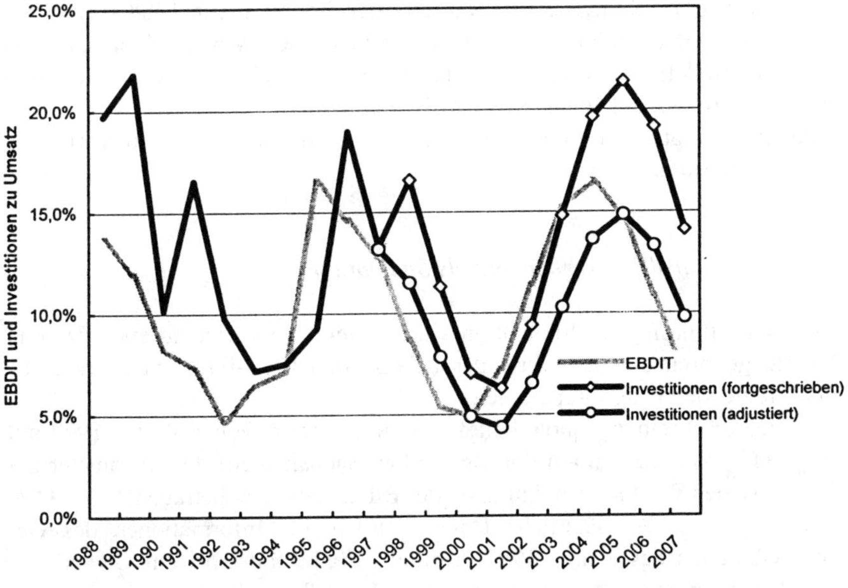

Die Länge eines halben Zyklus, d.h. vom Hoch zum Tief beträgt zwischen 4 und 5 Jahren. Die Daten der Jahre 1988 bis 1993 werden relativ gut durch eine Sinusfunktion interpoliert, der eine halbe Zyklusdauer von 5 Jahren zugrunde liegt, während die jüngeren Daten (1994 – 1997) besser von einer etwas kürzeren Zeitspanne (z = 4,25 Jahre) repräsentiert werden. Für die Prognose wurde von folgendem Modell ausgegangen:

$$(4.61)\quad c_{EBDIT,t} = \bar{c}_{EBDIT} + 0{,}5 \times (c_{EBDIT}^{\max} - c_{EBDIT}^{\min}) \times \sin(\pi\tau)$$

$$\text{mit: } \tau = \tau_0 + t \times \frac{1}{z}$$

Die durchschnittliche *EBDIT*-Marge der vorliegenden, neun Vergangenheitsjahre beträgt etwa $\bar{c}_{EBDIT} = 10{,}6\%$, die maximale Marge 16,5%, die kleinste Marge 4,7%, so daß sich die Amplitude zu etwa 5,9% ergibt. Als Startwert wird τ_0 = 2,87 gewählt. Die in 1997 realisierte Marge liegt damit auf der Kurve des Modells mit der halben Zyklusdauer von z = 4,25 Jahren.

Die Investitionen scheinen mit etwas Verzögerung ebenfalls dem Branchenzyklus zu folgen.[68] Deutlich erkennbar ist, daß in der Vergangenheit die Investitionen das *EBDIT* überstiegen. Die Summe der operativen Cash-flows (nach Abzug der Reinvestition) war über den Zeitraum von 1988 – 1997 negativ; das Verhältnis c_A / c_{EBDIT} lag im Mittel bei 1,3. Von 1998 an sind zwei Prognosemodelle eingezeichnet. Die obere Linie zeigt eine Fortschreibung der Investitionen auf Basis des historischen Verhältnisses zum *EBDIT* sowie eines Zeitversatzes von einem Jahr. Der unteren Kurve liegt ein Verhältnis von 0,9 zugrunde.

5.3 Risikoneutrale Bewertung mittels Simulation

Zur Durchführung der Simulation sind weitere Parameter zu spezifizieren. Hierzu gehören die Startwerte der Bilanz- und GuV-Positionen sowie die noch fehlenden Prognoseparameter.

Die Abschreibungsquote belief sich im Zeitraum von 1988 bis 1997 auf $c_{Dep} = 15{,}7\%$ (bezogen auf den Bestand an Sachanlagen). Die Parameter zur Prognose des Working Capital bzw. der Rückstellungen betragen c_W = 9,9% bzw. c_R = 35,0%. Sämtliche Daten wurden aus Informationen des Geschäftsberichts des Jahres 1997 ermittelt. Ergänzend wird ein Gewerbeertragsteuersatz von $s_{GE} = 0{,}1667$ sowie ein Fremdkapitalzins von $r_B = 6\%$ unterstellt.

---

68 Das Investitionsverhalten der Industrie wird von Branchenexperten als Ursache für den Zyklus gesehen.

Tabelle 4.10: Bilanz der POLY AG im Bewertungszeitpunkt

1997, in Mio. DM			
Sachanlagen	6.817	Eigenkapital	3.717
Nettoumlaufvermögen	1.159	Rückstellungen	4.102
Finanzanlagen und liquide Mittel	149	Verbindlichkeiten ggü. Kreditinstituten	306
Investiertes Kapital	8.125	Investiertes Kapital	8.125

Tabelle 4.11: GuV der POLY AG

1997, in Mio. DM	
Umsatzerlöse	11.707
EBDIT	1.496
EBIT	527
EBT	536
Steuern	143
Gewinnabführung	468
Auflösung Gewinnrücklagen	75
Kapitalerhöhung bzw. Herabsetzung	0
Bewertungsrelevante Zahlung[69]	468

Es wird Vollausschüttung des Jahresüberschusses angenommen, da die Bewertung per 31.12.1997 erfolgt und die Konturen Steuerreform zu der Zeit noch absehbar waren. Kapitalerhöhungen bzw. Herabsetzungen werden so eingeplant, daß eine bilanzielle Mindest-Eigenkapitalquote angestrebt wird ($g_{\min} = 0{,}48$). Diese Eigenkapitalquote wurde auf Basis der Statistik der Bundesbank geschätzt. Danach beträgt die durchschnittliche Eigenkapitalquote in der chemischen Industrie etwa 37%. Dabei ist zu berücksichtigen, daß sich die dort ausgewiesene Quote auf die Bilanzsumme bezieht, hier je-

69 Vor Einkommensteuer und vor Korrektur um Steuergutschriften.

doch vom investierten Kapital ausgegangen wird. Das Verhältnis zwischen Bilanzsumme und investiertem Kapital wird auf 1,3 geschätzt, so daß sich eine auf das investierte Kapital bezogene Quote von etwa 48% ergibt.

Damit liegen alle benötigten Daten vor. Die nachstehenden Tabellen zeigen die risikobereinigten Erwartungswerte der Planbilanzen mit GuV, sowie den daraus abgeleiteten, sicherheitsäquivalenten Erfolgsstrom.

Tabelle 4.12: Bewertung POLY AG - Variante mit hoher Reinvestition (Bilanz)

N = 1.000; T = 10; c_A/c_{EBDIT} = 1,3; g_{min} = 0,48.
Erwartungswerte in Mio. DM

	1997	1998	1999	2000	2001	2002	2003	2004	2005	2006	2007
Sachanlagen	6.817,0	7.744,8	8.000,4	7.687,5	7.351,7	7.537,6	8.514,1	10.102,7	11.775,0	12.903,6	13.116,3
Investitionen		*2.168,3*	*1.596,9*	*1.023,6*	*945,3*	*1.454,3*	*2.343,9*	*3.174,5*	*3.536,1*	*3.230,9*	*2.429,3*
Investitionen % Umsatz		*16,6%*	*11,3%*	*7,1%*	*6,3%*	*9,5%*	*14,9%*	*19,7%*	*21,4%*	*19,2%*	*14,1%*
Abschreibungen		*1.240,5*	*1.341,3*	*1.336,4*	*1.281,1*	*1.268,4*	*1.367,4*	*1.585,9*	*1.863,7*	*2.102,3*	*2.216,6*
Abschreibungen %		*15,7%*	*15,7%*	*15,7%*	*15,7%*	*15,7%*	*15,7%*	*15,7%*	*15,7%*	*15,7%*	*15,7%*
Nettoumlaufvermögen	1.159,0	1.292,2	1.400,4	1.437,0	1.479,1	1.516,8	1.557,8	1.594,0	1.632,9	1.669,1	1.708,4
% Umsatz	*9,9%*	*9,9%*	*9,9%*	*9,9%*	*9,9%*	*9,9%*	*9,9%*	*9,9%*	*9,9%*	*9,9%*	*9,9%*
Finanzanlagen, liquide Mittel	149,0	130,5	141,5	145,2	149,4	153,2	157,4	161,0	164,9	168,6	172,6
% Umsatz	*1,3%*	*1,0%*	*1,0%*	*1,0%*	*1,0%*	*1,0%*	*1,0%*	*1,0%*	*1,0%*	*1,0%*	*1,0%*
Investiertes Kapital	**8.125,0**	**9.167,5**	**9.542,3**	**9.269,7**	**8.980,1**	**9.207,6**	**10.229,3**	**11.857,6**	**13.572,8**	**14.741,3**	**14.997,3**
Eigenkapital	3.717,0	4.399,9	4.498,6	4.123,1	3.712,9	3.800,1	4.580,1	5.648,6	6.513,7	7.075,8	7.198,1
% Investiertes Kapital	*45,7%*	*48,0%*	*47,1%*	*44,5%*	*41,3%*	*41,3%*	*44,8%*	*47,6%*	*48,0%*	*48,0%*	*48,0%*
Rückstellungen	4.102,0	4.572,9	4.955,5	5.084,7	5.233,6	5.366,9	5.511,9	5.639,7	5.777,3	5.905,4	6.044,3
% Umsatz	*35,0%*	*35,0%*	*35,0%*	*35,0%*	*35,0%*	*35,0%*	*35,0%*	*35,0%*	*35,0%*	*35,0%*	*35,0%*
% Investiertes Kapital	*50,5%*	*49,9%*	*51,9%*	*54,9%*	*58,3%*	*58,3%*	*53,9%*	*47,6%*	*42,6%*	*40,1%*	*40,3%*
Zinspflichtiges Fremdkapital	306,0	194,8	88,2	61,9	33,7	40,6	137,2	569,3	1.281,8	1.760,0	1.754,9
% Investiertes Kapital	*3,8%*	*2,1%*	*0,9%*	*0,7%*	*0,4%*	*0,4%*	*1,3%*	*4,8%*	*9,4%*	*11,9%*	*11,7%*
Investiertes Kapital	**8.125,0**	**9.167,5**	**9.542,3**	**9.269,7**	**8.980,1**	**9.207,6**	**10.229,3**	**11.857,6**	**13.572,8**	**14.741,3**	**14.997,3**
check	*0,0*	*0,0*	*0,0*	*0,0*	*0,0*	*0,0*	*0,0*	*0,0*	*0,0*	*0,0*	*0,0*

Tabelle 4.13: Bewertung POYL AG - Variante mit hoher Reinvestition (GuV)

N = 1.000; T = 10; c_A/c_{EBDIT} = 1,3; g_{min} = 0,48.
Erwartungswerte in Mio. DM

	1997	1998	1999	2000	2001	2002	2003	2004	2005	2006	2007
Umsatz	**11.707,0**	**13.052,3**	**14.145,5**	**14.514,7**	**14.940,2**	**15.321,0**	**15.735,4**	**16.100,4**	**16.493,6**	**16.859,7**	**17.256,5**
Wachstumsrate		*11,5%*	*8,4%*	*2,6%*	*2,9%*	*2,5%*	*2,7%*	*2,3%*	*2,4%*	*2,2%*	*2,4%*
EBDIT	1.496,0	1.133,4	767,3	706,4	1.090,9	1.755,5	2.386,6	2.655,2	2.431,3	1.825,7	1.173,0
% Umsatz	*12,8%*	*8,7%*	*5,4%*	*4,9%*	*7,3%*	*11,5%*	*15,2%*	*16,5%*	*14,7%*	*10,8%*	*6,8%*
Abschreibungen	969,0	1.240,5	1.341,3	1.336,4	1.281,1	1.268,4	1.367,4	1.585,9	1.863,7	2.102,3	2.216,6
% Umsatz	*8,3%*	*9,5%*	*9,5%*	*9,2%*	*8,6%*	*8,3%*	*8,7%*	*9,9%*	*11,3%*	*12,5%*	*12,8%*
EBIT	527,0	-107,1	-574,0	-630,0	-190,3	487,2	1.019,2	1.069,3	567,6	-276,6	-1.043,6
Zinsergebnis	9,0	-9,4	-3,8	3,2	5,0	7,0	6,8	1,2	-24,5	-67,0	-95,5
check		*0,0*	*0,0*	*0,0*	*0,0*	*0,0*	*0,0*	*0,0*	*0,0*	*0,0*	*0,0*
EBT	536,0	-116,5	-577,8	-626,8	-185,3	494,1	1.025,9	1.070,5	543,1	-343,6	-1.139,1
Unternehmenssteuern	143,0	0,0	0,0	0,0	0,0	1,2	58,1	140,5	87,1	2,0	0,0
% EBT	*26,7%*	*0,0%*	*0,0%*	*0,0%*	*0,0%*	*0,2%*	*5,7%*	*13,1%*	*16,0%*	*-0,6%*	*0,0%*
Ausschüttung	**468,0**	**0,0**	**0,0**	**0,0**	**8,6**	**494,7**	**967,9**	**930,0**	**462,1**	**10,1**	**0,0**
% Umsatz	*4,0%*	*0,0%*	*0,0%*	*0,0%*	*0,1%*	*3,2%*	*6,2%*	*5,8%*	*2,8%*	*0,1%*	*0,0%*
Gewinnrücklagen	-75,0	-116,5	-577,8	-626,8	-193,8	-1,9	-0,1	-0,1	-6,1	-355,7	-1.139,1
Kapitalveränderungen	0,0	799,4	676,5	251,3	-216,4	89,1	780,2	1.068,5	871,2	917,8	1.261,3
Nettozahlung an Eigentümer	**468,0**	**-799,4**	**-676,5**	**-251,3**	**225,0**	**405,7**	**187,8**	**-138,5**	**-409,1**	**-907,7**	**-1.261,3**
check		*0,0*	*0,0*	*0,0*	*0,0*	*0,0*	*0,0*	*0,0*	*0,0*	*0,0*	*0,0*
Unternehmenswert	***-2.544,0***										
check	*-0,1*										
Verlustvortrag	**0,0**	**116,5**	**694,3**	**1.321,1**	**1.506,3**	**1.019,6**	**342,2**	**114,8**	**94,3**	**450,0**	**1.589,1**
check											*16,67%*

Tabelle 4.14: Bewertung Poly AG - Variante mit moderater Reinvestition (Bilanz)

N = 1.000; T = 10; c_A / c_{EBDIT} = 0,9; $gmin$ = 0,48.
Erwartungswerte in Mio. DM

	1997	1998	1999	2000	2001	2002	2003	2004	2005	2006	2007
Sachanlagen	6.817,0	7.130,0	7.029,4	6.578,7	6.148,9	6.111,3	6.647,2	7.628,8	8.686,9	9.384,2	9.460,7
Investitionen		*1.501,1*	*1.105,5*	*708,6*	*654,4*	*1.006,8*	*1.622,7*	*2.197,7*	*2.448,0*	*2.236,7*	*1.681,8*
Investitionen % Umsatz		*11,5%*	*7,8%*	*4,9%*	*4,4%*	*6,6%*	*10,3%*	*13,7%*	*14,8%*	*13,3%*	*9,7%*
Abschreibungen		*1.188,1*	*1.206,2*	*1.159,2*	*1.084,2*	*1.044,4*	*1.086,9*	*1.216,1*	*1.389,9*	*1.539,4*	*1.605,4*
Abschreibungen %		*15,7%*	*15,7%*	*15,7%*	*15,7%*	*15,7%*	*15,7%*	*15,7%*	*15,7%*	*15,7%*	*15,7%*
Nettoumlaufvermögen	1.159,0	1.292,2	1.400,4	1.437,0	1.479,1	1.516,8	1.557,8	1.594,0	1.632,9	1.669,1	1.708,4
% Umsatz	*9,9%*	*9,9%*	*9,9%*	*9,9%*	*9,9%*	*9,9%*	*9,9%*	*9,9%*	*9,9%*	*9,9%*	*9,9%*
Finanzanlagen, liquide Mittel	149,0	130,5	141,5	145,2	149,4	153,2	157,4	161,0	164,9	168,6	172,6
% Umsatz	*1,3%*	*1,0%*	*1,0%*	*1,0%*	*1,0%*	*1,0%*	*1,0%*	*1,0%*	*1,0%*	*1,0%*	*1,0%*
Investiertes Kapital	**8.125,0**	**8.552,7**	**8.571,2**	**8.160,9**	**7.777,4**	**7.781,3**	**8.362,3**	**9.383,7**	**10.484,7**	**11.222,0**	**11.341,7**
Eigenkapital	3.717,0	3.974,6	3.614,4	3.073,7	2.541,5	2.412,3	2.846,6	3.724,6	4.610,5	5.112,9	5.099,7
% Investiertes Kapital	*45,7%*	*46,5%*	*42,2%*	*37,7%*	*32,7%*	*31,0%*	*34,0%*	*39,7%*	*44,0%*	*45,6%*	*45,0%*
Rückstellungen	4.102,0	4.572,9	4.955,5	5.084,7	5.233,6	5.366,9	5.511,9	5.639,7	5.777,3	5.905,4	6.044,3
% Umsatz	*35,0%*	*35,0%*	*35,0%*	*35,0%*	*35,0%*	*35,0%*	*35,0%*	*35,0%*	*35,0%*	*35,0%*	*35,0%*
% Investiertes Kapital	*50,5%*	*53,5%*	*57,8%*	*62,3%*	*67,3%*	*69,0%*	*65,9%*	*60,1%*	*55,1%*	*52,6%*	*53,3%*
Zinspflichtiges Fremdkapital	306,0	5,3	1,4	2,4	2,3	2,1	3,9	19,4	96,9	203,6	197,6
% Investiertes Kapital	*3,8%*	*0,1%*	*0,0%*	*0,0%*	*0,0%*	*0,0%*	*0,0%*	*0,2%*	*0,9%*	*1,8%*	*1,7%*
Investiertes Kapital	**8.125,0**	**8.552,7**	**8.571,2**	**8.160,8**	**7.777,4**	**7.781,3**	**8.362,3**	**9.383,7**	**10.484,7**	**11.222,0**	**11.341,7**
check	*0,0*	*0,0*	*0,0*	*0,0*	*0,0*	*0,0*	*0,0*	*0,0*	*0,0*	*0,0*	*0,0*

Tabelle 4.15: Bewertung POLY AG - Variante mit moderater Reinvestition (GuV)

N = 1.000; T = 10; c_A/c_{EBDIT} = 0,9; $gmin$ = 0,48.
Erwartungswerte in Mio. DM

	1997	1998	1999	2000	2001	2002	2003	2004	2005	2006	2007
Umsatz	**11.707,0**	**13.052,3**	**14.145,5**	**14.514,7**	**14.940,2**	**15.321,0**	**15.735,4**	**16.100,4**	**16.493,6**	**16.859,7**	**17.256,5**
Wachstumsrate		*11,5%*	*8,4%*	*2,6%*	*2,9%*	*2,5%*	*2,7%*	*2,3%*	*2,4%*	*2,2%*	*2,4%*
EBDIT	1.496,0	1.133,4	767,3	706,4	1.090,9	1.755,5	2.386,6	2.655,2	2.431,3	1.825,7	1.173,0
% Umsatz	*12,8%*	*8,7%*	*5,4%*	*4,9%*	*7,3%*	*11,5%*	*15,2%*	*16,5%*	*14,7%*	*10,8%*	*6,8%*
Abschreibungen	969,0	1.188,1	1.206,2	1.159,2	1.084,[illegible]	1.044,4	1.086,9	1.216,1	1.389,9	1.539,4	1.605,4
% Umsatz	*8,3%*	*9,1%*	*8,5%*	*8,0%*	*7,3%*	*6,8%*	*6,9%*	*7,6%*	*8,4%*	*9,1%*	*9,3%*
EBIT	527,0	-54,7	-438,9	-452,8	6,[illegible]	711,1	1.299,7	1.439,1	1.041,4	286,3	-432,4
Zinsergebnis	9,0	-9,4	7,5	8,4	8,6	8,8	9,1	9,2	8,5	4,1	-2,1
check		*0,0*	*0,0*	*0,0*	*0,0*	*0,0*	*0,0*	*0,0*	*0,0*	*0,0*	*0,0*
EBT	536,0	-64,1	-431,4	-444,4	15,[illegible]	719,9	1.308,8	1.448,3	1.049,9	290,4	-434,5
Unternehmenssteuern	143,0	0,1	0,0	0,0	0,[illegible]	21,1	168,5	236,9	174,6	51,1	0,1
% EBT	*26,7%*	*-0,1%*	*0,0%*	*0,0%*	*0,0%*	*2,9%*	*12,9%*	*16,4%*	*16,6%*	*17,6%*	*0,0%*
Ausschüttung	**468,0**	**0,3**	**0,0**	**0,0**	**67,1**	**699,0**	**1.140,3**	**1.211,4**	**875,3**	**255,4**	**0,3**
% Umsatz	*4,0%*	*0,0%*	*0,0%*	*0,0%*	*0,4%*	*4,6%*	*7,2%*	*7,5%*	*5,3%*	*1,5%*	*0,0%*
Gewinnrücklagen	-75,0	-64,4	-431,4	-444,4	-51,9	-0,1	0,0	0,0	0,0	-16,1	-434,9
Kapitalveränderungen	0,0	322,1	71,1	-96,2	-480,4	-129,0	434,2	878,0	885,9	518,5	421,7
Nettozahlung an Eigentümer	**468,0**	**-321,8**	**-71,1**	**96,2**	**547,5**	**828,0**	**706,1**	**333,4**	**-10,6**	**-263,1**	**-421,3**
check		*0,0*	*0,0*	*0,0*	*0,0*	*0,0*	*0,0*	*0,0*	*0,0*	*0,0*	*0,0*
Unternehmenswert	***1.088,0***										
check	*-0,1*										
Verlustvortrag	**0,0**	**64,4**	**495,8**	**940,2**	**925,0**	**331,5**	**33,5**	**6,6**	**4,2**	**20,3**	**455,2**
check											*16,67%*

Die Tabellen 4.12 – 4.15 enthalten die aus der Simulation stammenden Erwartungswerte sowie deskriptive statistische Auswertungen in kursiver Schrift. Der Bestand an Sachanlagen entwickelt sich aus dem Bestand des jeweiligen Vorjahres sowie der Investitionen und Abschreibungen. Der Wert des Jahres 1998 ergibt sich demnach so (vgl. Tabelle 4.12):

7.744,8 = 6.817,0 + 2.168,3 – 1.240,5

Die Investitionen in Sachanlagen betragen 16,6% vom Umsatz von 13.052,3 (das 1,3-fache der *EBDIT*-Marge von 1997 in Höhe von 12,8%); die Abschreibungsquote beträgt 15,7%. Das Nettoumlaufvermögen entwikkelt sich proportional zu den Veränderungen der Umsatzerlöse. Die Veränderung des Nettoumlaufvermögens beträgt in 1998 133,2 Mio. DM, 9,9% des Umsatzwachstums von 1.345,3 Mio. DM. Die Finanzanlagen und liquiden Mittel werden auf einen Mindestbestand zurückgeführt. Jener wurde mit 1% vom Umsatz abgeschätzt und beträgt 130,5 Mio. DM in 1998, 18,5 Mio. DM weniger als in 1997. Die gesamten Investitionen in Sachanlagen, Nettoumlaufvermögen und liquide Mittel belaufen sich damit auf

2.283,0 = 2.168,3 + 133,2 – 18,5.

Der Bestand des Eigenkapitals ist Reflex der Finanzierungs- und Ausschüttungsprämissen. Der Buchwert eines Jahres ergibt sich jeweils aus dem Vorjahresbestand zuzüglich Zuführungen zu den Gewinnrücklagen und Kapitalerhöhungen sowie abzüglich Auflösungen von Gewinnrücklagen und Kapitalherabsetzungen, im Jahr 1998 also:

4.399,9 = 3.717,0 + 0 + 799,4 – 116,5 – 0

Die Begründung für die Kapitalerhöhung folgt aus der Finanzierungsprämisse und dem damit festgelegten Zahlungsüberschuß auf Unternehmensebene. Bevor dieser erläutert wird, ist zunächst auf die übrigen Bilanz- und GuV-Positionen einzugehen.

Der Bestand an Rückstellungen entwickelt sich proportional zu den Veränderungen der Umsatzerlöse. Der Bestand wächst von 4.102,0 Mio. DM in 1997 auf 4.572,9 Mio. DM in 1998, d.h. um 470,9 Mio. DM. Das Innenfinanzierungspotential ergibt sich in Verbindung mit den Abschreibungen von 1.240,5 zu 1.711,4 Mio. DM.

Das ausgewiesene, zinspflichtige Fremdkapital entspricht dem Erwartungswert des jeweils attrahierbaren Betrags. In jedem Simulationslauf wird die bilanzielle Eigenkapitalquote verwendet, um die Maximalverschuldung zu ermitteln. Die dazu verwendete Funktion ist nicht linear, so daß sich der Erwartungswert nicht unmittelbar aus den in der Tabelle dargestellten Erwartungswerte ableiten läßt.

Die GuV in Tabelle 4.13 weist die bereits weiter oben hergeleiteten Umsatzwachstumsraten (gemäß Tabelle 4.9) sowie die aus dem Branchenzyklus-Modell folgenden *EBDIT*-Margen aus. Die Abschreibungen stimmen mit den in der Bilanz ausgewiesenen Werten überein. Als nächstes folgt das Zinsergebnis, das sich aus dem Zins von 6% und der Differenz der Finanzanlagen und der Fremdkapitalbestände ergibt. Interessant ist die Zeile Unternehmenssteuern in Prozent vom Ergebnis vor Steuern: Für das Jahr 2006 wird ein erwarteter Steuersatz von –0,6% ausgewiesen. Ursächlich hierfür ist die Tatsache, daß die Funktion zur Berechnung der Steuern konvex und damit nicht linear ist. Es existiert offenbar mindestens ein Szenario, indem der Verlustvortrag vollständig aufgebraucht wird und somit Steuerzahlungen entstehen. Der Erwartungswert der *EBT* ist jedoch negativ, da in der überwiegenden Mehrzahl der Szenarien Verluste zu erwarten sind. Der erwartete Steuersatz ergibt sich schließlich aus dem Erwartungswert der Steuerzahlungen dividiert durch den Erwartungswert der *EBT*.

Die Korrektheit der ausgewiesenen Steuerzahlungen läßt sich überprüfen. Dazu bildet man die Summe aller Steuerzahlungen sowie die Summe der *EBT* von 1998 bis 2007. Die Summe der Steuerzahlungen dividiert durch die Summe der *EBT* zuzüglich des Verlustvortrags des Jahres 2007 ergibt den Gewerbeertragsteuersatz von 16,67%.[70]

Die Zeile "Ausschüttungen" läßt sich ebenfalls nicht direkt aus den vorliegenden Daten ableiten, da auch diese Funktion nicht linear ist. Die Veränderungen der Gewinnrücklagen sind in jedem Jahr kleiner oder gleich Null, da Vollausschüttung unterstellt wird.

Positive Kapitalveränderungen entsprechen Kapitalerhöhungen, negative Veränderungen Kapitalherabsetzungen. Die zum Ausgleich zwischen finanziellem Überschuß und Jahresüberschuß notwendige Anpassung des Eigenkapitals folgt unmittelbar aus den Bilanzpositionen. Die gesamten Investitionen müssen durch Innenfinanzierung sowie Außenfinanzierung – hier Eigen-

---

70 Darüber hinaus wurde eine Berechnung mit $\sigma_M = \sigma_U = 0$ vorgenommen. Bei den damit als sicher unterstellten Erwartungen ist die Nicht-Linearität einzelner Funktionen unbedeutend, und die Rechnung kann unmittelbar nachvollzogen werden.

und/oder Fremdfinanzierung – gedeckt werden. Die erforderliche Kapitalanpassung beträgt damit in 1998:[71]

799,4 = 2.283,0 – (1.711,4 – 111,2 – 116,5)

Wie oben erläutert, beträgt das Investitionsvolumen 2.283,0 Mio. DM und das Innenfinanzierungspotential 1.711,4. Das Fremdkapital schrumpft um 111,2 Mio. DM, Gewinnrücklagen werden in Höhe von 116,5 Mio. DM verbraucht.

Die bewertungsrelevante Nettozahlung an die Eigentümer ergibt sich schließlich aus der Ausschüttung abzüglich der Kapitalveränderung, in 1998 also zu

–799,4 = 0 – 799,4.

Dieser Berechnung des bewertungsrelevanten Überschusses liegt die GuV-Perspektive zugrunde; die zahlungsorientierte Perspektive erfordert zunächst die Bestimmung des Cash-flows bei reiner Eigenfinanzierung:[72]

–678,7 = –107,1 – 2.283,0 + 1.711,4

Die bewertungsrelevante Zahlung bei reiner Eigenfinanzierung ergibt sich aus dem *EBIT*, abzüglich Investitionen und zuzüglich Innenfinanzierungspotential. Um die bewertungsrelevante Zahlung bei anteiliger Fremdfinanzierung zu erlangen, sind die Zinszahlungen (einschließlich Steuervorteil) und die Veränderung des Fremdkapitals zu berücksichtigen: [73]

–799,3 = –678,7 – 9,4 – 111,2

Der Unternehmenswert ergibt sich nun aus den mit dem risikolosen Zins (6%) diskontierten Nettozahlungen zu –2.5 Mrd. DM. Dabei ist zu beachten, daß lediglich die Zahlungen der nächsten 10 Jahre enthalten sind. Zu berücksichtigen ist noch der Unternehmenswert im Jahr 2007, d.h. der Wert der Zahlungen jenseits des Jahres 2007. In der Literatur wird zur Schätzung des

---

71 Dieser Betrag entspricht der im Haupttext definierten Variable $X = INV - IFP - Y - TRE$.

72 Vgl. Abschnitt 1 in diesem Kapitel.

73 Damit wurde folgende Formel angewendet: $C = C_e - r_B\, B\, (1 - s) + Y$; Rundungsfehler 0,1.

Endwerts oder des Fortführungswerts das Rentenmodell ggf. unter Berücksichtigung einer ewigen Wachstumsrate benutzt.[74] Für die Bewertung von Unternehmen in zyklischen Branchen ist dies nicht sinnvoll. Wir lösen das Problem, in dem wir den Planungshorizont soweit verschieben, bis sich der Unternehmenswert in $t = 0$ nur noch unwesentlich ändert. Die nachstehende Abbildung faßt das Resultat zusammen.

Der Unternehmenswert wird auf etwa –9,9 Mrd. DM geschätzt. Dieser Wert wird im bis $T = 150$ reichenden Planungshorizont nicht ganz erreicht. Ab $T = 100$ ändert sich der Wert im vorliegenden Fall nur noch unwesentlich. Bevor wir das Resultat diskutieren, genießen wir für einen Augenblick die Aussicht auf das Ergebnis unserer Simulation in Abbildung 4.6 ($N = 1000$).

Abbildung 4.6: Unternehmenswert in Abhängigkeit vom Planungshorizont – Hohe Reinvestition

Kumulierte Barwerte der Zahlungen in $t = 0$
In Mio. DM

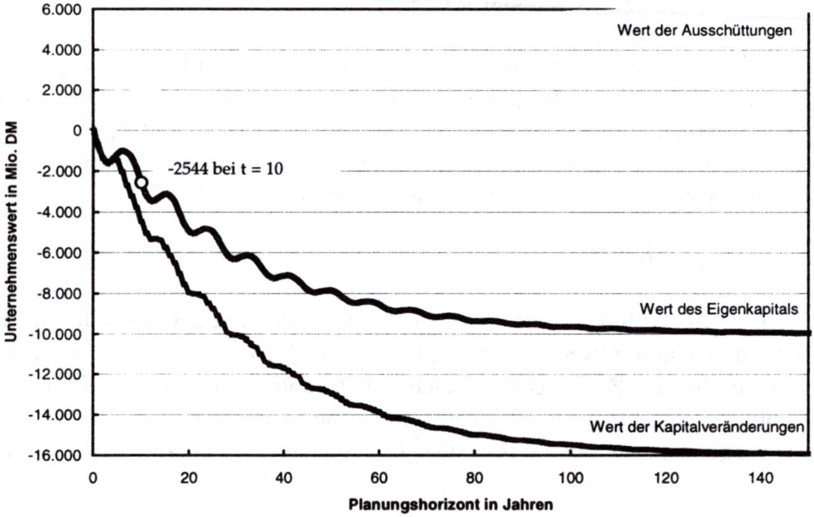

74 Vgl. COPELAND/KOLLER/MURRIN (1998), S. 292ff.

Einerseits scheint dieses Resultat nicht zu der Grobbewertung gemäß Teil 2 der Fallstudie zu passen. Dort wurde mittels des Dividendenwachstumsmodells ein Wert von ca. +4,9 Mrd. DM geschätzt. Andererseits überrascht uns der negative Unternehmenswert nicht, weil in der Prognose unterstellt wird, daß jeweils das 1,3-fache des *EBDIT* reinvestiert wird. Dieses Investitionsvolumen kann von der POLY AG nicht aus dem Cash-flow finanziert werden. Da die Zufuhr von Fremdkapital limitiert ist, sind Kapitalerhöhungen erforderlich, die den Erfolgsstrom der Eigentümer mindern. Der Barwert in Höhe von –9,9 Mrd. DM setzt sich aus Ausschüttungen von 6,0 Mrd. DM und Kapitalerhöhungen von –15,9 Mio. DM zusammen. Der Barwert der Ausschüttung "paßt" also zu dem Resultat nach dem Dividendenwachstumsmodell, wenn man berücksichtigt, daß die durchschnittliche Wachstumsrate bei etwas mehr als 2,5% (anstelle von 2,2%) liegt. Damit ist klar: Das Dividendenwachstumsmodell in Kombination mit der Vollausschüttungshypothese kann zu gravierenden Fehleinschätzungen führen.

Abbildung 4.7: Unternehmenswert in Abhängigkeit vom Planungshorizont bei moderater Reinvestition

Kumulierte Barwerte der Zahlungen in $t = 0$
In Mio. DM

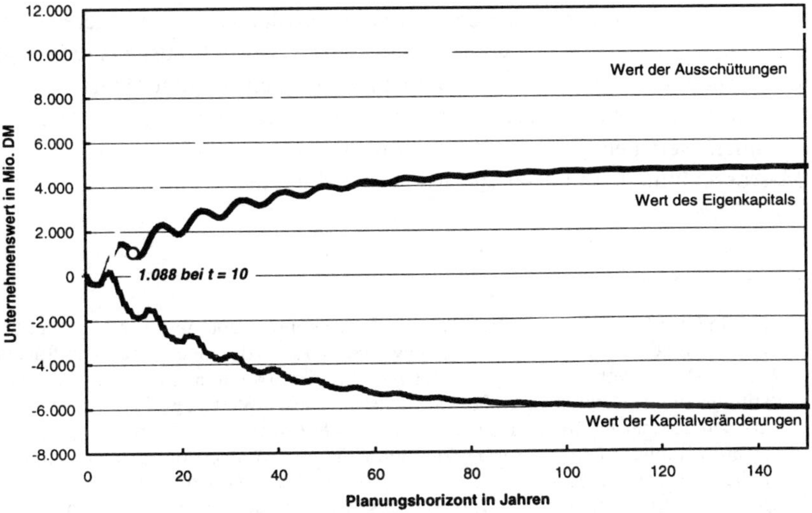

Wie sähe das Bild aus, wenn die seinerzeit noch unbekannte Steuerreform antizipiert worden wäre? In der vorliegenden Bewertung werden aufgrund der Vollausschüttungshypothese nur Gewerbesteuerzahlungen berücksichtigt. Der Jahresüberschuß wird vollständig ausgekehrt und kompensierende Kapitalerhöhungen eingeplant. Auf Basis der Ausschüttungsprämissen unter den Normen der Steuerreform würden zusätzlich 25% Körperschaftsteuer auf den Gewinn vor Steuern fällig. Dies würde das Ergebnis signifikant mindern. Der Barwert der Ausschüttungen wäre Null (wegen der Vollthesaurierung), und die Kapitalanpassungen würden kleiner ausfallen, da die Gewinne nach Abzug der Körperschaftsteuer das Unternehmen ja nicht verlassen. Im folgenden wird, soweit nicht anders vermerkt, unverändert die Perspektive des Jahres 1997 zugrunde gelegt.

5.4 Wirkung der Finanzierungs- und Ausschüttungsprämissen

Wir wollen die Effekte von Finanzierungs- und Ausschüttungsprämissen bei fehlendem Insolvenzrisiko diskutieren. Dazu bietet sich das Beispiel eines notleidenden Unternehmens nicht an, das erhebliche Kapitalerhöhungen zum Überleben konsumiert. Es wird daher unterstellt, daß es dem Management (irgendwie) gelingen mag, entweder die *EBDIT*-Marge durch operative Verbesserungen zu steigern oder das Investitionsvolumen zu reduzieren. Anstelle von $c_A / c_{EBDIT} = 1{,}3$ wird von einer Rate von 0,9 ausgegangen (vgl. die Tabellen 4.14 und 4.15). Hierbei handelt es sich um eine Annahme, für die es zwar Hinweise, aber letztlich keine handfesten Belege gibt.[75] Der Unternehmenswert beträgt damit 4.742 Mio. DM, bestehend aus 10.845 Mio. DM Ausschüttungen und –6.104 Mio. DM Kapitalerhöhungen (vgl. Abbildung 4.7).[76]

---

75 Als Indiz möge der rückläufige Trend der Investitionsquote und der leicht ansteigende Trend bei der *EBDIT*-Marge gewertet werden. Bei einer durchschnittlichen *EBDIT*-Marge von 10,6% ergibt sich bei $c_A/c_{EBDIT} = 0{,}9$ ein durchschnittliches Investitionsvolumen von etwa 9,5% vom Umsatz. Dieser Wert liegt deutlich über den Werten der meisten Industrieunternehmen (7 – 8% Mittelwert, 5 – 6% Median; vgl. zweites Kapitel). Die POLY AG erzielt mit den höheren Investitionen aber auch eine höhere *EBDIT*-Marge (10,6% gegenüber 7 – 9% Mittelwert bzw. 6,5 – 8% Median).

76 N = 1000 Simulationen, T = 150. Der geschätzte Mittelwert der Verteilung von S beträgt 4744 Mio. DM, die Standardabweichung 2988 Mio. DM. Für eine maximale Abweichung von 5% vom richtigen Wert sind bei 95% Konfidenzniveau somit $N > ((1{,}96 \times 2988) / (0{,}05 \times 4744))^2 = 610$ Simulationsläufe erforderlich (vgl. zweites

Auf dieser Basis soll nun die Wirkung unterschiedlicher Verschuldungsgrade analysiert werden, die Ausfluß der Finanzierungs- und Ausschüttungsprämissen sind. Zuvor werden zwei Unternehmensbewertungen mit c_A / c_{EBDIT} = 0,9 durchgeführt, bei denen der Steuersatz $s_{GE} = 0$ gesetzt wird. Die erste Bewertung unterstellt reine Eigenfinanzierung, die zweite den Fall einer anteiligen Fremdfinanzierung mit g_{min} = 0,48. Das Resultat ist in Tabelle 4.16 festgehalten:

Tabelle 4.6: Überprüfung des Bewertungsmodells
$N = 1000$, $T = 10$, $s_{GE} = 0$

	Reine Eigenfinanzierung $g_{\min} = 1{,}0$	Anteilige Fremdfinanzierung $g_{\min} = 0{,}48$
Barwert der Dividenden	3.320	3.318
Barwert der Kapitalerhöhungen	1.910	1.798
Unternehmenswert	1.410	1.520
Barwert des Fremdkapitals in $T = 10$	0	110
Wert des Eigenkapitals	1.410	1.410

In der ersten Zeile ist der Barwert der Dividenden zu sehen. Dieser ist bei reiner Eigenfinanzierung unwesentlich höher als bei anteiliger Fremdfinanzierung, weil die Zinszahlungen den ausschüttungsfähigen Gewinn reduzieren. Zeile zwei enthält den Barwert der Kapitalerhöhungen. Jener ist bei reiner Eigenfinanzierung größer als bei anteiliger Fremdfinanzierung, da die Aufnahme von Fremdkapital zu entsprechend geringeren Kapitalerhöhungen führt. Die Berechnungen weisen Unternehmenswerte von 1,41 Mrd. DM bei reiner Eigenfinanzierung und 1,52 Mrd. DM bei anteiliger Fremdfinanzierung aus. Zu berücksichtigen ist nun noch der Bestand des Fremdkapitals in $T = 10$, in der Periode also, in der das Kalkül abgebrochen wurde. Bei anteiliger Fremdfinanzierung besteht in diesem Zeitpunkt eine Verpflichtung gegenüber den Gläubigern von 197,6 Mio. DM, deren Barwert in $t = 0$ 110 Mio. DM beträgt. Unter Berücksichtigung dieser Verpflichtung ergeben sich – so wie es sein sollte – Unternehmenswerte, die bei fehlender Besteuerung unabhängig vom Verschuldungsgrad sind (MODIGLIANI/ MILLER 1963).

Kapitel, Abschnitt 2.3.1.). Die Wahl von $N = 1000$ dürfte somit zu ausreichend genauen Ergebnissen führen.

Tabelle 4.17: Bewertung H. AG - Kontrollvariante Eigenfinanzierung (Bilanz)

$N = 1.000$; $T = 10$; $c_A / c_{EBDIT} = 0,9$; $gmin = 1,0$.
Erwartungswerte in Mio. DM

	1997	1998	1999	2000	2001	2002	2003	2004	2005	2006	2007
Sachanlagen	6.817,0	7.130,0	7.029,4	6.578,7	6.148,9	6.111,3	6.647,2	7.628,8	8.686,9	9.384,2	9.460,7
Investitionen		*1.501,1*	*1.105,5*	*708,6*	*654,4*	*1.006,8*	*1.622,7*	*2.197,7*	*2.448,0*	*2.236,7*	*1.681,8*
Investitionen % Umsatz		*11,5%*	*7,8%*	*4,9%*	*4,4%*	*6,6%*	*10,3%*	*13,7%*	*14,8%*	*13,3%*	*9,7%*
Abschreibungen		*1.188,1*	*1.206,2*	*1.159,2*	*1.084,2*	*1.044,4*	*1.086,9*	*1.216,1*	*1.389,9*	*1.539,4*	*1.605,4*
Abschreibungen %		*15,7%*	*15,7%*	*15,7%*	*15,7%*	*15,7%*	*15,7%*	*15,7%*	*15,7%*	*15,7%*	*15,7%*
Nettoumlaufvermögen	1.159,0	1.292,2	1.400,4	1.437,0	1.479,1	1.516,8	1.557,8	1.594,0	1.632,9	1.669,1	1.708,4
% Umsatz	*9,9%*	*9,9%*	*9,9%*	*9,9%*	*9,9%*	*9,9%*	*9,9%*	*9,9%*	*9,9%*	*9,9%*	*9,9%*
Finanzanlagen, liquide Mittel	149,0	130,5	141,5	145,2	149,4	153,2	157,4	161,0	164,9	168,6	172,6
% Umsatz	*1,3%*	*1,0%*	*1,0%*	*1,0%*	*1,0%*	*1,0%*	*1,0%*	*1,0%*	*1,0%*	*1,0%*	*1,0%*
Investiertes Kapital	**8.125,0**	**8.552,7**	**8.571,2**	**8.160,9**	**7.777,4**	**7.781,3**	**8.362,3**	**9.383,7**	**10.484,7**	**11.222,0**	**11.341,7**
Eigenkapital	3.717,0	3.979,9	3.615,7	3.076,1	2.543,8	2.414,4	2.850,4	3.744,0	4.707,4	5.316,5	5.297,4
% Investiertes Kapital	*45,7%*	*46,5%*	*42,2%*	*37,7%*	*32,7%*	*31,0%*	*34,1%*	*39,9%*	*44,9%*	*47,4%*	*46,7%*
Rückstellungen	4.102,0	4.572,9	4.955,5	5.084,7	5.233,6	5.366,9	5.511,9	5.639,7	5.777,3	5.905,4	6.044,3
% Umsatz	*35,0%*	*35,0%*	*35,0%*	*35,0%*	*35,0%*	*35,0%*	*35,0%*	*35,0%*	*35,0%*	*35,0%*	*35,0%*
% Investiertes Kapital	*50,5%*	*53,5%*	*57,8%*	*62,3%*	*67,3%*	*69,0%*	*65,9%*	*60,1%*	*55,1%*	*52,6%*	*53,3%*
Zinspflichtiges Fremdkapital	306,0	0,0	0,0	0,0	0,0	0,0	0,0	0,0	0,0	0,0	0,0
% Investiertes Kapital	*3,8%*	*0,0%*	*0,0%*	*0,0%*	*0,0%*	*0,0%*	*0,0%*	*0,0%*	*0,0%*	*0,0%*	*0,0%*
Investiertes Kapital	**8.125,0**	**8.552,7**	**8.571,2**	**8.160,8**	**7.777,4**	**7.781,3**	**8.362,3**	**9.383,7**	**10.484,7**	**11.222,0**	**11.341,7**
check	*0,0*	*0,0*	*0,0*	*0,0*	*0,0*	*0,0*	*0,0*	*0,0*	*0,0*	*0,0*	*0,0*

Tabelle 4.18: Bewertung H. AG - Kontrollvariante Eigenfinanzierung (GuV)

$N = 1.000;\ T = 10;\ c_A / c_{EBDIT} = 0{,}9;\ gmin = 1{,}0.$
Erwartungswerte in Mio. DM

	1997	1998	1999	2000	2001	2002	2003	2004	2005	2006	2007
Umsatz	**11.707,0**	**13.052,3**	**14.145,5**	**14.514,7**	**14.940,2**	**15.321,0**	**15.735,4**	**16.100,4**	**16.493,6**	**16.859,7**	**17.256,5**
Wachstumsrate		*11,5%*	*8,4%*	*2,6%*	*2,9%*	*2,5%*	*2,7%*	*2,3%*	*2,4%*	*2,2%*	*2,4%*
EBDIT	1.496,0	1.133,4	767,3	706,4	1.090,9	1.755,5	2.386,6	2.655,2	2.431,3	1.825,7	1.173,0
% Umsatz	*12,8%*	*8,7%*	*5,4%*	*4,9%*	*7,3%*	*11,5%*	*15,2%*	*16,5%*	*14,7%*	*10,8%*	*6,8%*
Abschreibungen	969,0	1.188,1	1.206,2	1.159,2	1.084,2	1.044,4	1.086,9	1.216,1	1.389,9	1.539,4	1.605,4
% Umsatz	*8,3%*	*9,1%*	*8,5%*	*8,0%*	*7,3%*	*6,8%*	*6,9%*	*7,6%*	*8,4%*	*9,1%*	*9,3%*
EBIT	527,0	-54,7	-438,9	-452,8	6,7	711,1	1.299,7	1.439,1	1.041,4	286,3	-432,4
Zinsergebnis	9,0	-9,4	7,8	8,5	8,7	9,0	9,2	9,4	9,7	9,9	10,1
check		*0,0*	*0,0*	*0,0*	*0,0*	*0,0*	*0,0*	*0,0*	*0,0*	*0,0*	*0,0*
EBT	536,0	-64,1	-431,0	-444,3	15,4	720,1	1.308,9	1.448,5	1.051,1	296,2	-422,3
Unternehmenssteuern	143,0	0,0	0,0	0,0	0,0	0,0	0,0	0,0	0,0	0,0	0,0
% EBT	*26,7%*	*0,0%*	*0,0%*	*0,0%*	*0,0%*	*0,0%*	*0,0%*	*0,0%*	*0,0%*	*0,0%*	*0,0%*
Ausschüttung	**468,0**	**0,4**	**0,0**	**0,0**	**67,1**	**720,1**	**1.308,9**	**1.448,5**	**1.051,1**	**308,7**	**0,4**
% Umsatz	*4,0%*	*0,0%*	*0,0%*	*0,0%*	*0,4%*	*4,7%*	*8,3%*	*9,0%*	*6,4%*	*1,8%*	*0,0%*
Gewinnrücklagen	-75,0	-64,4	-431,0	-444,3	-51,7	-0,1	0,0	0,0	0,0	-12,5	-422,7
Kapitalveränderungen	0,0	327,3	66,9	-95,3	-480,6	-129,3	436,0	893,6	963,4	621,6	403,5
Nettozahlung an Eigentümer	**468,0**	**-327,0**	**-66,9**	**95,3**	**547,7**	**849,5**	**872,9**	**554,9**	**87,7**	**-312,9**	**-403,1**
check		*0,0*	*0,0*	*0,0*	*0,0*	*0,0*	*0,0*	*0,0*	*0,0*	*0,0*	*0,0*
Unternehmenswert	***1.410,0***										
check	*0,3*										
Verlustvortrag	**0,0**	**64,4**	**495,5**	**939,8**	**924,4**	**330,8**	**33,0**	**6,0**	**3,6**	**16,1**	**438,8**
check											*0,00%*

Tabelle 4.19: Bewertung POLY AG - Kontrollvariante Fremdfinanzierung (Bilanz)

N = 1.000; T = 10; c_A / c_{EBDIT} = 0,9; $gmin$ = 0,48.
Erwartungswerte in Mio. DM

	1997	1998	1999	2000	2001	2002	2003	2004	2005	2006	2007
Sachanlagen	6.817,0	7.130,0	7.029,4	6.578,7	6.148,9	6.111,3	6.647,2	7.628,8	8.686,9	9.384,2	9.460,7
Investitionen		*1.501,1*	*1.105,5*	*708,6*	*654,4*	*1.006,8*	*1.622,7*	*2.197,7*	*2.448,0*	*2.236,7*	*1.681,8*
Investitionen % Umsatz		*11,5%*	*7,8%*	*4,9%*	*4,4%*	*6,6%*	*10,3%*	*13,7%*	*14,8%*	*13,3%*	*9,7%*
Abschreibungen		*1.188,1*	*1.206,2*	*1.159,2*	*1.084,2*	*1.044,4*	*1.086,9*	*1.216,1*	*1.389,9*	*1.539,4*	*1.605,4*
Abschreibungen %		*15,7%*	*15,7%*	*15,7%*	*15,7%*	*15,7%*	*15,7%*	*15,7%*	*15,7%*	*15,7%*	*15,7%*
Nettoumlaufvermögen	1.159,0	1.292,2	1.400,4	1.437,0	1.479,1	1.516,8	1.557,8	1.594,0	1.632,9	1.669,1	1.708,4
% Umsatz	*9,9%*	*9,9%*	*9,9%*	*9,9%*	*9,9%*	*9,9%*	*9,9%*	*9,9%*	*9,9%*	*9,9%*	*9,9%*
Finanzanlagen, liquide Mittel	149,0	130,5	141,5	145,2	149,4	153,2	157,4	161,0	164,9	168,6	172,6
% Umsatz	*1,3%*	*1,0%*	*1,0%*	*1,0%*	*1,0%*	*1,0%*	*1,0%*	*1,0%*	*1,0%*	*1,0%*	*1,0%*
Investiertes Kapital	**8.125,0**	**8.552,7**	**8.571,2**	**8.160,9**	**7.777,4**	**7.781,3**	**8.362,3**	**9.383,7**	**10.484,7**	**11.222,0**	**11.341,7**
Eigenkapital	3.717,0	3.974,6	3.614,4	3.073,7	2.541,5	2.412,3	2.846,6	3.724,6	4.610,5	5.112,9	5.099,7
% Investiertes Kapital	*45,7%*	*46,5%*	*42,2%*	*37,7%*	*32,7%*	*31,0%*	*34,0%*	*39,7%*	*44,0%*	*45,6%*	*45,0%*
Rückstellungen	4.102,0	4.572,9	4.955,5	5.084,7	5.233,6	5.366,9	5.511,9	5.639,7	5.777,3	5.905,4	6.044,3
% Umsatz	*35,0%*	*35,0%*	*35,0%*	*35,0%*	*35,0%*	*35,0%*	*35,0%*	*35,0%*	*35,0%*	*35,0%*	*35,0%*
% Investiertes Kapital	*50,5%*	*53,5%*	*57,8%*	*62,3%*	*67,3%*	*69,0%*	*65,9%*	*60,1%*	*55,1%*	*52,6%*	*53,3%*
Zinspflichtiges Fremdkapital	306,0	5,3	1,4	2,4	2,3	2,1	3,9	19,4	96,9	203,6	197,6
% Investiertes Kapital	*3,8%*	*0,1%*	*0,0%*	*0,0%*	*0,0%*	*0,0%*	*0,0%*	*0,2%*	*0,9%*	*1,8%*	*1,7%*
Investiertes Kapital	**8.125,0**	**8.552,7**	**8.571,2**	**8.160,8**	**7.777,4**	**7.781,3**	**8.362,3**	**9.383,7**	**10.484,7**	**11.222,0**	**11.341,7**
check	*0,0*	*0,0*	*0,0*	*0,0*	*0,0*	*0,0*	*0,0*	*0,0*	*0,0*	*0,0*	*0,0*

Tabelle 4.20: Bewertung POLY AG - Kontrollvariante Fremdfinanzierung (GuV)

$N = 1.000; T = 10; c_A / c_{EBDIT} = 0{,}9; gmin = 0{,}48.$
Erwartungswerte in Mio. DM

	1997	1998	1999	2000	2001	2002	2003	2004	2005	2006	2007
Umsatz	**11.707,0**	**13.052,3**	**14.145,5**	**14.514,7**	**14.940,2**	**15.321,0**	**15.735,4**	**16.100,4**	**16.493,6**	**16.859,7**	**17.256,5**
Wachstumsrate		*11,5%*	*8,4%*	*2,6%*	*2,9%*	*2,5%*	*2,7%*	*2,3%*	*2,4%*	*2,2%*	*2,4%*
EBDIT	1.496,0	1.133,4	767,3	706,4	1.090,9	1.755,5	2.386,6	2.655,2	2.431,3	1.825,7	1.173,0
% Umsatz	*12,8%*	*8,7%*	*5,4%*	*4,9%*	*7,3%*	*11,5%*	*15,2%*	*16,5%*	*14,7%*	*10,8%*	*6,8%*
Abschreibungen	969,0	1.188,1	1.206,2	1.159,2	1.084,2	1.044,4	1.086,9	1.216,1	1.389,9	1.539,4	1.605,4
% Umsatz	*8,3%*	*9,1%*	*8,5%*	*8,0%*	*7,3%*	*6,8%*	*6,9%*	*7,6%*	*8,4%*	*9,1%*	*9,3%*
EBIT	527,0	-54,7	-438,9	-452,8	6,7	711,1	1.299,7	1.439,1	1.041,4	286,3	-432,4
Zinsergebnis	9,0	-9,4	7,5	8,4	8,6	8,8	9,1	9,2	8,5	4,1	-2,1
check		*0,0*	*0,0*	*0,0*	*0,0*	*0,0*	*0,0*	*0,0*	*0,0*	*0,0*	*0,0*
EBT	536,0	-64,1	-431,4	-444,4	15,2	719,9	1.308,8	1.448,3	1.049,9	290,4	-434,5
Unternehmenssteuern	143,0	0,0	0,0	0,0	0,0	0,0	0,0	0,0	0,0	0,0	0,0
% EBT	*26,7%*	*0,0%*	*0,0%*	*0,0%*	*0,0%*	*0,0%*	*0,0%*	*0,0%*	*0,0%*	*0,0%*	*0,0%*
Ausschüttung	**468,0**	**0,4**	**0,0**	**0,0**	**67,1**	**720,0**	**1.308,8**	**1.448,3**	**1.049,9**	**306,5**	**0,4**
% Umsatz	*4,0%*	*0,0%*	*0,0%*	*0,0%*	*0,4%*	*4,7%*	*8,3%*	*9,0%*	*6,4%*	*1,8%*	*0,0%*
Gewinnrücklagen	-75,0	-64,4	-431,4	-444,4	-51,9	-0,1	0,0	0,0	0,0	-16,1	-434,9
Kapitalveränderungen	0,0	322,1	71,1	-96,2	-480,4	-129,0	434,2	878,0	885,9	518,5	421,7
Nettozahlung an Eigentümer	**468,0**	**-321,7**	**-71,1**	**96,2**	**547,5**	**849,1**	**874,5**	**570,3**	**164,0**	**-212,0**	**-421,3**
check		*0,0*	*0,0*	*0,0*	*0,0*	*0,0*	*0,0*	*0,0*	*0,0*	*0,0*	*0,0*
Unternehmenswert	***1.520,0***										
check	*-0,1*										

Wir wollen einen weiteren Test durchführen, der die Besteuerung explizit einbezieht. Bei T = 150, N = 1000 und c_A / c_{EBDIT} = 0,9 bestimmten wir bei vollständiger Fremdfinanzierung (g_{min} = 0) den Wert des Eigenkapitals zu 5.440 Mio. DM. Bei reiner Eigenfinanzierung (g_{min} = 1) und sonst gleichen Parametern ergibt sich der Wert des Eigenkapitals zu 4.730 Mio. DM. Der Vorteil aus anteiliger Fremdfinanzierung beträgt folglich maximal 710 Mio. DM. Diesen Vorteil setzen wir nun ins Verhältnis zu dem Barwert der Zinszahlungen:

$$(4.62) \quad V_{tax} = \sum\nolimits_{t=1}^{T} s r_f \mathrm{E}^*[B_{t-1}](1+r_f)^{-t}$$

$$\Rightarrow s^* = \frac{V_{tax}}{\sum\nolimits_{t=1}^{T} r_f \mathrm{E}^*[B_{t-1}](1+r_f)^{-t}} = 0{,}1318$$

Danach beträgt der relative Finanzierungsvorteil etwa 13,2%. Der Gewerbeertragsteuersatz von 16,67% wird somit nicht erreicht. Ursächlich hierfür sind teilweise zu geringe steuerliche Bemessungsgrundlagen, die zu Verlustvorträgen und damit zu einer zeitlichen Aufschiebung oder zum Verlust der Steuervorteile führen. Die APV-Methode auf Basis von Grenzsteuersätzen überschätzt somit den Vorteil aus anteiliger Fremdfinanzierung.[77]

Wie wirken nun verschiedene Finanzierungs- und Ausschüttungsprämissen auf den Unternehmenswert? Abbildung 4.8 gibt Aufschluß.

Bei reiner Eigenfinanzierung beträgt der Unternehmenswert 4.730 Mio. DM. Bei g_{min} = 0,48 steigt dieser Wert nur unwesentlich auf 4.742 Mio. DM an. Die Variation der Eigenkapitalquote zwischen 100% und 50% hat kaum Einfluß auf den Unternehmenswert. Ursache hierfür ist, daß bei diesen vergleichsweise hohen Ziel-Eigenkapitalquoten aufgrund der Rückstellungen eine Finanzierung mit Fremdkapital nur in bescheidenem Umfang erfolgen kann. Weitere Gründe für die geringe Wirkung der anteiligen Fremdfinanzierung liegen in der vergleichsweise geringen Profitabilität des Unternehmens sowie der Zyklizität der Branche.

---

77 Dieser Effekt wird qualitativ diskutiert in BREALEY/MYERS (1988), S. 419. Dieser Teil fehlt jedoch in der 1992er Ausgabe des Buches; vgl. Abschnitt 2.2.2 in diesem Kapitel.

Abbildung 4.8: Unternehmenswert in Abhängigkeit von der Verschuldung

In Mio. DM, $N = 1000$, $T = 150$

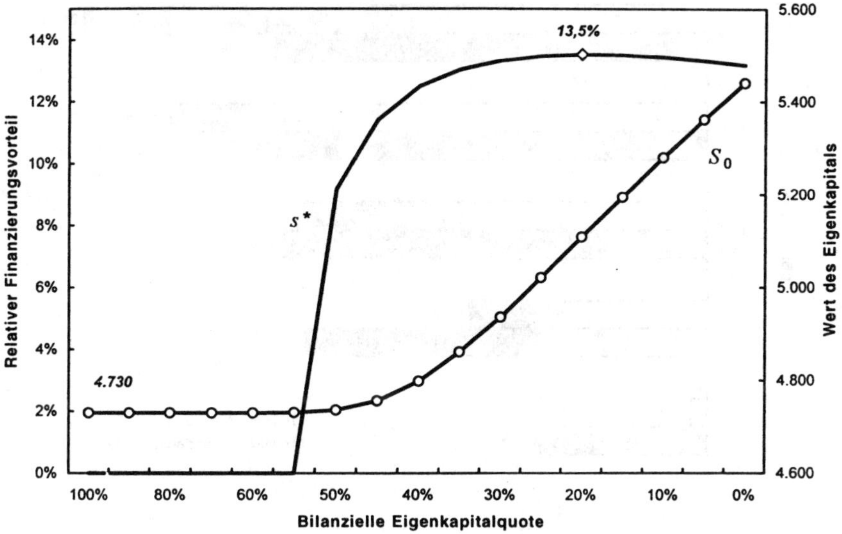

Abbildung 4.9 zeigt, daß mit zunehmender Profitabilität und damit einher gehenden Bemessungsgrundlagen der Steuervorteil aus anteiliger Fremdfinanzierung ansteigt. Der Grenzwert in Höhe des Gewerbeertragsteuersatzes wird aber selbst bei vergleichsweise hohen Margen nicht erreicht. Die Finanzierungseffekte können gegenüber dem Wert bei reiner Eigenfinanzierung zu Wertsteigerungen von bis zu 15% führen.

Die Wirkungen der Zyklizität auf den relativen Finanzierungsvorteil und die relative Wertsteigerung sind im Vergleich zur Profitabilität weniger stark ausgeprägt. Eine hohe Amplitude der Schwankungen der *EBDIT*-Marge führt zu geringeren Finanzierungseffekten (Abbildung 4.10).

Weitere Wertberechnungen auf Basis anderer Finanzierungs- und Ausschüttungsprämissen, z.B. auf Basis der autonomen Finanzierungspolitik oder der am Unternehmensgesamtwert orientierten Finanzierungspolitik, bringen keine zusätzliche Erkenntnis. Wenn diese Strategien zu kleineren Fremdkapitalbeständen führen, werden sie durch die vorliegende Strategie dominiert. Führen sie hingegen zu höheren Fremdkapitalbestände, werden die Grenzwerte für die maximal zulässige Verschuldung überschritten. Die jeweilige Strategie gilt dann als nicht realisierbar.

Abbildung 4.9: Relative Wertsteigerung und relativer Finanzierungsvorteil in Abhängigkeit von der Profitabilität ($g_{\min} = 0{,}2$)

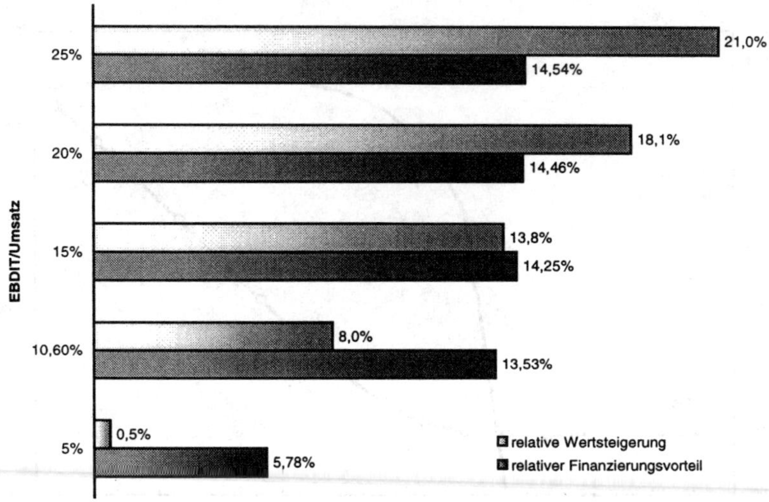

Abbildung 4.10: Relative Wertsteigerung und relativer Finanzierungsvorteil in Abhängigkeit von der EBDIT-Amplitude ($g_{\min} = 0{,}2$)

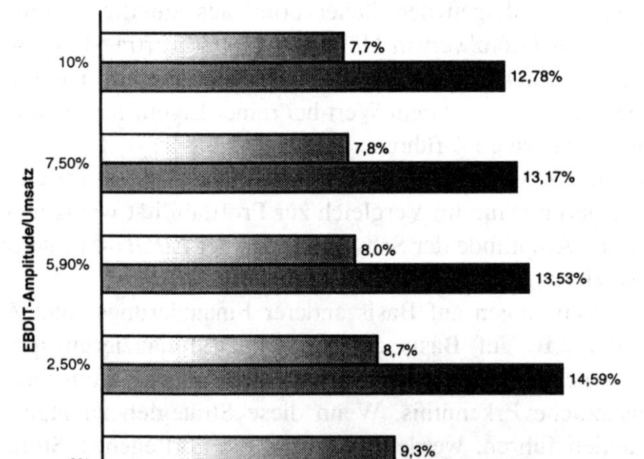

5.5 Zwischenergebnis

Im ersten Teil der Fallstudie wurde die erwartete Umsatzwachstumsrate abgeleitet und Effekte diskutiert, die bei der Bildung von Erwartungswerten von nicht-linearen Funktionen auftreten (Jensen-Ungleichung). Zu diesen Funktionen gehören die aus der Marktrendite abgeleitete Wachstumsrate sowie die min{}- und max{}-Funktionen zur Berechnung von Steuern, Ausschüttungen, Verlustvorträgen und Fremdkapitalbeständen. Die erste Botschaft lautet: Bei Nichtlinearität müssen die Erwartungswerte (zum Beispiel mittels Simulation) explizit ermittelt werden. Die Verwendung eines einheitlichen Grenzsteuersatzes von 16,67% ist nicht sinnvoll.

Mit der Zyklizität der chemischen Industrie wurde im zweiten Teil eine stichhaltige Begründung für die Verwendung von Bewertungsmodellen geliefert, die Zahlungen mit periodenspezifischen Wachstumsraten zulassen. Ein dementsprechendes Simulationsmodell wurde im dritten Teil entwickelt. Dabei wurde die Erfahrung gemacht, daß die Extrapolation von Vergangenheitswerten bei Underperformance zu negativen Unternehmenswerten führt. Die zweite Botschaft lautet deshalb: Das Dividendenwachstumsmodell ist insbesondere in Verbindung mit der Vollausschüttungshypothese als Modell der Unternehmensbewertung sowie zur Bestimmung von Endwerten ungeeignet. Das Problematische am Dividendenwachstumsmodell ist, daß es die Underperformance nicht erkennbar macht. Im vorliegenden Fall liegen Ausschüttungen vor. Zur Finanzierung der Investitionen und der Ausschüttungen sind jedoch Kapitalerhöhungen erforderlich, die im Dividendenwachstumsmodell mit Vollausschüttungshypothese nicht abgebildet werden.

Im vierten Teil wurde die Wirkung unterschiedlicher Verschuldungsvolumina auf den Wert des Eigenkapitals analysiert. Dazu wurde zunächst das Irrelevanztheorem für den Fall fehlender Unternehmenssteuern reproduziert, dann auf Basis des (reduzierten) deutschen Steuersystems der Wert bei reiner Eigenfinanzierung sowie der Wert der finanzierungsbedingten Steuervorteile bestimmt. Das benutzte Modell liefert somit die Information, die der Idee der APV-Methode zugrunde liegt. Durch anteilige Fremdfinanzierung ließ sich der Wert bei reiner Eigenfinanzierung nur unwesentlich steigern. Absolut betrachtet kommt der Formulierung von Finanzierungs- und Ausschüttungsprämissen dennoch eine gewisse Bedeutung zu; bei vollständiger Fremdfinanzierung ließe sich eine Wertsteigerung um etwa 700 Mio. DM realisieren. Vollständige Fremdfinanzierung ist aber unverträglich mit der Prämisse fehlender Insolvenzrisiken. Insgesamt gesehen ist deshalb festzustellen, daß es sich bei den Wirkungen der Finanzierungsprämissen im Vergleich zu den

Annahmen bezüglich des Investitionsprogramms oft um einen Effekt zweiter Ordnung handelt (dritte Botschaft). Die Modifikation der Reinvestitionsquote c_A / c_{EBDIT} von 1,3 auf 0,9 führte zu einem Werteffekt von 14,8 Mrd. DM.

Die Größenordnung dieses Effektes signalisiert, daß die Prämissen des Bewertungsmodells nicht realistisch sein können. Die unbedingte Fortführung des Unternehmens "bis in alle Ewigkeit" trotz Underperformance ist nicht haltbar. Die Handlungsoptionen des Managements und der Kapitalgeber, den Geschäftsbetrieb unter noch zu definierenden Bedingungen einzustellen, müssen berücksichtigt werden. Hier enden die Therapiemöglichkeiten der Hausmedizin.

Anhang a:
Herleitung der Fremdkapitalbestände bei wertorientierter Finanzierungspolitik

Bei wertorientierter Finanzierungspolitik folgt das Fremdfinanzierungsvolumen aus dem Unternehmensgesamtwert und dem im Bewertungszeitpunkt festgelegten Verschuldungsgrad:[78]

$$B_T = 0\,,\; B_{T-1} = LV_{T-1}$$

Der Unternehmensgesamtwert läßt sich proportional zum Wert bei reiner Eigenfinanzierung darstellen:

$$V_{T-1} = \frac{C_{eT}}{1+r_f} + \frac{sr_B B_{T-1}}{1+r_f}$$

Eingesetzt in die Ausgangsgleichung ergibt sich:

$$B_{T-1} = L\frac{C_{eT}}{1+r_f} + L\frac{sr_B B_{T-1}}{1+r_f}$$

$$\Rightarrow B_{T-1} = L\frac{C_{eT}}{1+r_f}\frac{1}{1-\theta} \quad \text{mit: } \theta = \frac{Lsr_B}{1+r_f}$$

Analog ergibt sich im Zeitpunkt $T-2$:

$$B_{T-2} = LV_{T-2}$$

$$= L\left(\frac{C_{eT}}{(1+r_f)^2} + \frac{C_{eT-1}}{1+r_f} + \frac{sr_B B_{T-1}}{(1+r_f)^2} + \frac{sr_B B_{T-2}}{1+r_f}\right)$$

$$= L\left(\frac{C_{eT}}{(1+r_f)^2} + \frac{C_{eT-1}}{1+r_f} + \frac{sr_B}{(1+r_f)^2}L\frac{C_{eT}}{1+r_f}\frac{1}{1-\theta} + \frac{sr_B B_{T-2}}{1+r_f}\right)$$

78 Vereinfachend wird auf die Kennzeichnung der Risikoneutralisierung mit dem "*" verzichtet.

$$\Leftrightarrow B_{T-2}(1-\theta) = L\left(\frac{C_{eT}}{(1+r_f)^2} + \frac{C_{eT-1}}{1+r_f} + \frac{C_{eT}}{(1+r_f)^2}\frac{\theta}{1-\theta}\right)$$

$$\Leftrightarrow B_{T-2} = L\left(\frac{C_{eT}}{(1+r_f)^2}\left(1+\frac{\theta}{1-\theta}\right)\left(\frac{1}{1-\theta}\right) + \frac{C_{eT-1}}{1+r_f}\frac{1}{1-\theta}\right)$$

$$= L\left(\frac{C_{eT}}{(1+r_f)^2}\left(\frac{1}{1-\theta}\right)^2 + \frac{C_{eT-1}}{1+r_f}\frac{1}{1-\theta}\right)$$

Im Zeitpunkt $T-3$ gilt dementsprechend:

$$B_{T-3} = LV_{T-3}$$

$$= L\left(\frac{C_{eT}}{(1+r_f)^3} + \frac{C_{eT-1}}{(1+r_f)^2} + \frac{C_{eT-2}}{1+r_f} + \frac{sr_B B_{T-1}}{(1+r_f)^3} + \frac{sr_B B_{T-2}}{(1+r_f)^2} + \frac{sr_B B_{T-3}}{1+r_f}\right)$$

$$\Leftrightarrow B_{T-3}\frac{(1-\theta)}{L} = \frac{C_{eT}}{(1+r_f)^3} + \frac{C_{eT-1}}{(1+r_f)^2} + \frac{C_{eT-2}}{1+r_f} + \frac{sr_B}{(1+r_f)^3}\frac{LC_{eT}}{(1+r_f)(1-\theta)} +$$
$$+ \frac{sr_B}{(1+r_f)^2}\left(\frac{LC_{eT}}{(1+r_f)^2(1-\theta)^2} + \frac{LC_{eT-1}}{(1+r_f)(1-\theta)}\right)$$

$$\Leftrightarrow B_{T-3}\frac{(1-\theta)}{L} = \frac{C_{eT}}{(1+r_f)^3} + \frac{C_{eT-1}}{(1+r_f)^2} + \frac{C_{eT-2}}{1+r_f} + \frac{C_{eT}}{(1+r_f)^3}\frac{\theta}{1-\theta} +$$
$$+ \frac{C_{eT}}{(1+r_f)^3}\frac{\theta}{(1-\theta)^2} + \frac{C_{eT-1}}{(1+r_f)^2}\frac{\theta}{(1-\theta)}$$

$$\Leftrightarrow B_{T-3}\frac{(1-\theta)}{L} = \frac{C_{eT}}{(1+r_f)^3}\left(1+\frac{\theta}{1-\theta}+\frac{\theta}{(1-\theta)^2}\right) + \frac{C_{eT-1}}{(1+r_f)^2}\left(1+\frac{\theta}{1-\theta}\right) + \frac{C_{eT-2}}{1+r_f}$$

$$\Rightarrow B_{T-3} = L\left(\frac{C_{eT}}{(1+r_f)^3(1-\theta)^3} + \frac{C_{eT-1}}{(1+r_f)^2(1-\theta)^2} + \frac{C_{eT-2}}{(1+r_f)(1-\theta)}\right), \text{ weil}$$

$$\left(1+\frac{\theta}{1-\theta}+\frac{\theta}{(1-\theta)^2}\right)\frac{1}{1-\theta}\Leftrightarrow\left(\frac{1}{1-\theta}+\frac{\theta}{(1-\theta)^2}\right)\frac{1}{1-\theta}\Leftrightarrow\frac{1}{(1-\theta)^2}+\frac{\theta}{(1-\theta)^3}$$

$$\Leftrightarrow\frac{1}{(1-\theta)^2}\frac{1-\theta}{1-\theta}+\frac{\theta}{(1-\theta)^3}\Leftrightarrow\frac{1}{(1-\theta)^3}$$

Die Fortsetzung dieser mühsamen Prozedur bis T - t liefert schließlich die in vollständiger Symbolik im Haupttext angegebene Formel:

$$B_{T-t}=L\sum_{\tau=1}^{T}C_{eT-\tau+1}\left[(1+r_f)(1-\theta)\right]^{-(t-\tau+1)}$$

$$\text{bzw. } B_t=L\sum_{\tau=1}^{T}C_{et+\tau}((1+r_f)(1-\theta))^{-\tau}$$

Auf Basis dieser so bestimmten Fremdkapitalbestände kann nun auch die APV-Methode bei wertorientierter Finanzierungspolitik angewendet werden. Dazu ist jeweils der Erwartungswert E[B] auf Basis von E*[C_e] zu bilden.

Anhang b:
Steuervorteil bei unsicherer Bemessungsgrundlage

Der unsichere Steuervorteil, dessen Wert es zu berechnen gilt, beträgt:

$$TAX_{FT} = s_{GE}\big[\underbrace{\max\{EBIT_T,0\}}_{A} - \underbrace{\max\{EBIT_T - I,0\}}_{B}\big]$$

Die Parameter des Integrationstheorems (vgl. Abschnitt 4.2 im dritten Kapitel) sind $a = \exp(-r_f T)$, $b = 0$, $c = 1$. Daraus folgt:

$$V_0(A) = EBIT_0 N(d) \quad \text{mit: } N(d) = N\left(\frac{\ln(\infty) + (r_f + 0{,}5\sigma^2)T}{\sigma\sqrt{T}}\right) = N(\infty) = 1$$

Die Parameter zur Bewertung von B lauten $a = b = \exp(-r_f T)$, $c = 1$:

$$V_0(B) = EBIT_0 N(d_1) - \exp(-r_f T)\, I\, N(d_2) \quad \text{mit:}$$

$$d_1 = \frac{\ln(EBIT_0 / I) + (r_f + 0{,}5\sigma^2)T}{\sigma\sqrt{T}} \quad \text{und } d_2 = \frac{\ln(EBIT_0 / I) + (r_f - 0{,}5\sigma^2)T}{\sigma\sqrt{T}}$$

Zusammenfassend ergibt sich daraus folgender Wert des Steuervorteils:

$$\begin{aligned} V_0(TAX_{FT}) &= s_{GE}(EBIT_0 - EBIT_0 N(d_1) + \exp(-r_f T)\, I\, N(d_2)) \\ &= s_{GE}(EBIT_0(1 - N(d_1)) + \exp(-r_f T)\, I\, N(d_2)) \\ &= s_{GE}(EBIT_0 N(-d_1) + \exp(-r_f T)\, I\, N(d_2)) \end{aligned}$$

Anhang c:
Kombinierte Bewertung von Steuervorteilen und Verlustvorträgen

Wir gehen analog zu Anhang b vor:

$$A = \max\{EBIT_T - TLC, 0\}$$

Die Bewertungsparameter sind $a = b = \exp(-r_f T)$, $c = 1$, so daß:

$$V_0(A) = EBIT_0 N(d_3) - \exp(-r_f T)\, TLC\, N(d_4)\text{, mit:}$$

$$d_3 = \frac{\ln(EBIT_0 / TLC) + (r_f + 0{,}5\sigma^2)T}{\sigma\sqrt{T}} \text{ und } d_4 = \frac{\ln(EBIT_0 / TLC) + (r_f - 0{,}5\sigma^2)T}{\sigma\sqrt{T}}$$

Für die zweite Komponente, B, gilt bei gleichen Bewertungsparametern a, b und c:

$$B = \max\{EBIT_T - (I + TLC), 0\}$$

$$V_0(B) = EBIT_0 N(d_5) - \exp(-r_f T)\,(I + TLC)\, N(d_6)\text{, mit:}$$

$$d_4 = \frac{\ln\left(\frac{EBIT_0}{I + TLC}\right) + (r_f + 0{,}5\sigma^2)T}{\sigma\sqrt{T}} \text{ und } d_6 = \frac{\ln\left(\frac{EBIT_0}{I + TLC}\right) + (r_f - 0{,}5\sigma^2)T}{\sigma\sqrt{T}}$$

Zusammenfassend ergibt sich daraus die im Text dargestellte Bewertungsformel zu $V_0(TAX_{FV}) = s_{GE}\,(V_0(A) - V_0(B))$.

Literatur

Arbeitskreis "Externe Unternehmensrechnung" der SCHMALENBACH-Gesellschaft (1998), Behandlung "eigener Aktien" nach deutschem Recht und US-GAAP unter besonderer Berücksichtigung der Änderungen des KonTraG, in: DB, 51. Jg., S. 1673 – 1677.

BREALEY, R./MYERS, S. (1992) und (1988), Principles of Corporate Finance, 5th Edition, New York bzw. 3rd Edition.

BRENNAN, M. J. (1973), A New Look At The Weighted Average Cost Of Capital, in: Journal of Business Finance, Vol. 5, S. 24 - 30.

BRENNAN, M./SCHWARTZ, E. (1978), Corporate Income Taxes, Valuation, and the Problem of Optimal Capital Structure, in: JoB, Vol. 51, S. 103 – 114.

COENENBERG, A.G. (1997), Jahresabschluß und Jahresabschlußanalyse, 16. Auflage, Landsberg/Lech.

COPELAND, T./KOLLER, T./MURRIN, J. (1998), siehe erstes Kapitel.

DRUKARCZYK, J. (1990), Was kosten betriebliche Altersversorgungszusagen, in: DBW, 50. Jg., S. 333 – 353.

DRUKARCZYK, J. (1993), siehe erstes Kapitel.

DRUKARCZYK, J./HONOLD, D. (1998), siehe erstes Kapitel.

DRUKARCZYK, J./RICHTER, F. (1995), siehe erstes Kapitel.

DRUKARCZYK, J./SCHWETZLER, B. (1998), siehe erstes Kapitel.

GÜNTHER, T./MUCHE, T./WHITE, M. (1998), Bilanzrechtliche und steuerliche Behandlung des Rückkaufs eigener Anteile in den U.S.A. und in Deutschland, in: DWp, S. 574 – 585.

HACHMEISTER, D. (1996), siehe erstes Kapitel.

HARRIS, S./PRINGLE, J. (1985), siehe erstes Kapitel.

HIELSCHER, U./LAUBSCHER, H.-D. (1991), Finanzierungskosten, Kostenbestandteile, Kostenvergleiche und Usancen der Industriefinanzierung, 2. Auflage, Frankfurt/Main.

INSELBAG, I./KAUFOLD, H. (1997), siehe erstes Kapitel.

INSTITUT DER WIRTSCHAFTSPRÜFER (1992), WP-Handbuch 1992, 10. Auflage, Band II, Düsseldorf.

KLINGBERG, D. (1998), Der Aktienrückkauf nach dem KonTraG aus bilanzieller und steuerlicher Sicht, in: BB, S. 1575 – 1581.

KonTraG, Gesetz zur Kontrolle und Transparenz im Unternehmensbereich, Bundesgesetzblatt Jahrgang 1998, Teil I Nr. 24, Bonn, 30.4.98.

KRUSCHWITZ, L./LÖFFLER, A. (1998), siehe erstes Kapitel (1998a).

LELAND, H. E. (1994), Corporate Debt Value, Bond Covenants, and Optimal Capital Structure, in: JoF, Vol. 49, S. 1213 – 1252.

LELAND, H./TOFT, K. (1996), Optimal Capital Structure, Endogenous Bankruptcy, and the Term Structure of Credit Spreads, in: JoF, Vol. 51, S. 987 – 1019.

MILES, J./EZZELL, J. (1980), siehe erstes Kapitel.

MODIGLIANI, F./MILLER, M. (1963), siehe erstes Kapitel.

MODIGLIANI, F./MILLER, M. (1969), siehe drittes Kapitel.

RICHTER, F. (1996), siehe zweites Kapitel.

RICHTER, F./SIMON-KEUENHOF, K. (1996), Bestimmung durchschnittlicher Kapitalkosten deutscher Industrieunternehmen, in: BFuP, 48. Jg., S. 698 – 708.

ROSE, G. (1997), siehe zweites Kapitel.

ROSS, S. A. (1995), Uses, Abuses, and Alternatives to the Net-Present-Value Rule, in: FM, Vol. 24, S. 96 – 102.

SCHWETZLER, B. (1994), Innenfinanzierung durch Rückstellungen, der Erwerb festverzinslicher Wertpapiere und das Informationsdilemma bei Publikumsgesellschaften, in: DBW, 54. Jg., S. 787 – 803.

SCHWETZLER, B. (1996), Die Kapitalkosten von kurzfristigen Rückstellungen, in: BFuP, 48. Jg., S. 442 – 446.

SCHWETZLER, B. (1998), siehe erstes Kapitel.

SCHWETZLER, B. (1998a), Die Kapitalkosten von Rückstellungen – zur Anwendung des Shareholder Value-Konzeptes in Deutschland, in: zfbf, 50. Jg., S. 678 – 702.

SICK, G. A. (1990), Tax-Adjusted Discount Rates, in: Management Science, Vol. 36, S. 1432 – 1450.

SMITH, C. W. (1976), Option Pricing, A Review, in: Journal of Financial Economics, Vol. 3, S. 3 – 51.

STANDARD & POOR'S (1997), Corporate Ratings Criteria, London.

WAGNER, F. (1987), Ausschüttungszwang und Kapitalentzugsrechte als Instrumente marktgelenkter Unternehmenskontrolle? In: Schneider, D. (Hrsg.), Kapitalmarkt und Unternehmensfinanzierung, Berlin, S. 407 – 425.

Fünftes Kapitel
Reinvestitions- und Fortführungsprämissen

Verschiedene Motive sind denkbar, die Eigentümer und Management einer Aktiengesellschaft dazu veranlassen, Geschäftseinheiten oder im Extremfall die gesamte Gesellschaft aufzulösen.[1] Desinvestitionen von Geschäftseinheiten sind ein Instrument der Gestaltung des Geschäftsportefeuilles der Multibusiness-AG. Als Ziel dieser Maßnahmen wird die Erzeugung von positiven Kapitalmarktreaktionen auf die Ankündigung der Desinvestition so-

1 Nach KAPLAN/WEISBACH (1992) gehören hierzu Veränderungen in der Konzernstrategie, die Freisetzung von Mitteln für Akquisitionen, unzureichende Profitabilität und "gute Gelegenheiten", ebenda, S. 113.

wie die damit einher gehende Erhöhung des Wertes des Eigenkapitals unterstellt.[2] Neben den eigentümerinitiierten Liquidationen sind bei anteiliger Fremdfinanzierung die Interventionsrechte der Gläubiger zu berücksichtigen, auf die im Insolvenzfall die Verfügungsrechte übergehen und die zur oft nur anteiligen Realisierung ihrer Forderung ebenfalls die Liquidation erzwingen können.[3] Zur Abwendung der Insolvenz kommen (Teil-)Liquidationen in Betracht. Die Berücksichtigung dieser Handlungsoptionen von Eigentümern und Gläubigern steht im Zentrum des vorliegenden, fünften Kapitels.

Das Kapitel enthält fünf Abschnitte. In Abschnitt 1 werden die Handlungsoptionen von Eigentümern und Gläubigern im Hinblick auf die Liquidation des Unternehmens vor dem Hintergrund der relevanten rechtlichen Normen diskutiert. Der aus rein finanzieller Perspektive optimale Liquidationszeitpunkt wird in Abschnitt 2 bei sicheren Erwartungen über die zukünftigen Unternehmenserfolge hergeleitet. In Abschnitt 3 werden die Überlegungen auf den Fall unsicherer Erwartungen übertragen. Praktische Aspekte der Schätzung von Liquidationswerten und potentielle Kosten der Insolvenz („Konkurskosten") werden in Abschnitt 4 behandelt. Abschnitt 5 setzt die Fallstudie fort.

1 Handlungsoptionen von Eigentümern und Gläubigern

Wir beginnen mit einer kurzen Diskussion der Handlungsoptionen, die Eigentümer und Gläubiger im Hinblick auf die Fortführung des Unternehmens haben. Diese Fortführungsprämissen stehen im engen Zusammenhang mit den Annahmen zum Reinvestitionsverhalten der Eigentümer. Verweigern sie notwendige Kapitalerhöhungen, ist der Fortbestand des Unternehmens bei unveränderlichem Realinvestitionsprogramm und fehlender Zufuhr zusätzlichen Fremdkapitals gefährdet. Abschnitt 1.1 diskutiert die Handlungsoptionen der Eigentümer, 1.2 diejenigen der Gläubiger, und 1.3 faßt zusammen.

1.1 Wertsteigerung durch eigentümerinitiierte Liquidation

Liquidationen von Unternehmen oder Geschäftsbereichen werden häufig eingesetzt, um finanzielle Krisen zu bewältigen bzw. abzuwenden. Die

---

2 Vgl. LASFER/SUDARSANAM/TAFFLER (1996), S. 57.
3 Vgl. ALTMAN/KISHORE (1996), S. 57.

Desinvestition soll liquide Mittel freisetzen, die es der Gesellschaft erlauben, ihren Zahlungsverpflichtungen nachzukommen und damit drohende Insolvenz sowie die damit verbundenen direkten und indirekten Kosten zu vermeiden.[4] Zu den direkten Kosten des Insolvenzverfahrens gehören die Gebühren und Honorare von Konkursgerichten, Insolvenzverwaltern, Gutachtern, Anwälten etc. Die indirekten Kosten der Insolvenz umfassen Opportunitätskosten zum Beispiel aufgrund der Abneigung von Kunden, mit insolventen Firmen zu kooperieren.[5] Die direkten Kosten sind nach herrschender Auffassung weit weniger bedeutend als die indirekten Kosten, wenngleich jene schwierig zu quantifizieren sind.[6] Können diese Kosten vermieden werden, ist zu erwarten, daß die Ankündigung eigentümerinitiierter Liquidationen zu positiven Marktreaktionen führt.[7]

Verkäufe oder Verselbständigungen führen im allgemeinen ebenfalls zu positiven Marktreaktionen. Das Ergebnis der Untersuchung von MARKIDES/BERG (1992) ist in Tabelle 5.1 dargestellt, welches im Einklang steht mit den Untersuchungen von HITE/OWERS (1983), MONTGOMERY/THOMAS/KEMATH (1984), JOHN/OFEK (1995) sowie DAHLEY/MEHROTRA/SIVAKUMAR (1997).

Unter rein finanziellen Aspekten ist es aus Sicht der Eigentümer auch bei fehlender Insolvenzgefahr vernünftig, das Unternehmen (den Geschäftsbereich) aufzulösen, wenn der dabei realisierbare Liquidationswert den Wert des Eigenkapitals bei Fortführung übersteigt.[8] Der Liquidationswert ist der Barwert der erwarteten Zahlungen aus der Unternehmensauflösung (Unternehmenszerschlagung) nach Abzug der mit der Liquidation verbundenen Kosten und Steuern.[9] Das Ziel der Vermögensmaximierung legt es nahe, dieses Wertpotential zu realisieren. Besteht die Möglichkeit zur wertsteigernden Liquidation, ist jene auch im Rahmen der Unternehmensbewertung relevant.

---

4 Vgl. LASFER/SUDARSANAM/TAFFLER (1996), S. 59 sowie die dort angegebene Literatur.

5 Vgl. TITMAN, S. (1984), S. 139; ALTMAN, E. (1984), S. 1069; WEISS, L. (1990), S. 288 – 289.

6 Vgl. DRUKARCZYK, J. (1995), S. 41.

7 Vgl. LASFER/SUDARSANAM/TAFFLER (1996). Die Autoren finden statistisch signifikante positive Überrenditen Britischer Firmen, die in finanziellen Krisen Teilliquidationen ankündigen; ebenda, S. 57, S. 64. Vgl. auch die zusammenfassende Darstellung in RECHSTEINER, U. (1995), S. 231ff.

8 Vgl. HAUGEN/SENBET (1978), S. 384: "*Liquidation (dismantling the unprofitable firm) is a capital budgeting decision that should be considered independent from the event of bankruptcy*".

9 Vgl. MOXTER, A. (1983), S. 41.

Tabelle 5.1: Durchschnittliche abnormale Aktienrendite des verkaufenden Unternehmens bei freiwilligen Desinvestitionen[10]

	1 Tag vor Bekanntgabe	Am Tag der Bekanntgabe
Sell-off	1 – 4%	1 – 3%
Spin-off	3 – 7%	2 – 5%
LBO	8 – 12%	21 – 23%
Equity Carve-out	9 – 25%	2 %

Der folgende Abschnitt 1.1.1 skizziert die rechtlichen Grundlagen. Durch Mehrheitsbeschluß können die Eigentümer die Liquidation des Unternehmens initiieren. Unabhängig davon ist mit Widerständen zu rechnen, die eine Liquidation trotz dieser Rechtslage verhindern können (Abschnitt 1.1.2). In Abschnitt 1.1.3 werden für den Zweck der Unternehmensbewertung vereinfachende Annahmen formuliert, um den Wert der Liquidationsoption zu berücksichtigen.

1.1.1 Skizze der rechtlichen Grundlagen

Die Gründe für die Auflösung einer Aktiengesellschaft werden in § 262 AktG aufgezählt. In der Satzung der Aktiengesellschaft kann die Lebensdauer festgelegt werden. Nach Ablauf dieser Zeit erfolgt die Auflösung. Daneben kann die Hauptversammlung mit mindestens ¾-Mehrheit (bezogen auf das bei der Beschlußfassung vertretene Grundkapital) die Auflösung beschließen. In der Satzung können jedoch größere Kapitalmehrheiten und weitere Bedingungen definiert werden. Weitere Gründe für die Auflösung der Gesellschaft sind die Eröffnung des Insolvenzverfahrens, ein rechtskräftiger Beschluß, durch den die Eröffnung des Insolvenzverfahrens "mangels Masse" abgelehnt wird sowie per Verfügung des Registergerichts bei mangelnder Satzung.

---

10 MARKIDES/BERG (1992), S. 11. Beim Sell-off findet eine vollständige Veräußerung von Unternehmensbereichen oder Vermögensgegenständen an ein anderes Unternehmen statt. Die Abspaltung eines Unternehmensbereichs durch Ausgabe von neuen Aktien an die bestehenden Eigentümer wird als Spin-off bezeichnet. Beim Leveraged Buy-out (LBO) handelt es sich um einen mit vergleichsweise hoher Fremdfinanzierung durchgeführten Kauf eines Unternehmens durch einige wenige Anleger. Werden neue Aktien einer Tochtergesellschaft nicht an bestehende, sondern an neue Eigentümer ausgegeben, spricht man vom Equity Carve-out.

Hervorzuheben ist, daß das Aktiengesetz keine Begründung für einen Beschluß zur Auflösung der Gesellschaft verlangt. Solange kein Insolvenzverfahren über das Vermögen der Gesellschaft eröffnet (bzw. mangels Masse eingestellt) wurde, haben die Eigentümer das Recht, die Gesellschaft zu liquidieren. Liegt der Wert bei Fortführung unter dem Liquidationserlös, besteht rechtlich die Möglichkeit, den Wert des Vermögens der Eigentümer durch Liquidation vor weiterem Verfall zu schützen.

Nach der Auflösung der Gesellschaft findet die Abwicklung durch den Vorstand oder durch andere, von der Hauptversammlung bestimmte Personen statt (§§ 264, 265 AktG). Gemäß § 267 AktG haben die "Abwickler" unter Hinweis auf die Auflösung der Gesellschaft die Gläubiger derselben aufzufordern, ihre Ansprüche anzumelden. Die Abwickler haben die Pflicht, die laufenden Geschäfte zu beenden, die Forderungen einzuziehen, das übrige Vermögen zu verkaufen und die Verbindlichkeiten zu tilgen (§ 268 AktG). Das nach der Berichtigung der Verbindlichkeiten verbleibende Vermögen steht den Aktionären zu (§ 271 AktG).

1.1.2 Potentielle Barrieren

Unabhängig von der eindeutigen Rechtslage ist zu prüfen, ob und unter welchen Bedingungen eine faktische Liquidation durchführbar ist. Diesbezüglich bestehen nicht unberechtigte Zweifel:[11]

- Aufgrund des mit einer Liquidation verbundenen Arbeitsplatzverlustes ist der Widerstand des Betriebsrates, der Gewerkschaften und der Öffentlichkeit vorprogrammiert. Jene Gruppen könnten sich auf den Artikel 14 des Grundgesetzes berufen, der die Sozialbindung des Eigentums verlangt.
- Das Management und/oder die Eigentümer (insbesondere die Firmengründer) empfinden regelmäßig eine moralische Verpflichtung gegenüber ihren Mitarbeitern. Das Fortbestehen der Firma wird oft höher bewertet als die Maximierung des finanziellen Nutzens.

Folglich ist im Einzelfall zu prüfen, ob und unter welchen Bedingungen eine Liquidation als realistische Alternative zur Fortführung des Unternehmens besteht. Offensichtlich besteht ein Zielkonflikt zwischen den Arbeitnehmern des Unternehmens, deren Vertretern, der Öffentlichkeit und denjenigen Eigentümern, die den Wert ihrer Beteiligung maximieren wollen. Nun ist es trotz der Sozialbindung des Eigentums kaum mit marktwirtschaftlichen

---

11 Vgl. BARTKE, G. (1981), S. 464; RECHSTEINER, U. (1995), S. 54 – 62.

Normen vereinbar, den Eigentümern die Kosten einer finanziell suboptimalen Nutzung des Betriebsvermögens anzulasten. Diejenigen, die den Nutzen der Fortführung erhalten, sollten auch die Kosten tragen. Dies könnte zum Beispiel durch Anpassung der Löhne und Gehälter oder nichtmarktwirtschaftliche Instrumente wie Subventionen erfolgen.

Neben diesen sozioökonomischen und juristischen Faktoren ist die Situation auf den Gütermärkten zu prüfen, die ebenfalls eine wertsteigernde Reallokation behindern oder zunichte machen kann. Selbst wenn die genannten Barrieren überwunden werden können, stellt sich die Frage nach der Existenz mindestens eines potentiellen Käufers.[12] Insbesondere bei spezifischen Vermögensgegenständen, die nur zur Produktion bestimmter Güter benutzt werden können, kommen primär Wettbewerber als Käufer in Frage.[13] Der "beste Eigentümer" ist derjenige, der den höchsten Nutzen aus dem Vermögensgegenstand zieht und damit den höchsten Preis zahlen kann. Wenn die Ursache für Unternehmenskrisen die gesamte Branche treffen, findet sich unter Umständen kein Käufer, oder es kann nur ein Preis weit unterhalb des Wertes des Vermögensgegenstandes bei bester Nutzung realisiert werden. Die Folge ist ein illiquider Markt für gebrauchte Vermögensgegenstände, der in Rezessionen zu niedrigen Preisen führt oder den Handel gänzlich verhindert.

1.1.3 Vereinfachende Annahmen

Es wird unterstellt, daß Manager im Interesse der Eigentümer von Unternehmen handeln und somit diesbezüglich keine Interessenkonflikte bestehen. Diese (vielleicht nicht immer realistische) Annahme ermöglicht eine Vereinfachung der folgenden Diskussion. Es gibt nur eine Zielfunktion, und die lautet Maximierung des Unternehmenswertes. Eine Differenzierung zwischen Eigentümern und Managern ist damit für den vorliegenden Zweck entbehrlich.

Es wird davon ausgegangen, daß die Eigentümer im ökonomischen Sinn rational handeln und in der Lage sind, ihre Erwartungen über den Wert ihres Unternehmens bei Fortführung der Aktivitäten sowie den Wert bei Liquidation zu konkretisieren. Folglich kennen sie die wertmäßige Implikation der Handlungsoptionen "Fortführung" und "Liquidation". Sie entscheiden sich

---

12 Vgl. SHLEIFER/VISHNY (1992), S. 1343.

13 Vgl. WILLIAMSON, O. (1988); danach weisen universell einsatzfähige Vermögensgegenstände höhere Liquidationswerte auf als spezifische.

zu einem Zeitpunkt t^* für die Liquidation des Unternehmens, falls der Fortführungswert einschließlich der Option auf eine spätere Liquidation erstmals unter den Wert bei sofortiger Liquidation fällt. Dieser Zeitpunkt t^* soll Liquidationstermin heißen. Übersteigt der Wert des Eigenkapitals den Liquidationswert, entscheiden sich die Eigentümer für die Fortführung:[14]

$$(5.1) \quad S_t - LQ_t \begin{cases} > 0 & \textit{Fortführung} \\ \leq 0 & \textit{Liquidation} \end{cases}$$

Es wird angenommen, daß es qualitative Unterschiede im Management gibt, die unternehmensspezifischen Krisen erklären können, die nicht gleichzeitig alle Unternehmen einer Branche im gleichen Ausmaß berühren. Illiquidität des Sekundärmarktes wird vereinfachend ausgeschlossen. Darüber hinaus mag es Synergieeffekte geben, die auch oder insbesondere in rezessiven Phasen zum Kauf von Unternehmen oder Unternehmensteilen motivieren können.

Liquidation wird hier gleichgesetzt mit einer Veräußerung des Anlagevermögens, das möglicherweise rekombiniert mit dem Anlagevermögen anderer Unternehmen einem neuen Verwendungszweck zugeführt wird. Die Verschrottung gilt als ein spezifischer Verwendungszweck. Das Umlaufvermögen wird liquidiert, indem z.B. die Kundenforderungen eingeholt und die Lieferantenverbindlichkeiten beglichen werden. Das zinspflichtige Fremdkapital wird zum Liquidationstermin getilgt. Die Eigentümer erhalten den Restbetrag. Nicht bilanzierte, immaterielle Vermögensgegenstände, etwa aus dem Aufbau von Markennamen, mögen im Falle der Liquidation keinen meßbaren Wert aufweisen. Gleiches gilt für ggf. nicht erfaßte Passiva. Kosten und Steuern sind zu berücksichtigen.

Der Barwert der Liquidationsoption sollte in jedem Fall berechnet werden. Ob er bei der Formulierung von Grenzpreisen berücksichtigt wird, muß im Einzelfall auf Basis einer Hypothese über die Realisierbarkeit der Liquidation entschieden werden.

1.2 Interventionsrecht der Gläubiger

Durch anteilige Fremdfinanzierung räumen die Eigentümer den Gläubigern Ansprüche auf den Unternehmenswert ein. Diese Ansprüche umfassen Zah-

---

14 Vgl. HAUGEN/SENBET (1978), S. 390.

lungen, Verhaltensbindungen und sowie unter bestimmten Bedingungen eine vollständige Übertragung der Verfügungsrechte an dem Unternehmen. Die positiven Aspekte der anteiligen Fremdfinanzierung in Form von potentiellen Steuervorteilen werden auf Basis potentialorientierter Finanzierungsprämissen berücksichtigt. Konsequenter Weise darf die Kehrseite der Medaille, d.h. der Transfer von Verfügungsrechten, nicht vernachlässigt werden. Im ersten Schritt werden dazu potentielle Interessenkonflikte zwischen Eigentümern und Gläubigern dargestellt (Abschnitt 1.2.1). Danach wird der Weg skizziert, den der deutsche Gesetzgeber zur Reorganisation bei Insolvenz eingeschlagen hat (Abschnitt 1.2.2). In Abschnitt 1.2.3 werden die Handlungsoptionen der Gläubiger auf Basis vereinfachender Annahmen formuliert.

1.2.1 Potentielle Interessenkonflikte zwischen Eigentümer und Gläubiger

In der Regel werden zwischen Schuldner und Gläubiger Kreditverträge geschlossen, die zustandsunabhängige Konditionen für die Zins- und Tilgungszahlungen enthalten. Meistens werden zeitpunktabhängige und zustandsunabhängige Zahlungen vereinbart.[15] Während der Laufzeit des Kreditvertrags haben Gläubiger nur begrenzten Einfluß auf die Investitions-, Finanzierungs- und Ausschüttungsstrategie der Eigentümer. Für die Eigentümer besteht ein Anreiz, bei sinkender Ertragskraft und damit u.U. einher gehendem Eigenkapitalschwund ihre Risiko- und Vermögensposition zu Lasten der Gläubiger zu verbessern. Zu diesen "Shirking-Strategien" gehören:[16]

- *Postvertragliche Fremdfinanzierung und Ausschüttung* (claim dilution): Nach Abschluß eines Kreditvertrages, dessen Erfüllung nach übereinstimmenden Erwartungen aller Beteiligten sicher ist, erhöhen die Eigentümer die Verschuldung zur Finanzierung einer Sonderausschüttung. Damit ist der zuerst geschlossene Vertrag aus Sicht der Gläubiger weniger wert, da sich das Ausfallrisiko erhöht hat.
- *Postvertragliche Erhöhung des Investitionsrisikos* (assets substitution): Das Investitionsprogramm, das den Gläubigern während der Verhandlung eines Kreditvertrags präsentiert wurde, wird nach Abschluß des Vertrags so verändert, daß das Ausfallrisiko erhöht wird.[17]

---

15 Vgl. DRUKARCZYK/SCHÜLER (1997), S. 58.

16 Vgl. DRUKARCZYK, J. (1993), S. 330.

17 Weiter unten wird gezeigt, daß sich die Eigentümerposition durch eine Kaufoption charakterisieren läßt. Der Wert der Option steigt mit zunehmendem Risiko, während die Position des Stillhalters (hier: die Gläubiger) an Wert verliert.

- *Nichtrealisierung vorteilhafter Investitionsprojekte und Realisierung unvorteilhafter Projekte* (under- bzw. overinvestment): Projekte werden nicht durchgeführt, die den Unternehmensgesamtwert erhöhen, jedoch einen Gläubigeranteil enthalten, der so hoch ist, daß der Residualerlös die Investition aus Eigentümersicht nicht lohnend erscheint. Projekte mit negativem Wert werden durchgeführt, wenn sie den Anteil der Eigentümer zu Lasten des Anteils der Gläubiger am Unternehmensgesamtwert erhöhen.
- *Entzug von Haftungsmasse* (asset conversion): Sicherungsübereignete Vermögensgegenstände werden verkauft oder mehrfach beliehen.

Vertragskautelen (bond covenants)[18] dienen dem Zweck, den Handlungsraum der Eigentümer im Sinne des Gläubigerschutzes einzuengen. Die oben dargestellten Strategien führen zu Vermögensverlusten der Gläubiger, wenn jene aufgrund von asymmetrisch verteilter Information nicht in der Lage sind, diese Strategien zu erkennen und zu antizipieren. Daneben können Umweltzustände eintreten, mit denen weder Schuldner noch Gläubiger bei Vertragsunterzeichnung gerechnet haben.

Werden die vertraglich fixierten Zins- und Tilgungszahlungen nur unvollständig geleistet oder die vereinbarten Restriktionen zur Bindung des Schuldnerverhaltens verletzt, greifen Terminierungsregeln, die den Eigentümern die Verfügungsrechte entziehen und auf die Gläubiger übertragen können. Bei Nichterfüllung der vertraglichen Zusagen erlangen die Gläubiger ein Interventionsrecht, das im Rahmen einer Unternehmensbewertung i.S. einer Bewertung der Verfügungsrechte an einem Unternehmen berücksichtigt werden muß.

1.2.2 Skizze der rechtlichen Grundlagen

Die gesetzlichen Vorschriften zum Gläubigerschutz lassen sich in vier Kategorien gruppieren:[19] Vorschriften, die den Informationsstand von Gläubigern unmittelbar bzw. mittelbar verbessern und damit die Kreditkontrolle erleichtern. Hierzu gehören die Buchführungs- und Dokumentationspflichten des HGB. Der Entscheidungsspielraum der Eigentümer bzw. der im Auftrag

---

18 Hierzu gehören etwa Klauseln, die das Investitionsverhalten oder die Ausschüttungen begrenzen, die zukünftige Finanzentscheidungen einengen oder die Kontrolle des Schuldnerverhaltens erleichtern. Auch das in Deutschland sehr weit verbreitete Instrument der Kreditsicherheiten gehört in diese Kategorie; vgl. DRUKARCZYK, J. (1993), S. 328ff, S. 343.

19 Vgl. DRUKARCZYK, J. (1993), S. 314.

Handelnden werden zum Beispiel durch Normen zur Mindesteigenkapitalausstattung (§ 7 AktG) oder zur Maximalausschüttung (§§ 57, 58 i.V.m. §§ 264 – 289 HGB, §§ 150 – 160 AktG) eingeschränkt. Sanktionsvorschriften greifen bei Fehlverhalten wie zum Beispiel Kreditbetrug (§ 265b StGB). Schließlich existieren Vorschriften, welche die Sanktionsfähigkeit der Gläubiger unmittelbar stärken. Hierzu gehören die Vorschriften des Insolvenzrechts, die im folgenden skizziert werden.

Insolvenzrechtliche Regelungen sollen der Schadensbegrenzung durch Verhaltenssteuerung und kollektive Verwertung des Vermögens, der Verminderung von Verteilungsrisiken sowie der Erleichterung einer erlösmaximierenden Verwertung dienen.[20] Ein zentrales Element insolvenzrechtlicher Normen stellt die Definition von Insolvenztatbeständen dar. Das deutsche Recht kennt diesbezüglich drei Tatbestände, die für Aktiengesellschaften gültig sind – Zahlungsunfähigkeit und Überschuldung:

- Der Tatbestand der Zahlungsunfähigkeit ist in § 17 InsO definiert. Danach ist der Schuldner zahlungsunfähig, wenn er nicht in der Lage ist, die fälligen Zahlungsverpflichtungen zu erfüllen. Zahlungsfähigkeit ist anzunehmen, wenn die Zahlungen eingestellt wurden. Schuldner und Gläubiger sind berechtigt, die Eröffnung des Insolvenzverfahrens zu beantragen.
- § 18 Abs. 1 InsO besagt, daß auch die drohende Zahlungsunfähigkeit Grund für die Eröffnung des Insolvenzverfahrens durch die Schuldner ist. Drohende Zahlungsunfähigkeit liegt gem. Abs. 2 vor, wenn der Schuldner voraussichtlich nicht in der Lage sein wird, die bestehenden Zahlungspflichten im Zeitpunkt der Fälligkeit zu erfüllen.
- Bei einer juristischen Person ist gem. § 19 Abs. 1 InsO auch die Überschuldung Grund für die Eröffnung des Insolvenzverfahrens. Nach § 92 Abs. 2 S. 2 AktG liegt Überschuldung dann vor, wenn das Vermögen der Gesellschaft nicht mehr die Schulden deckt. § 19 Abs. 2 InsO ergänzt: Bei der Bewertung des Vermögens des Schuldners ist die Fortführung des Unternehmens zugrunde zu legen, wenn diese nach den Umständen überwiegend wahrscheinlich ist.

Der II. Senat des BGH hat bereits mit Urteil vom 13.7.1992 die Verbindung zwischen Zahlungsunfähigkeit und Überschuldung herausgestellt. Danach liegt Überschuldung vor, wenn das Vermögen der Gesellschaft bei Ansatz von Liquidationswerten unter Einbezug der stillen Reserven die bestehenden Verbindlichkeiten nicht deckt (rechnerische Überschuldung) und gleichzeitig

20 Vgl. DRUKARCZYK/SCHÜLER (1997), S. 58.

die Finanzkraft der Gesellschaft nach überwiegender Wahrscheinlichkeit mittelfristig nicht zur Fortführung des Unternehmens ausreicht (Überlebens- oder Fortführungsprognose).[21]

Abbildung 5.1: Zweistufige Methode gem. § 19 InsO[22]

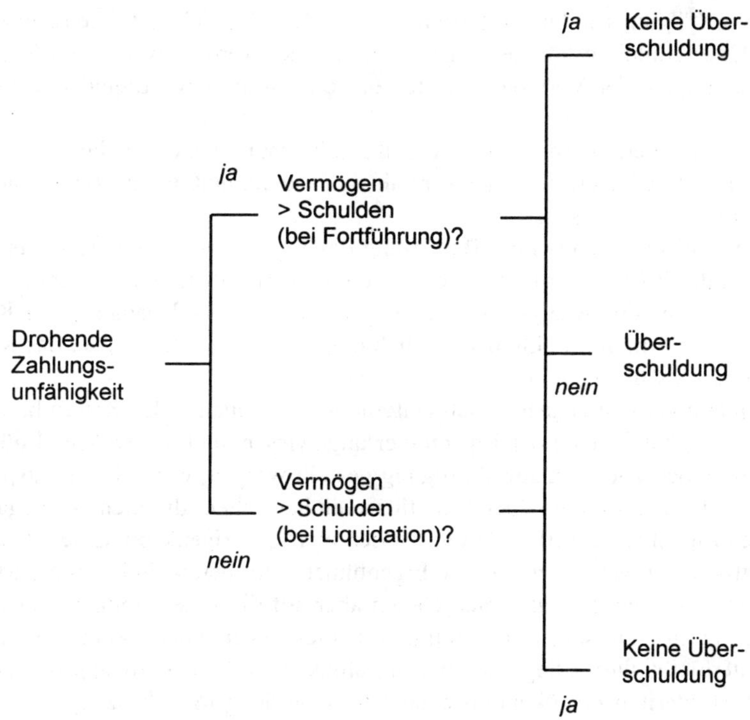

Auf die Kritik an dieser zweistufigen Methode soll an dieser Stelle nicht eingegangen werden,[23] die Normen des geltenden Insolvenzrechts sind Fakt. Es stellt sich hier die Frage, wie diese Normen im Rahmen der Unternehmensbewertung abgebildet werden könnten.

---

21 Urteil vom 13.7.92 – BGH II ZR 269/91.
22 In Anlehnung an DRUKARCZYK/SCHÜLER (1999), S. 37.
23 Vgl. hierzu DRUKARCZYK, J. (1994), S. 1737.

1.2.3 Vereinfachende Annahmen

Die komplizierten Regelungen der InsO können im folgenden nur auf vereinfachende, approximative Weise abgebildet werden. Insbesondere der Tatbestand der (drohenden) Zahlungsunfähigkeit ist schwer zu modellieren, da dies Kenntnis der Zahlungstermine bedingt. Beispielsweise ist die Terminierung von Tilgungszahlungen Externen in der Regel unbekannt. Die rechnerische Überschuldung könnte hingegen abgebildet werden, wenn eine Schätzung bezüglich der Vermögenswerte bei Fortführung bzw. Liquidation vorliegt.

Vereinfachend wird unterstellt, daß Zahlungsunfähigkeit einher geht mit einem negativen Wert des Eigenkapitals. Dies kann, muß in der Realität aber nicht immer der Fall sein:

- Einerseits werden bei der Bewertung des Eigenkapitals Opportunitätskosten der Eigentümer berücksichtigt, die keine Festbetragsverpflichtungen darstellen. Zur Analyse der Zahlungsunfähigkeit sind pagatorische Kosten in Form von Zahlungsverpflichtungen relevant. Dies leistet das Kriterium $S < 0$ nicht.
- Andererseits ist zu sehen, daß Unternehmen in finanziellen Krisen häufig auf Kapitaleinlagen der Eigentümer angewiesen sind. Diese Mittel dürften jedoch nur dann zur Verfügung gestellt werden, wenn damit entsprechende Erwartungen über Rückflüsse einher gehen, die nicht zu negativen Eigenkapitalwerten führen. Ist der Wert des Eigenkapitals bereits negativ, ist zu vermuten, daß die Eigentümer nicht bereit sind, weitere Mittel einzulegen. Ist das Unternehmen aber auf die Eigenkapitalzufuhr angewiesen, um seinen Festbetragsverpflichtungen nachzukommen, und unterbleibt diese, liegt Zahlungsunfähigkeit vor. Insofern approximiert das Kriterium der ökonomischen Überschuldung ($S < 0$ bzw. $V < B$)[24] den Tatbestand der Zahlungsunfähigkeit.[25]

Das kombinierte Kriterium für die Übertragung der Verfügungsrechte von den Eigentümern auf die Gläubiger, das Zahlungsunfähigkeit und Überschuldung gleichzeitig fordert, lautet damit: $S < 0$ und ($LQ < 0$ oder $E < 0$). Dabei bezeichnet S den Wert des Eigenkapitals, LQ den Liquidationserlös nach Abzug aller Schulden und aller Kosten und E den bilanziellen Wert des Eigenkapitals bei Fortführung. Bezüglich der verfügbaren Information über S und LQ wird für den Zweck der Unternehmensbewertung davon ausgegan-

---

24 Vgl. DRUKARCZYK/RIEGER/DUTTLE (1987), S. 72.

25 Vgl. DRUKARCZYK, J. (1993), S. 365.

gen, daß allen Marktteilnehmern (Aktionären und Gläubigern) die gleichen externen Daten vorliegen und diese weitgehend einheitlich interpretieren. Es kann wohl davon ausgegangen werden, daß $LQ < E$ gilt, da in der Unternehmenskrise oft keine stillen Reserven mehr vorhanden sind. Auch ist LQ um die Kosten der Liquidation gemindert, E hingegen aufgrund der Fortführungsprämisse nicht. Somit reduziert sich die Terminierungsregel auf $S < 0$ (Indikator für drohende Zahlungsunfähigkeit) und gleichzeitig $E < 0$ (rechnerische Überschuldung). Damit wird jedoch eine Fortführung ggf. unter der Regie der Gläubiger unterstellt. Diese Option ist vom Gesetzgeber auch vorgesehen. Neben der in den §§ 148ff InsO geregelten Verwertung des Vermögens durch Liquidation räumt § 1 in Verbindung mit den §§ 217ff den Gläubigern die Option der Verwertung auf Basis eines Insolvenzplans ein. Dabei kann es sich handeln um[26]

- einen Liquidationsplan, der im Gegensatz zur sofortigen Auflösung eine geringere Zerlegungsintensität bzw. einen längeren Verwertungszeitraum vorsieht,
- einen Übertragungsplan, der den Transfer des Vermögens auf Auffanggesellschaften oder Dritte vorsieht,
- einen Sanierungs- oder Reorganisationsplan, bei dem die Gläubiger weiterhin als Financiers zur Verfügung stehen und ihre Ansprüche aus künftigen Überschüssen befriedigen wollen.

Zusammenfassend läßt sich folgende Annahme einer Entscheidungsregel der Gläubiger formulieren:

$$(5.2) \quad S_t - LQ_t \begin{cases} \leq 0 & Liquidation \\ > 0 & Fortführung \end{cases} \quad \text{u.d.B: } S_t < 0 \wedge E_t < 0$$

Unterschreitet der Wert des Eigenkapitals (gemessen in Markt- und Buchwert) die Nullmarke, gehen die Verfügungsrechte auf direktem Weg auf die Gläubiger über. Jene liquidieren das Unternehmen, wenn der Liquidationswert den Wert des Eigenkapitals mindestens deckt. Reicht der Liquidationswert zur Tilgung des Fremdkapitals nicht aus, entstehen Liquidationsverluste, welche den Gläubigern aufgebürdet werden. Deren Maximalverlust entspricht dem nominellen Fremdkapitalbetrag B_t. Unterschreitet der Liquidationserlös den Wert des Eigenkapitals, ist die Fortführung die weniger schlechte Alternative.

---

26 Vgl. DRUKARCZYK, J. (1998), S. 12.

1.3 Synthese der Handlungsoptionen

Es wird ein sequentieller Entscheidungsablauf unterstellt, indem zunächst die Eigentümer ihre Investitions-, Finanzierungs- und Ausschüttungsstrategien formulieren und optimieren. Führt dies zu einem negativen Wert des Eigenkapitals, haben die Eigentümer die Chance zu liquidieren. Dieses Strategienbündel kann gegen den Willen der Gläubiger nur dann durchgesetzt werden, wenn die Verfügungsrechte bei den Eigentümer liegen. Ist dies nicht der Fall, können die Gläubiger die Liquidation einleiten. Dies geschieht nie, wenn der Liquidationswert stets positiv ist und die Eigentümer diesen Wert selbst realisieren, sobald der Wert des Eigenkapitals unter den Liquidationswert fällt. Die potentiellen Interessenkonflikte werden entschärft, wenn sich das Management bei der Strategieformulierung am Unternehmensgesamtwert und nicht ausschließlich am Wert des Eigenkapitals orientiert. Es wird unterstellt, daß Unternehmensstrategien, welche die Position von Eigentümern oder Gläubigern zu Lasten der jeweils anderen Gruppe schwächen, langfristig nicht durchgesetzt werden können. Für den Zweck der Unternehmensbewertung werden jene Strategien ausgeblendet.

Die Liquidationsoption der Eigentümer kann interpretiert werden als das Recht, die Aktivitäten des Unternehmens zu einem frei bestimmbaren Zeitpunkt zu beenden. Damit entgehen zukünftige Zahlungen, die bei Fortführung der Aktivitäten ggf. zu erwarten sind. Der Liquidationserlös ist als Zahlung bei Ausübung dieses Rechtes zu werten. Damit entspricht das Recht auf Liquidation strukturell einer Verkaufsoption. Jene verbrieft das Recht zum Verkauf einer Aktie zu einem definierten Preis, dem Ausübungs- oder Basispreis. Der Ausübungspreis entspricht dem Liquidationserlös, der Aktienkurs dem Fortführungswert. Es handelt sich um eine Amerikanische Option, die das Ausübungsrecht zu einem beliebigen Zeitpunkt innerhalb der Laufzeit der Option einräumt.[27] Die Liquidationsoption hat darüber hinaus Besonderheiten: Die Laufzeit der Option ist nicht beschränkt. Unternehmen sind in der Regel auf Dauer angelegt und somit besteht kein im voraus definiertes Ende. Der Liquidationserlös ist zudem mit Unsicherheit behaftet. Es liegt folglich eine Amerikanische Verkaufsoption mit unbegrenzter Laufzeit und unsicherem Ausübungskurs vor. Es gilt:

$$(5.3) \qquad V_t(S_t, LQ_t) = \max\{S_t, LQ_t, 0\}$$

27 Im Gegensatz dazu können Europäische Optionen nur am Verfallstag ausgeübt werden.

Aufgrund der beschränkten Haftung der Eigentümer einer Aktiengesellschaft beträgt der Mindestwert des Eigenkapitals null. Zu beachten ist, daß $V(S, LQ)$ den Wert des Eigenkapitals einschließlich der Liquidationsoption darstellt.[28]

Das Interventionsrecht der Gläubiger läßt sich ebenfalls als Option formulieren. Zuvor sollen jedoch die Handlungsoptionen von Eigentümern und Gläubigern zusammenfassend dargestellt werden. Dazu sind drei Fälle voneinander zu unterscheiden. Diese sind jeweils durch die Relationen des Wertes bei Fortführung zum Liquidationserlös und zum Nullpunkt gekennzeichnet. Die Konstellation **0**-*LQ*-*S* symbolisiert positive Liquidations- und Fortführungswerte (rechts vom Nullpunkt), wobei der Wert bei Fortführung S den Liquidationswert LQ übersteigt. Der Wert bei Fortführung entspricht dem Wert des Eigenkapitals (S_t) einschließlich der Zahlung (C_t). Auch der Liquidationswert bezieht sich auf den Anspruch der Eigentümer, d.h. er wird nach Abzug des Fremdkapitals berechnet.

Tabelle 5.2: Handlungsoptionen von Eigentümern und Gläubigern[29]

Situation	Entscheidung	Zahlungen (Vermögensposition)
0-*LQ*-*S* oder *LQ*-**0**-*S*	Fortführung	Eigentümer: S Gläubiger: B
0-*S*-*LQ* oder *S*-**0**-*LQ*	Liquidation durch Eigentümer	Eigentümer: LQ Gläubiger: B
LQ-*S*-**0** oder *S*-*LQ*-**0**	Insolvenz und Liquidation durch Gläubiger	Eigentümer: 0 Gläubiger: $\max\{B+LQ, 0\}$ Dritte: $\min\{B+LQ, 0\}$

Solange der Wert des Eigenkapitals bei Fortführung und/oder der Liquidationserlös positiv sind, werden die Ansprüche der Gläubiger erfüllt. Unerfreulich ist der dritte Fall, in dem sowohl der Wert bei Fortführung als auch der Liquidationswert negativ ist. Die Gläubiger erhalten hier keine vollständige Rückzahlung ihres Anspruchs; im schlechtesten Fall gehen auch sie leer aus. Den wirtschaftlichen Verlust tragen Dritte (nachrangige Gläubiger oder

28 Den Wert der Liquidationsoption bezeichnen wir mit $V(S - LQ)$.

29 Der Begriff Gläubiger ist hier auf die Anspruchsinhaber von B bezogen.

die Allgemeinheit), wenn der Liquidationsverlust den Gläubigeranspruch noch übersteigt.

Damit kann der Optionswert des Fremdkapitals so formuliert werden:

$$(5.4) \qquad V_t(B_t) = \min\{\max\{0, B_t + LQ_t\}, B_t\}$$

Man erkennt, daß es unter den gesetzten Prämissen nur eine Konstellation im Fall 3 (*LQ*-*S*-**0**) gibt, in der die Gläubiger anders als die Eigentümer zwischen Liquidation und Fortführung wählen würden. Die Eigentümer liquidieren unbedingt bei negativem Wert des Eigenkapitals. Die Gläubiger könnten für eine Fortführung plädieren, wenn der negative Liquidationserlös den Wert des Eigenkapitals bei Fortführung noch unterschreitet.

Beispiel 5.1: Der Unternehmensgesamtwert könnte beispielsweise 20 GE betragen, der Wert des Fremdkapitals $B = 70$ GE, der Wert des Eigenkapitals damit $S = -50$ GE. Der Liquidationserlös betrage aufgrund umfangreicher Abraumarbeiten nur $LQ = -75$ GE. Fortführung lohnt, solange $B + S = 70 - 50 > 0$ gilt. Bei Liquidation erhalten die Gläubiger nichts, bei Fortführung immerhin 20 GE. Erst bei negativem Unternehmensgesamtwert erfolgt die Liquidation und die Gläubiger verlieren den gesamten Anspruch. Übersteigt der Liquidationserlös, z.B. bei $LQ = -10$, den Wert des Eigenkapitals, würden die Gläubiger generell für die Liquidation optieren (*S*-*LQ*-**0**).

Vereinfachend wird im folgenden unterstellt, daß eine Fortführung unter der Regie der Gläubiger scheitert, da die entsprechenden Management-Ressourcen nicht verfügbar sind. Darüber hinaus können die indirekten Kosten der Insolvenz den Unternehmensgesamtwert auf null drücken. In dem Fall wäre eine Fortführung selbst bei vorhandenen Kapazitäten nicht wirtschaftlich. Unter diesen Prämissen wird ein Gleichlauf der Entscheidungen von Eigentümern und Gläubigern über Fortführung bzw. Liquidation des Unternehmens hergestellt.[30] Es gilt:

$$(5.5) \qquad S_t - LQ_t \begin{cases} > 0 & \textit{Fortführung} \\ \leq 0 & \textit{Liquidation} \end{cases}$$

Für die folgenden Betrachtungen ist unerheblich, wer die Liquidationsoption ausübt.

30 Vgl. HAUGEN/SENBET (1978), S. 390.

2 Der optimale Liquidationszeitpunkt bei sicheren Erwartungen

Unter Sicherheit kann der optimale Liquidationszeitpunkt einfach bestimmt werden. Hierbei handelt es sich um denjenigen Zeitpunkt der Liquidation, der zum maximalen Unternehmenswert führt. Es läßt sich zeigen, daß unter bestimmten Bedingungen ein von $t = 0$ verschiedener Liquidationszeitpunkt optimal sein kann. Man könnte vermuten, daß eine sofortige Liquidation dann optimal ist, wenn der Liquidationserlös in $t = 0$ den Unternehmenswert zur gleichen Zeit übersteigt. Dies ist unter Sicherheit jedoch nur dann der Fall, wenn die Wachstumsrate des Unternehmenswertes kleiner als die Wachstumsrate des Liquidationserlöses ist.

Es bezeichne C die bewertungsrelevante Zahlung, r_f die jährliche Rendite nicht ausfallbedrohter Zerobonds mit beliebiger Laufzeit. Die Zahlungen und damit die Unternehmenswerte wachsen pro Periode mit der Rate α, der Liquidationserlös mit β. Es möge folgende Relation gelten:

(5.6) $$0 \le \alpha < \beta < r_f$$

Der Unternehmenswert beträgt bei unbegrenzter Lebensdauer

(5.7) $$S_0 = \frac{C}{r_f - \alpha} \quad \text{bzw.} \quad S_t = S_0(1+\alpha)^t$$

Der Liquidationserlös nach Abzug aller Steuern und Kosten wächst pro Jahr mit der Rate β:

(5.8) $$LQ_t = LQ_0(1+\beta)^t$$

Damit läßt sich der Wert der Liquidationsoption zu einem Ausübungszeitpunkt t formulieren:

(5.32) $$V_0(LQ_t - S_t) = \max\{LQ_t - S_t; 0\}(1 + r_f)^{-t}$$

Hier bezeichnet t einen beliebigen Zeitpunkt, zudem die Liquidationsoption ausgeübt werden könnte. Der Barwert der Option in $t = 1$ ergibt sich aus der mit dem risikolosen Zinssatz diskontierten Zahlung. Der optimale Liquidationszeitpunkt folgt aus dem t, für den der Barwert sein Maximum erreicht. Durch Einsetzen der Funktionen für den Unternehmenswert und für den Liquidationserlös, Ableiten nach der Zeit sowie nach elementaren Umformungen findet man:[31]

$$(5.10)\quad t^{*}=\ln\left(\frac{S_0\ln(a)}{LQ_0\ln(b)}\right)/\ln\left(\frac{b}{a}\right)\ \text{mit}\ a=\frac{1+\alpha}{1+r_f}\ \text{und}\ b=\frac{1+\beta}{1+r_f}.$$

Bei Liquidation zum Zeitpunkt t^* erreicht der Wert der Option sein Maximum. Dieser Zeitpunkt ist nicht zu verwechseln mit dem Zeitpunkt $t^{(1.)}$, in dem der Liquidationswert den Unternehmenswert erstmalig übersteigt:

$$(5.11)\quad t^{(1.)}=\ln\left(\frac{S_0}{LQ_0}\right)/\ln\left(\frac{b}{a}\right)$$

Unter den hier gesetzten Prämissen liegt der optimale Desinvestitionszeitpunkt t^* jenseits von $t^{(1.)}$.

Beispiel 5.2: Die Zahlung C betrage 100 GE, α = 3%, β = 4% und r_f = 7%. Der Liquidationserlös beläuft sich im Bewertungszeitpunkt auf 2.200 GE. Im ersten Schritt ist der Unternehmenswert zu bestimmen:

$$S_0=\frac{100}{0{,}07-0{,}03}=2.500$$

Für den Parameter a berechnen wir einen Wert von 0,9626, b = 0,9720. Damit kann der optimale Liquidationszeitpunkt bestimmt werden:

$$t^{*}=\ln\left(\frac{2.500\times\ln(0{,}9626)}{2.200\times\ln(0{,}9720)}\right)/\ln\left(\frac{0{,}9626}{0{,}9720}\right)\approx 43{,}5$$

Bei dieser Datenkonstellation wird der maximale Kapitalwert von 161,9 GE erreicht, wenn das Unternehmen nach rd. 43,5 Perioden liquidiert wird:

$$V_0(LQ_{t^*}-S_{t^*})=(2.200\times1{,}04^{43{,}5}-2.500\times1{,}03^{43{,}5})\times1{,}07^{-43{,}5}\approx161{,}91$$

31 Vgl. auch DIXIT/PINDYCK (1993), S. 138 – 139.

Abbildung 5.2: Liquidationsoption bei Sicherheit. Unternehmenswert, Liquidationswert und Wert der Option in Abhängigkeit von der Laufzeit

In GE

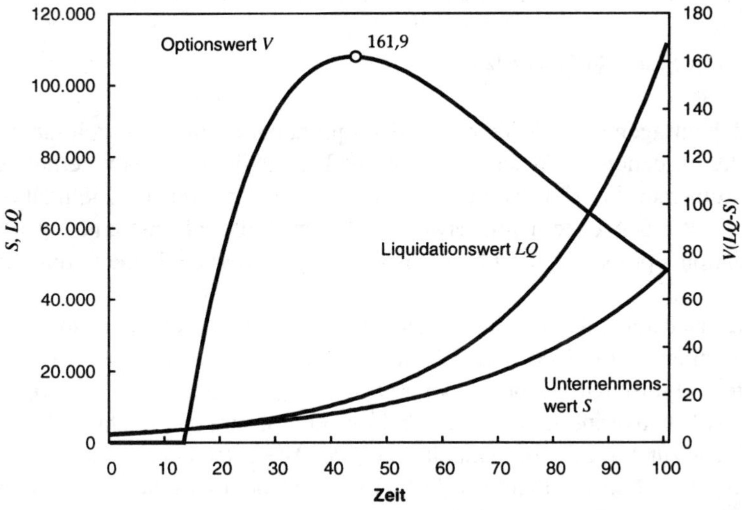

Der Wert des Eigenkapitals ohne Liquidationsoption beträgt 2.500 GE, mit Liquidationsoption 2.661,9 GE. Würde die Option bereits beim erstmaligen Überschreiten des Wertes des Eigenkapitals durch den Liquidationswert ausgeübt, ergibt sich demgegenüber ein Wert, der den Wert des Eigenkapitals ohne Option nur unwesentlich übersteigt:

$$t^{(1.)} = \ln\left(\frac{2.500}{2.200}\right) / \ln\left(\frac{0{,}9720}{0{,}9626}\right) \approx 13{,}24$$

$$V_0(LQ_{t^{(1.)}} - S_{t^{(1.)}}) = (2.200 \times 1{,}04^{13,24} - 2.500 \times 1{,}03^{13,24}) \times 1{,}07^{-13,24} \approx 0{,}1$$

Die obige Abbildung zeigt die Entwicklung des Optionswertes in Abhängigkeit von der Laufzeit t. Von dem Zeitpunkt an,[32] in dem sich die Graphen des Unternehmenswertes und des Liquidationswertes erstmals kreuzen,

32 Dieser Zeitpunkt wird "Erstpassierzeit" genannt.

entstehen positive Optionswerte, die in der Folge ein ausgeprägtes Maximum anstreben.

Es läßt sich der kritische Wert des Eigenkapitals angeben, bei dessen Unterschreiten eine sofortige Liquidation optimal ist. Dazu ist die Bestimmungsgleichung für t^* gleich null zu setzen und nach S aufzulösen:

$$S_0^* = LQ_0 \ln(b) / \ln(a) \approx 1.642{,}1$$

Nachzutragen sind die Werte für den optimalen Liquidationszeitpunkt für die Fälle, in denen die Wachstumsrate des Liquidationserlöses unterhalb der Wachstumsrate des Unternehmenswertes liegt. Übersteigt der Liquidationswert in $t = 0$ den Unternehmenswert in diesem Zeitpunkt, ist eine sofortige Liquidation optimal. Andernfalls findet unter Sicherheit keine Liquidation statt.

Die nachstehende Abbildung zeigt den Wert der Liquidationsoption in Abhängigkeit vom Wert des Eigenkapitals. Man erkennt den für "Put-Optionen" typischen Graphen, der mit steigendem Wert des Basisobjektes gegen Null konvergiert. Da es sich bei der Option um das Recht, aber nicht die Pflicht zur Liquidation handelt, kann der Wert der Option nicht negativ werden. Der Tangentialpunkt der 45°-Linie mit dem Graphen des Optionswertes liefert den Grenzwert S^*.

Abschließend sei noch auf einen iterativen Ansatz hingewiesen, mit dessen Hilfe der optimale Liquidationszeitpunkt ebenfalls bestimmt werden kann. Dazu wird folgende Liquidationsregel gesetzt: Sobald der Wert des Eigenkapitals erstmals den Liquidationswert um das x-fache unterschreitet, erfolgt die Liquidation. In allen anderen Fällen wird fortgeführt. Für $x = 1$ entspricht der optimale Liquidationszeitpunkt der Erstpassierzeit. Die Funktion für den Optionswert kann für verschiedene x -Werte numerisch untersucht werden. Der maximale Optionswert ist gefunden, wenn sich kein x -Wert mehr finden läßt, der zu einem noch höheren Optionswert führt. Im Beispiel ergibt sich der optimale x-Wert zu 0,88.[33] Dieses Verfahren wird später in modifizierter Form bei der Bewertung unter Unsicherheit benutzt.

33 $0{,}88 \approx (2200 \times 1{,}04^{43{,}5}) / (2500 \times 1{,}04^{43{,}5})$.

Abbildung 5.3: Wert der Liquidationsoption in Abhängigkeit vom Wert des Eigenkapitals

In GE, *V(LQ-S*,α,β)

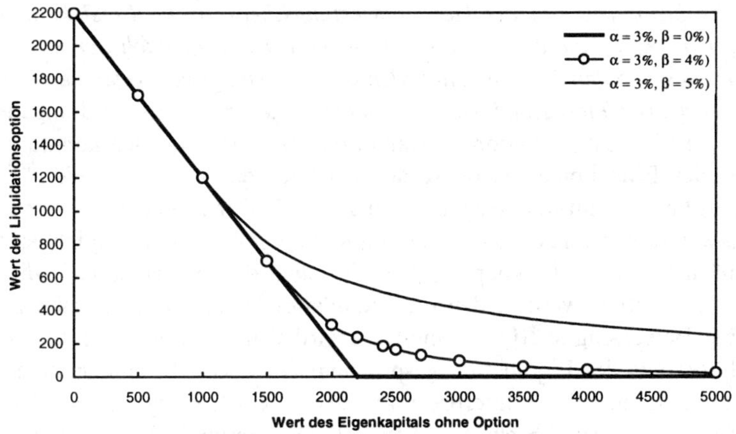

3 Fortführungsprämissen bei unsicheren Erwartungen

Wie ändern sich die Aussagen zum optimalen Liquidationszeitpunkt bei unsicheren Erwartungen? Zur Beantwortung dieser Frage fahnden wir zunächst in den Standardwerken zur Unternehmensbewertung (Abschnitt 3.1). Dabei wird verdeutlicht, daß die Unsicherheit bezüglich des zukünftigen Unternehmenswertes explizit betrachtet werden muß. In Abschnitt 3.2 wird gezeigt, wie dies erfolgen kann. Ein erster Ansatz zur Bewertung des Eigenkapitals wird in Abschnitt 3.3 diskutiert. Das Eigenkapital wird als Down-And-Out-Option modelliert, bei der die Ausübung beim Erreichen der Erstpassierzeit erfolgt. Auf Basis der Überlegungen unter Sicherheit wissen wir, daß dieser Ausübungszeitpunkt allenfalls zufällig optimal ist. In Abschnitt 3.4 werden Ansätze dargestellt, die den optimalen Liquidationszeitpunkt unter Unsicherheit herleiten wollen. Abschnitt 3.5 schließt mit einer potentialorientierten Fortführungsprämisse.

3.1 Bewertung auf Basis "quasi-sicherer" Erwartungen?

Das WP-Handbuch von 1992 enthielt den folgenden zutreffenden Satz zur Bewertung ertragsschwacher Unternehmen: "*Bei chronischer Unrentabilität kommt es besonders auf die klare bewertungstheoretische Einsicht in die Funktionen des Liquidations- und Ertragswertes an, da nach der Verwendungsart des größten Nutzens entweder der ... Ertragswert oder der Liquidationswert als Unternehmenswert in Betracht kommt.*"[34] Es wird angedeutet, wie die Liquidationsoption im Kalkül berücksichtigt werden könnte. Der Barwert der Einnahmeüberschüsse aus der Liquidation ("*Nettoerlöse*") ist dem Wert bei Fortführung gegenüber zu stellen.[35] Der Liquidationswert fungiert als Wertuntergrenze, soweit die Liquidation gewollt und möglich ist.[36]

Zunächst können die knappen Ausführungen des WP-Handbuchs dahin gehend interpretiert werden, daß die Liquidation nicht zwingend zum Zeitpunkt der Bewertung stattfinden muß. Es wird vom Barwert der Einnahmeüberschüsse aus der Liquidation gesprochen. Dies schließt eine spätere Liquidation nicht aus. Diese Interpretation ist vor dem Hintergrund der Ergebnisse des vorherigen Abschnitts plausibel. Der optimale Liquidationszeitpunkt kann, muß jedoch nicht mit $t = 0$ übereinstimmen.

Zukünftige Liquidationserlöse sind mit Unsicherheit behaftet. Die Bestimmung des Barwertes der Liquidationserlöse muß deshalb der Risikoaversion der Eigentümer Rechnung tragen. Demnach wären die risikobereinigten Barwerte bei Fortführung bzw. bei Liquidation zu vergleichen. Das Prinzip der Bewertung bei sicheren Erwartungen wird damit auf die Bewertung bei unsicheren Erwartungen übertragen. An die Stelle der sicheren Zahlungsüberschüsse treten risikobereinigte Zahlungen (Sicherheitsäquivalente), die mit dem risikolosen Zins diskontiert werden, oder Erwartungswerte, die mit risikoadjustierten Alternativrenditen abgezinst werden. Da sich an der Bewertung der Option gegenüber dem Vorgehen bei sicheren Erwartungen formal nichts ändert, kann man von einer Bewertung unter "quasi-sicheren" Erwartungen sprechen.

Durch die Verdichtung der unsicheren Zahlungsüberschüsse auf Erwartungswerte oder Sicherheitsäquivalente erfolgt jedoch eine Vernachlässigung von Chancen, die eine unsichere Entwicklung des Unternehmenswertes mit sich bringt. Hinter den Erwartungswerten der Zahlungen verbergen sich

---

34 Ebenda, S. 117; vgl. auch COENENBERG, A. (1984), S. 501.

35 IDW (1998), S. 122.

36 So auch BORN, K. (1995), S. 174.

Umweltzustände oder Szenarien, die zu kleinen, teilweise negativen Unternehmenswerten führen. Bei der Rechnung mit Erwartungswerten (Sicherheitsäquivalenten) wird implizit von einer Fortführung des Unternehmens in diesen finanziell unvorteilhaften Szenarien ausgegangen. Der Wert der Liquidationsoption wird folglich unterschätzt. Im Zeitablauf löst sich die Unsicherheit aber auf, und die Kapitalgeber können auf Basis der dann vorliegenden Information entscheiden. Grundlage ist der dann vorliegende Unternehmenswert, der regelmäßig von dem erwarteten Unternehmenswert abweicht. Zur Verdeutlichung der Zusammenhänge wird das Beispiel des vorherigen Abschnitts fortgesetzt. Dabei soll die Unsicherheit bezüglich der Zahlungen und damit der Unternehmenswerte jetzt explizit berücksichtigt werden.

Beispiel 5.10: Vereinfachend sei die Ausübung der Option nur zu einem Zeitpunkt möglich; die Laufzeit der (Europäischen) Option wird auf $T = t^* =$ 43,5 Perioden festgelegt. Der Wert des Eigenkapitals möge durch folgendes Modell abgebildet werden:

$$(5.12)\quad S_{t+1} = S_t \exp(\alpha - 0{,}5\sigma^2 + \sigma\varepsilon_{t+1})$$

Darin bezeichnet α die Wachstumsrate des Unternehmenswertes und σ die Standardabweichung der Wachstumsrate. Damit kennen wir die Verteilung der Unternehmenswerte im Fälligkeitszeitpunkt der Option und können den Erwartungswert der Option formulieren:

$$(5.13)\quad V_0(LQ - S_T) = \mathrm{E}^*\left[\max\{LQ - S_T, 0\}\right]\exp(-r_f T)$$

Der Liquidationserlös wird hier als sicher angenommen. Zur Diskontierung ist der risikolose Zinssatz zu benutzen. Mit der Dichtefunktion der Unternehmenswerte läßt sich der Erwartungswert explizit bestimmen:[37]

$$(5.14)\quad V_0(LQ - S_T) = LQ\exp(-r_f T)N(-d_2) - S_0 N(-d_1)$$

$$\text{mit: } d_1 = \frac{\ln(S_0 / LQ) + (r_f + \sigma^2/2)T}{\sigma\sqrt{T}} \quad \text{und: } d_2 = d_1 - \sigma\sqrt{T}$$

Im Ergebnis erhalten wir die bekannte BSM-Formel zur Bewertung Europäischer Put-Optionen auf eine nicht dividendenberechtigte Aktie.

---

37 Grundlage ist das Integrationstheorem von SMITH (1976); vgl. BLACK/SCHOLES (1973).

Angenommen, die Standardabweichung betrage $\sigma = 24{,}2\%$, so daß damit der Optionswert wie zuvor 161,9 GE beträgt:

- Im ersten Schritt wird der Liquidationswert in T, d.h. der Basispreis der Option, bestimmt: $LQ_T = LQe^{\beta T} = 2.200 \times \exp(0{,}04 \times 43{,}5) \approx 12.534$
- Nun werden die Parameter d_1 und d_2 benötigt:
-

$$d_1 = \frac{\ln(2.500/12.534) + (0{,}07 + 0{,}242 \times 0{,}242/2) \times 43{,}5}{0{,}242 \times \sqrt{43{,}5}} \approx 1{,}6958$$

$$d_2 = 1{,}6958 - 0{,}242 \times \sqrt{43{,}5} \approx 0{,}1009$$

Die korrespondierenden Wahrscheinlichkeiten lauten

$N(-1{,}6958) \approx 0{,}0450$ bzw. $N(-0{,}1009) \approx 0{,}4598$.

- Damit kann nun der Wert der Liquidationsoption berechnet werden:

$$V_0(LQ - S_T) = 12.534 \times \exp(-0{,}07 \times 43{,}5) \times 0{,}4598 - 2.500 \times 0{,}0450 \approx 161{,}9$$

Man erkennt unmittelbar, daß es sich hierbei um einen Spezialfall handelt, in dem $\sigma = 24{,}2\%$ beträgt. Weicht die Standardabweichung von diesem Wert ab, ergeben sich andere Optionswerte, wie Abbildung 5.4 zeigt. Die Bewertung auf Basis "quasi-sicherer" Erwartungen unterstellt also immer eine bestimmte Standardabweichung und führt nur dann zum richtigen Ergebnis, wenn diese Standardabweichungen auch vorliegt. Für alle anderen σ-Werte gilt dieses Resultat nicht. Im Rahmen der "quasi-sicheren" Bewertung wird dabei nicht transparent, von welcher Standardabweichung ausgegangen wird.[38]

In der Literatur finden sich zahlreiche weitere Beispiele aus dem Bereich der Optionspreistheorie, welche die Unsicherheit explizit berücksichtigen: McDonald/ Siegel bestimmen den Wert einer Abbruchoption, die ausgeübt wird, sobald die variablen Fertigungskosten die Erlöse übersteigen. Die Lösung des Problems entspricht strukturell dem oben dargestellten Resultat.[39]

---

38 Bei der Interpretation der Ergebnisse ist zu beachten, daß die Option im Beispiel 5.2 nicht mit der hier bewerteten Option übereinstimmt. Im ersten Fall handelt es sich um eine Amerikanische Put-Option mit unbegrenzter Laufzeit, während hier eine Europäische Put-Option mit begrenzter Laufzeit bewertet wurde.

39 McDonald/Siegel (1985), S. 335.

MYERS/MAJD analysieren den Wert der Abbruchoption von Projekten unter Berücksichtigung von Ausschüttungen, unsicheren Liquidationswerten sowie frei wählbaren Ausübungszeitpunkten. Die Bewertung erfolgt auf Basis numerischer Lösungstechniken für partielle Differenzialgleichungen.[40] Auch aus diesen Analysen folgt, daß die Unsicherheit in Form der Standardabweichung explizit zu berücksichtigen ist. Eine Bewertung auf Basis quasisicherer Erwartungen ist folglich abzulehnen, da jene unter Unsicherheit in aller Regel zu systematisch zu niedrigeren Unternehmenswerten führt.[41] Von dieser Erkenntnis bis zur praktischen Berücksichtigung von Liquidationsoptionen bei der Unternehmensbewertung ist es jedoch noch ein weiter Weg. Das Optionspreismodell von BSM bietet hierfür keine geeignete Basis, da es u.a. konstante Wachstumsraten, fehlende Ausschüttungen bzw. Kapitalerhöhungen und einen fixierten Ausübungszeitpunkt unterstellt. Zudem muß die Standardabweichung σ bekannt sein – ein Parameter, der für nicht börsennotierte Unternehmen nicht unmittelbar beobachtbar ist.

Abbildung 5.4: Wert der Liquidationsoption in Abhängigkeit von der Standardabweichung. Basis: BSM-Modell

In GE

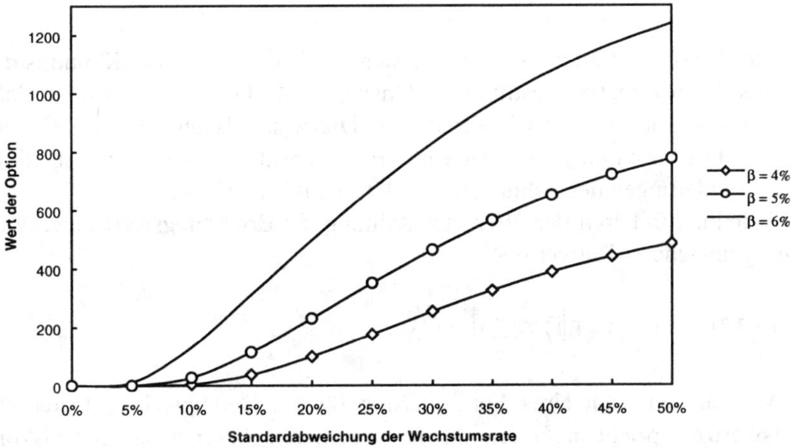

40 MYERS/MAJD (1990), S. 7 – 8.

41 Dies läßt sich auf Basis der Jensen-Ungleichung begründen; es gilt: $\max\{LQ - E[S], 0\} \leq E[\max\{LQ-S,0\}]$.

3.2 Explizite Darstellung der Unternehmenswertverteilungen

Zur korrekten Bewertung der Liquidationsoption müssen die Verteilungen der Unternehmenswerte explizit in die Analyse einbezogen werden. Ziel ist es, diese aus den Verteilungen der Zahlungen abzuleiten. Im folgenden geht es also um die Herstellung des Zusammenhangs zwischen unsicheren Zahlungen und unsicheren Unternehmenswerten. Wir wenden dazu das Prinzip des relativen Vorteilhaftigkeitsvergleichs an; danach gilt:

$$(5.15) \quad V_t(C_{t+1}) = \mathrm{E}[C_{t+1}]\frac{P_t(M_{t+1})}{\mathrm{E}[M_{t+1}]}$$

Darin bezeichnet C_{t+1} die zu bewertende unsichere Zahlung, M_{t+1} die unsichere Zahlung aus der Alternativinvestition und $P_t(M_{t+1})$ den bekannten Preis dieser Alternative. Der Quotient aus $P_t(M_{t+1})$ und $\mathrm{E}[M_{t+1}]$ entspricht eins plus der erwarteten Rendite der Alternativinvestition, so daß der Wert der Zahlung auch so formuliert werden kann:

$$(5.16) \quad V_t(C_{t+1}) = \frac{\mathrm{E}[C_{t+1}]}{1+\mathrm{E}[r_{Mt+1}]} \qquad \text{(relativer Vorteilhaftigkeitsvergleich)}$$

Der Wert der Zahlung in t ist eine sichere Größe, da mit der Kenntnis des Preises der Alternativinvestition die Unsicherheit über die zukünftigen Zahlungen des Unternehmens irrelevant ist. Die zustandsabhängigen Veränderungen dieser Zahlungen erfolgen im Gleichschritt mit den zustandsbedingten Veränderungen der Zahlungen der Alternativinvestition.

Wir interpretieren den Wert der Zahlung als Erwartungswert einer Verteilung unsicherer Barwerte:[42]

$$(5.17) \quad V_t(C_{t+1}) \equiv \mathrm{E}\left[\widetilde{V}_t(C_{t+1})\right]$$

Wir suchen nach einer Formulierung für $\widetilde{V}_t$. Der unsichere Unternehmenswert entspricht *nicht* der mit der unsicheren Alternativrendite diskontierten, unsicheren Zahlung, da der Erwartungswert dieses Quotienten nicht dem erwarteten Unternehmenswert entspricht:

---

42 Zur Verdeutlichung werden die unsicheren Variablen hier mit Tilden gekennzeichnet.

$$(5.18)\quad \widetilde{V}_t \neq \frac{\widetilde{C}_{t+1}}{1+\widetilde{r}_{Mt+1}} \quad \text{weil } \mathrm{E}\left[\frac{\widetilde{C}_{t+1}}{1+\widetilde{r}_{Mt+1}}\right] \neq V_t = \frac{\mathrm{E}\left[\widetilde{C}_{t+1}\right]}{1+\mathrm{E}\left[\widetilde{r}_{Mt+1}\right]} \quad \text{vgl. (5.16)}$$

Zur Lösung des Problems kann man zwei nützliche Eigenschaften der in dieser Arbeit verwendeten Modelle für Zahlungen und Alternativrenditen heranziehen. Hierbei handelt es sich erstens um den linearen Zusammenhang zwischen *C* und *M* und zweitens um die Annahme eines sicheren "risikolosen Zinses". Im Beispiel des multiplikativen Zahlungs-Rendite-Modells gilt:

$$(5.19)\quad \widetilde{C}^*_{t+1} = C^*_t(1+a+b\widetilde{r}^*_{Mt+1}+\sigma_c\widetilde{\varepsilon}_{ct+1})$$

$$\text{mit: } \widetilde{r}^*_{Mt+1} = \frac{\widetilde{M}^*_{t+1}}{M^*_t} - 1 = r_f + \sigma_M\widetilde{\varepsilon}_{Mt+1}$$

Das Symbol "*" sowie die Verwendung des risikolosen Zinses zur Prognose der Marktrendite zeigen, daß wir uns in der risikoneutralen Welt bewegen. Darin werden die risikobereinigten Zahlungen mit dem risikolosen Zins diskontiert:

$$(5.20)\quad V_t(\widetilde{C}_{t+1}) = \frac{\mathrm{E}\left[\widetilde{C}^*_{t+1}\right]}{1+r_f}$$

Damit kann nun eine konsistente Interpretation des Wertes der Zahlung als Erwartungswert unsicherer Barwerte erfolgen:

$$(5.21)\quad \widetilde{V}_t = \frac{\widetilde{C}^*_{t+1}}{1+r_f} \quad \text{mit } \mathrm{E}\left[\frac{\widetilde{C}^*_{t+1}}{1+r_f}\right] = V_t = \frac{\mathrm{E}\left[\widetilde{C}_{t+1}\right]}{1+\mathrm{E}\left[\widetilde{r}_{Mt+1}\right]} \qquad \text{gem. (5.16)}$$

Beachten müssen wir noch, daß es sich bei dem Wert des Eigenkapitals um die Summe der Werte der zukünftigen Zahlungen handelt:

$$(5.22)\quad \widetilde{S}_t = \sum_{\tau=t+1}^{T}\widetilde{C}^*_\tau(1+r_f)^{-\tau+t}$$

Auf dieser Basis können die Verteilungen des Unternehmenswertes mittels Simulation geschätzt werden. Grundlage hierfür sind die Verteilungen der Zahlungen. Damit liegt ein konsistenter Ansatz vor, auf dessen Basis die Aggregation unsicherer Unternehmenswerte zum erwarteten Unternehmenswert erfolgen kann.

Anzumerken ist, daß sich das dargestellte Vorgehen von der Formulierung des Unternehmenswertes als *bedingter* Erwartungswert unterscheidet. Dieser Unterschied läßt sich anhand der in Abbildung 5.5 dargestellten Baumstruktur verdeutlichen. Die Werte der Zahlungen in $t = 2$ ergeben sich als bedingter Erwartungswert im Zeitpunkt $t = 1$ (unter Verzicht auf Diskontierung) wie folgt:

Abbildung 5.5: Baumstruktur zur Bestimmung bedingter Erwartungswerte

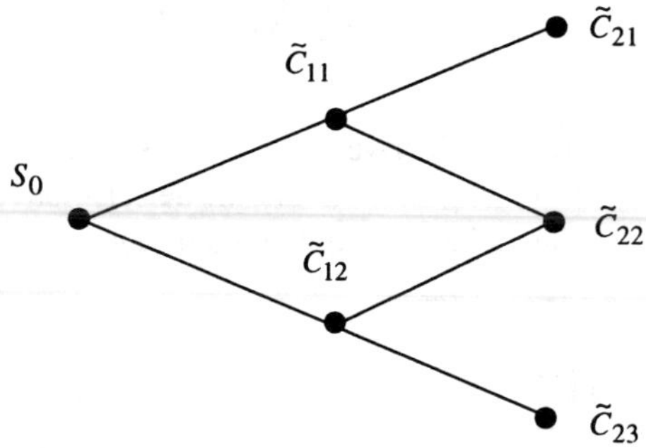

(5.23) $S_{11} = \mathrm{E}\left[\tilde{C}_{21} + \tilde{C}_{22}\right]$ und $S_{12} = \mathrm{E}\left[\tilde{C}_{22} + \tilde{C}_{23}\right]$

Aus diesen bedingten Erwartungswerten läßt sich unter Nutzung des Theorems der wiederholten Bildung von Erwartungswerten[43] der Unternehmenswert in $t = 0$ berechnen:

(5.24) $S_0 = \mathrm{E}\left[\tilde{S}_{11} + \tilde{C}_{11} + \tilde{S}_{22} + \tilde{C}_{12}\right] = \mathrm{E}\left[\tilde{C}_{11} + \tilde{C}_{12} + \tilde{C}_{21} + 2\tilde{C}_{22} + \tilde{C}_{23}\right]$

Den gleichen Wert in $t = 0$ erhalten wir auf dem Weg der Simulation. Der Unterschied zwischen beiden Ansätzen besteht in der Informationsdich-

43 Vgl. SAMUELSON, P. (1965), LEROY, S. (1989), CAMPBELL/LO/MACKINLAY (1997), S. 23; BAXTER/RENNIE (1997), S. 34.

te. Die bedingten Erwartungswerte S_{11} und S_{12} lassen sich mittels Simulation nur unter sehr großem Aufwand bestimmen. Dazu müßten ausgehend von jedem Unternehmenswert jeweils N Simulationen durchgeführt werden; bei $N = 1000$ und $T = 10$ wären also 1000^{10} Simulationsläufe erforderlich. Ein Beispiel soll die Zusammenhänge zwischen der vollständigen Abbildung des stochastischen Prozesses in Form von Bäumen und der Simulation von Pfaden verdeutlichen.

Beispiel 5.4: Es liegen zu vier Zeitpunkten risikobereinigte Zahlungen vor ($r_f = 0\%$, in GE):

Abbildung 5.4.1: Zahlungen (C_{tn})

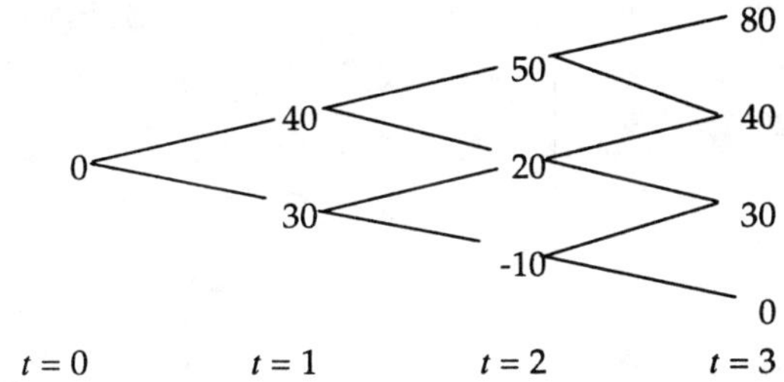

Die Wahrscheinlichkeit zur Erreichung eines Umweltzustands ausgehend vom vorherigen Zustand, beträgt $p = ½$. Damit ergeben sich die bedingten Erwartungswerte der Zahlungen wie folgt:

Abbildung 5.4.2: Bedingte Erwartungswerte (S_{tn})

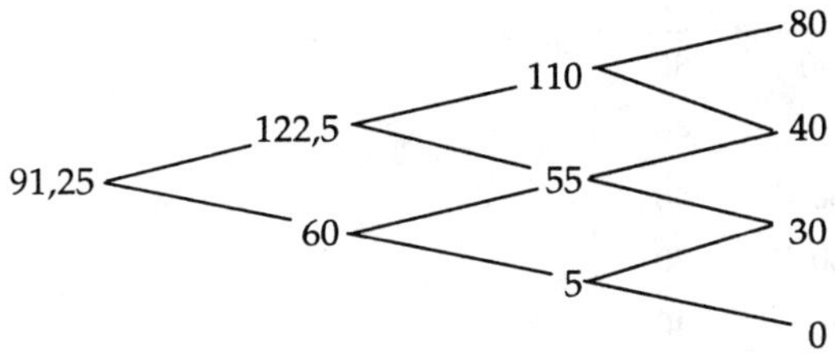

E[C]=

91,25 91,25 56,25 36,25[44]

44 36,25 = (1/8)×80+(3/8)×40+(3/8)×30+(1/8)×0; die Werte in Klammer entsprechen den Eintrittswahrscheinlichkeiten.

Danach beträgt der bedingte Erwartungswert im Zeitzustand (2-1) 110 = ½ (80 + 40) + 50. Die Werte sind also einschließlich der jeweiligen Ausschüttung dargestellt.

Mittels Simulation werden 8 Pfade produziert, die zu identischen (unbedingten) Erwartungswerten E[*C*] führen. Die nächste Tabelle zeigt die Zahlungen.

Tabelle 5.4.1: Simulation der Zahlungen (C_{tn})

	$t = 0$	1	2	3
$n = 1$	0	40	50	80
2	0	40	50	40
3	0	40	20	40
4	0	40	20	30
5	0	30	20	40
6	0	30	20	30
7	0	30	-10	30
8	0	30	-10	0

Aus diesen Zahlungen lassen sich acht pfadabhängige Unternehmenswerte sowie die zeitpunktspezifischen Erwartungswerte errechnen:

Tabelle 5.4.2: Erwartungswerte auf Basis der Simulation (S_{tn})

	$t = 0$	1	2	3
$n = 1$	170	170	130	80
2	130	130	90	40
3	100	100	60	40
4	90	90	50	30
5	90	90	60	40
6	80	80	50	30
7	50	50	20	30
8	20	20	-10	0
S	91,25	91,25	56,25	36,25

Die Erwartungswerte sind in beiden Ansätzen identisch; aus der Baumstruktur lassen sich zusätzlich die bedingten Erwartungswerte ableiten.

3.3 Der Wert des Eigenkapitals als "Down-And-Out"-Option

Eine Down-and-Out-Option ist eine pfadabhängige Option, deren Ausübungszeitpunkt innerhalb der Laufzeit der Optionen nicht fixiert ist. Der Halter der Option kann den Zeitpunkt der Ausübung im Gegensatz zu Amerikanischen Optionen nicht frei wählen. Es entfällt damit das Optimierungsproblem zur Festlegung der Ausübungsstrategie. Der Ausübungstermin ist indirekt über einen Grenzwert festgelegt: Unterschreitet der Wert der Aktie diesen Grenzwert, führt dies zur sofortigen Ausübung. Der Halter der Option erhält den Differenzbetrag zwischen Ausübungspreis und Kurs, soweit diese Differenz positiv ist. Wird das Ausübungskriterium während der gesamten Laufzeit nicht erfüllt, verfällt die Option.[45]

Dieser Ansatz könnte auf die Unternehmensbewertung übertragen werden: Unterschreitet der Unternehmensgesamtwert $V = S + B$ den Wert des Fremdkapitals B, erfolgt die Liquidation entweder durch die Eigentümer ($S < LQ$) oder durch die Gläubiger ($S < 0$ und E bzw. $LQ < 0$). Mittels Simulation läßt sich der Erwartungswert dieser Option vergleichsweise einfach ermitteln. Die einzelnen Unternehmenswertpfade werden hinsichtlich ihrer zeitlichen Entwicklung ausgehend von $t = 0$ untersucht. Sobald auf einem Pfad das Auslösekriterium ($S < LQ$) erfüllt wird, erfolgt ein Abbruch. Je nach Konstellation – vergleiche Tabelle 5.5.1 – werden die Zahlungen an Eigentümer und Gläubiger im Liquidationszeitpunkt neu festgesetzt. Alle Zahlungen jenseits des Liquidationszeitpunktes sind dann null. Auf Basis dieser modifizierten Zahlungsreihe wird dann der zustandsbedingte Unternehmenswert neu berechnet. Damit wird das im Abschnitt 3 skizzierte Näherungsverfahren N-mal, d.h. in jedem Simulationslauf, angewandt. Schließlich wird der erwartete Unternehmenswert als arithmetisches Mittel über alle Pfade bestimmt.

Beispiel 5.5: Der Liquidationserlös betrage 35 GE, so daß sich in Fortsetzung des Beispiels 5.4 die folgende, modifizierte Zahlungsreihe ergibt:

---

45 Vgl. BURKHARDT, T. (1994), S. 35.

Tabelle 5.5.1: Bewertung als Down-And-Out-Option (Erstpassierzeit)

	$t = 0$	1	2	3
$n = 1$	0	40	50	80
2	0	40	50	40
3	0	40	20	40
4	0	40	20	**35**
5	0	30	20	40
6	0	30	20	**35**
7	0	30	**35**	**0**
8	0	**35**	**0**	**0**
S	96,25	35,63	26,87	33,75

Es wird jeweils der Wert einschließlich Ausschüttung mit dem Liquidationserlös verglichen; z.B. in $t = 1$ und $n = 8$ beträgt der Wert bei Fortführung 20 GE (vgl. Tabelle 2) und der Liquidationserlös 35 GE, so daß eine Einstellung der Betriebstätigkeit erfolgt. Anstelle des Fortführungswertes erhalten die Eigentümer den Liquidationserlös; danach erfolgen keine weiteren Zahlungen. Weitere Liquidationen erfolgen in den Zuständen 4, 6 und 7 in $t = 3$ bzw. $t = 2$. Der Erwartungswert steigt aufgrund der Liquidationsoption von vormals 91,25 auf 96,25 GE.

Ein Vorteil dieses Verfahrens liegt neben der Einfachheit – es werden keine bedingten Erwartungen verarbeitet – in der Möglichkeit, pfadabhängige Liquidationserlöse (Basispreise) berücksichtigen zu können. Des weiteren ist die Lösung mittels Simulation von Vorteil, da diese auch schon zur Modellierung von Zahlungen und Alternativrenditen benutzt wurde. Insofern kann die Unternehmensbewertung leicht um Liquidationsoptionen ergänzt werden, ohne daß hierfür ein zusätzliches Bewertungskalkül notwendig wäre.

Die Nachteile des Verfahrens sind jedoch evident: Die Ausübungsstrategie ist nicht unbedingt optimal, da die Erstpassierzeit zugrunde liegt. Die sofortige Ausübung bei Eintreten des Auslösekriteriums kann voreilig sein, wenn der Unternehmenswert in Folgeperioden wieder ansteigt, so daß eine Kompensation für den zeitlich begrenzten Wertrückgang erfolgt.[46] Das Si-

46 Vgl. MYERS/MAJD (1990), S. 2.

mulationsverfahren arbeitet pfadweise und jeweils ausgehend von $t = 0$. Wüßten die Entscheidungsträger, auf welchem Pfad sie sich befänden, könnten sie die voreilige Ausübung unterlassen und ggf. eine andere Ausübungsstrategie wählen.

Beispiel 5.6: Bei perfekter Voraussicht würde die Liquidation im 8. Zustand nicht bereits in $t = 1$, sondern erst eine Periode später erfolgen.

Tabelle 5.6.1: Bewertung bei perfekter Voraussicht

	$t = 0$	1	2	3
$n = 1$	0	40	50	80
2	0	40	50	40
3	0	40	20	40
4	0	40	20	**35**
5	0	30	20	40
6	0	30	20	**35**
7	0	30	**35**	**0**
8	0	30	**35**	**0**
S	100	35	31,25	33,75

Auf Basis dieser Strategie erhalten die Eigentümer mit einer Wahrscheinlichkeit 0,125 zusätzlich 30 GE.

Die Bewertung als Down-And-Out-Option unterstellt suboptimale Entscheidungen, die Annahme perfekter Voraussicht ist hingegen unrealistisch.[47] Folglich ist nach anderen Ansätzen zu suchen, um eine potentialorientierte Fortführungsprämisse zu formulieren. Dazu werden im folgenden Abschnitt die verfügbaren Ansätze zur Bestimmung des optimalen Liquidationszeitpunktes auf ihre Eignung für den vorliegenden Zweck untersucht.

47 Vgl. BROADIE/GLASSERMAN (1997), S. 1328.

3.4 Zur Bestimmung des optimalen Liquidationszeitpunktes unter Unsicherheit

In der Literatur zur Optionspreistheorie werden mehrere Ansätze zur Bewertung Amerikanischer Optionen diskutiert.[48] Im folgenden werden primär Ansätze betrachtet, die auf Simulationsverfahren beruhen. Der Grund hierfür liegt in den Vorteilen dieser Verfahren, insbesondere in der Möglichkeit, pfadabhängige Basispreise einfach berücksichtigen zu können. Damit stellt sich die Frage, ob jene Verfahren auch auf das Problem der Bestimmung des optimalen Liquidationszeitpunkts bei unsicheren Erwartungen angewendet werden können.

Das Problem der Bewertung Amerikanischer Optionen besteht nicht ausschließlich darin, den Erwartungswert der Option am Verfallstag zu bestimmen und auf den Bewertungsstichtag abzuzinsen. Dieser Barwert ist eindeutig definiert:

$$(5.25)\quad Put_0 = E^*\left[Put_T(1+r_f)^{-T}\right]$$

Der Wert der Put-Option am Verfallstag entspricht der Differenz aus Ausübungskurs und dem vor $t = T$ noch unbekannten Aktienkurs, d.h. $Put_T = \max\{0, X_T - S_T\}$. Bei Call-Optionen ist die Differenz aus Aktienkurs und Ausübungskurs zu bilden, d.h. $Call_T = \max\{S_T - X_T, 0\}$. Da Optionen das Recht aber nicht die Pflicht zur Ausübung verbriefen, sind lediglich positive Differenzen in die Bewertung einzubeziehen. Übersteigt (unterschreitet) der Aktienkurs den Ausübungskurs, verfällt der Call (Put) wertlos. Die gesamte Simulation vollzieht sich auf Basis risikobereinigter Werte, so daß zur Diskontierung der risikolose Zinssatz verwendet wird.

Bei Amerikanischen Optionen kommt aus Sicht des Bewerters erschwerend hinzu, daß die Ausübung nicht nur am Verfallstag sondern auch früher möglich ist. Bei amerikanischen Put-Optionen kann es vorteilhaft sein, unmittelbar nach einem Dividendentermin auszuüben (bei Call-Optionen unmittelbar vor diesem Termin). Bekanntlich fällt der Unternehmenswert durch Ausschüttungen. Wenn dann keine Anpassung des Ausübungskurses erfolgt, lohnt es sich keinesfalls für den Halter der Option, unmittelbar vor dem Ausschüttungstermin auszuüben.[49] COX und RUBINSTEIN begründen, daß die

---

48 BRENNAN/SCHWARTZ (1977), GESKE/JOHNSON (1984), HULL/WHITE (1993).

49 Vgl. BRENNAN/SCHWARZ (1977), S. 451; MERTON, R. (1973), S. 279.

Ausübung von Put-Optionen auch ohne die durch Ausschüttungen hervorgerufene Komplikation optimal sein kann.[50] Folglich ist simultan zur Bewertung der Option die optimale Ausübungsstrategie festzulegen. Das Problem wird im allgemeinen so formuliert:[51]

$$(5.26) \quad Put_0 = \max_{\tau} \left\{ E^* \left[Put_\tau (1+r_f)^{-\tau} \right] \right\}$$

Dabei ist das Maximum über die Optionswerte zu sämtlichen Ausübungsterminen zu bilden. Die optimale Ausübungsstrategie ist zu dem Zeitpunkt τ^* gefunden, zu dem der Wert bei Ausübung erstmals so groß ist wie der Wert bei Fortführung. Der Fortführungswert schließt eine spätere Ausübung nicht aus.

Eine analytische Lösung in Form einer geschlossenen Lösungsformel ist für das Problem der Bewertung Amerikanischer Put-Optionen noch nicht gefunden.[52] Im allgemeinen kommen deshalb numerische Lösungstechniken zum Einsatz, zu denen auch das Verfahren der dynamischen Programmierung gehört.[53] Das Vorgehen läßt sich anhand des Beispiels illustrieren.

Beispiel 5.7: Ausgangspunkt ist Abbildung 5.4.2, welche die Unternehmenswerte als bedingte Erwartungswerte der Zahlungen zeigt. Im Gegensatz zur Down-And-Out-Bewertung wird nicht von $t = 0$, sondern rekursiv von $t = T$ ausgegangen, ohne dabei perfekte Voraussicht zu unterstellen.

Im ersten Schritt werden also die Optionswerte in $t = 3$ berechnet; es gibt zwei Zustände, in denen Liquidation erfolgt. Im nächsten Schritt wird die Information der Baumstruktur benutzt, um die bedingten Erwartungswerte in $t = 2$ zu berechnen. Der Wert von 57,5 ergibt sich dabei aus dem Barwert der Optionen der Folgeperiode, 37, 5 = ½ (40 + 35), zuzüglich der Zahlung in diesem Zustand (20). Da dieser so berechnete Erwartungswert den Liquidationswert übersteigt, entscheiden sich die Eigentümer für die Fortführung. Anders hingegen im Zustand 3 in Periode 2: Der Fortführungswert beträgt hier nur 25 = ½ (35 + 35) – 10, so daß eine Liquidation erfolgt und damit die Zahlung von 35 realisiert wird. Der Zustand 4 in Periode 3 wird folglich nicht erreicht.[54] Diese so berechneten Werte gehen in die Berechnung der bedingten Erwartungswerte der Vorperioden ein. Das Verfahren endet in $t = 0$.

---

50 Ebenda (1985), S. 246.

51 Vgl. KARATZAS, I. (1989), S. 1221 - 1259, Theorem 6.5.

52 Vgl. BARONE-ADESI/WHALEY (1987), S. 301.

53 Vgl. etwa COX/RUBINSTEIN (1985), S. 236ff.

54 Deshalb ist die entsprechende Zahlung in Klammern gesetzt.

Abbildung 5.7.1: Exakte Bewertung mittels dynamischer Programmierung

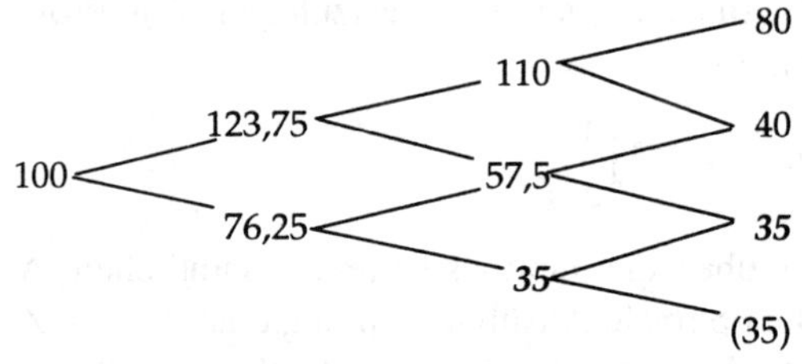

Die dynamische Optimierung ist ein exaktes Verfahren zur Bewertung Amerikanischer Optionen, das jedoch die Formulierung von bedingten Erwartungswerten erfordert. Verfahren auf Basis der Simulation gelten hingegen als prädestiniert zur Bewertung pfadabhängiger Europäischer Optionen. Die Möglichkeit zur Lösung des Optimierungsproblems Amerikanischer Optionen mittels Simulation wird kontrovers diskutiert, wobei die Mehrheit der Autoren eher ablehnend argumentiert. Ausgangspunkt ist die Pionierarbeit von P. BOYLE aus dem Jahr 1977 zur Bewertung Europäischer Calls.[55] Im ersten Schritt werden lognormalverteilte Aktienkurse erzeugt. [56] Dabei wird anstelle der tatsächlichen Drift des Aktienkursprozesses der risikolose Zins benutzt (risikoneutrale Bewertung). Auf dieser Basis werden N Aktienkurspfade erzeugt, dann die Optionswerte je Pfad berechnet und schließlich der Erwartungswert der Option abgeleitet.

Aufbauend auf diesem Ansatz wurden in jüngster Vergangenheit eine Reihe von Weiterentwicklungen und Verfeinerungen vorgenommen, um erstens die Genauigkeit der Erwartungswertschätzung zu erhöhen,[57] zweitens die Anzahl der Zufallsvariablen zu erhöhen und drittens die Bewertung von Amerikanischen und anderen komplexen Optionen zu ermöglichen.[58] Es ge-

---

55 BOYLE, P., (1977), S. 323 - 338.

56 Ebenda, S. 328 – 329.

57 GALANTI/JUNG (1997); die Autoren argumentieren, daß mit deterministischen Algorithmen erzeugte "Zufallszahlen" gleichmäßiger verteilte Pfade generieren und damit die Anzahl der Simulationsläufe begrenzt bzw. die Genauigkeit erhöht werden könne. Die Methoden werden als "Quasi-Monte Carlo Simulation" bezeichnet; vgl. JOY/BOYLE/TAN (1996). SCHOEMAKERS/HEEMINK (1997), diskutieren eine Form der Varianzreduktion unter Benutzung einer Girsanov-Tranformation. WILLARD, G. (1997) benutzt Simulationsverfahren zur Bewertung von Optionen mit stochastischer Varianz.

58 BOYLE/BROADIE/GLASSERMAN (1997) geben einen Überblick über den aktuellen Stand.

lang bisher offenbar nicht, eine exakte Simulationsmethode unter Berücksichtigung der optimalen Ausübungsstrategie zu entwickeln.[59] Einigkeit besteht nur insofern: Simulationsmethoden, die sich die Kenntnis des zukünftigen Verlaufs eines Pfades zunutze machen, unterstellen perfekte Voraussicht und überschätzen damit den Wert der Option.

In der Literatur finden sich einige vage Hinweise, wie eine zulässige, d.h. nicht perfekte Voraussicht unterstellende Lösung mittels Simulation erzielt werden könnte. Eine Spur ist PARKINSONS (1977) viel zitierter Beitrag zur Bewertung des Amerikanischen Puts auf eine Aktie, aus der keine Ausschüttung erfolgt. PARKINSON zitiert eine private Unterhaltung mit F. BLACK, die offenbar zu folgendem Algorithmus führte:[60] Es wird die Formel für europäische Optionen benutzt, um den Wert der Option in T zu bestimmen. In der Periode T-1 wird dann das Maximum gebildet aus dem um eine Periode mit r_f diskontierten Erwartungswert der Option bei Ausübung in T und dem Wert bei Ausübung in T-1; das Verfahren endet in $t = 0$.

In die gleiche Richtung gehend und nur wenig spezifischer sind die Ausführungen von BOYLE/BROADIE/GLASERMAN. Wenn die Anzahl der mit Unsicherheit behafteten Variablen klein sei, könne häufig ein Diskretisierungs-Schema in Kombination mit einem Algorithmus der dynamischen Programmierung benutzt werden, um den Wert Amerikanischer Optionen zu approximieren:[61] *"Even in this cases, simulation can be used to estimate the expectation in the recursive step."* Die Autoren machen keine weiteren Aussagen zur Umsetzung oder zur Qualität der Approximation. Unsere Interpretation soll anhand eines Beispiels verdeutlicht werden.

Beispiel 5.8: Beginnend in $t = T$ werden zunächst die Optionswerte am Ende des Planungshorizontes bestimmt (hier 42,5 GE). Dieser (unbedingte) Erwartungswert geht in alle 8 Berechnungen der Vorperiode ein. Die Eigentümer entscheiden sich für die Fortführung, wenn der (diskontierte) Optionswert zuzüglich der Ausschüttung über dem Liquidationserlös liegt. Im 7. Lauf in $t = 2$ ergibt sich bei Fortführung ein erwarteter Wert von 32,5 = 42,5 – 10. In Folge dessen entschließen sich die Eigentümer zur Liquidation und

---

59 Es liegen approximative Algorithmen zur Bewertung Amerikanischer Optionen u.a. vor von TILLEY, J. (1993), GRANT/VORA/WEEKS (1991), BARRAQUAND/MARTINEAU (1995), CARRIERE, J. (1996), BROADIE/ GLASSERMAN (1997), BROADIE/GLASSERMAN/JAIN (1997). Die Flexibilität der Monte Carlo Methode wird genutzt um exotische Optionen zu bewerten, vgl. diesbezüglich RAYMAR/ZWECHER (1997).

60 Die Symbolik von PARKINSON ist nicht völlig klar, so daß auf dieser Stelle auf Details verzichtet wird; vgl. ebenda, S. 27 – 28, insbesondere Formel (17).

61 BOYLE/BROADIE/GLASSERMAN (1997), S. 1310.

realisieren 35. Perfekte Voraussicht wird nicht unterstellt, da der Erwartungswert und nicht der jeweils pfadspezifische Folgewert benutzt wird. Die eingeklammerten Werte in $t = 3$ werden für die folgenden Rechnungen ausgeschlossen, da jene aufgrund von vorausgehenden Liquidationen nicht realisiert werden. Der gesamte Optionswert in $t = 0$ ergibt sich zu 100 = 35 + 31,25 + 33,75.[62]

Tabelle 5.8.1: Bewertung mittels Simulation und unbedingter Erwartungswerte

	$t = 0$	1	2	3
$n = 1$	170	170	50	80
2	130	130	50	40
3	100	100	20	40
4	90	90	20	**35**
5	90	90	20	40
6	80	80	20	**35**
7	50	50	35	**(35)**
8	20	20	35	**(35)**
S	100	35	31,25	**42,5** **(33,75)**

Dieser Ansatz führt im Beispiel nur zufällig zum gleichen Ergebnis wie die dynamische Programmierung. "Fehlentscheidungen" treten hier häufiger auf, da anstelle der bedingten Erwartungswerte die Erwartungswerte über alle Pfade benutzt werden. Vor dem Hintergrund eingetretener Umweltzustände können aber bestimmte zukünftige Entwicklungen ausgeschlossen werden. Nachdem zum Beispiel in $t = 2$ eine Zahlung von 50 realisiert wurde, kann in $t = 3$ nur 80 oder 40, jedoch nicht 30 oder 0 folgen. Diese Information wird in der zuletzt dargestellten Rechnung nicht benutzt. Sie kommt damit zwar ohne bedingte Erwartungswerte aus, ist jedoch im allgemeinen nicht exakt.

BROADIE und GLASSERMAN argumentieren, daß mittels Simulation kein unverfälschter Schätzer in Form eines Erwartungswertes für Amerikanische

62 Der Betrag von 35 GE entspricht dem Erwartungswert der Zahlungen in t = 1 (vgl. Tabelle 5.4.1), 31,25 GE dem Erwartungswert nach Ausübung der Option auf den Pfaden 7 und 8 in t = 2 sowie 33,75 GE nach Ausübung auf Pfad 4 in t = 3.

Optionen formuliert werden könne. Die Autoren reduzieren die zentrale Schwierigkeit des Bewertungsproblems auf die Bestimmung des Maximums aus einer Konstanten (der sicheren Zahlung bei sofortiger Ausübung) und dem Erwartungswert einer Zufallsvariablen (dem Wert der Option bei späterer Ausübung). Unter Ausnutzung der Konvexitätseigenschaft des Maximierungsproblems und der Jensen-Ungleichung argumentieren sie, daß eine Schätzfunktion für dieses reduzierte Problem schon nicht existieren kann.[63]

Die Autoren umgehen das Problem einer exakten Bestimmung des Wertes Amerikanischer Optionen, in dem sie zwei Schätzer zu einem Intervall kombinieren, die den wahren Wert über- bzw. unterschätzen. Eine Punktschätzung wird anschließend aus dem Durchschnitt dieser beiden Schätzer gebildet. Der Algorithmus zur Simulation vollständiger Bäume ist aber vergleichsweise kompliziert und hat einen hohen Speicherplatzbedarf. Kennzeichnet d die Anzahl der Entscheidungszeitpunkte, zu denen die Option ausgeübt werden kann, ergeben sich pro Baum b^{d-1} Pfade.[64] In den von BROADIE/GLASSERMAN/JAIN präsentierten Beispielen wird von b = 50 und d = 4, also 125.000 Pfaden je Simulationslauf ausgegangen.

Für den Zweck der Unternehmensbewertung ist der Planungszeitraum und die Anzahl der Entscheidungspunkte auszudehnen. Beläßt man es bei b = 50, ergibt sich bei d = 30 (Planungshorizont 30 Jahre und jährliche Ausübungsmöglichkeit) die Zahl von 50^{29} (entspricht etwa der Zahl 186 mit 47 Nullen) Pfaden je Simulationslauf. Damit dürfte klar sein, daß die Komplexität des Algorithmus seine Anwendung für Zwecke der Unternehmensbewertung ausschließt.

In der Literatur befinden sich neben dem auf dem Prinzip der dynamischen Programmierung beruhenden Binomialmodell[65] weitere Verfahren, die eine optimale Ausübungsstrategie zu bestimmen versuchen. Hierzu zählt die Finite-Differenzen-Methode, die bereits 1977 von BRENNAN und SCHWARTZ zur Bewertung Amerikanischer Optionen benutzt wurde. Dabei wird eine Differentialgleichung des Optionspreises aufgestellt und mittels numerischer Methoden gelöst.[66] Sowohl die Methode der finiten Differenzen als auch das Binomialmodell eignen sich aber nicht unmittelbar zur Bewertung von pfadabhängigen Optionen.[67] Die Komplexität dieser Verfahren läßt deren An-

---

63 BROADIE/GLASSERMAN (1997), S. 1348 - 1349.
64 BROADIE/GLASSERMAN/JAIN (1997), S. 26.
65 Vgl. COX/RUBINSTEIN (1985), S. 245 - 248; vgl. auch TRIGEORGIS, L. (1996).
66 Vgl. SCHWARTZ, E. (1977); BRENNAN, M./SCHWARTZ, E. (1977); MYERS/MAJD (1990); HULL/WHITE (1990).
67 Vgl. CAMPBELL/LO/MACKINLAY (1997), S. 382.

wendung ebenfalls schnell an Grenzen stoßen, so daß sie auch deshalb für den Zweck der Unternehmensbewertung nicht weiter betrachtet werden.

3.5 Eine potentialorientierte Fortführungsprämisse

Wir werden hier den Anspruch auf eine optimale Lösung nicht erheben. Das Investitionsprogramm des zu bewertenden Unternehmens wird als gegeben unterstellt. Offen ist, wie die Optimalität eines Investitionsprogramms geprüft werden kann: Wie will man feststellen, ob das vorliegende Investitionsprogramm zum maximalen Unternehmenswert führt, oder ob es sich nur um eines von mehreren möglichen Programmen handelt? Des weiteren beabsichtigen wir nicht, ein optimales Finanzierungsprogramm (einschließlich einer optimalen Ausschüttungspolitik) zu präsentieren. Wenn aber die Investitions- und Finanzierungsstrategien nicht optimiert sind, bringt eine Optimierung der Desinvestitionsstrategie nur wenig. Eine schwächere Forderung lautet, realisierbare Investitions-, Finanzierungs-, und Liquidationsstrategien zu formulieren, die nicht durch einfache Alternativstrategien dominiert werden (d.h., eine potentialorientierte Fortführungsprämisse zugrunde zu legen).

Als Grundlage wird im folgenden das Modell der Down-And-Out-Option in Verbindung mit der Simulation benutzt. Die der Down-And-Out-Option zugrunde liegende Strategie ist zulässig und realisierbar. Der Ausübungsmechanismus wird jedoch modifiziert, um das Resultat zu verbessern. Die Liquidation erfolgt, wenn der Unternehmenswert das x-fache des Liquidationserlöses unterschreitet:

$$(5.27)\quad S_t - xLQ_t \begin{cases} > 0 & \textit{Fortführung} \\ \leq 0 & \textit{Liquidation} \end{cases}$$

Wird für x ein Wert kleiner als eins angesetzt, erfolgt die Liquidation erst später. Die Gefahr voreiliger Liquidationen wird damit reduziert. Mittels Simulation kann der Unternehmenswert für verschiedene x-Werte berechnet werden. Auf dieser Basis wird der Wert x^* ("Toleranzfaktor") festgelegt, der zum höchsten Unternehmenswert führt.

Beispiel 5.9: Mit $x = 0{,}25$ ergibt sich das in Tabelle 5.9.1 dargestellte Resultat.

Man erkennt gegenüber der Ausübung entsprechend der Erstpassierzeit (Tabelle 5.5.1), daß die voreilige Ausübung in $t = 1$, $n = 8$ unterbunden wird. Der damit einher gehende Nachteil besteht in dem Verzicht auf spätere Ausübungen. Insgesamt steigt der Wert in $t = 0$ dennoch von 96,25 auf 96,88 GE.

Tabelle 5.9.1: Modifizierte Down-And-Out-Option

	$t = 0$	1	2	3
$n = 1$	0	40	50	80
2	0	40	50	40
3	0	40	20	40
4	0	40	20	30
5	0	30	20	40
6	0	30	20	30
7	0	30	-10	30
8	0	30	**35**	0
S	96,88	35	25,63	36,25

Fortführungsprämisse FP 1:

Ist die Liquidation aus sozioökonomischen Gründen möglich, erfolgt diese, sobald der Wert des Eigenkapitals das x^*-fache des Liquidationswertes unterschreitet. Erfolgt die Liquidation durch die Gläubiger, fallen zu berücksichtigende Konkurskosten an.

Zur Anwendung dieser Prämissen sind die potentiellen Liquidationswerte und Konkurskosten zu konkretisieren.

4 Zur Schätzung von Liquidationswerten und Konkurskosten

Die Berechnung von Liquidationswerten gehört zu der Klasse von Problemen, deren Lösung konzeptionell einfach ist, deren praktische Umsetzung hingegen aufwendig und schwierig ist. Wir beginnen mit einer Definition des Liquidationswertes, der im Gegensatz zum Substanzwert auf Basis von Reproduktionswerten nicht von einer Fortführung, sondern von einer Zerschlagung oder Liquidation des Unternehmens ausgeht. Grundlage zur Berechnung sind demnach die im Rahmen der Auflösung erwarteten Verwertungserlöse:[68]

---

68 Vgl. MANDL/RABEL (1997), S. 48 – 49, BORN, K. (1995), S. 173.

Tabelle 5.3: Liquidationswert

Liquidationserlös des betrieblichen Vermögens
- Bei Unternehmensauflösung zu tilgende Schulden
= Liquidationserlös brutto
- Kosten der Liquidation
-/+ Steuern[69]
= Liquidationswert (netto)

Bei der Berechnung des Liquidationswertes sind die mit der Auflösung der Gesellschaft verbundenen Kosten (z.B. Sozialplan, Rekultivierungskosten) zu berücksichtigen. Des weiteren ist zu prüfen, welche steuerlichen Folgen die Liquidation hat. Dabei sind ggf. Verlustvorträge und Körperschaftsteuerguthaben zu berücksichtigen, die sich aus der Freisetzung von versteuertem verwendbaren Eigenkapital ergeben. Die Einkommensteuer der Anleger ist ebenfalls einzubeziehen. Die in der obigen Tabelle angegebenen Positionen sind als Barwerte zu interpretieren: "*Der Liquidationswert ist der Barwert der Nettoerlöse*".[70]

Soviel zur konzeptionellen Seite. Die konkrete Bestimmung des Liquidationswerts ist aufwendig, insbesondere dann, wenn eine Einzelbewertung der Vermögensgegenstände wie bei der Substanzwertermittlung erforderlich ist.[71] Darüber hinaus wird zur Berechnung der Liquidationsoption der zustandsbedingte Liquidationswert im Planungszeitraum benötigt. Aufgrund dessen wird man sich mit groben Schätzungen begnügen müssen.

Die Schätzung des Liquidationserlöses soll auf Basis der Buchwerte erfolgen. Die Eigentümer mögen über Informationen über Liquidationsquoten verfügen, die das Verhältnis von Liquidationserlös und Buchwert der jeweiligen Gruppe des Vermögensgegenstands beschreiben. Diese Quoten seien bekannt:

$$(5.28) \quad LQ_t = l_A A_t + l_W W_t + l_F F_t - l_R R_t - B_t$$

$$\text{bzw. } LQ_t = c_{LQ}(A_t + W_t + F_t - R_t) - B_t$$

69 Siehe hierzu ROSE, G. (1997), S. 86ff.

70 IDW (1998), S. 119.

71 Vgl. diesbezüglich IDW (1992), S. 125ff.

Darin bezeichnet l_A die Liquidationsquote für Sachanlagen, l_W die Quote für das Nettoumlaufvermögen und l_F diejenige für Finanzanlagen. Die ersten drei Summanden repräsentieren den Bruttoerlös aus der Veräußerung der Aktiva. Dieser Erlös ist zu reduzieren um die Ansprüche der Gläubiger, *B*, sowie den Anteil der nicht durch die Liquidation ausgelöschten Rückstellungen. Die entsprechende Quote wird mit l_R bezeichnet. In weiterer Vergröberung könnte auch eine einzige Liquidationsquote c_{LQ} geschätzt werden.

Der Abzug der Passiv-Positionen in (5.28) kann zu negativen Werten führen. Die Eigentümer könnten sich dennoch für die Liquidation entschließen, wenn der Fortführungswert diesen negativen Wert noch unterschreitet. Die Gläubiger erhalten unter Umständen nicht den vollen Betrag ihres Anspruchs.

Der zukünftige Liquidationswert ist unsicher. Dies wird berücksichtigt, indem er aus den zustandsbedingten Bilanzwerten abgeleitet wird. Diese wiederum folgen der Umsatzentwicklung, der Quelle der Unsicherheit. Die Grundlage sind risikobereinigte Umsätze und Bilanzpositionen, so daß damit sicherheitsäquivalente Liquidationswerte formuliert werden. Die besondere Schwierigkeit besteht in der Schätzung der Parameter l_A, l_F, l_W und l_R.

Eine neuere Untersuchung über die Höhe von Liquidationskosten bei unfreiwilliger Liquidation stammt von ALDERSON/BETKER (1996). Die Autoren definieren in Anlehnung an MYERS (1977) die Kosten der Liquidation aus dem Fortführungswert bei Reorganisation abzüglich Liquidationswert.[72] Grundlage ist eine Stichprobe aus 88 amerikanischen Firmen, die zwischen 1982 und 1993 ein Chapter-11-Reorganisationsverfahren durchliefen und für die aufgrund dessen Informationen über potentielle Liquidations- und Fortführungswerte vorliegen.[73] Der Fortführungswert bei Reorganisation wurde entweder auf Basis beobachtbarer Marktwerte (in 9 Fällen) oder veröffentlichter Unternehmensbewertungen (in allen übrigen Fällen) ermittelt. Der Untersuchung zufolge betragen die Liquidationskosten circa 32% des Fortführungswertes. Die direkten Kosten der Abwicklung werden auf circa 5% geschätzt. Die Autoren kommen zu folgendem Schluß: "*A complete liquidation can be expected to destroy over one-third of firm value. The largest component of the liquidation cost is the destruction of going concern value.*"[74]

---

72 ALDERSON/BETKER (1996), S. 27.
73 Ebenda (1996), S. 29.
74 Ebenda (1996), S. 35.

Aus der Untersuchung geht nicht hervor, ob die Unternehmensbewertungen von realistischen Einschätzungen ausgehen oder ob jene dem Zweck dienten, die Vorteilhaftigkeit der Fortführung gegenüber der Liquidation zu "belegen". Aufgrund der beschränkten Haftung der Eigentümer ist in jedem Fall ein Liquidationswert von null als Untergrenze anzusetzen, der bei Insolvenz realisiert wird.

Eine Untersuchung über die "Recovery Rates on Default Bonds" stammt von ALTMAN/KISHORE (1996). Auf Basis einer Stichprobe von 696 nicht vollständig zurückzahlten Anleihen ermittelten die Autoren branchenspezifische, auf den Wert der Anleihen bezogene Teilzahlungsquoten. Danach erhielten die Gläubiger insolventer Unternehmen der chemischen Industrie im Durchschnitt 63% ihres ursprünglichen Anspruchs.[75] Auf dieser Basis könnte der Liquidationswert in Abhängigkeit vom Wert des Fremdkapitals geschätzt werden ($LQ_t \approx 0{,}63 \times B_t$), wenn jener zur ausschließlichen Bedienung des ausstehenden Fremdkapitals genutzt wurde.

DRUKARCZYK (1995) hat die Kosten der Insolvenz, die von der konkreten Verwertungsform abhängen, zusammengetragen. Die direkten Verfahrenskosten des Chapter 11 werden auf circa 3% der Bilanzsumme geschätzt.[76] Die indirekten Kosten der Insolvenz lassen sich schwer quantifizieren.[77] Ein Argument für die Signifikanz dieser Kosten stammt von OPLER/TITMAN (1994). Die Autoren stellten fest, daß hochverschuldete Unternehmen in Rezessionen substantiell höhere Marktanteilsverluste erleiden als ihre weniger stark verschuldeten Wettbewerber. Daraus schließen die Autoren auf signifikante indirekte Kosten der Insolvenz. Ein Versuch zur Quantifizierung dieser Kosten stammt von ALTMAN (1984). Er schätzte die Kosten aus der Differenz der erwarteten und später realisierten Gewinne im Zeitraum von vier Jahren vor Verfahrenseröffnung ($t = 0$). Aus der Entwicklung der Branchenumsätze der Jahre t-13 bis t-4 leitete er Umsatzprognosen für die Periode t-3 bis t=0 für die 19 Unternehmen seiner Stichprobe her. Zusammen mit der durchschnittlichen Gewinnmarge der Unternehmen folgt daraus seine Schätzung für die in t=4 erwarteten Gewinne. Diese werden dann mit den tatsächlich realisierten Gewinnen verglichen. Die Differenz wird als Indikator der Konkursko-

---

75 ALTMAN/KISHORE (1996), S. 60.

76 Vgl. BAIRD, D. (1993), S. 641 – 642; EASTERBROOK, F. (1990), S. 425. L. Weiss (1990) ermittelt auf Basis von 37 Fällen einen Kostensatz von 3,1% bezogen auf die Summe des Buchwertes des Fremdkapitals und des Börsenwertes des Eigenkapitals jeweils am Ende des Wirtschaftsjahres vor Verfahrenseröffnung.

77 Vgl. DRUKARCZYK, J. (1994), S. 1015.

sten i.S.v. nicht antizipierten Verlusten interpretiert. Das Ergebnis dieser Analyse ist in der nächsten Tabelle abgebildet:[78]

Tabelle 5.4: Konkurskosten nach ALTMAN
in Prozent des Unternehmensgesamtwertes ($V = S + B$)

	$t-3$	$t-2$	$t-1$	$t=0$
Direkte Kosten	4,3	4,6	4,6	6,2
Indirekte Kosten	8,1	7,1	6,6	10,5
Gesamte Kosten	12,4	11,7	11,2	16,7

Der potentielle Fehler dieser Approximation ist unbekannt. Ob diese Anhaltswerte auf deutsche Rahmenbedingungen übertragen werden können, ist freilich ebenfalls offen.

5 Anwendungsbeispiel – Teil 5

Das Programm für diesen Teil der Fallstudie sieht so aus: Zunächst werden die Verteilungen der Unternehmenswerte deskriptiv beschrieben, indem die Entwicklungen des Mittelwertes, der Standardabweichung und der Schiefe über Zeit dargestellt werden. Auf dieser Basis erfolgt die Bewertung des Eigenkapitals einschließlich der Option der Eigentümer, keine weiteren Reinvestitionen vorzunehmen sowie dem Recht der Gläubiger, das Unternehmen bei Insolvenz zu liquidieren. Die Abhängigkeit des Optionswertes von der Höhe der Reinvestitionen wird analysiert.

Die Analyse der Wertverteilungen ergibt folgendes Bild (Abbildung 5.6): Die Zyklizität der Zahlungen überträgt sich auf den Unternehmenswert, dessen Erwartungswert im Zeitablauf ansteigt. Die Standardabweichung nimmt ebenso wie die Schiefe der Verteilung zu.

78 ALTMAN, E. (1984), S. 1078.

Abbildung 5.6: Momente der Verteilung des Unternehmenswertes Szenario mit moderater Reinvestition

Mittelwert und Standardabweichung in Mio. DM,
Schiefe dimensionslos

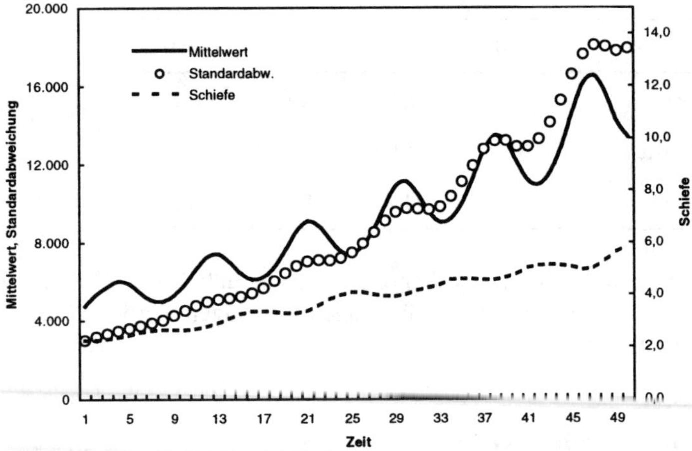

Bevor die Bewertung der Optionen erfolgen kann, ist zunächst der Toleranzfaktor zu bestimmen. Dieser Faktor wird zur Definition des Auslösekriteriums benötigt (Abbildung 5.7). Die obere Linie zeigt das theoretische Optimum, welches perfekte Voraussicht der Entscheidungsträger impliziert.[79] Dieser Wert von etwa 5,3 Mrd. DM kann in der Realität nicht erreicht werden. Der Wert des Eigenkapitals ohne Liquidationsoption beträgt 4.742 Mio. DM. Annahmegemäß entscheiden sich die Eigentümer (bzw. die Gläubiger) für die Liquidation des Unternehmens, wenn der Wert bei Fortführung unter den Wert bei Liquidation fällt. Nun wird dieses Kriterium aus den im Haupttext diskutierten Gründen nicht strikt angewendet. Liquidation erfolgt, wenn der Wert bei Fortführung den mit dem Toleranzfaktor multiplizierten Liquidationswert unterschreitet.

79 Berechnet wurde dieser Wert entsprechend Beispiel 5.6/Tabelle 5.6.1.

Abbildung 5.7: Ermittlung des optimalen Toleranzfaktors
Liquidationsquote 65%

In Mio. DM

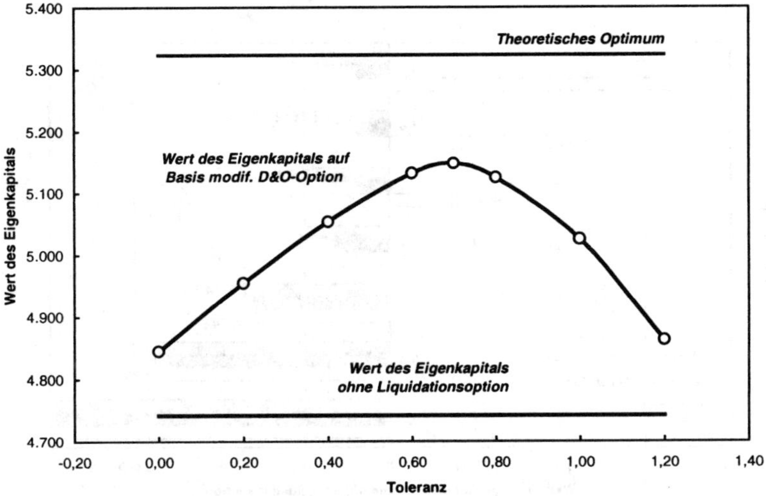

Je kleiner der Toleranzfaktor um so niedriger ist der Grenzwert und um so später erfolgt die Liquidation. Bei einem Toleranzfaktor von -∞ findet die Liquidation niemals statt, bei +∞ hingegen sofort und in jedem Szenario. Aus Abbildung 5.7 entnimmt man einen optimalen Toleranzfaktor von etwa 0,7, der relativ insensitiv gegenüber Veränderungen der Liquidationsquote ist. Dieser Toleranzfaktor wird daher für alle folgenden Betrachtungen zugrunde gelegt.

Wie hoch ist nun der Wert des Eigenkapitals, wenn man die Liquidationsoption einbezieht? Abbildung 5.8 faßt einige Ergebnisse der bisherigen Analyse zusammen. Sie enthält den Wert des Eigenkapitals bei Reinvestition des 1,3-fachen des *EBDIT* von –9,9 Mrd. DM. Bei moderater Reinvestition des 0,9-fachen *EBDIT* beträgt der Wert ohne Option 4,7 Mrd. DM, mit Option 5,1 Mrd. DM.

Abbildung 5.8: Unternehmenswert mit Liquidationsoption in Abhängigkeit von der Reinvestitionsquote. Reinvestitionsquote = c_A/c_{EBDIT}

In Mio. DM

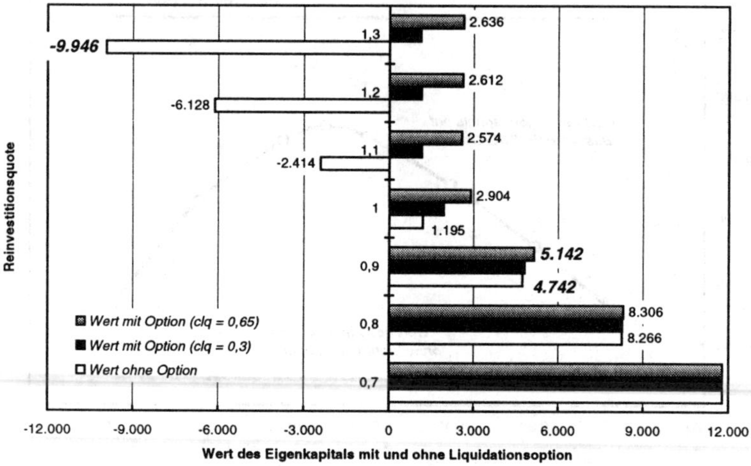

Der Wert des Eigenkapitals einschließlich der Liquidationsoption ist stets positiv und steigt mit zunehmender Liquidationsquote. Die Spreizung zwischen dem Wert mit und dem Wert ohne Liquidationsoption ist um so größer, je höher die Reinvestitionsquote ist.[80]

Der Einfluß der Liquidationsquote läßt sich anhand von Abbildung 5.9 illustrieren. Zu beachten ist, daß hier der Wert der Liquidationsoption isoliert wurde. Die Reinvestitionsquoten wurden horizontal in inverser Reihenfolge abgetragen, da hohe Investitionen c.p. mit niedrigen Unternehmenswerten einher gehen. Damit entsteht das für Put-Optionen typische Bild, in dem die Optionswerte mit steigendem Wert des Basispapiers gegen null konvergieren.

80 Vor dem Hintergrund der erheblichen Differenz zwischen dem Unternehmenswert mit und ohne Liquidationsoption kann der Einschätzung von H. DIRRIGL (1994) nicht gefolgt werden. Danach könne u.a. die Optionsbewertung "*nicht als Basiskonzept im finanziellen Kernbereich einer Unternehmensbewertung, sondern höchstens als Modifizierung an der Bewertungsperipherie gelten...*"; ebenda, S. 427.

Abbildung 5.9: Wert der Liquidationsoption in Abhängigkeit von der Reinvestitionsquote Reinvestitionsquote = c_A/c_{EBDIT}

In Mio. DM

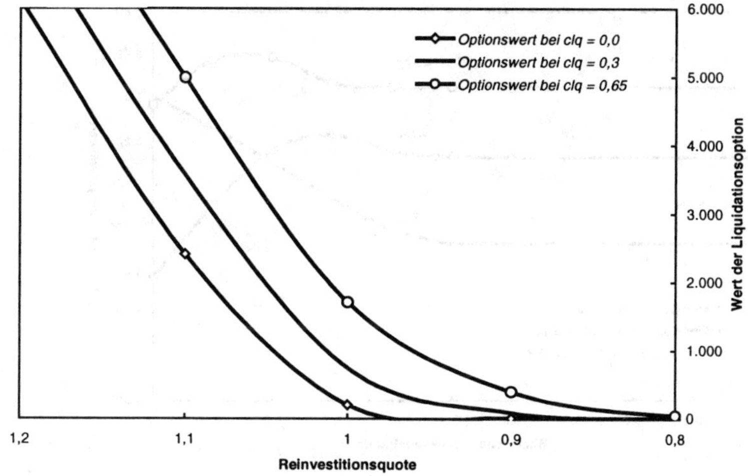

Abschließend werden die Finanzierungsprämissen endogenisiert, indem der optimale Verschuldungsgrad unter Berücksichtigung von Wertverlusten bei Liquidationen zugrunde gelegt wird. Abbildung 5.10 zeigt, daß dieser im vorliegenden Fall auch bei fehlenden Kosten der Insolvenz existiert. Man erkennt, daß bei positiven Liquidationsquoten von 0,3 bis 0,65 die Annahme einer Mindest-Eigenkapitalquote von 48% (wie in Teil 4 der Fallstudie) eher konservativ zu beurteilen ist. Die optimalen Eigenkapitalquoten liegen zwischen 20% und 30%. Die Liquidationsverluste führen zu geringeren Unternehmenswerten, wenn die optimale Quote überschritten wird. Bei c_{lq} = 0,3 ergibt sich zum Beispiel das in Tabelle 5.5. gezeigte Bild.[81]

81 Reinvestitionsquote 90%, *EBDIT* = 10,6%, Liquidationsquote 30%, *N* = 1.000, *T* = 150.

Abbildung 5.10: Unternehmensgesamtwert mit und ohne Liquidationsoptionen

In Mio. DM

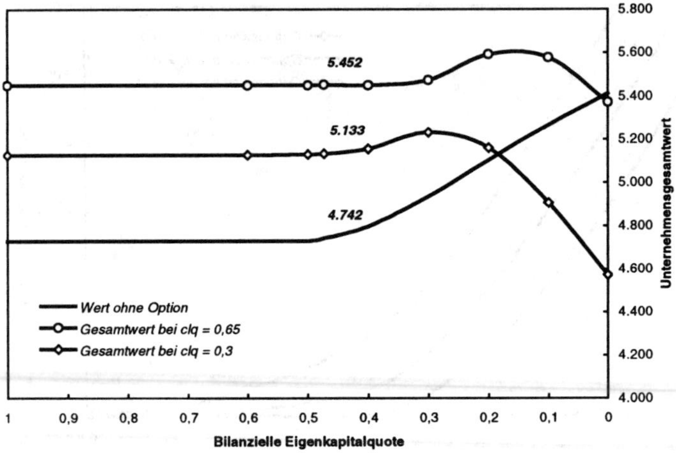

Tabelle 5.5: Wert des Eigenkapitals in Abhängigkeit von der Eigenkapitalquote

In Mio. DM	Mindest-EK-Quote 30%	Mindest-EK-Quote 10%
Wert des Eigenkapitals (inkl. Liquidationsoption)	4.985	5.510
Liquidationsverluste	61	910
Wert des Fremdkapitals (nominal)	306	306
Unternehmens-gesamtwert	**5.230**	**4.906**

Danach kommt es bei einer vergleichsweise geringen Eigenkapitalausstattung häufiger zu Liquidationen, in denen der Liquidationswert nicht ausreicht, um die Schulden zu tilgen. Diese Liquidationsverluste tragen die Gläubiger bzw. Dritte, wenn der Nominalanspruch der Gläubiger überschritten wird.

Die in Tabelle 5.5 dargestellten Ergebnisse enthalten keine Kosten der Insolvenz. Bei einem Satz von 5% betragen diese 135 Mio. DM, bei 10% 254 Mio. DM. Die Existenz von Kosten der Insolvenz von 5 – 10% auf den Buchwert des investierten Kapitals ändert zwar den Unternehmensgesamtwert, beeinflußt den optimalen Verschuldungsgrad aber nur unwesentlich. WARNER ist dennoch zuzustimmen, demzufolge die direkten Konkurskosten zwar klein sind, jedoch nicht klein genug, um sie vollends vernachlässigen zu können.[82] Im vorliegenden Fall zehren Konkurskosten von mehr als 10% die steuerlichen Vorteile aus der Fremdfinanzierung auf (Abbildung 5.11).

Abbildung 5.11: Unternehmensgesamtwert mit Kosten der Insolvenz

In Mio. DM

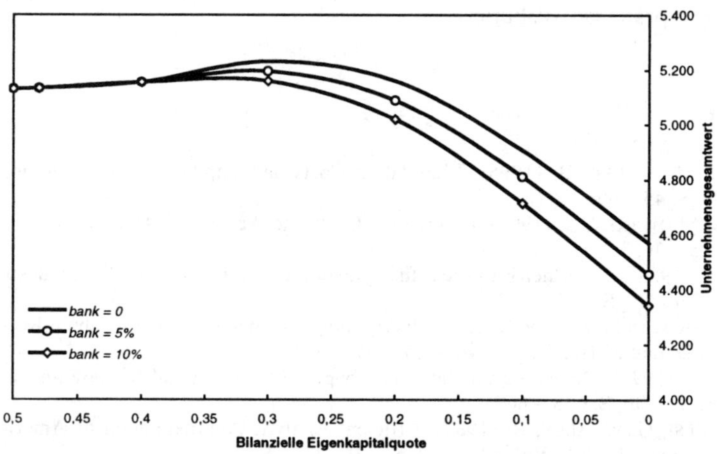

Insgesamt betrachtet erscheint ein Wert des Eigenkapitals in der Größenordnung von 4,7 – 5,2 Mrd. DM nicht unrealistisch. Dazu muß man unterstellen, daß

- der strukturelle Zusammenhang zwischen Marktrendite und Umsatzwachstumsrate in der Zukunft erhalten bleibt,
- der Mittelwert von *EBDIT*/Umsatz auf dem Niveau der Vergangenheit

82 Ebenda (1977), S. 345.

verbleibt und sich auch die Amplitude des Zyklus sowie dessen Zeitspanne nicht ändern,
- es dem Management gelingt, den Reinvestitionsbedarf auf 90% des *EBDIT* zu drücken,
- eine Vollausschüttung der Jahresüberschüsse erfolgt und die Eigentümer alle erforderlichen Kapitalerhöhungen durchführen sowie Ausschüttungssperren überwunden werden können,
- eine bilanzielle Eigenkapitalquote von 20 – 30% realisiert wird,
- bei Liquidation ein Erlös von 30% – 65% des investierten Kapitals realisiert werden kann,
- die Kosten der Insolvenz ca. 5% – 10% betragen,
- die Alternativrendite für risikolose Anlagen 6% beträgt und die Anleger keiner Einkommensbesteuerung unterliegen.

Abschließend wird im nächsten Kapitel der letzte Punkt, die Anlage- und Besteuerungsprämisse, diskutiert.

Literatur

ALDERSON, M./BETKER, B. (1995), Liquidation Costs and Capital Structure, in: JoFE, Vol. 39, S. 45 – 69.

ALDERSON, M./BETKER, B. (1996), Liquidation Costs and Accounting Data, in: FM, Vol. 25, S. 25 – 36.

ALTMAN, E. (1984), A Further Empirical Investigation of the Bankruptcy Cost Question, in: JoF, Vol. 39, S. 1067 – 1089.

ALTMAN, E./KISHORE, V. (1996), Almost Everything You Wanted to Know about Recoveries on Defaulted Bonds, in: FM, S. 57 – 64.

BAIRD, D. G. (1993), Revisiting Auctions in Chapter 11, in: Journal of Law and Economics, Vol. 36, S. 633 – 669.

BARONE-ADESI, G./WHALEY, R. (1987), Efficient Analytic Approximation of American Option Values, in: JoF, Vol. 42, No. 2, S. 301 - 321.

BARRAQUAND, J./MARTINEAU, D. (1995), Numerical Valuation of high dimensional multivariate American Securities, in: JFQA, Vol. 30, S. 383 – 405.

BARTKE, G. (1981), Zur Bedeutung des Liquidationswertes als Wertuntergrenze – ein Beitrag zur realitätsnäheren Weiterentwicklung der Lehre von der Unternehmensbewertung, in: BFuP, S. 393 – 406.

BAXTER, M./RENNIE A. (1997), siehe zweites Kapitel.

BLACK, F./SCHOLES, M. (1973), siehe drittes Kapitel.

BORN, K. (1995), siehe erstes Kapitel.

BOYLE, P. P. (1977), Options: A Monte Carlo Approach, in: JoFE, Vol. 4, S. 323 - 338.

BOYLE, P./BROADIE, M./GLASSERMAN, P. (1997), Monte Carlo methods for security pricing, in: Journal of Economic Dynamics and Control, Vol. 21, S. 1267 – 1321.

BRENNAN, M./SCHWARTZ, E. (1977), The Valuation of American Put Options, in: JoF, Vol. 32, S. 449 – 462.

BRENNAN, M./SCHWARTZ, E. (1978), Finite Difference Methods and Jump Processes Arising in the Pricing of Contingent Claims: A Synthesis, in: JFQA, S. 461 – 474.

BROADIE, M./GLASSERMAN, P./JAIN, G. (1997), Enhanced Monte Carlo Estimates for American Option Prices, in: Journal of Derivatives, Vol. 5, S. 25 - 44.

BROADIE, M./GLASSERMAN,P. (1997), Pricing American-Style Securities Using Simulation, in: Journal of Economic Dynamics and Control, Vol. 21, No. 8-9, S. 1323 – 1352.

BURKHARDT, T. (1994), Down-and-Out Optionen, Eigenschaften, vereinfachte Bewertung und Anwendbarkeit in Kapitalstrukturmodellen, Wiesbaden.

CAMPBELL, J./LO, A./MACKINLAY, C. (1997), siehe erstes Kapitel.

CARRIERE, J. F. (1996), Valuation of the early-exercise price for derivative securities using simulations and splines, in: Insurance: Mathematics and Economics, Vol. 19, S. 19 – 30.

COENENBERG, A. G. (1984), Entscheidungsorientierte Unternehmensbewertung und "Ertragsschwäche", in: BFuP, S. 496 – 507.

COX, J./RUBINSTEIN, M. (1985), Options Markets, New Jersey.

DAHLEY, L./MEHROTRA, V./SIRAKUMAR, R. (1997), Corporate Focus and Value Creation: Evidence from Spin-offs, in: JoFE, Vol. 45, S. 257 – 281.

DIRRIGL, H. (1994), Konzepte, Anwendungsbereiche und Grenzen einer strategischen Unternehmensbewertung, in: BFuP, S: 409 – 432.

DIXIT, A. K./PINDYCK, R. S. (1993), siehe zweites Kapitel.

DRUKARCZYK, J. (1993), siehe erstes Kapitel.

DRUKARCZYK, J. (1994), Kapitalerhaltungsrecht, Überschuldung und Konsistenz – Besprechung der Überschuldungs-Definition in BGH WM 1992, 1650, in: WM, Zeitschrift für Wirtschafts- und Bankrecht, 48. Jg., S. 1737 – 1784.

DRUKARCZYK, J. (1995), Verwertungsformen und Kosten der Insolvenz, in: BFuP, S. 40 – 58.

DRUKARCZYK, J. (1998), Insolvenzplan und Obstruktionsverbot, Regensburger Diskussionsbeiträge zur Wirtschaftswissenschaft, Nr. 315, Regensburg.

DRUKARCZYK, J./RIEGER, R./DUTTLE, D. (1987), Unternehmen und Insolvenz: Zur effizienten Gestaltung des Kreditsicherungs- und Insolvenzrechts, Wiesbaden.

DRUKARCZYK, J./SCHÜLER, A. (1997), Zahlungsunfähigkeit, drohende Zahlungsunfähigkeit und Überschuldung als Insolvenzauslöser, in: Arbeitskreis für Insolvenz- und Schiedsgerichtswesen e.V. (Hrsg.), Kölner Schrift zur Insolvenzordnung – Das neue Insolvenzrecht in der Praxis, Berlin, S. 57 – 95.

DRUKARCZYK, J./SCHÜLER, A. (1999), Die Eröffnungsgründe der InsO: Zahlungsunfähigkeit, drohende Zahlungsunfähigkeit und Überschuldung, Regensburger Diskussionsbeiträge zur Wirtschaftswissenschaft, Nr. 324.

EASTERBROOK, F. H. (1990), Is Corporate Bankruptcy Efficient, in: JoFE, Vol. 27, S. 411 – 417.

GALANTI, S./JUNG, A. (1997), Low-Discrepancy Sequences: Monte Carlo Simulation of Option Prices, in: Journal of Derivatives, Vol. 5.

GESKE, J./JOHNSON, H. (1984), The American Put Option Valued Analytically, in: JoF, Vol. 39, S. 1511 – 1524.

GRANT, D./VORA, G./WEEKS, D. (1991), Simulation and the Early Exercise Problem, in: Journal of Financial Engineering, Vol. 26, No. 4, S. 211 – 227.

HAUGEN, R./SENBET, L. (1978), The Insignificance if Bankruptcy Costs to the Theory of Optimal Capital Structure, in: JoF, Vol. 33, S. 383 – 393.

HITE, G./OWERS, J. (1983), Security Price Reactions Around Corporate Spin-Off Announcements, in: JoPE, Vol. 12, S. 409 – 436.
HULL, J./WHITE, A. (1990), Valuing Derivative Securities Using the Explicit Finite Difference Method, JFQA, Vol. 25, S. 87 – 100.
HULL, J./WHITE, A. (1993), Efficient Procedures for Valuing European and American Path-Dependent Options, in: Journal of Derivatives, S. 21 – 31.
INSTITUT DER WIRTSCHAFTSPRÜFER (1992), siehe viertes Kapitel.
INSTITUT DER WIRTSCHAFTSPRÜFER (1998), siehe erstes Kapitel.
JOHN, K./OFEK, E. (1995), Asset Sales and Increase in Focus, in: JoPE, Vol. 37, S. 105 – 126.
JOY, C./BOYLE, P./TAN, K. (1996), Quasi-Monte Carlo Methods in Numerical Finance, in: Management Science, Vol. 42, No. 6, S. 926 –938.
KAPLAN, S./WEISBACH, M. (1992), siehe erstes Kapitel.
KARATZAS, I. (1989), Optimization Problems in the Theory of Continuious Trading, in: SIAM, Journal of Control and Optimization, Vol. 27, S. 1221 – 1259.
LASFER, A./SUDARSANAM, P./TAFFLER, R. (1996), Financial Distress, Asset Sales, and Lender Monitoring, in: FM, Vol. 25, S. 57 – 66.
LEROY, S. (1989), Efficient Capital Markets and Martingales, in: Journal of Economic Literature, Vol. 27, S. 1583 – 1621.
MANDL, G./RABEL, K. (1997), siehe erstes Kapitel.
MARKIDES, C./BERG, N. (1992), Good and Bad Divestments, The Stock Market Verdict, in: Long Range Planing, Vol. 25, S. 10 – 15.
MCDONALD, R./SIEGEL, D. (1985), Investment and the Valuation of Firms When There Is An Option To Shut Down, in: International Economic Review, Vol. 26, S. 331 – 349.
MERTON, R. C. (1973), Theory of Rational Option Pricing, in: Continuous-Time Finance (1993), Cambridge, Kapitel 8.
MONTGOMERY, C./THOMAS, A./KAMATH, R. (1984), Divestiture, Market Valuation, And Strategy, in: Academy of Management Journal, Vol. 27, S. 830 – 840.
MOXTER, A. (1983), siehe erstes Kapitel.
MYERS, S. C. (1977), Determinants of Corporate Borrowing, in: JoFE, Vol. 14, S. 147 – 175.
MYERS, S./MAJD, S. (1990), Abandonment Value And Project Life, in: Advances in Futures and Options Research, Vol. 4, S. 1 – 21.
OPLER, T./TITMAN, S. (1994), Financial Distress and Corporate Performance, in: JoF, Vol. 69, S. 1015 – 1040.
PARKINSON, M. (1977), Option Pricing: The American Put, JoB, Vol. 50, S. 21 – 36.
RAYMAR, S/ZWECHER, M. (1997), Monte Carlo Estimation of American Call Options on the Maximum of Several Stocks, in: Journal of Derivatives, Vol. 5, S. 7 - 23.
RECHSTEINER, U. (1995), Desinvestitionem zur Unternehmenswertsteigerung, Aachen.
ROSE, G. (1997), siehe viertes Kapitel.
SAMUELSON, P. (1965), Proof that Properly Anticipated Prices Fluctuate Randomly, in: Industrial Management Review, Vol. 6, S. 41 – 49.
SCHOEMAKERS, J./HEEMINK, A. (1997), Fast Valuation of Financial Derivatives, in: Journal of Computational Finance, Vol. 1, No. 1, S. 47 – 62.
SCHWARTZ, E. S. (1977), The Valuation of Warrants: Implementing a New Approach, in: JoFE, Vol. 4, S. 79 – 93.
SHLEIFER, A./VISHNY, R. (1992), Liquidation Values and Debt Capacity: A Market Equilibrium Approach, in: JoF, Vol. 47, S. 1343 – 1366.
SMITH, C. W. (1976), siehe viertes Kapitel.

TILLEY, J. A. (1993), Valuing American Options in a Path Simulation Model, in: Transactions of the Society of Actuaries, Vol. 45, S. 83 – 104.
TITMAN, S. (1984), The Effect of Capital Structure on a Firm´s Liquidation Decision, in: JoFE, Vol. 13, S. 137 – 151.
TRIGEORGIS, L. (1996), Real Options, Managerial Flexibility and Strategy in Resource Allocation, Cambridge, Kapitel 10.
WARNER, J. (1977), Bankruptcy Costs: Some Evidence, in: JoF, Vol. 32, S. 337 – 348.
WEISS, L. A. (1990), Bankruptcy Resolution, Direct Costs and Violation of Priority Claims, in: JoFE, Vol. 27, S. 285 – 314.
WILLARD, G. A. (1997), Calculating Prices And Sensitivities for Path-Independent Derivative Securities in Multifaktor Models, in: Journal of Derivatives, S. 45 – 61.
WILLIAMSON, O. E. (1988), Corporate Finance and Corporate Governance, in: JoF, Vol. 43, S. 567 – 592.

Sechstes Kapitel
Prämissen zur Besteuerung und Alternativanlage

Die im vorliegenden Kapitel diskutierten Prämissen sind von anderer Qualität als diejenigen in den Kapiteln vier und fünf. Hier geht es primär um Annahmen zur Besteuerung der Anleger und zum risikolosen Zinssatz, weniger um die Abbildung von Handlungsoptionen. Diese Annahmen zu konkretisieren ist dennoch wichtig, da sie den Unternehmenswert beeinflussen. Im folgenden, ersten Abschnitt werden zunächst die für die Investitionsentscheidung des repräsentativen Anlegers wichtigen Faktoren genannt. Dabei wird klar, daß alle Faktoren bis auf die Einkommensteuer und den Zinssatz für alternative, risikolose oder risikobereinigte Zahlungen bereits definiert sind. Der zweite Abschnitt ist der Berücksichtigung der Einkommensteuer gewidmet. Darin wird gezeigt, daß die jüngsten Entwicklungen, welche die Einkommensteuer ins Kalkül ziehen, prinzipiell auch für die kapitalmarktorientierte Bewertung relevant sind, wenngleich die Begründung hierfür eine andere ist und die Umsetzung der Theorie mit praktischen Schwierigkeiten verbunden ist. Abschnitt 3 enthält einen kurzen Exkurs, der die Brücke zwischen dem im APV-Ansatz auftretenden Einkommensteuereffekt und der hier verwendeten Equity-Methode schlägt, in der jener Effekt nicht unmittelbar sichtbar wird. Die Konkretisierung des risikolosen Zinses erfolgt in Abschnitt 4, die Fallstudie wird in Abschnitt 5 abgeschlossen.

1 Entscheidungsrelevante Parameter der Anleger

Es wird unterstellt, daß Anleger Aktien nur aus finanziellen Erwägungen kaufen oder halten. Demnach können wir uns auf folgende Entscheidungsparameter konzentrieren: Die erwarteten Zahlungen des zu bewertenden Unternehmens, die Anlagedauer, die Zahlungen aus der Alternativinvestition (bzw. die Alternativrendite) und die Einkommensteuer der Anleger.

Zu allererst sind die Zahlungen des zu bewertenden Unternehmens zu nennen, die aus Ausschüttungen, Kapitalveränderungen und dem Verkaufserlös bestehen: Diese Zahlungen wurde im vierten Kapitel so definiert:

$$(6.1) \qquad C_t = D_t - KE_t - TAX_{pt} + \begin{cases} S_t, \text{falls } t = T \\ 0, \text{ sonst} \end{cases}$$

Darin ist D die Ausschüttung einschließlich Steuergutschrift, soweit jene bei den Anteilseignern anrechenbar ist.[1] KE steht für Kapitalveränderungen, d.h. (zahlungsreduzierende) Kapitalerhöhungen und (zahlungserhöhende)

1 Die Ausschüttung wird auf Basis der Ausschüttungsprämissen festgelegt; nach der Steuerreform dürfte diese häufig zu Null angenommen werden.

Kapitalherabsetzungen. Der Verkauf der Aktien erfolgt in $t = T$ unter der Annahme, daß der Preis dem Wert entspricht.

Die Einkommensteuer ist von Bedeutung, da sie von den Anteilseignern auf die Zahlungen aus dem Unternehmen bzw. aus der Alternativanlage zu entrichten ist. Die Ergänzung des Bewertungskalküls erfolgt in diesem Kapital, in dem einerseits der Term TAX_{pt} konkretisiert und andererseits die Wirkung der Einkommensteuer auf die Alternativrendite untersucht wird.

Im Zusammenhang mit den Zahlungen nach Einkommensteuer ist die Anlagedauer von Bedeutung, über die der Anleger die Beteiligung hält und an dessen Ende er diese durch Verkauf der Anteile auflöst. Weder die Anlagedauer noch der Veräußerungserlös wurde bislang in die Analyse einbezogen, da angenommen wurde, daß der Preis jeweils dem Wert der zukünftigen Zahlungen entspricht, es also keine spekulativen Blasen und dgl. gibt. Es ist dann eine Zeitreihe zu betrachten, die bis an das Ende der Lebensdauer des Unternehmens reicht. Um die Brauchbarkeit dieser Annahme im Fall mit Einkommensteuer zu sehen, die nur auf Dividenden und Zinszahlungen und nicht auf Kapitalveränderungen erhoben wird, betrachten wir folgende Bewertungsgleichung:

$$(6.2) \qquad S_0 = \sum_{t=1}^{T} \mathrm{E}[D_t](1-s_p)(1+k_s)^t + \frac{\mathrm{E}[S_T]}{(1+k_s)^T}$$

Hinsichtlich der Zahlungen gehen wir vom multiplikativen Modell ($D_{t+1} = D_t + \alpha D_t + \sigma D_{t+1}\varepsilon_{t+1}$) sowie – an dieser Stelle – von fehlenden Kapitalveränderungen aus. Die Erwartungswerte der Ausschüttungen und die Unternehmenswerte wachsen mit der Rate α, die nicht periodenspezifisch ist, wenn das Unternehmen ewig besteht. Anhand der Bewertungsgleichung erkennt man, daß der Veräußerungserlös nicht besteuert wird. Die Diskontierung erfolge mit einer risikoäquivalenten Alternativrendite nach Einkommensteuer. T symbolisiert hier die Haltedauer.

Der Erwartungswert der Zahlungen beträgt in diesem Modell $\mathrm{E}[D_T] = D_0(1+\alpha)^T$, der Erwartungswert des Veräußerungskurses $\mathrm{E}[S_T] = S_0(1+\alpha)^T$. Einsetzen dieser Werte in (6.2) liefert:

$$(6.3) \qquad S_0 = D_0(1-s_p)\sum_{t=1}^{T}\left(\frac{1+\alpha}{1+k_s}\right)^t + S_0\left(\frac{1+\alpha}{1+k_s}\right)^T$$

Die Summe kann mittels der bekannten Annuitätenformel (für $\alpha < k_s$) umgeformt werden. Abschließend wird nach S_0 aufgelöst, und wir finden`

$$(6.4) \quad S_0\left(1-\left(\frac{1+\alpha}{1+k_s}\right)^T\right)=\frac{D_0(1-s_p)(1+\alpha)}{k_s-\alpha}\left(1-\left(\frac{1+\alpha}{1+k_s}\right)^T\right)$$

$$\Rightarrow S_0=\frac{D_0(1-s_p)(1+\alpha)}{k_s-\alpha}.$$

Dies entspricht erstens dem Wert des ewig bestehenden Unternehmens und ist zweitens von der Anlagedauer T unabhängig ist. Wir werden die Anlagedauer im folgenden also nicht berücksichtigen müssen.[2]

Der erwartete Zahlungsstrom des Unternehmens ist vor dem Hintergrund des Zahlungsstroms der Alternativinvestition bzw. der Rendite zu beurteilen, die bei alternativer Geldanlage erzielt werden könnte. Die Konkretisierung dieser Alternativrendite (r_{fs} bei risikoneutraler Bewertung) steht noch aus und erfolgt in diesem Kapitel.

2 Erweiterung des Bewertungskalküls um Einkommensteuern (Besteuerungsprämisse)

Im folgenden Abschnitt steht die Ergänzung des Kalküls um Einkommensteuern an. Bisher konnte die Einkommensteuer ausgeblendet werden, da die Fixierung der Ausschüttungspolitik auf Unternehmensebene auch ohne Kenntnis des exakten Einkommensteuersatzes möglich ist:[3]

- Vor der Steuerreform, bis 2000: Vollausschüttung des Jahresüberschusses ggf. in Kombination mit Kapitalerhöhungen ist vorteilhaft, wenn der

---

2 In anderen Steuersystemen, in denen auch Kapitalgewinne und –verluste steuerlich berücksichtigt werden, läßt sich unter bestimmten Bedingungen eine optimale Haltestrategie formulieren; vgl. hierzu CONSTANTINIDES, G. (1983). Man könnte auch zufällige Ereignisse abbilden, die dazu führen, daß sich mit zunehmender Haltedauer die Wahrscheinlichkeit für die Realisierung eines Kapitalgewinns verändert. Der Anleger könnte plötzlich sterben, was mit zunehmender Haltedauer immer wahrscheinlicher wird, und käme dann selbst nicht in den Genuß des Kapitalgewinns. Diese und ähnliche Aspekte werden im folgenden vereinfachend nicht berücksichtigt.

3 Beide Ausschüttungsprämissen sind ggf. zu ergänzen um Annahmen zur Eigenkapitalanpassung, so daß die residuale Ausschüttungspolitik realisiert wird.

Grenzeinkommensteuersatz kleiner als der effektive Körperschaftsteuersatz ausfällt (45% bzw. 40%; bei fehlenden Verlustvorträgen).
- Nach der Steuerreform, ab 2001: Vollthesaurierung des Jahresüberschusses, soweit damit Eigenkapitalbedarf zu decken ist, bzw. darüber hinaus in Kombination mit Aktienrückkauf.

Für die Bestimmung des absoluten Unternehmenswertes ist die Einkommensteuer jedoch relevant, so daß diesbezüglich eine Erweiterung des Kalküls erforderlich ist.

2.1 Unternehmensbewertung und Einkommensteuer in der Literatur

Der überwiegende Teil der neueren deutschsprachigen Literatur zur Unternehmensbewertung argumentiert für die Berücksichtigung der Einkommensteuer. Der folgende Abschnitt faßt die wesentlichen Argumente zusammen. Die Forderung, das Bewertungskalkül um Einkommensteuerbetrachtungen anzureichern, ist aber mit praktischen Schwierigkeiten verbunden, die primär in der Bestimmung des relevanten Einkommensteuersatzes bestehen.

2.1.1 Weitgehende Einigkeit im Grundsatz

Nach MOXTER gehören Kalküle ohne Berücksichtigung der Einkommensteuer der Vergangenheit an, da man heute nach dem Grenzpreis suche, der für bestimmte Käufer oder Verkäufer gilt. Man habe erkannt, daß der Grenzpreis von persönlichen Steuern beeinflußt werden kann: "*Sofern man heute noch persönliche Steuern bei der Bewertung unberücksichtigt läßt, geschieht das allein aus Vereinfachungserwägungen*".[4] Einerseits dürfe eine vernachlässigbare Einkommensteuerbelastung meist angenommen werden, wenn man sich auf ein Vergleichsobjekt mit gleichen oder sehr ähnlichen Erfolgserwartungen stütze. Es sei jedoch eine Mittelanlage zum Kapitalzins als Alternativanlage geboten, was andererseits grundsätzlich zur Wahl eines Vergleichsobjektes führe, das einer anderen steuerlichen Belastung unterliegt als das zu bewertende Unternehmen (**Argument 1**: Abweichende Besteuerung der Investitionsalternative).[5]

Darüber hinaus entsteht nach MOXTERs Auffassung die potentielle Wirkung der Einkommensteuer auf den Unternehmenswert bei der Überführung

4 Ebenda (1983), S. 177.
5 Ebenda (1983), S. 178.

der Erfolgsbandbreite in das korrespondierende Sicherheitsäquivalent (**Argument 2**: Risikoberücksichtigung und Besteuerung sind verknüpft). Er argumentiert, daß sich das Sicherheitsäquivalent einer Zahlung nach Steuern vom Sicherheitsäquivalent einer Zahlung vor Steuern unterscheiden kann, welches erst im zweiten Schritt um die Einkommensteuer reduziert wird:

$$(6.5) \quad \text{SÄ}\left[C(1-s_p)\right] \neq \text{SÄ}\left[C\right](1-s_p)$$

Gestützt wird diese Perspektive durch die Untersuchung von LEUTHIER (1988). Danach ist die "Ausklammerung" des Steuerterms nur unter der engen Prämisse konstanter relativer Risikoaversion der Anleger zulässig.

In den Werken von COPELAND/KOLLER /MURRIN (1998) und BORN (1995) wird die Einkommensteuer nicht erwähnt bzw. auf eine explizite Berücksichtigung verzichtet. Letzterer begründet die Ausblendung der Einkommensteuer mit der Verwendung von "Zinsen für risikofreie Kapitalanlagen" als Diskontierungsraten, die vor Abzug der Einkommensteuer aus Marktdaten abgeleitet würden. Somit seien auch die zu bewertenden Zahlungen vor Einkommensteuer anzusetzen.[6] Die Erläuterungen zu diesem nicht uninteressanten Argument sind eher spärlich, so daß wir auf Interpretationen angewiesen sind: Aus Marktdaten abgeleitete Zinssätze stellen Renditen dar, die bei entsprechender Berechnung die Vorsteuerzahlungen in den jeweils aktuellen Marktpreis überführen. Es sei nun unterstellt, daß dieser Marktpreis dem Wert nach Einkommensteuern entspricht, da Anleger – so die Annahme – jenen für die Ermittlung von Grenzpreisen benutzen. Im Fall eines Zerobonds gilt demnach:[7]

$$(2.6) \quad B_{0s} = (Coupon_T + B_{0s})(1+r)^{-T} \Rightarrow r = \sqrt[T]{\frac{Coupon_T + B_{0s}}{B_{0s}}} - 1$$

Coupon: Einmalige Zinszahlung vor Einkommensteuer

B_{0s}: Wert = Preis des Bonds *nach* Einkommensteuer

Das Argument kann nun so aufgefaßt werden, daß bei Verwendung von r die zu bewertende Zahlung C (analog zu *Coupon*) *vor* Einkommensteuer anzusetzen ist, da r eben jene Rate ist, welche die Vorsteuerzahlung in einen

6 BORN, K. (1995), S. 111.

7 Wir benutzen das Symbol B_{0s} mit dem Index s, um zu verdeutlichen, daß der Marktpreis des Zerobonds unter Berücksichtigung der Einkommensteuer zu verstehen ist.

Wert nach Steuern transformiert. Wie weiter unten gezeigt wird, ist diese Überlegung grundsätzlich nicht falsch. Voraussetzung für die Anwendung von *r* auf einen beliebigen Zahlungsstrom ist allerdings, daß die Alternativinvestition und das Bewertungsobjekt steuerlich genau gleich behandelt werden. Dies ist bei der Unternehmensbewertung jedoch regelmäßig nicht der Fall.

Nach SCHWETZLER öffnet BORNS Vorschlag (vor dem Hintergrund der Gesetzgebung bis 2000) zudem die Tür für Manipulationen. Die Spreizung zwischen dem Normaltarif der Körperschaftsteuer und einem impliziten Einkommensteuersatz in Höhe von 0% führe zur Maximierung der Ausschüttung, auch wenn die Besteuerung auf der Ebene der Anleger faktisch über dem Körperschaftsteuersatz läge (**Argument 3a**: Vernachlässigung der Einkommensteuer führt zu unplausiblen Ergebnissen).[8]

MANDL/RABEL (1997) folgen der Einschätzung von BALLWIESER, der zufolge es keinen überzeugenden Grund gibt, die persönlichen Steuerverhältnisse bei der Unternehmensbewertung zu vernachlässigen (**Argument 3b**: Einkommensteuer als reales Phänomen).[9] In der Neuauflage des WP-Handbuchs wird dem ebenfalls gefolgt und für den Zweck der objektivierten Bewertung ein typisierter Einkommensteuersatz von 35% zugrunde gelegt.[10]

Die Argumente 3a und 3b (Vernachlässigung der Einkommensteuer führt zu unplausiblen Ergebnissen; Einkommensteuer als reales Phänomen) sind nachvollziehbar und stützen sich auf Wahrnehmungen über die Wirkung der Einkommensteuer im Rahmen bestimmter Bewertungsmodelle. Berechnet man zum Beispiel den "objektivierten Ertragswert",[11] macht es in aller Regel einen Unterschied, ob der Erfolgsstrom und die Alternativrendite um Einkommensteuerzahlungen reduziert werden oder nicht. Die Einkommensteuer auszublenden und gleichzeitig die Körperschaftsteuer bei jahresüberschußbezogener Teilausschüttung wertmindernd zu berücksichtigen, erscheint inkonsistent. Dennoch fehlt den Argumenten 3a und 3b eine tiefergehende Begründung – das zugrunde liegende Modell des Ertragswertverfahrens könnte für die Beurteilung über die Relevanz der Einkommensteuer im Hinblick auf potentielle Marktpreise ungeeignet sein.

Die von LEUTHIER (1988) identifizierte Quelle der Verwerfung von Vorsteuer- und Nachsteuerrechnung (Argument 2, Risikoberücksichtigung und

8 SCHWETZLER, B. (1998), S. 699.
9 BALLWIESER, W. (1995), S. 36.
10 IDW (1998), S. 37.
11 Vgl. hierzu IDW (1998), S. 29ff.

Besteuerung sind verknüpft) trifft nicht zu, wenn das CAPM (bzw. die Kovarianz) zur Bestimmung der Sicherheitsäquivalente benutzt wird und der einfache Steuersatz sicher ist:[12]

$$(67) \quad \text{SÄ}\left[C(1-s_p)\right] = \text{E}\left[C(1-s_p)\right] - \lambda_s \operatorname{cov}\left[C(1-s_p), r_{Ms}\right]$$

$$= \left\{\text{E}[C] - \lambda_s \operatorname{cov}[C, r_{Ms}]\right\}(1-s_p) = \text{SÄ}[C](1-s_p)$$

Auf Basis des CAPM entspricht das Sicherheitsäquivalent der Nachsteuerzahlung dem Nachsteuer-Sicherheitsäquivalent der Vorsteuer-Zahlung. Gleiches gilt auch für die risikoneutrale Bewertung:

$$(6.8) \quad \text{E}[C^* (1-s_p)] = \text{E}[C^*] (1-s_p)$$

Damit verbliebt noch Argument 1, dem zufolge Unterschiede in der steuerlichen Belastung des Erfolgsstroms aus dem Unternehmen im Vergleich zur Alternativinvestition die Relevanz der Einkommensteuer begründen. Auf dieses Argument und seine Bedeutung im Rahmen des relativen Vorteilhaftigkeitsvergleichs geht es im folgenden.

2.1.2 Prinzipielle Irrelevanz der Einkommensteuer beim relativen Vorteilhaftigkeitsvergleich

Unter den Bedingungen des Rentenfalls (konstante Erwartungswerte der bewertungsrelevanten Zahlung) ist die Einkommensteuer nicht bewertungsrelevant. In der Rentenformel kommt der Faktor $(1 - s_p)$ sowohl im Zähler als auch im Nenner vor, so daß gekürzt werden kann.[13] OLLMANN/RICHTER (1999) begründen, daß im Rentenfall mit Wachstum die Einkommensteuer ebenfalls irrelevant ist, wenn die Alternativrendite sich im gleichen Verhältnis auf Dividendenrendite und Wertsteigerung aufteilt, wie die Rendite des zu bewertenden Unternehmens. Um dies zu sehen, legen wir das multiplikative Zahlungsmodell zugrunde, welches Zahlungswachstum mit der Rate α

12 Die Kennzeichnung von λ und r_M mit "s" bedeutet, daß die Marktparameter unter Berücksichtigung der Einkommensteuer zu bestimmen sind. Anzumerken ist jedoch, daß SÄ[C] nicht dem Sicherheitsäquivalent in einer Welt ohne Steuern entspricht, da zur Berechnung λ_s benutzt wird.

13 Vgl. etwa MANDL/RABEL (1997), S. 171. Dort wird zusätzlich Sicherheit bezüglich der Zahlungen verlangt.

vorsieht. Die risikoäquivalente Alternativrendite sei mit k vorgegeben. Der Wert des Unternehmens vor bzw. nach Einkommensteuern beträgt damit:[14]

$$(6.10)\quad S_0 = \frac{\mathrm{E}[D_1]}{k-\alpha} \text{ bzw. } S_0 = \frac{\mathrm{E}[D_1](1-s_p)}{k_s-\alpha}$$

Die Dividendenrendite des Unternehmens beträgt $\delta = \mathrm{E}[D_{t+1}]/S_t$, die Wertsteigerung $\alpha = (S_{t+1} - S_t)/S_t$. Aufgrund der Konstruktion des Modells sind die erwarteten Renditen δ und α nicht zeitabhänig, und es gilt $r = \delta + \alpha$. Wir fordern nun zusätzlich, daß die Komposition der *Alternativ*rendite damit identisch ist, so daß auch $k = \delta + \alpha$ gilt. Im nächsten Schritt wird die Einkommensbesteuerung der Alternativrendite berücksichtigt. Bleiben die Kapitalgewinne steuerfrei, ist nur die Dividendenrendite um $(1 - s_p)$ zu reduzieren. Damit folgt für die Bewertung:

$$(6.11)\quad S = \frac{\mathrm{E}[D_1](1-s_p)}{(\delta(1-s_p)+\alpha)-\alpha} = \frac{\mathrm{E}[D_1]}{\delta} = \frac{\mathrm{E}[D_1]}{k-\alpha}$$

Da die Alternativinvestition in der gleichen Weise wie das zu bewertende Unternehmen besteuert wird, ergibt sich kein Einfluß der Einkommensteuer auf den *relativen* Unternehmenswert. Die Annahme sicherer Erwartungen ist ebensowenig erforderlich wie die Erwartung eines Nullwachstums.

Wir wollen einen Schritt weitergehen und zeigen, daß die Wachstumsrate der Zahlungen und damit die Wertsteigerung nicht konstant sein muß, um die Irrelevanz der Einkommensteuer beim relativen Vorteilhaftigkeitsvergleich zu begründen. Dazu gehen wir rekursiv, startend in $t = T$, vor. Bei risikoneutraler Bewertung gilt:

$$(6.11)\quad S_{T-1} = \frac{\mathrm{E}^*[C_T](1-s_p)+S_T-S_{T-1}}{1+r_f}$$

Den Zinssatz der Alternativinvestition bestimmen wir analog zu oben aus dem Zins vor Steuern, abzüglich der aufgrund von Ausschüttungen zu entrichtenden Einkommensteuern:

---

14 Die bewertungsrelevante Zahlung möge keine Kapitalveränderungen enthalten, d.h. $KE = 0$.

(6.12) $r_{fs} = r_f - s_p \delta^*_{T-1}$

Aufgrund der unterstellten, strukturellen Identität der Renditen entspricht die risikobereinigte Dividendenrendite dem Quotienten aus der Ausschüttung und dem Wert der Vorperiode. Einsetzen in die Bewertungsgleichung liefert:

$$(6.13) \quad S_{T-1} = \frac{\mathrm{E}^*[D_T](1-s_p) + S_T - S_{T-1}}{1 + r_f - s_p \, \mathrm{E}^*[D_T]/S_{T-1}}$$

$$\Rightarrow S_{T-1} = \frac{\mathrm{E}^*[D_T] + S_T - S_{T-1}}{1 + r_f}$$

Diese Umformung läßt sich für alle Perioden durchführen, so daß auch bei variablen Wachstumsraten die Einkommensteuer weggelassen werden kann. Voraussetzung ist die zentrale Prämisse, daß das passende r_f bekannt ist. Hierbei handelt es sich um die Vorsteuerrendite einer (risikolosen) Alternativinvestition, die auf genau die gleiche Weise wie das zu bewertende Unternehmen der Einkommensteuer unterworfen wird.

2.1.3 Wie wird die Einkommensteuer berücksichtigt?

Im folgenden werden die Begründungen für die schon im ersten Kapitel dargestellten Vorschläge zur Berücksichtigung der Einkommensteuer skizziert. Wir beginnen mit dem Fall sicherer Erwartungen und vollkommener Kapitalmärkte, auf denen nur Dividendenpapiere und Anleihen gehandelt werden. Zins- und Dividendenzahlungen werden mit einem einheitlichen Steuersatz s_p auf der Ebene der Anleger besteuert, Kapitalgewinne sind steuerfrei. Die Besteuerung erfolge mit dem Zufluß der Zahlungen. In diesem Szenario wird folgender Bewertungsansatz (bei sicheren Erwartungen) vorgeschlagen:[15]

$$(6.14) \quad S_0 = \frac{D_1(1-s_p) + S_1}{1 + r_f(1-s_p)}$$

$$S_1 = \frac{D_2(1-s_p) + S_2}{1 + r_f(1-s_p)}$$

15 Vgl. HAWLITZKY, H. (1998), S. 62; vgl. Tabelle 1.7 im ersten Kapitel.

$$\ldots S_t = \frac{D_{t+1}(1-s_p)+S_{t+1}}{1+r_f(1-s_p)}$$

$$\Rightarrow S_0 = \sum_{t=1}^{T} D_t(1-s_p)(1+r_f(1-s_p))^{-t}$$

Nur bei identischen Zahlungen $D = D_1 = D_2 = \ldots = D_T$ kann um die Einkommensteuer gekürzt werden. Wachsen die Zahlungen ewig mit konstanter Rate α, gilt:[16]

$$(6.15)\quad S = \frac{D_1(1-s)}{r(1-s)-\alpha} \quad \text{mit: } D_1 = D(1+\alpha)$$

$$\text{bzw. im endlichen Fall: } S = \frac{D_1(1-s)}{r(1-s)-\alpha}\left(1-\left(\frac{1+\alpha}{1+r(1-s)}\right)^T\right)$$

BALLWIESER argumentiert, daß bei unsicheren Zahlungen und Anwendung der Risikozuschlagsmethode auch die Risikoprämie um Einkommensteuern zu reduzieren ist. Im Rentenfall ohne Wachstum läßt sich der Risikozuschlag unter Berücksichtigung der Einkommensteuer aus folgender Äquivalenzüberlegung ableiten:[17]

$$(6.16)\quad S = \frac{\text{SÄ}[D_1(1-s)]}{r(1-s)} = \frac{\text{E}[D_1(1-s)]}{r(1-s)+\pi_s} \Rightarrow \pi_s = \left(\frac{\text{E}[D_1]}{\text{SÄ}[D_1]}-1\right)r(1-s)$$

Die Kombination von Risikozuschlag und Wachstum sieht BALLWIESER kritisch, wobei er von unsicheren Wachstumsraten ausgeht. Diese führen nur dann zu geometrisch wachsenden Sicherheitsäquivalenten, wenn Risikonutzenfunktionen mit konstanter relativer Risikoaversion (zum Beispiel Logarithmus- oder Potenzfunktion) vorliegen. Wenn dies der Fall ist, ergibt sich der Risikozuschlag nach Steuern aus dem Risikozuschlag vor Steuern multipliziert mit eins minus Einkommensteuersatz:

$$(6.17)\quad S = \frac{\text{E}[D_1(1-s)]}{r(1-s)+\pi(1-s)-\overline{\alpha}}$$

---

16 Vgl. HAWLITZKY, H. (1998), S. 63; KRUSCHWITZ/LÖFFLER (1998), S. 48.

17 Vgl. BALLWIESER, W. (1997), S. 2394.

Aufgrund der Realitätsferne der Annahme über die Gestalt der genannten Risikonutzenfunktionen kommt BALLWIESER zu folgendem Schluß: "*Eine theoretische Begründung für die simultane Verwendung von Risikozuschlag und Geldentwertungsabschlag* [Wachstumsabschlag] *läßt sich im allgemeinen nicht finden*".[18] Dies entwertet freilich das Modell gem. (6.17); leider wird keine theoretische begründete und zugleich praktisch anwendbare Alternative vorgestellt.

GÜNTHER (1998) kommt zu einem anderen Ergebnis, wenngleich sich der von ihm verwendete analytische Rahmen von BALLWIESERS nicht unterscheidet. Ausgangspunkt ist der Fall variabler Erwartungswerte der Zahlungen und folgende Annahme über die Höhe der periodenspezifischen Risikoprämien:

$$(6.18)\quad \pi_t = \left(\left(\frac{\mathrm{E}[D_t]}{\mathrm{SÄ}[D_t]}\right)^{1/t} - 1\right)(1 + r_f)$$

Diese Annahme führe einerseits zur Äquivalenz der Bewertung auf Basis von Sicherheitsäquivalenten mit der Risikozuschlagsmethode und stelle andererseits sicher, daß die darin benutzten Risikozuschläge eindeutig definiert seien.[19] Der Risikozuschlag nach Steuern wird nun dargestellt, in dem in (6.18) der risikolose Zins durch $r_f(1 - s_p)$ ersetzt und die Risikoprämie durch $(1 + r_f)$ dividiert wird:[20]

$$(6.19)\quad \pi_{st} = \pi_t \frac{1 + r_f(1 - s_p)}{1 + r_f}.$$

Die Wirkung der Einkommensteuer auf die Risikoprämie sei danach vergleichsweise gering, so daß sie vernachlässigt werden könne.[21]

GÜNTHER geht im Gegensatz zu BALLWIESER von einer deterministischen Wachstumsrate aus.[22] Die Frage ist nun, ob diese Modifikation der Risikoprämie auch in den in dieser Arbeit betrachteten Bewertungsmodellen begründet ist. Wir gehen vom multiplikativen Zahlungsmodell aus. Danach gilt

18 BALLWIESER, W. (1997), S. 2396.
19 GÜNTHER, R. (1998), S. 1837.
20 Vgl. GÜNTHER, R. (1998), S. 1837; siehe auch die Herleitung im Anhang zu diesem Kapitel.
21 Vgl. GÜNTHER, R. (1998), S. 1842.
22 Ebenda, S. 1840.

bei gegebenen Parametern α, σ und D_0: $D_{t+1} = D_t + \alpha D_t + \sigma D_t \varepsilon_{t+1}$. Die Risikoprämie nach Steuern läßt sich damit zum Beispiel im Fall $T \to \infty$ aus folgender Äquivalenzbedingung ableiten:

$$(6.20) \quad S_0 = \frac{E^*[D_1](1-s_p)}{r_f(1-s_p)-\alpha^*} \overset{!}{=} \frac{E[D_1](1-s_p)}{r_f(1-s_p)+\pi_s-\alpha}$$

Nach einigen Umformungen erhalten wir die gesuchte Risikoprämie nach Einkommensteuer:[23]

$$(6.21) \quad \pi_s = \frac{\alpha-\alpha^*}{1+\alpha^*}(1+r_f(1-s_p)) \Rightarrow \pi_s = \pi\frac{1+r_f(1-s_p)}{1+r_f}$$

Die gleiche Rechnung ohne Einkommensteuer liefert eine Risikoprämie, die der obigen für den Fall $s_p = 0$ entspricht. Folglich gilt das Resultat von GÜNTHER prinzipiell auch hier. Festzuhalten ist also, daß unter den genannten Prämissen erstens eine Reduktion der Risikoprämie um den Faktor $(1 - s_p)$ nicht generell angebracht ist. Zweitens, die Irrelevanz der Einkommensteuer lebt auf, wenn zur Bewertung eines wachsenden Zahlungsstroms eine Alternativinvestition benutzt wird, die kein Wachstum aufweist und die somit nicht (zu steuerfreien) Kapitalgewinnen führt.

Ein Ansatz, der die Struktur der Alternativrendite in Bezug auf Ausschüttung und Kapitalgewinn abbilden kann, ist das Einkommensteuer-CAPM nach BRENNAN (1970). Bei sicherer Dividendenrendite und steuerfreien Kapitalgewinnen läßt sich die Risikoprämie nach Steuern so darstellen:[24]

$$(6.22) \quad \pi_s = \beta(\alpha_M + (\delta_M - r_f)(1-s_p))$$

Darin sind α_M und δ_M die (steuerfreie) Wachstumsrate und die (steuerpflichtige) Dividendenrendite des Marktportefeuilles. Den Betafaktor unter-

23 Siehe Anhang.

24 Vgl. BRENNAN, M. (1970); DRUKARCZYK/RICHTER (1995); OLLMANN/RICHTER (1999); KRUSCHWITZ. L. (1999), S. 199.

scheidet nichts von dem Risikofaktor im CAPM ohne Einkommensteuer, da annahmegemäß die Dividendenrenditen und Steuersätze sicher sind.[25]

Tabelle 6.1: Ansätze zur Berücksichtigung der Einkommensteuer bei den Eigenkapitalkosten und deren Anwendungsvoraussetzung

π_s = Risikozuschlag nach Steuern, β = Betafaktor, α_M = erwartete steuerfreie Wachstumskomponente der Marktrendite, δ_M = steuerpflichtige Dividendenkomponente der Marktrendite, r_f = risikoloser Zins, π = Risikozuschlag vor Steuern, s_p = typisierter Einkommensteuersatz

Autoren	Ansätze	Voraussetzungen[26]
BRENNAN, M. (1970); DRUKARCZYK/RICHTER (1995), DRUKARCZYK/SCHWETZLER (1998); OLLMANN/RICHTER (1999)	$\pi_s = \beta(\alpha_M + (\delta_M - r_f)(1 - s_p))$	Prämissen des CAPM, sichere Dividendenrendite, konstante Wachstumsrate α
HACHMEISTER, D. (1996), BALLWIESER, W. (1997), SIEPE, G. (1998), IDW (1998), KRUSCHWITZ/LÖFFLER (1998a)	$\pi_s = \pi(1 - s_p)$	Konstante Erwartungswerte der Zahlungen, kein Wachstum
GÜNTHER, R. (1998)	$\pi_s = \pi \frac{1 + r_f(1 - s_p)}{1 + r_f}$	Marktpreis des Risikos unabhängig vom Einkommensteuersatz
	$\pi_s \approx \pi$	$\delta_M \approx r_f$
COPELAND/KOLLER/MURRIN (1998), K. BORN (1995)	Rechnung ohne Einkommensteuer	$\beta = 1$, $\alpha = \alpha_M$, $\delta = \delta_M$

Man beachte, daß bei $\beta = 1$ und $\alpha_M = \alpha$ (damit $\delta_M = \delta$) die risikoäquivalente Diskontierungsrate $k - \delta s_p = \alpha + \delta(1 - s_p)$ beträgt.[27] Die Einkommen-

25 Es ist $k - \delta\, s_p$ die Rendite des betrachteten Unternehmens nach Einkommensteuer, so daß damit $\text{cov}[k - \delta\, s_p; r_M - \delta_M s_p] = \text{cov}[k\,; r_M]$ und $\text{var}[r_M - \delta_M s_p] = \text{var}[r_M]$. Folglich ist β unabhängig von s_p.

26 Ausgehend vom CAPM wird gefragt, unter welchen Bedingungen die übrigen Ansätzen ein mit diesem Modell kompatibles Resultat liefern.

27 α ist die Wachstumsrate der Zahlungen des zu bewertenden Unternehmens, δ die korrespondierende Dividendenrendite.

steuer ist bei äquivalenter Risiko- und Besteuerungsstruktur auch im Rentenfall mit Wachstum und Unsicherheit nicht wertrelevant.[28] Entspricht die Dividendenrendite des Marktportefeuilles dem risikolosen Zins, gleichen sich die Risikoprämien vor und nach Steuern. Im Rentenfall mit $\alpha_M = 0$ gilt BALLWIESERS Aussage; die Risikoprämie ist in Gänze um Einkommensteuern zu reduzieren.

Wir wollen nun noch prüfen, ob der Vorschlag von GÜNTHER mit dem CAPM nach BRENNAN kompatibel ist. Im Anhang wird gezeigt, daß die Ansätze dann ineinander überführt werden können, wenn der Marktpreis des Risikos, $\lambda = (\bar{r}_M - r_f)/\sigma_M^2$, auch unabhängig vom Einkommensteuersatz ist. Der Marktpreis des Risikos im Rahmen des BRENNAN-CAPM beträgt jedoch $\lambda_s = (\bar{r}_M - s_p\delta_M - r_f(1-s_p))/\sigma_M^2$, und ist damit nicht unabhängig von s_p. Die Veränderung des Marktpreises des Risikos aufgrund des Einbezugs der Einkommensteuer wird im Ansatz von GÜNTHER nicht erfaßt. Deshalb führt er (bei sicherer Dividendenrendite) nur im Spezialfall $\delta_M = r_f$ zum gleichen Ergebnis wie das CAPM; in diesem Fall gilt $\pi_s = \pi$. Bei der Ableitung von Betafaktoren aus der risikobereinigten Wachstumsrate ist deshalb darauf zu achten, daß das um Einkommensteuern adjustierte α_s^* benutzt wird. Im Rentenfall mit Wachstum gilt:

(6.23) $\alpha_s^* = a + b(\delta_M s_p + r_f(1-s_p))$ mit Einkommensteuern,[29] bzw.

$\alpha^* = a + br_f$ ohne Einkommensteuer.[30]

Die Veränderung des Marktpreises des Risikos aufgrund der Berücksichtigung der Einkommensteuer ist darin enthalten.

2.2 Suche nach direkt vergleichbaren Investitionsalternativen

Im folgenden suchen wir nun nach Alternativinvestitionen, die mit dem Bewertungsobjekt direkt vergleichbar sind. Dazu gehen wir von risikobereinigten Zahlungen aus, so daß die Einkommensteuer im Zentrum der Überlegun-

---

28 Vgl. OLLMANN/RICHTER (1999).
29 Zur Herleitung siehe Anhang.
30 Vgl. Tabelle 3.3.

gen steht. Gelingt die Identifikation einer risikolosen Alternativinvestition, die genauso besteuert wird wie das Bewertungsobjekt, kann auf die Berücksichtigung der Einkommensteuer verzichtet werden.

In einer Welt mit Einkommensteuer muß die Zusammensetzung der Zahlung berücksichtigt werden, wenn die einzelnen Komponenten der Zahlung in unterschiedlicher Intensität der Besteuerung unterworfen werden. Beispiele hierfür sind die außerhalb von Spekulationsfristen realisierten Kapitalgewinne, die nicht der Einkommensteuer unterliegen, sowie die fehlende steuerliche Abzugsfähigkeit der Zahlungen bei Kapitalerhöhungen.[31] Die Einkommensteuer schlägt sich aber nur dann im Wert nieder, wenn es nicht gelingt, eine Alternativanlage zu finden, deren Zahlungen sich strukturell genau so zusammen setzen, wie der zu bewertende Zahlungsstrom.

Im folgenden werden die Anforderungen an die Alternativinvestition konkretisiert. Im ersten Schritt wird eine einzelne Zahlung bewertet, indem ein Zero-Bond als Alternativinvestition gewählt wird (Abschnitt 2.2.1). Zur Bewertung konstanter Zahlungen eignen sich "normale" Koupon-Anleihen (Abschnitt 2.2.2), für variable Zahlungen bieten sich Staffelzinsanleihen an (Abschnitt 2.2.3). Um Kapitalgewinne berücksichtigen zu können, werden Optionsrechte, etwa Wandelanleihen, benötigt.

2.2.1 Duplizierung einzelner endfälliger Zahlungen mit Zero-Bonds

In einer Welt ohne Steuern kann ein nicht notierter Anspruch $V_0(C_T)$ auf eine sichere oder sicherheitsäquivalente, in $t = T$ fällige Zahlung C_T bewertet werden, indem ein am Markt gehandelter Zero-Bond als Referenzpapier benutzt wird. Dazu multipliziert man den Wert der Zahlung in $t = T$ mit dem Verhältnis von Barwert zu Wert des Zero-Bonds:[32]

$$(6.24)\quad V_0(C_T) = C_T \frac{B_0}{B_T}$$

Der Wert des Zero-Bonds in $t = T$ ergibt sich aus dem mit dem Effektivzins aufgezinsten Preis. Folglich kann die sichere Zahlung auch direkt mit der Rendite des Bonds diskontiert werden:

---

31 Um dies zu verdeutlichen, benutzen wir im folgenden wieder das Symbol C anstelle von D.

32 Auf die Kennzeichnung mit dem "*" wird im folgenden verzichtet.

(6.25) $V_0(C_T) = C_T(1 + r_B)^{-T}$

Der Preis des Zero-Bonds in $t = 0$ wird nicht gebraucht, wenn der Effektivzins des Referenzpapiers - die risikoäquivalente Alternativrendite - vorliegt. Arbitragefreiheit liegt vor, wenn $V_0(C_T) = B_0$ und $C_T = B_T$ gilt – soweit das bereits bekannte Bewertungsprinzip.

Bei fehlender Einkommensteuer ist die Zusammensetzung der Zahlung aus direkten Ausschüttungen und Kapitalerhöhungen sowie Veräußerungserlösen nicht von Bedeutung. In Vorbereitung auf das Folgende soll eine Detaillierung vorgenommen werden. Dazu wird der Veräußerungserlös wie folgt definiert:

(6.26) $S_T = V_0(C_T)(1 + \alpha)^T$

Danach entspricht der in T erwartete Veräußerungserlös dem Wert der zu bewertenden Zahlung in $t = 0$, multipliziert mit einem Wachstumsfaktor, der die Rückzahlung des ursprünglich investierten Kapitals ebenso wie die erwartete Wertsteigerung reflektiert. Dabei wird unterstellt, daß die Anschaffungskosten zur Erlangung des Anspruchs auf die Zahlung C_T exakt $V_0(C_T)$ entsprechen, Arbitrage also ausgeschlossen ist. Mit $C_T = EBT_T(1 - s_{GE}) - KE_T + S_T$ erhalten wir nach wenigen Umformungen den Wert der Zahlung:[33]

(6.27) $V_0(C_T) = \dfrac{EBT_T(1 - s_{GE}) - KE_T}{(1 + r_B)^T - (1 + \alpha)^T}$ u.d.B. $r_B > \alpha$

Auf Basis dieser Darstellung können nun drei Fälle herausgestellt werden:

- Erstens, bei fehlender Rückzahlung des ursprünglich investierten Kapitals beträgt $\alpha = -1$. Die Ausschüttung wird nach Abzug der Kapitalerhöhung mit dem Anleihezins diskontiert.
- Bei $\alpha = 0$ wird der ursprünglich investierte Kapitalbetrag in gleicher Höhe zurückgezahlt; es liegt keine Wertsteigerung vor.

---

33 Dies ist die Darstellung auf Basis der Rechtslage vor der Steuerreform von 2000; für den Zeitraum ab 2001 entfällt aufgrund der Thesaurierungsprämisse der Term EBT($1 - s_{GE}$). Bei Kapitalerhöhung ist KE positiv, die bewertungsrelevante Zahlung also negativ. Umgekehrt ist die bewertungsrelevante Zahlung bei Aktienrückkäufen positiv.

- Für den Fall $-1 < \alpha < r_f$ liegt, je nach Vorzeichen von α, ein Kapitalgewinn bzw. ein Kapitalverlust vor.

Wir betrachten zunächst ein Einkommensteuersystem, das Dividendeneinkünfte und Kapitalgewinne gleich behandelt. Kapitalverluste dürfen in diesem System mit den positiven Ausschüttungen saldiert werden, und Einzahlungen für Zwecke der Kapitalerhöhung sind abzugsfähig. Die Rückzahlung des ursprünglich gezahlten Preises bleibt steuerfrei, da die Anschaffungskosten steuerlich nicht berücksichtigungsfähig sind. Wir betrachten nur eine Zahlung in $t = T$. Der Kontrakt erlischt mit dieser Zahlung, nach T erfolgen keine weiteren Zahlungen. Unter diesen Bedingungen stellt sich der Erfolgsstrom so dar:

$$(6.28)\quad C_T = (\underbrace{EBT_T(1-s_{GE})}_{1.} + \underbrace{V_0(C_T)(1+\alpha)^T - V_0(C_T)}_{2.} - \underbrace{KE_T}_{3.})(1-s_p) + \underbrace{V_0(C_T)}_{4.}$$

Der erste Summand stellt den ausgeschütteten Jahresüberschuß dar, die darauf folgende Differenz den Kapitalgewinn; der dritte Summand entspricht der Kapitalerhöhung. Unter den gesetzten Prämissen stellt dieser Gesamtbetrag die Bemessungsgrundlage für die Einkommensteuer dar. Die vierte Komponente entspricht der Rückzahlung des investierten Kapitals.

Die Zahlung aus der Alternativanlage, dem Zero-Bond, sieht in diesem Steuersystem so aus:[34]

$$(6.29)\quad B_T = (B_0(1+r_B)^T - B_0)(1-s_p) + B_0$$

Die Zinszahlungen unterliegen der Einkommensteuer, die Rückzahlung des Kaufpreises hingegen nicht.

Die Durchführung des relativen Vorteilhaftigkeitsvergleichs ergibt einen Wert, der unabhängig von der Höhe des Einkommensteuersatzes ist.[35] Es gilt die Formel, die im vorherigen Abschnitt hergeleitet wurde, solange die Bemessungsgrundlagen positiv sind:

$$(6.30)\quad V_0(C_T) = \frac{EBT_T(1-s_{GE}) - KE_T}{(1+r_B)^T - (1+\alpha)^T} \quad \text{u.d.B. } r_B > \alpha$$

34 Vgl. HAWLITZKY, J. (1998), S. 203.

35 Vgl. ROSS, S. (1987), S. 382; SICK, G. (1990), S. 1436 – 1438; vgl. auch BALLWIESER, W. (1990), S. 168.

Die Relevanz der Einkommensteuer lebt auf, wenn die steuerfreie Reinvestition via Kapitalerhöhung unterbunden wird. Mit $C_T = \left[EBT_T(1-s_{GE})+\ldots\right.$

$\left.\ldots+V_0(C_T)(1+\alpha)^T - V_0(C_T)\right](1-s_p)-KE_T+V_0(C_T)$ gilt dann:

$$(6.31)\quad V_0(C_T)=\frac{EBT_T(1-s_{GE})(1-s_p)-KE_T}{(1+r_B)^T(1-s_p)-(1+\alpha)^T(1-s_p)}\quad \text{u.d.B. } r_B>\alpha$$

Die Bewertung ist jetzt nur noch bei fehlenden Kapitalerhöhungen unabhängig von der Höhe des Einkommensteuersatzes.

Geht man in einer weiteren Annäherung an das bis 2000 geltende deutsche Steuersystem von steuerfreien Kapitalgewinnen aus, ändert sich mit $C_T = EBT_T(1-s_{GE})(1-s_p)+V_0(C_T)(1+\alpha)^T-KE_T$ die Bewertungsgleichung wie folgt:[36]

$$(6.32)\quad V_0(C_T)=\frac{EBT_T(1-s_{GE})(1-s_p)-KE_T}{(1+r_B)^T(1-s_p)+s_p-(1+\alpha)^T}$$

$$\text{u.d.B. } r_B>\sqrt[T]{\frac{(1+\alpha)^T-s_p}{1-s_p}}-1$$

Man erkennt, daß die Einkommensteuer den Wert der Zahlung C_T nicht generell unberührt läßt. Mit steigendem Einkommensteuersatz reduziert sich der Wert der Zahlung. Selbst bei fehlenden Kapitalerhöhungen läßt sich nicht um den Einkommensteuerterm $(1-s\ )$ kürzen. Lediglich bei $\alpha = 0$, bei fehlenden Kapitalgewinnen also, ergibt sich die Irrelevanz der Einkommensteuer, wenn gleichzeitig keine Kapitalerhöhungen erfolgen.

Beispiel 6.1: Diese Zusammenhänge lassen sich durch ein Beispiel illustrieren: Wir bewerten zunächst eine Zahlung in $T = 6$, die aus einer Dividende von 120 GE vor Steuern bzw. 78 GE nach Steuern (Steuersatz 35%) bestehe. In dieser Periode erfolgt zusätzlich die Rückzahlung des investierten Kapitals. Ein Zero-Bond mit einer Bruttorendite von 6% dient als Alternativinvestition. Damit beträgt der Wert dieser Zahlung (einschließlich Rückzahlung desgleichen) 286,76 GE:

36 Ab 2001 gilt das Halbeinkünfteverfahren, demnach die Ausschüttungen nur mit dem halben Einkommensteuersatz zu belegen sind.

$$\frac{78+286{,}76}{1{,}06^6 \times 0{,}65+0{,}35}=\frac{364{,}76}{1{,}272}=286{,}76$$

Die Berechnung des Gesamtwertes der Zahlung ist unabhängig vom Einkommensteuersatz:

$$\frac{120+286{,}76}{1{,}06^6}=\frac{406{,}76}{1{,}4185}=286{,}76$$

Liegen Wertsteigerungen vor, gilt die Unabhängigkeit des Bewertungsergebnisses vom Einkommensteuersatz hingegen nicht mehr. Beträgt die Wertsteigerung etwa 2% pro Jahr (36,18 GE), ergibt die Rechnung nach Einkommensteuer einen Wert von 315,20 GE, während der Wert vor Einkommensteuer 312,26 GE beträgt.

Aus der Perspektive eines unvoreingenommenen Beobachters erscheint dieses Resultat merkwürdig. Es wurde ein relativer Vorteilhaftigkeitsvergleich beabsichtigt, bei dem sowohl der zu bewertende Zahlungsstrom als auch der Zahlungsstrom der Alternativinvestition der Einkommensteuer unterliegt. Wenn beide Zahlungsströme aber in gleicher Weise um Einkommensteuern reduziert werden, sollte sich kein Einfluß auf den relativen Vergleich der beiden Investitionsalternativen ergeben. Andernfalls ist die steuerliche Belastung der beiden Alternativen unterschiedlich. Diese Eigenheit wird transparent, wenn man die Zahlungen in T vergleicht und zur besseren Übersicht die nicht der Einkommensteuer unterliegenden Komponenten zusammenfaßt:

$$(6.33)\quad C_T = EBT_T(1-s_{GE})(1-s_p)+xV_0 \quad \text{mit: } xV_0 = V_0(1+\alpha)^T - KE_T$$

$$B_T = (B_0(1+r_B)^T - B_0)(1-s_p)+B_0$$

Das x-fache des Wertes der Zahlung C_T, $V_0(C_T)$, wird steuerfrei gestellt, während beim Zero-Bond stets der einfache Rückzahlungsbetrag nicht der Einkommensteuer unterworfen wird. Strukturelle Vergleichbarkeit liegt vor, wenn entweder $x = 1$ gesetzt wird oder wenn ein Portefeuille aus Anleihen konstruiert werden kann, das ebenfalls das x-fache des Preises des Portefeuilles steuerfrei beläßt. Betrachten wir den Fall $x = 1$, der für die Kapitalerhöhung folgendes impliziert:

$$(6.34)\quad KE_T = V_0(1+\alpha)^T - V_0$$

Die gesamte Wertsteigerung resultiert ausschließlich aus der Kapitalerhöhung. Dieses Resultat erscheint nicht generell unplausibel, wenn man sich die unterstellte Prämisse der Vollausschüttung vergegenwärtigt. Man muß sich fragen, woraus die Wertsteigerung resultieren kann, wenn der gesamte Erfolg ausgeschüttet wird. Fehlende Wertsteigerung ist plausibel, wenn sich das Ergebnis vor Steuern in der Periode $t + 1$ darstellen läßt aus dem Ergebnis vor Steuern in t zuzüglich dem Produkt aus Gewinnthesaurierung und Rendite auf die einbehaltenen Mittel:

$$(6.35)\quad EBT_{t+1} = EBT_t + (1-c_D)\times EBT_t \times r_{t+1}$$

Darin bezeichnet c_D die Ausschüttungsquote und r die Rendite, die aufgrund der Thesaurierung für zusätzliches ausschüttungsfähiges Ergebnis sorgt. Das ausschüttungsfähige Ergebnis und die Ausschüttung selbst wachsen mit der Rate $(1-c_D)\times r$.[37] Bei Vollausschüttung ist $c_D = 1$, das Ergebnis und damit die Ausschüttung bleiben konstant. Konstante Ausschüttungen implizieren konstante Unternehmenswerte. Folglich kann eine Erhöhung des Unternehmenswertes nur durch Kapitalerhöhungen, eine Reduzierung nur durch Aktienrückkäufe verursacht werden. In diesem Fall ist die Einkommensteuer nicht bewertungsrelevant.[38]

Abschließend sei noch auf eine besondere Implikation von Gleichung (6.31) hingewiesen. Bei der Bewertung nach Einkommensteuern ist sowohl das Zuflußprinzip der Einkommensteuer und als auch die Fristigkeit der Zahlungen zu berücksichtigen. Die allgemeine Formulierung einer einzelnen Zahlung im deutschen Steuersystem lautet deshalb wie folgt:

$$(6.36)\quad V_0(C_T) = \frac{EBT_T(1-s_{GE})(1-s_p) - KE_T}{(1+r_{BOT})^T(1-s_p) + s_p - (1+\alpha)^T}.$$

---

37 Vgl. WAGNER/DIRRIGL (1981), S. 142.

38 Diese Argumentation schließt Verbesserungsprogramme aus, die zu einem Anstieg des ausschüttungsfähigen Ergebnisses führen, ohne daß hierfür ein zusätzlicher Kapitaleinsatz notwendig wird. Des weiteren wird unterstellt, daß Investitionen in Höhe des Innenfinanzierungspotentials ausreichen, um das ausschüttungsfähige Ergebnis vor Steuern auf konstantem Niveau zu halten. Diese Annahmen werden nicht die Regel sein.

Darin bezeichnet r_{B0T} die geometrische Durchschnittsrendite eines Zero-Bonds, der in $t = 0$ zum Preis B_0 erworben werden kann. Der Kontrakt wird in $t = T$ fällig und führt zu einer Zahlung vor Abzug der Einkommensteuer in Höhe von B_T.

Abbildung 6.1: Zinsstrukturkurve in Abhängigkeit vom Steuersatz und der Laufzeit

In Prozent

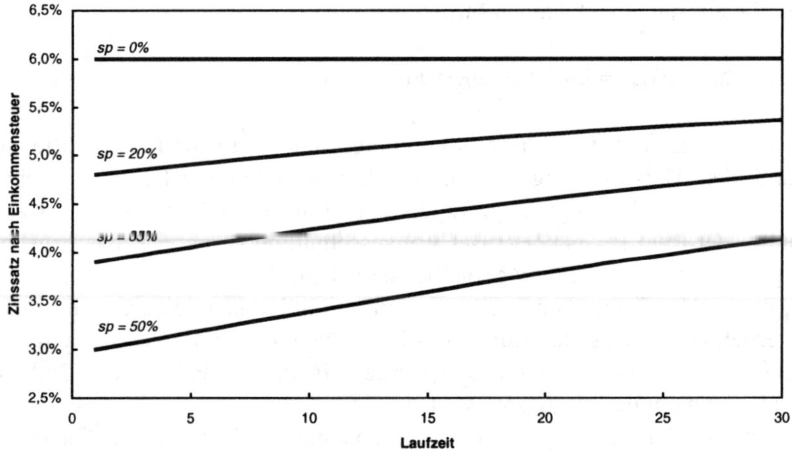

Dieser Bewertungsansatz berücksichtigt sowohl das Zuflußprinzip der Einkommensteuer als auch die Zinsstruktur. Das Zuflußprinzip der Einkommensteuer ist in § 11 des EStG geregelt. Danach führt nicht der Anspruch auf eine Zinszahlung, sondern erst der Eingang der Zahlung zu steuerpflichtigen Einkünften aus Kapitalvermögen. Die in obiger Formel verwendete Diskontierungsrate berücksichtigt die Fälligkeit der Einkommensteuer:

Vor Einkommensteuer: $1 + r_{B0t} = \sqrt[t]{B_t / B_0}$

Nach Einkommensteuer: $1 + r^s_{B0t} = \sqrt[t]{\dfrac{B_t(1 - s_p) + B_0 s_p}{B_0}}$

Die Zinsstruktur wird über die periodenspezifischen Diskontierungsraten berücksichtigt. Man beachte, daß sich selbst bei konstanten Bruttozinssätzen aufgrund des Zuflußprinzips eine ansteigende Zinsstrukturkurve ergibt. Die effektiven Zinssätze nach Einkommensteuer steigen mit zunehmender Laufzeit der Anleihen, da damit die Steuerzahlungen jeweils weiter in die Zukunft verschoben werden. Der Barwert der Steuerzahlungen sinkt und die Rendite steigt (siehe Abbildung 6.1).[39]

2.2.2 Konstante Zahlungen und "Normalanleihen"

Mit Zero-Bonds läßt sich zwar eine einzelne endfällige Zahlung bewerten, welche die Rückzahlung des investierten Kapitals ebenso wie die Kompensation für die Ausleihung von Kapital enthält. Zur Bewertung eines mehrperiodigen Zahlungsstroms sind Zero-Bonds nicht geeignet, da sie hinsichtlich der unterstellten Haltedauer mit dem Bewertungsobjekt nicht übereinstimmen. Während die vertragliche Beziehung zwischen Kapitalgeber und Kapitalnehmer nach der Zahlung aus dem Zero-Bond endet, ist dies zum Beispiel bei Dividendenpapieren nicht der Fall. Mit der Zahlung einer Dividende erlischt das Recht auf zukünftige Zahlungen eben nicht. "Normalanleihen", die ihren Eigentümern konstante Kouponzahlungen bringen, können benutzt werden, um im Zeitablauf unveränderliche Zahlungsreihen zu bewerten. Auch für diesen Fall läßt sich zeigen, daß die Einkommensteuer bei $x = 1$ nicht bewertungsrelevant ist. Die aus dem Preis der Anleihe abgeleitete Diskontierungsrate beträgt $r_B(1-s_p)$. Es gilt:

$$V_0(C) = \sum\nolimits_{t=1}^{T} \frac{C(1-s_p)}{(1+r_B(1-s_p))^t} + \frac{V_0(C)}{(1+r_B(1-s_p))^T} \tag{6.37}$$
$$= \sum\nolimits_{t=1}^{T} \frac{C}{(1+r_B)^t} + \frac{V_0(C)}{(1+r_B)^T}$$

Beispiel 6.2: Die zu bewertende Zahlung betrage 120 GE pro Periode vor Steuern und 78 GE nach Steuern (s_p = 35%). Die Laufzeit sei T = 6 Perioden, der Bruttozins einer am Markt zum Preis von 100 GE gehandelten Normalanleihe sei 6%. Vor Steuern ergibt sich damit der Wert der Zahlungsreihe zu[40]

---

39 Vgl. HAWLITZKY, J. (1998), S. 204.

40 *RBF*(*T*, *r*) steht für Rentenbarwertfaktor = $[(1 + r)^T - 1] / [r \times (1 + r)^T]$.

$$120 \times RBF(6;6\%) + \frac{V_0(C)}{1{,}06^6} = V_0(C)$$

$$\Rightarrow V_0(C) = \frac{120 \times 4{,}92}{1 - 1{,}06^{-6}} = 2000$$

Unter Berücksichtigung der Einkommensteuer sieht die Rechnung so aus:

$$2000 = \frac{78 \times RBF(6;3{,}9\%)}{1 - 1{,}039^{-6}}$$

Auch in diesem Fall gilt die Irrelevanz der Einkommensteuer.

2.2.3 Variable Zahlungen und Staffelzinsanleihen

Die Konzentration auf Anleihen oder Zero-Bonds als Alternativinvestition mag naheliegend sein, sie schränkt die Perspektive aber ein. Sie ist deshalb naheliegend, weil die Alternativinvestition und deren Rendite leicht identifiziert werden kann. Man benötigt zur Bewertung eines Stroms variabler Zahlungen aber Wertpapiere, die jenen im Gegensatz zu Zero-Bonds oder Normalanleihen genau duplizieren. Hierzu kommen etwa Step-up-Anleihen, Gleitzinsanleihen, Staffelzinsanleihen oder Kombizinsanleihen in Betracht. Diese Konstruktionen zählen insofern zu den festverzinslichen Wertpapieren, als daß die jährlichen Zinszahlungen in ihrer Höhe zwar variieren, jedoch bereits bei Emission festgelegt und demnach fixiert sind.[41] Entsprechend der Quellentheorie erfolgt eine Besteuerung der Zinszahlungen, die als Entgelt für die Überlassung des Kapitals betrachtet werden. Die Rückzahlung des Kapitals ("Vermögensstamm" oder "Quellvermögen") gehört grundsätzlich nicht zur steuerbaren Einkommenssphäre.[42] Stimmen die periodenspezifischen Koupon-Zahlungen mit den Zahlungen aus dem Unternehmen überein, folgt der Wert des Unternehmens aus dem Preis der Anleihe. Die Einkommensteuer ist dabei nicht von Belang.

Liegen variable Zahlungen vor, ist die Annahme fehlender Wertsteigerungen nicht mehr zweckmäßig. Da Kapitalgewinne nicht der Einkommensteuer unterliegen, benötigen wir ein Referenzpapier, für das gleiches gilt. Wir verwenden eine Optionsanleihe mit gestaffeltem Zins. Das Bewer-

41 Vgl. WAGNER/WANGLER (1992), S. 2405.

42 Vgl. KRAWITZ, N. (1996), S. 1267.

tungsprinzip läßt sich wiederum anhand eines einfachen Beispiels verdeutlichen.

Beispiel 6.3: Zu bewerten sei eine Zahlung in Höhe von 120 GE vor Steuern (78 GE nach Steuern), die mit 3% pro Jahr wachse. Die Wertsteigerung betrage ebenfalls 3% pro Jahr. Der Zahlungsstrom sieht folglich so aus:

	$t = 1$	2	3	4	5	6
Zahlung vor Steuern	123,60	127,31	131,13	135,06	139,11	143,29
Zahlung nach Steuern	80,34	82,75	85,23	87,79	90,42	93,14
Rückzahlung Kapital inkl. Wertsteigerung						$V_0(1+g)^6$
Zahlung nach Steuern insgesamt	80,34	82,75	85,23	87,79	90,42	93,14 + $V_0 \times 1{,}19$

Zur Bewertung dieser Zahlung benutzen wir – wie gesagt – eine Wandelanleihe mit Staffelzins. Der Zins wächst mit 3% pro Jahr, ausgehend von einem Startwert von 1,35% in $t = 0$. Damit beträgt der Zins in $t = 1$ 1,39% (für die Periode 1), in $t = 2$ 1,43% usw. Der Preis der Anleihe betrage im Bewertungszeitpunkt $t = 0$ 83,75 GE. Am Ende der Laufzeit, in $T = 6$ hat der Eigentümer des Kontraktes das Recht zu einem Preis von 100 GE zu verkaufen oder auf ewig 6% Zins zu erhalten. Unsicherheiten – etwa Zinsänderungsrisiken – sind ausgeschlossen. Die Anleihe weist damit folgende Zahlungen auf:

	$t = 1$	2	3	4	5	6
Staffelzins	1,39%	1,43%	1,48%	1,52%	1,57%	1,61%
Zinszahlungen vor Steuern	83,75× 1,39% =1,16	1,20	1,24	1,27	1,31	1,35
Zinszahlung nach Steuern	0,76	0,78	0,80	0,83	0,85	0,88
Rückzahlung Kapital inkl. Wertsteigerung						100,00
Zahlung nach Steuern insgesamt	0,76	0,78	0,80	0,83	0,85	100,88

Gegeben den Preis der Anleihe von 83,75 GE, kann der interne Zinsfuß berechnet werden. Setzt man die in der Tabelle ausgewiesenen Zahlungen nach Steuern ein, findet man einen Zinssatz von 3,90%. Die Rechnung auf Basis der Zahlungen vor Steuern ergibt einen Zins von 4,39%. Diese Zinssätze können zur Bewertung des Wertes der Zahlungsreihe benutzt werden. Sowohl die Rechnung vor als auch die Rechnung nach Steuern ergibt einen Wert von 8888,89. Dieser Wert folgt unmittelbar aus dem Preis der Anleihe: Das Verhältnis der Zahlungen des Bewertungsobjektes und den Zahlungen aus der Staffelzinsanleihe beträgt in jeder Periode 106,14. Folglich beträgt der Wert der Zahlungsreihe das 106,14-fache des Wertes der Anleihe.[43]

Den gleichen Wert erhält man, indem man das Wachstum der Zahlungen ignoriert und mit dem Basiszinssatz der Anleihe (1,35%, vor Steuern) diskontiert:

$$8888{,}89 = \frac{120 \times RBF(6;1{,}35\%)}{1 - 1{,}0135^{-6}}$$

In Analogie zur risikoneutralen Bewertung könnte man dieses Vorgehen als "steuerneutrale" Bewertung bezeichnen. Die ursprüngliche Wachstumsrate (3%) wird reduziert, um die Wirkung der Einkommensteuer abzubilden. Zur Diskontierung kann dann die Rendite der Anleihe vor Einkommensteuer und ohne Wachstum benutzt werden (1,35%).

Auch aus diesen Überlegungen folgt: Kennt man die strukturgleiche Alternativinvestition und deren Basiszins, ist das Bewertungsproblem gelöst. Die Einkommensteuer ist nicht bewertungsrelevant.

2.3 Relativer Vorteilhaftigkeitsvergleich, Marktgleichgewicht und Relevanz der Einkommensteuer

Die bisherige Analyse hat gezeigt: Die Einkommensteuer ist beim relativen Vorteilhaftigkeitsvergleich prinzipiell nicht relevant. Das Problem in der Anwendung dieses Bewertungsprinzips besteht allein darin, eine geeignete

43 Vgl. SICK, G.A. (1990), S. 1437, Proposition 1 und Proposition 2, FN 4: "Linearity of the personal taxation of equity (debt) income is sufficient for the after-all-tax certainty-equivalent operator to be the same as the pre-personal-tax certainty-equivalent operator for equity (debt) flows". Der Multiplikator von 106,14 entspricht im Beispiel dem certainty-equivalent operator.

Alternativinvestition zu finden, welche die Zahlungen des Bewertungsobjektes genau dupliziert. Die Botschaft für Bewerter könnte so lauten: Kümmere dich nicht um die Einkommensteuer, sondern suche die Alternativinvestition! Am Beispiel der Staffelzinsanleihe mit Wandeloption wird die Problematik dieses Ansatzes jedoch deutlich. Streng genommen ist diese Anleihe nur zur Bewertung von Zahlungen geeignet, die ebenfalls mit der vorgegebenen Rate wachsen und die gleiche Wertsteigerung erwarten lassen.

Die Suche nach einer akzeptablen Alternativinvestition kann sich für komplexe Zahlungsstrukturen als mühsam oder gar erfolglos erweisen. Staffelzinsanleihen mit Wandeloption sind selten. Zudem müßten die Zinssätze mit genau der gleichen Wachstumsrate wie die Zahlungen des Bewertungsobjektes wachsen. Die Laufzeit der Anleihen müßte sehr lang sein. Der praktischen Anwendung des relativen Vorteilhaftigkeitsvergleichs sind also enge Grenzen gesetzt.

Die Annahme arbitragefreier Kapitalmärkte vereinfacht das Problem. Wir wollen unterstellen, daß die Preise der am Markt gehandelten, risikolosen Wertpapiere zu Renditen führen, die nach Abzug der Einkommensteuer identisch sind.[44] Gibt es zum Beispiel nur die drei im, vorherigen Abschnitt diskutierten Wertpapiere, gilt für deren Renditen im Gleichgewicht folgende Relation:

(6.38) $$r_{BZ}^{s} = r_{BN}^{s} = r_{BW}^{s} = r_{B}^{s}$$

Zero-Bond: $$r_{BZ}^{s} = \sqrt[T]{(1+r_{BZ})^{T}(1-s_p)+s_p} - 1$$

Normalanleihe: $$r_{BN}^{s} = r_{BN}(1-s_p)$$

Staffelzinsanleihe mit Wandeloption: $$r_{BW}^{s} = (r_{BW} - g)(1-s_p) + g$$

Angenommen, die Bruttorendite der Normalanleihe sei mit 6% vorgegeben und der einheitliche Steuersatz beträgt 35%, so daß sich der Nettozins auf 3,9% beläuft. Damit der Zero-Bond die gleiche Rendite nach Steuern abwirft, muß der Bruttozins 5,73% betragen. Bei einer Wachstumsrate von

44 Vgl. ROSS, S. (1987), S. 375.

3% folgt daraus ein Bruttozins von 4,38% für die Staffelzinsanleihe. Dieser läßt sich aus dem Bruttozins der Normalanleihe so ableiten:

$$r_{BW} = r_{BN} - g\frac{s_p}{1-s_p} = 6\% - 3\% \times 35/65 = 4{,}38\%$$

Nach Steuern ergibt sich damit ebenfalls eine Rendite von 3,9%:

$$r_{BW}^s = (r_{BW} - g)(1-s_p) + g = (4{,}38\% - 3\%) \times 0{,}65 + 3\% = 3{,}9\%$$

In diesem Beispiel sind die Renditen der Wertpapiere nach Steuern identisch. Auch die Renditen aller anderen risikolosen Wertpapiere mit beliebiger Laufzeit mögen 3,9% betragen. Unter dieser Prämisse ist es begründet, einen beliebigen sicheren oder sicherheitsäquivalenten Zahlungsstrom nach Einkommensteuer mit 3,9% zu diskontieren.

Die Botschaft lautet deshalb:

- Wenn die strukturgleiche Alternativinvestition bekannt ist, nutze sie zur Bewertung. Arbitrage zwischen dem Bewertungsobjekt und der Alternative wird ausgeschlossen. Die Einkommensteuer ist nicht bewertungsrelevant.
- Ist die Alternativinvestition unbekannt, wähle ein "beliebiges" risikoloses Wertpapier, unterstelle Arbitragefreiheit zwischen diesem und allen anderen risikolosen Wertpapieren. Adjustiere die Diskontierungsrate um die Einkommensteuer; sie ist bewertungsrelevant.

Die Korrektur um die Einkommensteuer ist erforderlich, wenn die "Alternativrendite" aus einem Wertpapier abgeleitet wird, das sich nicht direkt als Alternativinvestition im engeren Sinn eignet. Damit bestehen Parallelen zwischen der Berücksichtigung des Risikos und der Steuern (siehe Tabelle 6.2).

Aus dem Zusammenhang der Renditen im Marktgleichgewicht läßt sich eine weitere Folgerung ableiten. Beträgt die Wachstumsrate der Zahlungen Null, ist die Einkommensteuer generell nicht bewertungsrelevant. Bei positiven Wachstumsraten ergibt sich demgegenüber ein relativer Vorteil, da die Anleger mit steuerfreien Kursgewinnen versorgt werden. Je höher der Einkommensteuersatz, um so höher der Vorteil. Umgekehrt ist bei negativen Wachstumsraten ein relativer Steuernachteil zu erwarten, der um so kleiner ausfällt, je kleiner der Steuersatz ist. Die Zusammenhänge sind komplizierter, wenn die bewertungsrelevante Zahlung aus steuerpflichtigen Ausschüttungen und steuerfreien Komponenten besteht (Aktienrückkäufe, Kapitalerhöhungen).

Tabelle 6.2: Vergleich Risiko und Besteuerung

	Risiko	Besteuerung
Relativer Vorteilhaftigkeitsvergleich i.e.S.	• Suche Alternativinvestition mit gleichem Risiko • Explizite Berücksichtigung des Risikos entfällt	• Suche Alternativinvestition mit gleicher Besteuerung ("Staffelzinsanleihe") • Explizite Berücksichtigung der Einkommensteuer entfällt
Bewertung mit marktgängigen Wertpapieren, die nicht direkt vergleichbar sind	• Wahl eines am Markt gehandelten Wertpapiers oder Indexes mit Rendite r_M ("Marktportefeuille") • Adjustierung der Diskontierungsrate mit spezifischem Risikofaktor ("Beta") oder: • Risikoneutrale Bewertung, d.h. Adjustierung der Wachstumsrate und Diskontierung mit r_B	• Wahl eines am Markt gehandelten Wertpapiers mit Rendite r_B ("Normalanleihe") • Adjustierung um Einkommensteuer; Diskontierung mit* $r_{BW} = r_B - g \times s_p \ (1 - s_p)$ oder: • "Steuerneutrale" Bewertung, d.h. Adjustierung der Wachstumsrate und Diskontierung mit r_{BW0}**

Im Ergebnis ist der sich formierenden Meinung zuzustimmen, welche die Relevanz der Einkommensteuer artikuliert, wenngleich die Begründung hierfür eine andere ist, als die teilweise vorgetragene. Daß die Verwendung der Bundesbank-Statistik[45] für den risikolosen Basiszins die Annahme arbitragefreier Märkte erfordert, wird oft nicht gesehen oder nicht erwähnt. Ohne diese Prämisse müßte die Alternativinvestition erstens konkret identifiziert werden und zweitens im Hinblick auf die bewertungsrelevanten Parameter Risiko, Zeit und Besteuerung tatsächlich vergleichbar sein. Die Überlegungen

* Im Beispiel der Staffelzinsanleihe beträgt die Diskontierungsrate 4,39%.

** Im Beispiel die Diskontierungsrate von 1,35%.

45 Siehe hierzu den nächsten Abschnitt.

zum relativen Vorteilhaftigkeitsvergleich sind deshalb nützlich; sie liefern die Bedingungen für die Relevanz der Einkommensteuer. Der konkreten Berücksichtigung der Einkommensteuer bei der Unternehmensbewertung kann vor dem Hintergrund praktischer Schwierigkeiten nur auf vereinfachende Weise erfolgen. Es wird auf eine detaillierte Steuerplanung verzichtet und von folgender Prämisse ausgegangen:

Besteuerungsprämisse ESt

Der repräsentative Anleger zahlt Einkommensteuer auf die Ausschüttungen aus dem zu bewertenden Unternehmen in Höhe von ca. 30 – 40%. Hierbei handelt es sich um einen grob geschätzten *Grenz*steuersatz.

Die Schätzung des Grenzsteuersatzes beruht auf einer (vereinfachten) Veranlagungssimulation und einigen Daten, die auch an anderer Stelle in der Literatur zum Beispiel für den Zweck der wertorientierten Performance-Messung benutzt werden.[46] Es wird unterstellt, daß der repräsentative Anleger über ein Bruttoeinkommen von mehr als 60 TDM verfügt. Der überwiegende Teil dieses Einkommens ("Basiseinkommen") möge aus anderen Quellen als Kapitaleinkünften resultieren, so daß diese "Zusatzeinkommen" darstellen.[47] Die Schätzung des Grenzsteuersatzes erfolgt unter Berücksichtigung der Tarifprogression gemäß § 32 a (1) EStG, des Sparerfreibetrags nach § 20 (4) EStG sowie des Splittings nach § 32 c (5). Aus dem nichtlinearen Steuertarif resultieren Verbundeffekte, die durch den Ansatz von Grenzsteuersätzen dem Zusatzeinkommen zugerechnet werden. Der Tarif könnte vereinfachend so abgebildet werden:[48]

$$(6.39) \quad s = \min\{b + c\,BG; s_{\max}\}$$

Der auf das zu versteuernde Einkommen (BG = Bemessungsgrundlage) anzuwendende Steuersatz ergibt sich darin als eine linear ansteigende Funktion derselben. Der maximale Steuersatz ist auf $s_{\max}$ begrenzt. Die Bemes-

46 Vgl. SCHÜLER, A. (1998), S. 258.

47 Die durch die Progression ausgelöste zusätzliche Einkommensteuer wird deshalb vollständig dem Zusatzeinkommen zugerechnet.

48 § 32 a (1) EStG (Normaltarif, gültig für 1998): Der Grundfreibetrag (DM 12.365) wird nicht besteuert. Zwischen 12.366 DM und 58.653 DM zu versteuerndem Einkommen steigt der Steuersatz von 25,9% auf 33,3%. Danach steigt der Steuersatz auf bis zu 53% (120.041 DM).

sungsgrundlage selbst ergibt sich aus den Einkünften (*C*) abzüglich Freibeträge und dergleichen, die jedoch nicht zu einer negativen Bemessungsgrundlage führen dürfen. Damit gilt für den Steuersatz:

(6.40) $s(C) = \min\{b + c\max\{0; C - FB\}; s_{\max}\}$

Daraus läßt sich der Grenzsteuersatz ableiten, der auch von den Zahlungen aus dem Basiseinkommen (*B*) abhängt:

(6.41) $s_p = \frac{s(B+C)\times(B+C) - s(B)\times B}{C}$

Die Steuern auf das Gesamteinkommen (*B* + *C*) werden im ersten Schritt um die Steuern auf das Basiseinkommen gemindert. Die verbleibenden Steuern sind dem Zusatzeinkommen zuzurechnen. Der Grenzsteuersatz ergibt sich aus diesen zusätzlichen Steuern, bezogen auf das Zusatzeinkommen.[49] Bezeichnet *y* den Faktor, der die Höhe des Zusatzeinkommens in Prozent des Basiseinkommens angibt, läßt sich der Grenzsteuersatz so darstellen:

(6.42) $s_p = s(B + By)\times(1+y) - s(B)y$

Abbildung 6.2: Grenzeinkommensteuersätze 1998

Basiseinkommen 60TDM, 90TDM, 150TDM

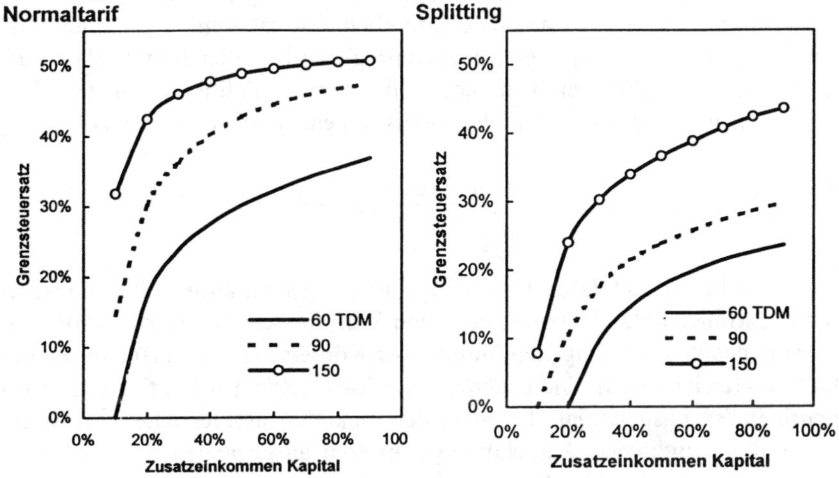

49 Vgl. auch DIRRIGL/SCHAUM (1989), S. 294 – 295; dort wird der Grenzsteuersatz aus der Ableitung der Steuerzahlung nach dem Steuersatz berechnet.

In Abbildung 6.2 ist diese Funktion in Abhängigkeit von B und y dargestellt. Die Grenzsteuersätze sind kleiner als der maximale Steuersatz von knapp 53%, da der Sparerfreibetrag von 6 bzw. 12 TDM eingerechnet ist. Man erkennt dies anhand des Schnittpunktes der 60 TDM-Linie mit der Abzisse. Bei 10% Zusatzeinkommen und Normaltarif bzw. 20% und Splitting ist der Grenzsteuersatz Null, da das Zusatzeinkommen den Sparerfreibetrag von 6 TDM bzw. 12 TDM nicht übersteigt.

3 Exkurs: "Einkommensteuereffekt" bei der APV-Methode

DRUKARCZYK/RICHTER (1995) und DRUKARCZYK/SCHWETZLER (1998) begründen die Existenz eines sogenannten Einkommensteuereffektes für den Fall einer Ausschüttungspolitik, die von der residualen Ausschüttung des finanziellen Überschusses abweicht. Dieser Effekt ist im Rahmen der APV-Methode von Bedeutung. Darin wird bekanntlich im ersten Schritt der Wert des Unternehmens bei reiner Eigenfinanzierung gesucht. Auch bei reiner Eigenfinanzierung muß sich die Ausschüttung am Jahresüberschuß orientieren. Bei Erweiterungsinvestitionen, die das Innenfinanzierungspotential aus Abschreibungen übersteigen, sind entweder Kapitalerhöhungen oder Gewinnthesaurierungen ("residuale Rücklagenzuführung") in Höhe der Veränderung des investierten Kapitals erforderlich. Die tatsächlich geplante Ausschüttung (bei anteiliger Fremdfinanzierung) wird in aller Regel schon aufgrund der Zinszahlungen von dieser idealisierten Politik abweichen. Der Einkommensteuereffekt nimmt die daraus folgenden Steuerdifferenzen auf:

$$(6.43) \quad EST_t = \left(TRE_{et} - TRE_t\right)\frac{s_k - s_p}{1 - s_k} + s_p\left(R_t - R_{t-1}\right)$$

Darin bezeichnet TRE_e die residuale Rücklagenzuführung eines vollständig eigenfinanzierten Unternehmens und TRE die bei anteiliger Fremdfinanzierung geplante Rücklagenzuführung; der Körperschaftsteuersatz auf einbehaltene Gewinne ist s_k. Die Erhöhung der Rückstellungen führt zu einem Innenfinanzierungspotential, das nicht der Einkommensteuer unterliegt, wenn von unüberwindlichen Ausschüttungsbarrieren ausgegangen wird. Abgesehen von diesem steuerbegünstigten Potential ist der Einkommensteuereffekt klein, wenn der relevante Einkommensteuersatz in der Nähe des Körperschaftsteuersatzes auf einbehaltene Gewinne liegt.

Einfache algebraische Umformungen zeigen, daß die Differenz der Rücklagenzuführungen ($TRE_e - TRE$) der Kapitalerhöhung (KE), der Veränderung des zinspflichtigen Fremdkapitals (Y) sowie der Veränderung der Rückstellungen (ΔR) entspricht:

$$(6.44) \quad TRE_{et} - TRE_t = KE_t + Y_t + R_t - R_{t-1}$$

Beispiel 6.4: Im Beispiel aus dem vierten Kapitel (4.1) ergab sich die Veränderung des investierten Kapitals (=TRE_e) zu 1.043 Mio. DM. Aufgrund des Verlustes mußten Gewinnrücklagen ausgelöst werden, d.h. TRE = -117 Mio. DM. Die Differenz der Rücklagenzuführungen beträgt damit 1.160 Mio. DM, die sich aus der Kapitalerhöhung von 800 Mio. DM, der Fremdkapitaltilgung von –111 Mio. DM sowie der Erhöhung der Rückstellungen um 471 Mio. DM zusammensetzt.

Der Einkommensteuereffekt resultiert aus der Zerlegung der Zahlung an die Eigentümer in Komponenten, die für die Anwendung der APV-Methode zentral ist. Es handelt sich um ein Konstrukt, das nur bei dieser Methode eine Bedeutung hat, nicht jedoch bei der Equity-Methode. Bei der zuletzt genannten, in dieser Arbeit primär benutzten Methode wird unmittelbar von den faktisch geplanten (bzw. als erwartet unterstellten) Zahlungen zwischen Unternehmen und Eigentümer ausgegangen. Alle Einkommen- und Körperschaftsteuereffekte, sowohl die aus der Ausschüttungspolitik resultierenden als auch die durch Innenfinanzierungspotentiale induzierten Vorteile, sind darin bereits erfaßt. Das erkennt man unmittelbar daran, daß der Gesamtbetrag der Einkommensteuer im APV-Modell, d.h. die Summe der Einkommensteuer auf die Zahlungskomponenten, genau dem Betrag der Einkommensteuer auf die faktisch geplante Ausschüttung entspricht.[50]

4 Zur Konkretisierung des risikolosen Zinses (Anlageprämisse)

Im nächsten Schritt ist die Annahme bezüglich alternativer Investitionsgelegenheiten zu definieren. Wir können uns hier auf risikolose Alternativen beschränken, da im Rahmen der risikoneutralen Bewertung sicherheitsäquivalente Zahlungen benutzt werden. Diese sind den Zahlungen aus sicheren Alternativen gegenüber zu stellen. Im folgenden Abschnitt 4.1 wird analog zur Diskussion der Einkommensteuer die herrschende Meinung wiedergegeben,

50 Vgl. die "Cash-flow-Bilanz" in RICHTER, F. (1996), S. 1088.

die (oft implizit) von unsicheren Zahlungen und sicheren Alternativrenditen ausgeht. Die Auswirkungen dieser Annahme werden in den Abschnitten 4.2 (sichere Zahlungen, unsicherer Zins) und 4.3 (unsichere Zahlungen und unsicherer Zins) erörtert.

4.1 "Klassische Unternehmensbewertung" mit unsicheren Zahlungen und sicherer Alternativrendite

BALLWIESER zufolge ist die Höhe des Zinssatzes, der im Rahmen einer sicherheitsäquivalenten Bewertung zu benutzen ist, "relativ wenig umstritten", wenn jener am "landesüblichen Zinsfuß" festgemacht wird.[51] Hierfür käme es weitgehend nur auf den Zins am Bewertungsstichtag, hingegen nicht auf mögliche zukünftige Zinssätze an.[52] Nach MOXTER sei mit dem landesüblichen Zinsfuß der Kapitalzins gemeint, der für festverzinsliche Kapitalmarkttitel von Schuldnern höchstmöglicher Bonität gilt, die hinsichtlich der Zins- und Tilgungszahlungen das geringstmögliche Risiko aufweisen. Als Grundlage sollte zweckmäßig die Umlaufsrendite festverzinslicher Wertpapiere aus den Berichten der Deutschen Bundesbank verwendet werden.[53]

Die Umlaufsrenditen sind im Zeitablauf deutlichen Schwankungen unterworfen, so daß zwischen dem Zinsniveau am Bewertungsstichtag und in Zukunft Unterschiede bestehen werden. Darüber hinaus sind am Kapitalmarkt nur wenige Anleihen mit einer Restlaufzeit von mehr als 10 Jahren verfügbar. Die Autoren des WIRTSCHAFTSPRÜFER-Handbuchs von 1992 plädierten deshalb für Verwendung der durchschnittlichen Rendite eines Portefeuilles, das entsprechend der Laufzeiten der darin enthaltenen Wertpapiere umgeschichtet wird. Am Ende der Laufzeit eines Wertpapiers wird jenes veräußert und der Erlös wiederum in Wertpapiere reinvestiert. Deren Preise hängen freilich vom zukünftigen und nicht vom historischen Zinsniveau ab. Damit kommt ein Mischsatz aus zukünftigen und aktuellen Zinssätzen zur Anwendung.[54]

SCHWETZLER betont, daß sich diese Mischung aus praktischen Notwendigkeiten (mangelnde Verfügbarkeit langlaufender Anleihen) und nicht aus

---

51 Ebenda (1990), S. 171.

52 Vgl. MATSCHKE, M. (1979), S. 216 – 217.

53 MOXTER, A. (1983), S. 20, "Kapitalzinsprinzip".

54 IDW (1992), S. 97. Weniger ausführlich, tendenziell aber unverändert wird im WP-Handbuch von 1998 argumentiert; ebenda, S. 97 – 99.

theoretischen Überlegungen ergibt.[55] Des weiteren wird die Verwendung von laufzeitabhängigen Zinssätzen anstelle von Durchschnittszinssätzen vorgeschlagen: Die Spot Rates für verschiedene Laufzeiten seien relevant.[56] Die Verwendung der Umlaufsrendite wird kritisch beurteilt, da es sich hierbei um durchschnittliche Renditen unterschiedlicher Anleihen mit unterschiedlichen Restlaufzeiten handelt. Der Durchschnittssatz sei im allgemeinen nicht repräsentativ für die Anlagealternativen am Markt.[57] Das Anwendungsproblem bestünde darin, daß keine regelmäßigen Veröffentlichungen der exakten Zinsstruktur für den deutschen Markt erfolgten. Als Näherungslösung wird vorgeschlagen, die "Zinsstruktur am Rentenmarkt" von der Deutschen Bundesbank zu benutzen, die auf Renditen hypothetischer Zero-Bonds beruht. Jene werden auf Basis der Kurse von Bundesanleihen, Bundesobligationen und Bundesschatzanweisungen geschätzt.[58]

Unabhängig davon bleibt das praktische Problem der Konkretisierung der zukünftigen Zinserwartungen für den Zeitraum jenseits der Restlaufzeiten vorhandener Wertpapiere. Diesbezüglich wird in Teilen der Literatur vorgeschlagen, den Zins der Anleihe mit der längsten Laufzeit auch für die späteren Überschüsse zu verwenden.[59]

Das Problem der Festlegung des risikolosen Basiszinses stellt sich auch den Anwendern des CAPM. BORN verwendet in Beispielen einen konstanten Zinssatz für zehnjährige Staatsanleihen und führt anschließend eine Sensitivitätsanalyse durch, welche die Auswirkung der Anlageprämisse auf den Unternehmenswert verdeutlicht.[60] Auch das "*i*" bei DRUKARCZYK und SCHWETZLER ist eine im Zeitablauf konstante Rate.[61] Dies ist nicht weiter überraschend, da die von den Autoren benutzte statische Variante des CAPM ein einperiodiges Modell ist.[62] Auch COPELAND/KOLLER/MURRIN gehen ver-

55 Vgl. SCHWETZLER, B. (1996), S. 1091.

56 SCHWETZLER, B. (1996), S. 1094; unter "Spot Rate" wird der von der Restlaufzeit abhängige, aus dem Preis von Zero-Bonds abgeleitete Zinssatz verstanden.

57 Vgl. DRUKARCZYK/SCHWETZLER (1998), S. 336, MANDL/RABEL (1997), S. 134 ff.

58 Zur Ableitung von Zero-Bond Renditen aus der Zinsstrukturkurve vgl. auch ROLFES, B. (1992), S. 178.

59 SCHWETZLER (1996), S. 1091, MANDL/RABEL (1997), S. 137.

60 Ebenda (1995), S. 191 bzw. S. 205.

61 Ebenda (1998), S. 263.

62 Ebenda (1998), S. 246 – 247. Will man das einperiodige CAPM mit einem als sicher unterstellten, im Zeitablauf aber veränderlichen Zins kombinieren, wären die Folgen bezüglich der Risikoprämie zu klären: $k = r_f + \beta\,(r_m - r_f) = r_f\,(1 - \beta) + \beta\, r_m$. Daraus folgt, daß bei variablem Zins eine Rechnung mit konstanter Risikoprämie bei enger Auslegung des CAPM nicht plausibel ist. Empirisch ist jedoch eine nega-

einfachend von einer im Zeitablauf konstanten risikolosen Verzinsung aus. Als Basis kämen die Renditen von Treasury Bills oder Treasury Bonds mit Laufzeiten von 10 oder 30 Jahren in Betracht. Die Autoren schlagen die Rendite 10-jähriger Treasury Bonds vor, da die Duration jener Wertpapiere häufig der Duration des Cash-flows des S&P 500 Börsenindex und damit eines "typischen Unternehmens" entspräche. Darüber hinaus sei die Zehnjahresrendite weniger sensitiv gegenüber Änderungen der Inflationsrate als die Rendite der Anleihen mit längerer Restlaufzeit.[63]

Im Ergebnis ist zu konstatieren, daß es nicht weit her ist mit der Einigkeit darüber, wie der risikolose Basiszins zu ermitteln ist. Der Vorschlag der Kombination von aktuellen Zinssätzen mit zukünftigen Zinssätzen erscheint vor dem Hintergrund der am Markt gehandelten Anleihen vernünftig. Damit stellt sich die Frage nach der besten Schätzung des zukünftigen Zinsniveaus. Der Vorschlag von SCHWETZLER (1996) erscheint plausibel für "normale" Kapitalmarktsituationen, die nicht durch extrem niedrige oder besonders hohe Zinssätze am "langen Ende" geprägt sind. Man muß schließlich eine Annahme treffen, ob die momentane Zinsstruktur extrapoliert werden kann oder ob Modifikationen eher angebracht sind. Denkbar ist die Annahme einer langfristigen Konvergenz auf ein durchschnittliches Zinsniveau. Da es hierfür keine allgemein gültigen Richtlinien geben kann, ist die Implikation der Annahme auf den Unternehmenswert mittels Sensitivitätsanalyse transparent zu machen.

Alternativanlageprämisse RF 1:

Die aktuellen Schätzungen der Deutschen Bundesbank zur Renditestruktur werden zugrunde gelegt, um den Erwartungswert des risikolosen Zinses zu schätzen. Es erfolgt eine Extrapolation auf Basis eines der Renditemodelle aus dem zweiten Kapitel mit Konvergenz zum langfristigen Durchschnittszins. Damit wird die Extrapolation von außergewöhnlichen Kapitalmarktsituationen in die Ewigkeit verhindert.

Die Anwendung dieser Prämisse erfolgt in der Fallstudie am Schluß dieses Kapitels.

---

tive Korrelation zwischen erwarteter Marktrendite und risikolosem Zins festzustellen; vgl. diesbezüglich BRENNAN, M. (1997), S. 82.

63 Ebenda, (1998), S. 278 – 279.

4.2 Wirkung der Zinsunsicherheit auf den Wert von Zerobonds (Diskontierungseffekt)

Wie wirken unsichere Zinssätze auf den Preis von Zerobonds? Aus diesen Preisen könnten Diskontierungsraten für einzelne Zahlungen abgeleitet werden. Vereinfachend wird vorerst unterstellt, daß die Zahlungen aus dem Unternehmen sicher sind und somit ggf. bestehende stochastische Zusammenhänge zwischen dem unsicheren Zins und den Zahlungen des Unternehmens nicht berücksichtigt werden müssen. Damit betrachten wir im Gegensatz zum vorherigen Abschnitt das Bewertungsproblem sicherer Zahlungen bei unsicherem Zins.

Wird eine stetige Verzinsung unterstellt, berechnet sich der Wert des Zerobonds in $t = 0$ aus dessen abgezinsten Wert in $t = 1$ so:

$$(6.45) \quad B_0 = \mathrm{E}[B_1 \exp(-r_B)]$$

Hinsichtlich des Zinses sind jetzt lediglich die Verteilungsparameter bekannt. Wir unterstellen diesbezüglich eine Normalverteilung mit Mittelwert $\bar{r}_B$ und Standardabweichung σ.[64] Unter diesen Prämissen läßt sich der Diskontierungsfaktor für sichere Zahlungen, die in einer Periode fällig werden, aus dem Verhältnis von B_0 zu B_1 konkret angeben:[65]

$$(6.46) \quad \frac{B_0}{B_1} = \exp(-\bar{r}_B + \sigma^2 / 2)$$

Bei sicheren Erwartungen bezüglich der Zinsentwicklung ($\sigma = 0$) ergibt sich der Diskontierungsfaktor, der (in diskreter Version) in den vorherigen Abschnitten benutzt wurde. Bei Unsicherheit ($\sigma > 0$) steigt der Diskontierungsfaktor und der Wert der sicheren Zahlung ebenso. Dieses Phänomen wird als Diskontierungseffekt bezeichnet, der durch eine Korrektur des Zinssatzes berücksichtigt werden kann. Dieser Korrekturfaktor hängt von dem zugrunde liegenden Renditemodell ab.[66]

Nun ist aber zu berücksichtigen, daß die Verteilungsannahme bezüglich r_B negative Nominalzinssätze zuläßt. Diesen Defekt könnte man entsprechend eines Vorschlags von BLACK beheben. Dem zufolge haben nominale

64 Damit liegt das einfache Renditemodell aus dem zweiten Kapitel zugrunde.

65 Vgl. CAMPBELL/LO/MACKINLAY (1997), S. 430.

66 Vgl. ROSS, S. (1995), S. 101.

Zinssätze den Charakter von Währungsoptionen.[67] Der nominale Zins könne nicht negativ werden, da Anleger Währungen kostenlos "unter der Matratze" lagern können. Die Inflationsrate und der reale Zins können hingegen auch negative Werte annehmen. Seinem Vorschlag zufolge kann der nominale Zins deshalb so formuliert werden:

$$(6.47) \quad r_B^+ = \max\{r_B, 0\}$$

Damit werden die negativen Zinssätze aus der weiteren Betrachtung ausgeschlossen, was dazu führt, daß sich die durchschnittlichen Diskontierungsraten erhöhen und der Diskontierungseffekt kompensiert wird. Tabelle 6.3 gibt einen quantitativen Überblick für einen mittleren Zins von 6,8% bei einer Standardabweichung von 5,5%.[68] Man erkennt, daß die Diskontierungsfaktoren bei Sicherheit zwischen den Grenzen liegen, die durch den ersten Fall (der negative Zinssätze zuläßt) und den Vorschlag von BLACK definiert werden.

Der relative Abstand der Diskontierungsfaktoren nimmt mit zunehmendem t zwar zu, die absoluten Werte nehmen jedoch vergleichsweise schnell ab, so daß sich der Gesamteffekt der Zinsunsicherheit bei gleichmäßigen Zahlungsstrukturen nicht allzusehr auswirkt. Bei $T = 30$ liegt die Summe der Diskontierungsfaktoren bei $\sigma = 5{,}5\%$ um 1,6% über und auf Basis von BLACKs Ansatz um –1,5% unter der Summe bei sicheren Erwartungen.

Anstelle des Vorschlags von BLACK könnte auch ein stochastisches Modell für den Zins zugrunde gelegt werden, welches negative Zinssätze von vornherein ausschließt. In der Literatur finden sich hierzu verschiedene Ansätze, deren Diskussion hier nicht erfolgen soll.[69] Darüber hinaus wird neben der extrapolativen Modellierung von Zinssätzen das Zustandekommen der Zinsstruktur aufgrund der Präferenzen der Anleger kausal zu erklären versucht.[70]

---

67 BLACK, F. (1995), S. 1371.

68 Vgl. Tabelle 2.4.

69 Vgl. etwa die vergleichende Betrachtung bei BAXTER/RENNIE (1997), Kapitel 5.

70 Vgl diesbezüglich INGERSOLL, J. (1987), S. 405 – 406; COX/INGERSOLL/ROSS (1985).

Tabelle 6.3: Diskontierungsfaktoren zur Bewertung sicherer Zahlungen bei unsicherem Zins

$\bar{r}_B$ = 6,8%, σ = 5,5%, *N* = 100 Simulationen

=	σ = 0	σ= 5,5%	BLACK	=	σ = 0	σ= 5,5%	BLACK
1	0,9343	0,9357	0,9328	16	0,3369	0,3451	0,3298
2	0,8728	0,8755	0,8705	17	0,3147	0,3229	0,3073
3	0,8155	0,8192	0,8117	18	0,2941	0,3022	0,2862
4	0,7619	0,7665	0,7582	19	0,2747	0,2827	0,2664
5	0,7118	0,7172	0,7072	20	0,2567	0,2645	0,2484
6	0,6650	0,6710	0,6592	21	0,2398	0,2475	0,2318
7	0,6213	0,6279	0,6160	22	0,2240	0,2316	0,2167
8	0,5804	0,5875	0,5746	23	0,2093	0,2167	0,2026
9	0,5423	0,5497	0,5349	24	0,1955	0,2028	0,1890
10	0,5066	0,5143	0,4999	25	0,1827	0,1897	0,1765
11	0,4733	0,4813	0,4652	26	0,1707	0,1775	0,1652
12	0,4422	0,4503	0,4342	27	0,1595	0,1661	0,1539
13	0,4131	0,4213	0,4046	28	0,1490	0,1554	0,1435
14	0,3860	0,3942	0,3779	29	0,1392	0,1454	0,1338
15	0,3606	0,3689	0,3532	30	0,1300	0,1361	0,1249
Σ 1 - 15	9,087	9,180	9,000	Σ 1 - 30	12,364	12,567	12,176

4.3 Varianzeffekte

Zinsunsicherheit hat einen vergleichsweise kleinen Einfluß auf den Barwert der Zahlungen. Sie bewirkt jedoch einen Anstieg der Varianz des Unternehmenswertes, so daß der Wert zustandsbedingter Ansprüche auf denselben ebenfalls zunimmt. Dies wurde im fünften Kapitel deutlich, als die Abhängigkeit des Wertes der Liquidationsoption von der Varianz des Unternehmenswertes diskutiert wurde. INGERSOLL/ROSS (1992) analysierten den Wert der Option, den Startzeitpunkt eines Projektes mit *sicheren* Zahlungen bei *unsicherem* Zins zeitlich verschieben zu können (analog zu unserer Analyse im vorherigen Abschnitt). MCDONALD/SIEGEL (1986) betrachten diese Option unter der Prämisse *unsicherer* Zahlungen und *sicherer* Alternativrenditen (analog zur "klassischen" Unternehmensbewertung). Beide Betrachtungen kommen zu dem Ergebnis, daß der Optionswert mit zunehmender Varianz des Projektwertes ansteigt. Folglich sind Varianz- und Werteffekte bei kombinierter Zahlungs- und Zinsunsicherheit ebenfalls zu erwarten.

In diesem Abschnitt soll analysiert werden, wie sich die kombinierte Unsicherheit im Zahlungsbereich und in der Alternativrendite auf den Optionswert auswirkt. Dies kann hier aufgrund der Komplexität des Problems nur in stark vereinfachter Weise erfolgen. Ein unmittelbarer Hinweis folgt aus dem Modell von MERTON (1973). Darin werden die Preise von Zerobonds auf Basis der geometrischen Brownschen Bewegung modelliert, was bei sicheren Zahlungen unsichere Zinssätze impliziert. Die formale Struktur des bekannten BSM-Modells bleibt erhalten, wobei der Varianzparameter σ bei unsicheren Preisen für Zerobonds jetzt aus der Varianz der Aktienkurse (σ_S^2) und der Varianz der Zerobondkurse (σ_B^2) abgeleitet wird:[71]

$$(6.48)\quad \sigma^2 = \sigma_S^2 + \sigma_B^2 - 2\rho_{SB}\sigma_S\sigma_B$$

Unter Benutzung des Integrationstheorems von SMITH (1976) kann damit der Wert einer dividendengeschützten Europäischen Kaufoption berechnet werden. Es ergibt sich folgender Einfluß der Unsicherheit: Wenn die Zahlungen und die Zinssätze unkorreliert sind, erhöht sich die Varianz des Unternehmenswertes und der Optionswert steigt. Übersteigt der Korrelationskoeffizient zwischen Zahlungen und Zins einen definierten Grenzwert fällt der Unternehmenswert mit zunehmender Zinsunsicherheit und umgekehrt. Bei Put-Optionen sind die Zusammenhänge andersherum: Positive Korrelation erhöht den Optionswert, negative Korrelation senkt ihn.

Beispiel 6.5: Wir wollen MERTONS Modell nutzen, um die Wirkungen der kombinierten Unsicherheit an einem Zahlenbeispiel zu studieren. Der Aktienkurs S_0 betrage 100, der Basispreis der Put-Option 50, 100 oder 150 GE. Die Drift der Bonds entspricht 6,8%, die Standardabweichung 5,5%. Die Standardabweichung der Aktienkursänderungen ist 30% pro Periode. Die Laufzeit der Option beträgt 10 Perioden, deren Bewertung für Korrelationskoeffizienten von –1, 0 und +1 durchgeführt werden soll. Dazu sind im

71 Diese Darstellung gilt für den Spezialfall im Zeitablauf konstanter Varianzparameter. Im Modell von MERTON ist die Varianz der Bonds ebenfalls deterministisch, jedoch periodenspezifisch; ebenda (1973), S. 285.

ersten Schritt die Varianz σ und damit die Wahrscheinlichkeiten $N(-d_1)$ und $N(-d_2)$ zu berechnen:[72] $\sigma^2(\rho=-1)=0{,}3\times0{,}3+0{,}055\times0{,}055+2\times0{,}3\times0{,}055=0{,}126$

$$N(-d_1)=N\left(-\frac{\ln(100/50)+(0{,}068+0{,}126/2)\times10}{\sqrt{0{,}126\times10}}\right)=N(-1{,}7845)=0{,}037$$

$$N(-d_2)=N\left(-\frac{\ln(100/50)+(0{,}068-0{,}126/2)\times10}{\sqrt{0{,}126\times10}}\right)=N(-0{,}6619)=0{,}254$$

Der Wert des Puts ergibt sich damit zu

$$P_0=50\times\exp(-0{,}068\times10)\times0{,}254-100\times0{,}037=2{,}72\,.$$

Abbildung 6.3: Abweichungen der Optionswerte in Abhängigkeit vom Korrelationskoeffizienten S/X = 1,0

In Prozent

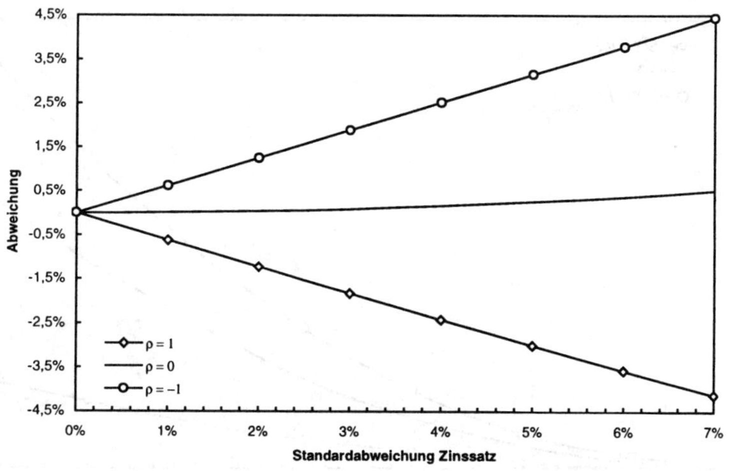

72 Die Parameter d_1 und d_2 haben negative Vorzeichen, da es sich um eine Put-Option handelt. Diese wird dem Beispiel zugrunde gelegt, weil es sich bei der im fünften Kapitel betrachten Liquidationsoption ebenfalls um eine solche handelt; vgl. (3.79).

Ohne Berücksichtigung der Zinsunsicherheit ergibt sich auf Basis des Standard-BSM-Modells ein Optionswert von 1,45 GE. Bezogen auf den korrekten Wert beträgt die Abweichung 46,5%.[73]

Der Abbildung 6.3 liegen mit einer Ausnahme die Daten des Beispiels zugrunde; der Ausübungskurs beträgt hier 100 GE (S/X =1,0).

Die Vernachlässigung der Zinsunsicherheit führt in diesem Beispiel also zur Unterschätzung des Optionswertes. Für den Zweck der Unternehmensbewertung ist aber nicht primär der Optionswert sondern die Summe aus dem Barwert der Zahlungen und dem Optionswert relevant. Es erscheint daher zur Einordnung der Größenordnung nicht unplausibel, die Abweichung auf den Gesamtwert zu beziehen. Diese so normierte Abweichung beträgt im Beispiel nur 1,24% = 101,45/102,72 – 1. In den folgenden Abbildungen sind jeweils die so berechneten Abweichungen für verschiedene Korrelationskoeffizienten und Basispreise dargestellt.

Abbildung 6.4: Abweichungen der Optionswerte in Abhängigkeit vom Basispreis

$\rho = 0$, in Prozent

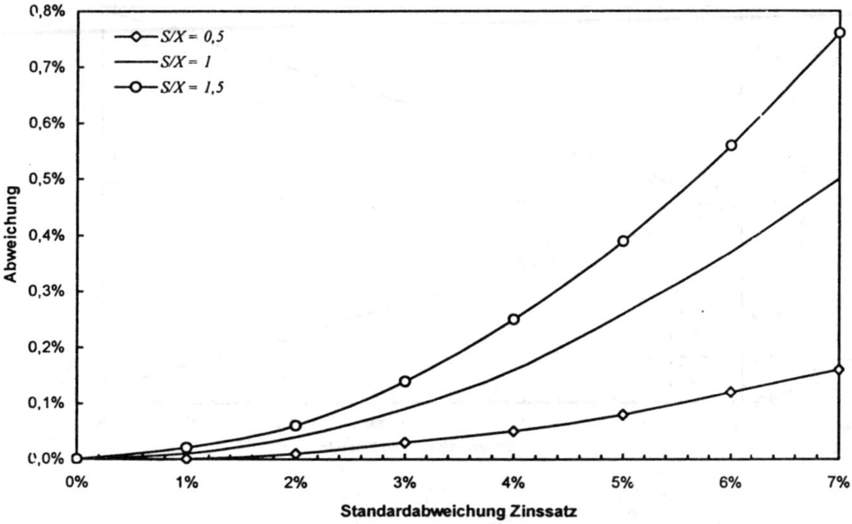

Die Abbildung 6.4 zeigt die normierten Abweichungen für $\rho = 0$ und $S/X = 0,5$; 1,0 und 1,5. Man sieht hier, daß die Abweichungen um so größer

73 Vgl. bezüglich der Größenordnung der Abweichungen auch RABINOVITCH, R. (1989), S. 454.

sind, je weiter die Option "im Geld" ist. Insgesamt betrachtet sind die relativen Abweichungen aber vergleichsweise klein, wobei diese freilich auch vom Ausgangswert S abhängen.

Wir kommen damit zu unserer letzten Prämisse, die den vorherigen Betrachtungen bereits zugrunde liegt.

Alternativanlageprämisse RF 2:

Die bewertungsrelevante Zahlung und der Zinssatz für nicht ausfallsbedrohte Anleihen sind unkorreliert. Die erwartete Standardabweichung des Zinses sei vernachlässigbar klein. Die Unternehmensbewertung wird damit so durchgeführt, als ob der risikolose Zins sicher sei.

5 Anwendungsbeispiel – Teil 6

Abschließend wird die Besteuerung der Anteilseigner sowie die aktuelle Kapitalmarktsituation (Januar 1998) in die Analyse einbezogen. Auf Basis der Besteuerungsprämisse wird zunächst der Wert der POLY AG berechnet, indem die Dividenden und der risikolose Zins um Einkommensteuer reduziert werden. Um die Effekte der verschiedenen Bewertungsprämissen voneinander trennen zu können, wird zunächst von fehlenden Liquidationsoptionen ausgegangen. Ausgangspunkt ist damit Teil 4 der Fallstudie. Die nächste Tabelle zeigt das Resultat:

Man erkennt den erheblichen Einfluß, den die Einkommensbesteuerung auf den Wert des Eigenkapitals ausübt. Je höher der Einkommensteuersatz, um so höher ist der Barwert der Dividenden. Dies liegt an der größeren Wachstumsrate der Dividenden im Gegensatz zu den konstanten Zahlungen der Alternativanlage in Form einer "Normalanleihe". Mit zunehmendem Einkommensteuersatz steigt der Wert der Kapitalveränderungen aber noch stärker als der Wert der Dividenden, weil die Kapitalerhöhungen und Kapitalherabsetzungen nicht mit Einkommensteuer belegt werden. Mit steigenden Einkommensteuersätzen fallen die Diskontierungsraten nach Einkommensteuer, so daß der Wert der steuerlich unberührten Kapitalveränderungen relativ stärker ansteigt. In Folge dessen fällt der Gesamtwert des Eigenkapitals mit zunehmendem Einkommensteuersatz.

Diese Berechnung ruht auf den Besteuerungsprämissen des Jahres 1998. Würde man bereits zu der Zeit die Steuerreform antizipieren, ergäben sich folgendende Resultate, die hier freilich nur „informativen“ Charakter haben.

Tabelle 6.4: Wert des Eigenkapitals in Abhängigkeit vom Steuersatz

Einkommen-steuersatz	Wert der Dividenden	Wert der Kapitalveränderungen	Gesamtwert des Eigenkapitals
0%	10.845 Mio. DM	6.104 Mio. DM	4.742 Mio. DM*
5	11.269	6.685	4.583
10	11.753	7.371	4.382
15	12.312	8.187	4.126
20	12.961	9.168	3.793
25	13.718	10.363	3.356
30	14.606	11.832	2.774
35	15.652	13.664	1.988
40	16.883	15.973	910

Tabelle 6.4a: Wert des Eigenkapitals in Abhängigkeit vom Steuersatz nach der Steuerreform

Einkommen-steuersatz	Barwert der Jahresüberschüsse	Verbleibende Dividende nach Thesaurierung	Gesamtwert des Eigenkapitals
0%	8.134 Mio. DM	2.030 Mio. DM	2.030 Mio. DM*
5	8.897	2.212	2.156
10	9.794	2.423	2.302
15	10.864	2.677	2.476
20	12.151	2.983	2.685
25	13.718	3.355	2.936
30	15.649	3.817	3.245
35	18.060	4.396	3.627
40	21.104	5.131	4.105

* Dies ist das aus Kapitel 4 bekannte Resultat.
* Dies ist das aus Kapitel 4 bekannte Resultat.

Der Tabelle 6.4a liegt folgende vereinfachende Überlegung zugrunde: Zunächst ist der Barwert der Jahresüberschüsse angegeben, die aus den Dividenden der Tabelle 6.4 aufgrund der dort gültigen Vollausschüttungshypothese durch Division durch (1 – Einkommensteuersatz) berechnet wurde. Der Barwert der Jahresüberschüsse (vor Abzug von Einkommensteuern) steigt, da die Diskontierungsrate mit zunehmendem Steuersatz fällt. Außerdem wurde die zusätzliche Körperschaftsteuer von 25 % berücksichtigt. Aus diesem Jahresüberschuß kann der Eigenkapitalbedarf entsprechend der Kapitalveränderungen in Tabelle 6.4 gedeckt werden. Tabelle 6.4a zeigt folglich die Restdividende, die nach Deckung des Eigenkapitalbedarfs ausgeschüttet werden kann. Diese ist nun noch mit dem halben Einkommensteuersatz zu belasten, um den Wert des Eigenkapitals (letzte Spalte in 6.4a) zu erhalten.[74]

Nach diesem Exkurs kehren wir nun zur eigentlichen Bewertung zurück: Im nächsten Schritt wird die im Januar 1998 von der Deutschen Bundesbank veröffentlichte Schätzung für die Zinsstruktur anstelle des angenommenen Zinssatzes von 6% benutzt. Abbildung 6.5 zeigt die Werte der Statistik (von $t = 0$ bis $t = 10$) sowie drei unterschiedliche Extrapolationsmodelle. Der Verlauf der Zinsstrukturkurve wird durch den Gewichtungsfaktor η und den Zinssatz bestimmt, gegen den die Kurve langfristig konvergieren soll. Die untere Kurve gilt für $\eta = 0$, was zur Verwendung des Zinssatzes $r_{f10} = 5{,}48\%$ auch für die Perioden ab $t = 11$ führt. Die obere Kurve unterstellt eine Konvergenz gegen den historischen, durchschnittlichen Zins von 6,8%,[75] wobei der Gewichtungsfaktor zu $\eta = 0{,}1$ angenommen wurde. Die mittlere Kurve resultiert unmittelbar aus den Vergangenheitsdaten und der Annahme des konvergierenden Renditeprozesses. Unter der Annahme, daß die Zinssätze aus der Bundesbankstatistik sicher sind, können entsprechend des im zweiten Kapitel (Abschnitt 3.1) besprochenen Regressionsansatzes die Parameter η und $\bar{r}_f$ geschätzt werden.

---

74 Darüber hinaus wäre zu prüfen, ob die auf Unternehmensebene bei Vollthesaurierung potentiell verfügbaren Überschüsse auf dem Weg des Aktienrückkaufs ggf. steuerfrei ausgekehrt werden können. Auf eine diesbezügliche Analyse wurde hier vereinfachend verzichtet.

75 Vgl. Tabelle 2.4.

Abbildung 6.3: Extrapolierte Zinsstrukturkurven

In Abhängigkeit von $(\eta, \bar{r}_f)$

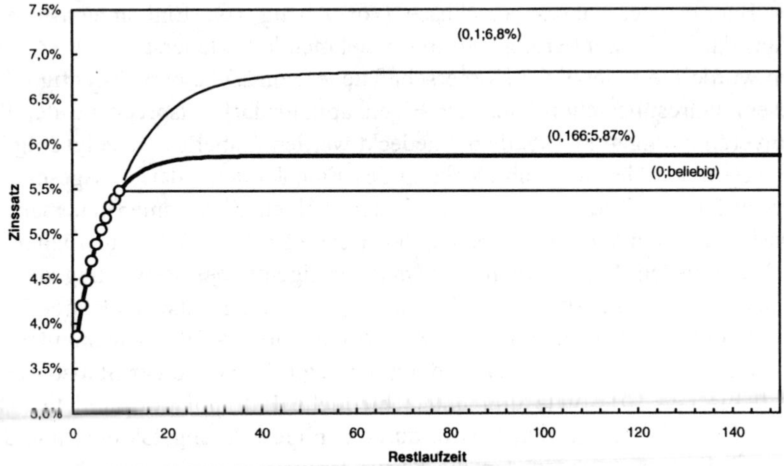

Dazu sind zunächst die Differenzen der Zinssätze zu berechnen, die im Rahmen einer multiplen Regression verarbeitet werden:

Tabelle 6.5: Daten für die Zinsregression

$t =$	r_{ft}	$r_{ft} - r_{ft\text{-}1}$	$r_{ft\text{-}1}$
1	3,86%		
2	4,20%	0,34%	3,86%
3	4,48%	0,28%	4,20%
4	4,70%	0,22%	4,48%
5	4,89%	0,19%	4,70%
6	5,05%	0,16%	4,89%
7	5,18%	0,13%	5,05%
8	5,30%	0,12%	5,18%
9	5,39%	0,09%	5,30%
10	5,48%	0,09%	5,39%

Die Regressionsgleichung bildet die Grundlage zur Schätzung der gesuchten Prozeßparamter:[76]

$$r_{ft+1} - r_{ft} = a + br_{ft} = 0\ 009735 - 0\ 16588 \times r_{ft}$$

$$-b \approx 0{,}166 \equiv \eta \quad \text{und} \quad -\frac{a}{b} = \frac{0{,}009735}{0{,}16588} \approx 5{,}87\% \equiv \bar{r}_f$$

Diese Parameter wurden benutzt, um die mittlere Kurve in Abbildung 6.5 zu berechnen.[77] Tabelle 6.6 zeigt die Implikation der Modelle auf den Unternehmenswert.

Tabelle 6.6: Wert des Eigenkapitals in Abhängigkeit von der Zinsstruktur

$(\eta, \bar{r}_f)$	Ansatz	Wert des Eigenkapitals vor Steuern	Wert des Eigenkapitals nach Steuern $s_p = 35\%$
(0,...)	Fortschreibung des letzten Zinssatzes	5.591 Mio. DM	2.383 Mio. DM
(0,1; 7%)	Konvergenz gegen historisches Zinsniveau	4.005	1.559
(0,166; 5,87%)	Aus Regression abgeleitet	5.020	**2.095**
$r_f = 6\%$	Annahme in den Teilen 1 – 4 der Fallstudie	4.742	1.988
$r_f = 5{,}87\%$	Modifizierte Annahme	4.922	**2.073** (Fehler 1,05%)

Das Resultat auf Basis der Regression mit $\eta = 0{,}166$ und $\bar{r}_f = 5{,}87\%$ erfordert die wenigsten zusätzlichen Annahmen und erscheint daher am wenigsten angreifbar. Der Unternehmenswert beträgt damit etwa 5 Mrd. DM vor Einkommensteuer und 2,1 Mrd. DM nach Abzug der Einkommensteuer ($s_p = 0{,}35$). Der Einfluß der Zinsstruktur ist dabei vergleichsweise gering. Rechnet man durchgehend mit dem einheitlichen Zinssatz von 5,87%, erhält man ei-

76 Vgl. (2.34) und (2.35)

77 Der Zinssatz von 6%, der in den Teilen 1 – 4 der Fallstudie benutzt wurde, stammt ebenfalls aus diesem Modell. Es handelt sich um den aufgerundeten Satz, gegen den das Modell auf Basis der Daten der Bundesbankstatistik konvergiert.

nen um 1,05% geringeren Wert. Für die folgenden Überlegungen wird hiervon ausgegangen.

Bei der Interpretation der Tabelle 6.6 ist zu beachten, daß nur der Diskontierungszins variiert wurde. Bei der risikoneutralen Bewertung auf Basis des Pseudorenditeprozesses wird der Zinssatz aber auch zur Modellierung der Wachstumsrate benutzt.[78] Berücksichtigt man diesen Wachstumseffekt, ergibt sich bei Verwendung eines Zinssatzes von 5,87% (anstelle von 6%) ein Unternehmenswert von 4.825 Mio. DM (anstelle von 4.922) vor Steuern bzw. 1.979 Mio. DM (anstelle von 2.073) nach Steuern.

Auf dieser Basis können nun auch die Optionswerte neu berechnet werden. Die abschließende Tabelle stellt insofern das Ergebnis der Bewertungen dar. Ich habe mich dabei auf die für den vorliegenden Fall bedeutenden Parameter, die Reinvestitionsquote und die Liquidationsquote, konzentriert.[79]

Tabelle 6.7: Unternehmenswert der POLY AG in Mio. DM

c_A / c_{EBDIT} =	$c_{LQ} = 0$	0,3	0,65
1,0	0	1.170	2.559
0,9	2.908	3.246	3.926#
0,8	8.705	8.741	8.888
0,7	14.465	14.473	14.500

Zunächst fällt ein möglicherweise als unbefriedigend empfundener Aspekt des Resultats auf: Der Unternehmenswert der POLY AG könnte zwischen 0 und 14,5 Mrd. DM liegen, und zwar in Abhängigkeit davon, wieviel für Reinvestitionen aufgewendet wird und wieviel davon im Fall einer Liquidation zurückgewonnen werden kann. Wer glaubt, Unternehmensbewertung sei eine präzise Angelegenheit, sieht sich spätestens jetzt eines Besseren belehrt.[80] Die positiven Aspekte sollten aber nicht übersehen werden:

78 Vgl. drittes Kapitel, Abschnitt 5.1.

79 Vgl. die empirischen Daten im zweiten Kapitel, Abschnitt 2.2; Hinsichtlich der Liquidationsquote handelt es sich um empirisch nicht belegte Annahmen.

\# Dieser Wert korrespondiert mit dem Unternehmenswert ohne Liquidationsoption von 1.979 Mio. DM.

80 Man vergegenwärtige sich den Standardfehler der Multiplikatoren-Bewertung aus dem ersten Teil der Fallstudie von 12,2 Mrd. DM.

- Die Reinvestitionsquote ist zumindest in nicht unbeträchtlichem Maße durch das Management steuerbar. Unternehmenswerte von mehr als 8 Mrd. DM erscheinen also nicht ausgeschlossen. Freilich bedeutet dies im vorliegenden Fall eine grundsätzliche Neuorientierung und Abkehr von der Investitionspolitik der Vergangenheit. Letztendlich kann die Annahme zur Reinvestitionsquote nur von denjenigen festgelegt werden, welche die zukünftige Unternehmenspolitik maßgeblich verantworten werden: Unternehmensbewertung ist subjektiv.
- Die Bewerter erhalten ein klares Signal, worauf es im vorliegenden Fall ankommt. Neben der Investitionsplanung sollte unbedingt der Liquidationswert ermittelt werden, um die Annahme zur Liquidationsquote abzustützen.[81] Letztlich entspricht die Einbringung der POLY AG in die POLYGOLD AG mit anschließendem Börsengang der Realisierung einer Ausstiegsoption durch den VICTORY Konzern. In der weit verbreiteten Ertragswert- oder DCF-Euphorie wird dies im allgemeinen übersehen. Ein großer Teil des Unternehmenswertes resultiert hier aus der Option der Kapitalgeber, die Veranstaltung bei unzureichender Performance abzubrechen: Die Handlungsoptionen der Kapitalgeber sind zu berücksichtigen.

Ein Rückblick auf den ersten Teil unserer Fallstudie erscheint abschließend angebracht. Der Anlageberater schätzte mittels Multiplikator einen Wert von 9,7 Mrd. DM, und die Wirtschaftsprüfer kamen auf 8,3 Mrd. DM. "Keine schlechten Schätzungen", könnte man meinen. Der Punkt ist aber ein anderer: Diese Werte lassen sich auf Basis der jeweils zugrunde liegenden Prämissen nicht begründen. Und darum geht es bei der Unternehmensbewertung: Formulierung weitestgehend widerspruchsfreier, potentialorientierter Prämissen hinsichtlich der zukünftigen operativen Performance, der Finanzierung, Ausschüttung und Fortführung des Unternehmens vor dem Hintergrund der Alternative "Kapitalmarkt".

Abschließend sei eine subjektive Einschätzung des Autors gestattet: Gegeben die Historie des Unternehmens darf eine grundsätzliche Neuausrichtung bezweifelt werden. Folglich sind signifikante Veränderungen bei der Marge und insbesondere beim Investitionsverhalten nicht sehr wahrscheinlich. Folglich würde der Autor zum Bewertungsstichtag für die POLY AG einen viel niedrigeren Wert ansetzen, etwa im Bereich von 2 – 4 Mrd. DM (anstelle von 8 Mrd. DM). Diese Einschätzung wird durch die tatsächliche Ent-

81 Gerade hierauf meinten die Verfasser des Bewertungsgutachtens verzichten zu können.

wicklung des Unternehmenswertes gestützt: Der Marktwert der POLYGOLD AG überstieg bis zum August 2000 *in Summe* selten die Marke von 5 Mrd. Euro. Die Geschichte scheint sich zu wiederholen – die Verschmelzung der POLYGOLD AG mit der HOPE AG steht unmittelbar bevor. Auf die Bewertungsgutachten darf mit Spannung gewartet werden – Zeitungsberichten zufolge soll darin ein Unternehmenswert für die POLYGOLD AG von 9,1 Mrd. Euro ausgewiesen werden.[82] Sollte das Management des VICTORY Konzerns an diese Bewertung glauben, möge es den ursprünglich intendierten IPO durchführen, um das Wertpotential zu realisieren. Ginge man hingegen davon aus, daß der Markt nicht bereit ist, diesen Preis zu akzeptieren, folgt daraus doch nur eins: Die Bewertung der Wirtschaftsprüfer führt ganz offensichtlich nicht zu einem potentiellen Marktpreis. Fraglich ist damit, was das Bewertungsergebnis dann darstellen mag.

---

82 Finincial Times Deutschland, 12. September 2000.

Anhang:
Risikoprämie nach Einkommensteuer

Die Herleitung und Diskussion der Risikoprämie unter Berücksichtigung von Einkommensteuern erfolgt hier in fünf Schritten. Zunächst wird aus der sicherheitsäquivalenten Formulierung des CAPM das E-CAPM nach BRENNAN hergeleitet. Dann wird die risikoneutrale Variante dargestellt, die mit den beiden zuvor präsentierten Bewertungsgleichungen äquivalent ist. Im dritten Schritt wird dann die Risikoprämie nach Einkommensteuer bestimmt. Im vierten Schritt wird der Kalkül vom einperiodigen Fall auf den Fall der ewigen Renten mit Wachstum übertragen. Die Grundlagen hierfür wurden im dritten Kapitel gelegt. Abschließend wird die Verbindung zum Ansatz von GÜNTHER hergestellt.

Vorbemerkung

Das multiplikative Zahlungs-Rendite-Modell wird benutzt, um die Zahlungen vor Steuern zu erzeugen:

$$D_{t+1} = D_t(1 + a + br_{Mt+1})$$

Die Zahlungen nach Steuern ergeben sich aus den Zahlungen vor Steuern abzüglich der Einkommensteuer, die Marktrendite ist um Einkommensteuern auf den Dividendenanteil zu reduzieren:

$$D_{s,t+1} = D_{t+1}(1 - s_p) \quad \text{und:} \quad r_{Ms,t+1} = r_{Mt+1} - \delta_M s_p$$

Damit ergibt sich folgender Bewertungsansatz:

1. Sicherheitsäquivalente CAPM-Variante mit Einkommensteuer

$$S_t = \frac{\mathrm{E}[D_{t+1}](1 - s_p) - \lambda_s \operatorname{cov}[D_{t+1}(1 - s_p), r_{Mt+1}]}{1 + r_f(1 - s_p)}$$

$$\Leftrightarrow S_t(1 + r_f(1 - s_p)) = \mathrm{E}[D_{t+1}] - \lambda_s S_t \operatorname{cov}[r_{t+1}, r_{Mt+1}]$$

mit: $S_t r_{t+1} = D_{t+1}(1 - s_p)$

$$\Leftrightarrow S_t(1+r_f(1-s_p))+\lambda_s S_t \operatorname{cov}[r_{t+1}, r_{Mt+1}] = \mathrm{E}[D_{t+1}](1-s_p)$$

$$\Leftrightarrow S_t\{1+r_f(1-s_p)+\lambda_s \operatorname{cov}[r_{t+1}, r_{Mt+1}]\} = \mathrm{E}[D_{t+1}]$$

$$\Leftrightarrow S_t = \frac{\mathrm{E}[D_{t+1}](1-s_p)}{1+r_f(1-s_p)+\lambda_s \operatorname{cov}[r_{t+1}, r_{Mt+1}]}$$

Mit $\lambda_s = (\bar{r}_M - \delta_M s_p - r_f(1-s_p))/\sigma_M^2$ und $\beta = \operatorname{cov}[r_{t+1}, r_{Mt+1}]/\sigma_M^2$ folgt das Einkommensteuer-CAPM nach BRENNAN für den Fall steuerfreier Kapitalgewinne.

$$S_t = \frac{\mathrm{E}[D_{t+1}](1-s_p)}{1+r_f(1-s_p)+\beta(\bar{r}_M - \delta_M s_p - r_f(1-s_p))}$$

2. Risikoneutrale CAPM-Variante mit Einkommensteuer

Der dazu äquivalente Kalkül der risikoneutralen Bewertung läßt sich wie folgt herleiten:

$$S_t = \frac{D_t(1+a+b\bar{r}_M)(1-s_p) - \lambda_s \operatorname{cov}[D_t b(1-s_p) r_{Mt+1}, r_{Mt+1}]}{1+r_f(1-s_p)}$$

$$\Leftrightarrow S_t = \frac{D_t(1+a+b\bar{r}_M)(1-s_p) - \lambda_s D_t b(1-s_p)\sigma_M^2}{1+r_f(1-s_p)}$$

$$\Leftrightarrow S_t = \frac{D_t(1-s_p)(1+a+b(\delta_M s_p + r_f(1-s_p))}{1+r_f(1-s_p)}$$

$$\Leftrightarrow S_t = \frac{D_t(1-s_p)(1+\alpha_s^*)}{1+r_f(1-s_p)} \quad \text{mit: } \alpha_s^* = a+b(\delta_M s_p + r_f(1-s_p))$$

3. Risikoprämie nach Einkommensteuer im Einperiodenfall

Die Risikoprämie nach Steuern erhält man, indem man die risikoneutrale Variante des CAPM mit der CAPM-Variante mit Risikozuschlag gleichsetzt:

$$S_t = \frac{D_t(1-s_p)(1+a+b(\delta_M s_p + r_f(1-s_p))}{1+r_f(1-s_p)} = \frac{D_t(1-s_p)(1+a+b\bar{r}_M)}{1+r_f(1-s_p)+\pi_s}$$

$$\Rightarrow \frac{1+r_f(1-s_p)+\pi_s}{1+r_f(1-s_p)} = \frac{1+a+b\bar{r}_M}{1+a+b(\delta_M s_p + r_f(1-s_p)}$$

$$\Leftrightarrow 1+r_f(1-s_p)+\pi_s = (1+r_f(1-s_p))\frac{1+a+b\bar{r}_M}{1+a+b(\delta_M s_p + r_f(1-s_p)}$$

$$\Leftrightarrow \pi_s = (1+r_f(1-s_p))\left(\frac{1+a+b\bar{r}_M}{1+a+b(\delta_M s_p + r_f(1-s_p)} - 1\right)$$

$$\Leftrightarrow \pi_s = (1+r_f(1-s_p))\frac{(1+a+b\bar{r}_M) - \left(1+a+b(\delta_M s_p + r_f(1-s_p))\right)}{1+a+b(\delta_M s_p + r_f(1-s_p))}$$

$$\Leftrightarrow \pi_s = (1+r_f(1-s_p))\frac{(1+\alpha)-(1+\alpha_s^*)}{1+\alpha_s^*} = (1+r_f(1-s_p))\frac{\alpha-\alpha_s^*}{1+\alpha_s^*}$$

4. Risikoprämie nach Einkommensteuer im Fall der ewigen Renten mit Wachstum

Im Fall der ewigen Rente mit Wachstum gilt folgende Identität:

$$S_0 = \frac{D_0(1+\alpha_s^*)(1-s_p)}{r_f(1-s_p)-\alpha_s^*} = \frac{D_0(1+\alpha)(1-s_p)}{r_f(1-s_p)+\pi_s-\alpha}$$

$$\Rightarrow \frac{r_f(1-s_p)+\pi_s-\alpha}{r_f(1-s_p)-\alpha_s^*} = \frac{1+\alpha}{1+\alpha_s^*}$$

$$\Leftrightarrow \frac{1+\alpha}{1+\alpha_s^*}r_f(1-s_p) - \frac{1+\alpha}{1+\alpha_s^*}\alpha_s^* = r_f(1-s_p)+\pi_s-\alpha$$

$$\Leftrightarrow \frac{1+\alpha}{1+\alpha_s^*}r_f(1-s_p) - \frac{\alpha_s^*}{1+\alpha_s^*} - \frac{\alpha_s^*\alpha}{1+\alpha_s^*} + \alpha - r_f(1-s_p) = \pi_s$$

$$\Leftrightarrow \frac{1+\alpha}{1+\alpha_s^*} r_f(1-s_p) - \frac{\alpha_s^*}{1+\alpha_s^*} - \frac{\alpha_s^*\alpha}{1+\alpha_s^*} + \alpha\frac{1+\alpha_s^*}{1+\alpha_s^*} - r_f(1-s_p) = \pi_s$$

$$\Leftrightarrow \frac{1+\alpha}{1+\alpha_s^*} r_f(1-s_p) - \frac{\alpha_s^*}{1+\alpha_s^*} - \frac{\alpha_s^*\alpha}{1+\alpha_s^*} + \frac{\alpha}{1+\alpha_s^*} + \frac{\alpha\alpha_s^*}{1+\alpha_s^*} - r_f(1-s_p) = \pi_s$$

$$\Leftrightarrow r_f(1-s_p)\left(\frac{1+\alpha}{1+\alpha_s^*} - 1\right) + \frac{\alpha-\alpha_s^*}{1+\alpha_s^*} = \pi_s$$

$$\Leftrightarrow r_f(1-s_p)\frac{\alpha-\alpha_s^*}{1+\alpha_s^*} + \frac{\alpha-\alpha_s^*}{1+\alpha_s^*} = \pi_s$$

$$\Leftrightarrow (1+r_f(1-s_p))\frac{\alpha-\alpha_s^*}{1+\alpha_s^*} = \pi_s$$

5. Zusammenhang zum Ansatz von GÜNTHER:

Im Fall von $s_p = 0$ beträgt die Risikoprämie

$$\pi = (1+r_f)\frac{\alpha-\alpha^*}{1+\alpha^*} \quad \text{mit:} \quad \begin{matrix}\alpha = a + b\bar{r}_M \\ \alpha^* = a + br_f\end{matrix}.$$

Gilt $\alpha^* = \alpha_s^*$, läßt sich folgende Beziehung zwischen der Risikoprämie vor und nach Steuern herstellen:

$$\pi_s = \frac{1+r_f(1-s_p)}{1+r_f}\pi$$

$\alpha^* = \alpha_s^*$ läßt sich unter den gesetzten Prämissen aber nur dann begründen, wenn $\delta_M = r_f$ und damit $\lambda_s = \lambda$ gilt:

$$\alpha_s^* = a + b(\delta_M s_p + r_f(1-s_p)) \quad \text{und} \quad \lambda_s = \frac{\bar{r}_M - \delta_M s_p - r_f(1-s_p)}{\sigma_M^2}$$

mit $\delta_M = r_f$ gilt:

$$\alpha_s^* = a + b(r_f s_p + r_f(1-s_p)) \quad \text{und} \quad \lambda_s = \frac{\bar{r}_M - r_f s_p - r_f(1-s_p)}{\sigma_M^2}$$

$$\Leftrightarrow \alpha_s^* = a + br_f = \alpha^* \qquad \Leftrightarrow \lambda_s = \frac{\bar{r}_M - r_f}{\sigma_M^2} = \lambda$$

Literatur

Ballwieser, W. (1990), siehe erstes Kapitel.

Ballwieser, W. (1995), Unternehmensbewertung und Steuern, in: Elschen/ Siegel/Wagner, Unternehmenstheorie und Besteuerung, Festschrift D. Schneider, Wiesbaden, S. 15 - 37.

Ballwieser, W. (1997), Kalkulationszinsfuß und Steuern, in: DB, 37. Jg., S. 2393 – 2396.

Baxter, M./Rennie, A. (1997), siehe zweites Kapitel.

Black, F. (1995), Interest Rates as Options, in: JoF, Vol. L, S. 1371 – 1376.

Born, K. (1995), siehe erstes Kapitel.

Brennan, M. J. (1970), Taxes, Market Valuation and Corporate Financial Policy, in: National Tax Journal, Vol. 23, S. 417 – 427.

Brennan, M. J. (1997), The Term Structure of Discount Rates, in: FM, Vol. 26, S. 81 – 90.

Campbell, J./Lo, A./MacKinlay, C. (1997), siehe erstes Kapitel.

Constantinides, G. (1983), Capital Market Equilibrium with Personal Tax, in: Econometrica, Vol. 51, S. 611 – 636.

Copeland, T./Koller, T./Murrin, J. (1998), siehe erstes Kapitel.

Cox, J./Ingersoll, J./Ross, S. (1985), A Theory of the Term Structure of Interest Rates, in: Econometrica, Vol. 53, S. 385 – 407.

Deutsche Bundesbank (1998), Kapitalmarktstatistik Januar 1998, Statistisches Beiheft zum Monatsbericht 2, Frankfurt.

Dirrigl, H. (1988), Die Bewertung von Beteiligungen an Kapitalgesellschaften, Betriebswirtschaftliche Methoden und steuerlicher Einfluß, Hamburg.

Dirrigl, H./Schaum, W. (1989), Ausschüttungsplanung nach der Steuerreform 1990, in: ZfB, 59. Jg., S. 291 – 309.

Drukarczyk, J./Richter, F. (1995), siehe erstes Kapitel.

Drukarczyk, J./Schwetzler, B. (1998), siehe erstes Kapitel.

Günther, R. (1998), Unternehmensbewertung: Kapitalisierungszinssatz nach Einkommensteuer bei Risiko und Wachstum im Phasenmodell, in: BB, S. 1834 – 1842.

Hachmeister, D. (1996), siehe erstes Kapitel.

Hawlitzky, H. (1998), Kapitalmarktorientierte Bewertung von Finanzierungstiteln unter besonderer Berücksichtigung der Besteuerung auf Anlegerebene, Frankfurt/Main.

IdW (1992), siehe viertes Kapitel bzw. (1998), siehe erstes Kapitel.

Ingersoll, J. E. (1987), siehe zweites Kapitel.

Ingersoll, J./Ross, S. (1992), Wainting to Invest: Investment and Unvertainty, JoB, Vol. 65, S. 1 – 29.

Krawitz, N. (1996), Die einkommensteuerliche Abgrenzung gewinnunabhängiger Erträge bei innovativen Wertpapieren des Privatvermögens, Teil I in: DStR, 34. Jg., S. 1265 – 1272, Teil II, S. 1310 – 1317.

Kromschröder, B. (1979), Unternehmensbewertung und Risiko, Berlin.

Kruschwitz, L. (1999), Finanzierung und Investition, 2. Auflage, München.

Kruschwitz, L./Löffler, A. (1998), siehe erstes Kapitel, (1998b).

Leuthier, R. (1988), Zur Berücksichtigung der Besteuerung bei der Unternehmensbewertung, in: BFuP, S. 505 – 521.

Litzenberger, R.H./Ramaswamy, K. (1979), The Effect of Personal Taxes and Dividends on Capital Asset Prices, in: JoFE, Vol. 7, S. 163 – 195.

Mandl/Rabel (1997), siehe erstes Kapitel.

MATSCHKE, M. J. (1979), siehe erstes Kapitel.
MCDONALD, R./SIEGEL, D. (1986), The Value of Waiting to Invest, in: Quarterly Journal of Economics, Vol. 101, S. 707 – 727.
MERTON, R. C. (1973), Theory of Rational Option Pricing, in: Continuous-Time Finance (1993), Massachusetts, Kapitel 8.
MOXTER, A. (1983), siehe erstes Kapitel.
OLLMANN, M./RICHTER, F. (1999), Kapitalmarktorientierte Unternehmensbewertung und Einkommensteuer, Eine deutsche Perspektive im Kontext internationaler Praxis, in: Unternehmenspolitik und internationale Besteuerung, Festschrift L. Fischer, Münster.
OSSADNIK, W. (1992), Unternehmensbewertung und Besteuerungswirkung, in: WiSt, S. 633 – 636.
RABINOVITCH, R. (1989), Pricing Stock and Bond Options when the Default-Free Rate is Stochastic, in: JoFQA, Vol. 24, S. 447 – 457.
RICHTER, F. (1996), Die Finanzierungsprämissen des Entity-Ansatzes vor dem Hintergrund des APV-Ansatzes zur Bestimmung von Unternehmenswerten, in: zfbf, 48. Jg., S. 1076 – 1097.
ROLFES, B. (1992), Moderne Investitionsrechnung, München, S. 172 – 179.
ROSS, S. A. (1987), Arbitrage and Martingales with Taxation, in: JoPE, Vol. 95, S. 371 – 393.
ROSS, S. A. (1995), siehe drittes Kapitel.
SCHÜLER, A. (1998), siehe erstes Kapitel.
SCHWETZLER, B. (1996), Zinsänderungsrisiko und Unternehmensbewertung: Das Basiszinsfuß-Problem bei der Ertragswertermittlung, in: ZfB, 66. Jg., S. 1081 – 1102.
SCHWETZLER, B. (1998), siehe erstes Kapitel.
SICK, G. A. (1990), Tax-Adjusted Discount Rates, in: Management Science, Vol. 36, S. 1432 – 1450.
SIEPE, G. (1997a), siehe erstes Kapitel (1997).
SIEPE, G. (1997b), Die Berücksichtigung der Ertragsteuern bei der Unternehmensbewertung Teil II), in: Wpg, 50. Jg., S. 37 – 44.
SIEPE, G. (1998), siehe erstes Kapitel.
SMITH, C. W. (1976), siehe viertes Kapitel.
WAGNER, F./DIRRIGL, H. (1981), Der Einfluß der Körperschaftsteuer auf den Unternehmenswert, in: BFuP, S. 130 – 145.
WAGNER, F./WANGLER, C. (1992), Kombizins-Anleihen – Eine Finanzinnovation als Steuersparmodell? in: DB, 45. Jg., S. 2405 - 2409.

Siebtes Kapitel
Zusammenfassung und Diskussion

Der Unternehmenswert aus Sicht der Eigentümer ergibt sich aus den zukünftigen Erfolgserwartungen (= Zahlungserwartungen) im Vergleich zu den zukünftigen Erfolgserwartungen bezüglich der alternativen Investitionsgelegenheit am Kapitalmarkt. Dies ist der Kern des Paradigmas, welches der kapitalmarktorientierten Unternehmensbewertung zugrunde liegt. Die Schwierigkeit besteht weniger in der logischen Begründung, sondern vielmehr in der praktischen Umsetzung. Diesbezüglich bestehen Freiheitsgrade und folglich ist nicht zu erwarten, daß sich in Wissenschaft und Praxis ein uniformes, tiefenscharfes Bild von der "richtigen" Unternehmensbewertung entwickeln wird. Die vorliegende Arbeit spiegelt eine praxisbezogene Sicht wider, die aus dem Ziel resultierte, Unvollkommenheiten bestehender bzw. veröffentlichter Ansätze zu überwinden. Vor dem Hintergrund konkreter Bewertungsprobleme konnten Verbesserungsvorschläge in wesentlichen bewertungsrelevanten Dimensionen formuliert werden, angefangen von der Prognose von Zahlungen und Alternativrenditen unter Unsicherheit über die Berücksichtigung institutioneller Normen wie Rechnungslegung, Besteuerung, Insolvenz, die Abbildung von Handlungsoptionen im Finanzbereich des Unternehmens bis hin zu einzelnen Details wie der Definition des risikolosen Zinses.

Das Problem der Bewertung ganzer Unternehmen ist kompliziert, und der nachvollziehbare Wunsch nach einfachen "do-it-yourself-Methoden", die man "on the back of an envelope" anwenden kann, läßt sich nicht immer erfüllen. Diese vereinfachenden ("quick & dirty") Ansätze gibt es zwar, etwa in Gestalt des Modells der ewigen Rente mit Wachstum oder in der Anwendung der Ertragswertmethode, wie sie im Rahmen der Fallstudie präsentiert wurde. Diesen Vereinfachungen liegen aber implizite Bewertungsprämissen zugrunde, die man in Kenntnis derselben verwerfen würde, weil man weiß, daß diese zu fragwürdigen Bewertungsresultaten führen. Es gehört zur Verantwortung des professionellen Managers, die dem Problem adäquate Lösungstechnik einzusetzen. In anderen Bereichen, etwa im Ingenieurwesen, scheinen wissenschaftliche Erkenntnisse – z.B. die Finite-Elemente-Methoden – viel schneller den Weg in die Praxis zu finden. Für den Bereich der Unternehmensbewertung ist dies ebenfalls zu wünschen; in jedem Fall sollten folgende "Lösungsansätze" und Anwendungsvorschläge verworfen werden:

- Erfolgsprognosen für kurze Zeiträume, ohne konsistente Planbilanz mit Gewinn- und Verlustrechnung, ohne Prüfung auf realwirtschaftliche Realisierbarkeit, Finanzierbarkeit und Ausschüttungsfähigkeit von Zahlungsüberschüssen.
- Eindimensionale Erfolgsprognosen, ohne Darstellung der Erfolgsverteilungen und damit des Ausmaßes der Unsicherheit.
- Das statische CAPM (oder andere Modelle) mit im Zeitablauf konstanten Risikozuschlägen zur Bewertung mehrperiodiger Zahlungen mit variablen Wachstumsraten.
- Berücksichtigung sicherer Vorteile aus anteiliger Fremdfinanzierung, ohne Insolvenzrisiken und die Rechte der Gläubiger einzubeziehen.
- Ignorieren der Haftungsbeschränkung der Eigentümer von Aktiengesellschaften oder Vernachlässigen der Liquidationsoption des Managements bei nachhaltiger Underperformance.

Die in dieser Arbeit vorgeschlagene Bewertungsmethodik ruht auf dem Prinzip des relativen Vorteilhaftigkeitsvergleichs und ist konsistent mit dem Prinzip arbitragefreier Märkte, dem mehrperiodigen CAPM und der Optionspreistheorie. Zentral für die Anwendung des Prinzips ist die Konstruktion eines linearen Zusammenhangs zwischen der bewertungsrelevanten Zahlung (bzw. deren Wachstumsrate) und der Rendite einer Alternativinvestition (z.B. ein Aktienindex). Gelingt es, diesen Zusammenhang herzustellen, kann eine verbundene Prognose der Zahlungen und Alternativrenditen erfolgen. Die Transformation in die risikoneutrale Welt erfolgt, indem der Erwartungswert der Alternativrendite durch den risikolosen Zins ersetzt wird. Im Ergebnis erhält man risikobereinigte Zahlungen ("Sicherheitsäquivalente"), die mit dem risikolosen Zins zu diskontieren sind.

- Grundlegend für die zukunftsgerichtete Unternehmensbewertung unter Unsicherheit ist die Spezifikation des Modells der Unsicherheit. Diesbezüglich wurden einfache Modelle entwickelt. Insbesondere das multiplikative Zahlungsmodell und der einfache sowie der konvergierende Renditeprozeß wurden benutzt.
- Zur Ableitung der sicherheitsäquivalenten Zahlungen empfiehlt es sich, die gesamte Erfolgsplanung in die risikoneutrale Welt zu überführen. Dazu wurde zunächst die Aktienmarktrendite mit dem Pseudoprozeß modelliert, der zu einer erwarteten Rendite in Höhe des risikolosen Zinses führt, die Marktrisikoprämie also ausblendet.

- Aus der Entwicklung der (risikoneutralisierten) Aktienmarktrendite lassen sich die Umsatzerlöse des zu bewertenden Unternehmens ableiten, wenn in der Vergangenheit ein linearer Zusammenhang zwischen den Wachstumsraten der Umsatzerlöse und den Aktienmarktrenditen bestanden hat und dieser auch zukünftig gilt. Dies ist ein kritischer Punkt, der sich nicht immer realisieren läßt bzw. nicht immer zutreffen dürfte. Das spricht prinzipiell nicht gegen den Ansatz, sondern zeigt nur, daß der relative Vorteilhaftigkeitsvergleich, der immer von linearen Beziehungen zwischen den Zahlungen des Bewertungsobjektes und denen der Alternativinvestition ausgeht, schwierig umzusetzen ist.
- Aus den risikoneutralisierten Umsatzerlösen lassen sich auf Basis vereinfachender Annahmen über die Entwicklung von Margen, Reinvestitions- und Abschreibungsquoten vereinfachte, aber konsistente Planbilanzen mit Gewinn- und Verlustrechnungen entwickeln. Diese sind Ausgangsbasis für die Ableitung der bewertungsrelevanten Zahlung.
- Die stochastische Finanzsimulation unter Risikoneutralität hat sich als vergleichsweise leistungsfähig erwiesen. Die darauf aufbauende Bewertung ist frei von den einschränkenden Prämissen der Risikozuschlagsmethode und überwindet die faktische Unbestimmtheit der auf Risikonutzenfunktionen basierenden Kalküle. Das Problem der Schätzung der Eigenkapitalkosten bei reiner Eigenfinanzierung wird gelöst und die (impliziten) zeitvariablen Betafaktoren folgen der Risikostruktur der zukünftigen Zahlungen, ganz ohne dazu auf Umrechnungsformeln zurückzugreifen, die nur in seltenen Spezialfällen gültig sind.

Das Prinzip der risikoneutralen Bewertung ermöglicht auch den Einbezug von Handlungsoptionen. Diesbezüglich wurde die Liquidationsoption der Eigentümer bzw. der Gläubiger bewertet. Aufgrund der Komplexität der Bewertung dieser Option - es handelt sich um einen Amerikanischen Put mit unsicherem Ausübungskurs - wurde ein einfacher, approximativer Algorithmus verwendet. Dieser führt zu zulässigen Liquidationsstrategien, da nur die den Entscheidungsträgern jeweils verfügbare Information verarbeitet wird. Diese Strategien dominieren die sofortige Liquidation am Bewertungsstichtag, sie können aber aufgrund der Vereinfachungen nicht als optimal bezeichnet werden.

Bei der Beurteilung der Bewertungsresultate sollten die zugrundeliegenden Prämissen beachtet werden:

- Die intellektuelle Basis ist die neoklassische Finanzierungstheorie, die ihre Kraft vor allem aus der Annahme arbitragefreier Märkte schöpft. Die Zweifel an der Realitätsnähe dieser Annahme sind teilweise berechtigt.

Wir können jedoch nur ganz wenige, nützliche Aussagen über den potentiellen Marktpreis von Unternehmen formulieren, wenn diese Annahme verworfen wird.

- Die Aussagen von MODIGLIANI und MILLER und des CAPM sind in dem hier verwendeten Ansatz enthalten. Diese Aussagen, z.B. zum Vorteil der anteiligen Fremdfinanzierung, lassen sich empirisch nicht immer bestätigen: "*Our test thus produce no indication that debt has net tax benefits*".[1] Indem die Modelle konzeptionell erweitert wurden (etwa um Aspekte des Optionspreismodells von BLACK, SCHOLES und MERTON), und indem sie an institutionelle Rahmenbedingungen der Rechnungslegung, Besteuerung *und* des Insolvenzrechts anpaßt wurden, ließen sich Resultate erzielen, die mit empirischen Beobachtungen durchaus verträglich sind. In unserer Fallstudie fanden wir, daß sich der Wert der POLY AG durch zunehmende Fremdfinanzierung nur unwesentlich steigern ließ, der Steuervorteil also nicht signifikant ausfiel.
- Bei der kapitalmarktorientierten Bewertung kommt man nicht umhin, die Erwartungen der Anleger zu konkretisieren. Diesbezüglich wurden mehrere vereinfachende Annahmen getroffen. Es wurde von einem repräsentativen Anleger ausgegangen, der die operative Performance des Unternehmens unter Berücksichtigung einiger Branchencharakteristika wie Margen- und Investitionszyklen im Zusammenhang mit der Entwicklung des Aktienmarktes extrapoliert. Dies geschah primär aus Gründen mangelnder Information über operative Wertpotentiale. Hinsichtlich der finanzwirtschaftlichen Wertpotentiale wurden Finanzierungs- und Ausschüttungsstrategien formuliert, die mit hoher Wahrscheinlichkeit realisiert werden können und die nicht durch einfache Alternativstrategien dominiert werden.
  - Liegen keine Verlustvorträge vor, war die Vollausschüttungshypothese eine brauchbare Prämisse, sofern der Grenzeinkommensteuersatz des repräsentativen Anlegers unter dem Körperschaftsteuersatz auf thesaurierte Gewinne lag. Dies hat sich aufgrund der Steuerreform grundsätzlich geändert; Thesaurierungen zur Deckung des Eigenkapitalbedarfs gewinnen an Bedeutung.
  - Die Ausschüttungshypothese ist zu ergänzen um Prämissen bezüglich der Deckung von Finanzmitteldefiziten sowie der Verwendung von Finanzmittelüberschüssen. Es wurden die Prämissen dargelegt, die

---

[1] FAMA, E./FRENCH, K. (1998), Taxes, Financing Decisions, and Firm Value, in: JoF, Vol. 53, S. 819 – 843; hier: S. 841.

erfüllt sein müssen, um Ausschüttungssperren über Kapitalherabsetzungen via Aktienrückkauf zu umgehen. Trotz bislang erst unvollständig geklärter steuerlicher Detailfragen, erscheint die generelle Annahme unüberwindlicher Ausschüttungssperren nicht angebracht. Die Realisierbarkeit der residualen Ausschüttungspolitik hat sich durch die Steuerreform jedoch nicht erhöht.

– Hinsichtlich der anteiligen Fremdfinanzierung wurden "optimale" Strategien zugrunde gelegt, die den Unternehmensgesamtwert, d.h. die Summe der zustandsbedingten Ansprüche von Eigentümern und Gläubigern, unter Berücksichtigung unsicherer Steuervorteile, der bilanziellen Verschuldungskapazität sowie Insolvenzrisiken maximieren. Dabei gelang die Verknüpfung der Finanzierungseffekte mit operativen Parametern wie Zyklizität und Profitabilität. Die Quantifizierung der Kosten der Insolvenz ist jedoch mit empirischen Schwierigkeiten verbunden.
– Die unbedingte Fortführung des ewigen Unternehmens ist keine geeignete Annahme, wenn die zukünftige Performance desselben mit Unsicherheit behaftet ist. Eigentümer sind nicht verpflichtet, Mittel in unbegrenzter Höhe nachzuschießen. Gerät die Gesellschaft in Insolvenz, gehen die Verfügungsrechte auf die Gläubiger über. Auch sie werden bei nachhaltiger Underperformance den Mittelzufluß beschränken. Die Liquidationsoption sollte deshalb bei der Unternehmensbewertung stets berücksichtigt werden. Die Schätzung von Liquidationserlösen stellt ein konzeptionell einfaches, praktisch aber schwierig zu lösendes Problem dar. Hier besteht Bedarf an empirischer Forschung.

• Neben den Erwartungen des repräsentativen Anlegers über den Erfolg des zu bewertenden Unternehmens sind Annahmen über bestimmte Entscheidungsparameter zu treffen. Neben der Annahme vollständig diversifizierter Portefeuilles wurden insbesondere die Einkommensteuer und die Annahme bezüglich der Renditestruktur risikoloser Alternativinvestitionen diskutiert:
  – Die Einkommensbesteuerung des repräsentativen Anlegers läßt sich schwer konkretisieren. Da Alternativinvestitionen, die genauso wie das zu bewertende Unternehmen besteuert werden, am Markt oft nicht identifiziert werden können, muß in der Regel auf nicht direkt vergleichbare Wertpapiere zurückgegriffen werden. Die Unterschiede in der steuerlichen Belastung des Erfolgsstroms aus dem Unternehmen im Vergleich zur Alternativinvestition begründen die Relevanz

der Einkommensteuer für die Unternehmensbewertung. Man kommt um die Schätzung eines durchschnittlichen Grenzsteuersatzes dann nicht umhin.

– Zur Schätzung der Rendite alternativer risikoloser Anlagen wurde der Literatur folgend auf die Bundesbank-Statistik zurückgegriffen. Erweiternd wird vorgeschlagen, das langfristige Zinsniveau aus der Zinsstrukturkurve abzuleiten und diesen Satz für die Unternehmensbewertung zugrunde zu legen. Die Zinsunsicherheit dürfte auf den Unternehmenswert einen vergleichsweise kleinen Einfluß haben. Aufgrund von Varianzeffekten werden die Optionswerte hingegen stärker berührt.

Der Praxisbezug des Bewertungsansatzes wurde durch eine auf realen, öffentlich verfügbaren Daten ruhende Fallstudie unterstrichen.

- Die operative Performance wurde auf Basis einer verbundenen Prognose von Marktrendite und Umsatzwachstumsraten sowie eines einfachen Margenzyklusmodells extrapoliert. Dies bildete die Grundlage zur Analyse der Handlungsoptionen im finanzwirtschaftlichen Bereich.
- Bei Ausblendung von Insolvenzrisiken zeigte sich ein relativer Vorteil aus anteiliger Fremdfinanzierung, der mit zunehmender Profitabilität und abnehmender Zyklizität anstieg. Der Grenzsteuersatz – als maximaler relativer Finanzierungsvorteil – wurde aufgrund der Unsicherheit über zukünftige Bemessungsgrundlagen und teilweise ungenutzter Verlustvorträge nicht erreicht.
- Insolvenzrisiken und die damit verbundenen (erwarteten) Kosten der Insolvenz kompensierten im betrachteten Fall die steuerlichen Vorteile aus anteiliger Fremdfinanzierung. Für die Finanzierungspolitik blieb hier kaum Spielraum, der zur Wertsteigerung genutzt werden konnte.
- Aufgrund des im Vergleich zum Zahlungsüberschuß sehr hohen Investitionsbedarfs kam im vorliegenden Fall der Liquidationsoption eine große Bedeutung zu. Ohne diese Option, d.h. auf Basis von DCF- oder Ertragswertverfahren, ergaben sich negative Unternehmenswerte. Berücksichtigte man die Liquidationsoption, wurde die beschränkte Haftung der Eigentümer korrekt abgebildet und damit ein ernsthaft vertretbarer Wert dargestellt.
- Die Einkommensbesteuerung der Anleger beeinflusste den Unternehmenswert erheblich. Dies lag u.a. am vergleichsweise hohen Kapitalbedarf, den die Eigentümer für das Investitionsprogramm aus versteuertem Einkommen leisten müßten.

- Auf die Abbildung der Zinsstruktur konnte verzichtet werden; der Einfluß auf das Bewertungsergebnis war gering.
- Der Planungshorizont wurde auf 150 Jahre festgelegt. Dies mag vordergründig betrachtet als etwas überzogen oder waghalsig eingeschätzt werden. Damit konnte jedoch auf das obskure Rentenmodell verzichtet werden, das zum Beispiel den Industriezyklus nicht abbilden kann und konstante Wachstumsraten bis in alle Ewigkeit unterstellt. Für die entfernteren Perioden wurden freilich keine eigenständigen Planungsprämissen formuliert. Die Simulation wurde fortgesetzt, so daß sich Strukturbrüche beim Übergang von der Detailplanungsperiode in die Endwertperiode vermieden ließen.

Neben den methodischen Aspekten bildete die Formulierung von Bewertungsprämissen den Kern der Arbeit. Diesbezüglich lassen sich drei Bereiche unterscheiden: Operative Bewertungsprämissen, finanzwirtschaftliche Bewertungsprämissen und Prämissen hinsichtlich des repräsentativen Anlegers. Zur Bewertung der POLY AG lassen sich diese Prämissen, die zu einem Unternehmenswert von ca. 3,9 Mrd. DM führten, wie folgt zusammenfassen:

A. Operative Bewertungsprämissen

Parameter	Durchschnitt großer Industrieunternehmen (historisch; siehe zweites Kapitel)	POLY AG (Prognose)
Umsatzwachstum (α_u)	6,9%	4,1%
Investitionsquote (c_A)	7,6%	9,5%
Abschreibungsquote (c_{Dep})	14,9%	15,7%
Working Capital-Quote (c_W)	29,1%	9,9%
Rückstellungsquote (c_R)	30,0%	35,0%
EBDIT-Quote (c_{EBDIT})	8,1%	10,6% (Zyklus)

In den einzelnen Teilen der Fallstudie befinden sich Sensitivitätsanalysen zu den Bewertungsprämissen, auf deren Basis die Bandbreite des potentiellen Marktpreises abgesteckt werden kann.

B. Finanzwirtschaftliche Bewertungsprämissen

Parameter	Empirie	POLY AG
Optimaler Verschuldungsgrad (bez. auf investiertes Kapital)	Unbekannt	20 – 30%
Kosten der Insolvenz	5 – 20% (?)	5 – 10%
Ausschüttungspolitik	(überwiegend) Jahresüberschußbezogene Teilausschüttung	Residuale Ausschüttung
Liquidationsquote	Unbekannt	30 – 65%
Toleranzfaktor	Unbekannt	0,7

C. Anlegerbezogene Bewertungsprämissen

Parameter	Empirie	POLY AG
Portefeuille-Struktur	Unbekannt	diversifiziert
Alternativrendite für sichere Anleihen mit unbegrenzter Laufzeit	Unbekannt	5,87%
Grenzeinkommensteuersatz	Unbekannt	30 – 40%

Zusammenfassend hoffen wir, auf dem langen Weg zu einer fundierten kapitalmarktorientierten Unternehmensbewertung einen Schritt vorangekommen zu sein, von dem angenommen werden darf, daß die Richtung mit einer von Null verschiedenen Wahrscheinlichkeit stimmt. Das Ziel ist jedoch lange nicht erreicht:

- Erstens gilt es die "black box" der operativen Handlungsoptionen besser zu verstehen. Der hier vorgestellte Ansatz schließt bestimmte Risiken aus Sicht der Eigentümer aus; im nächsten Schritt sollten die Chancen, die mit dem Erwerb eines Unternehmens verbunden sind, ebenfalls in die Betrachtung einbezogen werden. Hierzu gehören u.a. Wachstumspotentiale, die sich im Bewertungszeitpunkt oft nicht konkret beschreiben lassen.
- Zweitens sollte die empirische Forschung im Bereich der finanzwirtschaftlichen Handlungsoptionen intensiviert werden, um deren Implikati-

on (insbesondere bei Ausübung der Liquidationsoption) fundiert quantifizieren zu können.

- Drittens sollten die Annahmen zum repräsentativen Anleger systematisch überprüft werden.

Angesichts der (nicht unwichtigen) Diskussion der Bewertungsmethoden in der Literatur sollte nicht übersehen werden, daß die Bewertungsprämissen den Kern des Bewertungsproblems darstellen.

Epilog

Nach 390 Seiten intensiver Auseinandersetzung sei erlaubt, (unter gebürtigem Respekt) auf die eingangs zitierten Thesen zu antworten:

"Die 1976 erschienene Erstauflage war geprägt von Meinungsverschiedenheiten zwischen Bewertungspraxis und Bewertungslehre über Fundamentalsätze sinnvoller Unternehmensbewertung. Heute besteht insoweit kein Streit mehr..."

Nur wenige der "Fundamentalsätze sinnvoller Unternehmensbewertung" sind wirklich unstrittig; dazu gehört m.E. das Prinzip des relativen Vorteilhaftigkeitsvergleichs.

"Theorie und Praxis der Unternehmensbewertung sind erfreulicher Weise im Fluß, aber nicht mehr im Umbruch."

Theorie und Praxis der Unternehmensbewertung sind im Fluß, mit zunehmender Geschwindigkeit aber, die ihre Schubkraft aus praktisch relevanten Bewertungsproblemen erhält.

"Die seriöse deutschsprachige Literatur über die Bewertung von Unternehmen ist größtenteils sehr theoretisch, teilweise kontrovers, und deshalb als unmittelbare Anleitung für die Praxis kaum brauchbar."

Verbesserungs- und Lernchancen werden vergeben durch Ignoranz theoretischer Ansätze und fehlende Bereitschaft, sich damit auseinander zu setzen.

"Die Gegensätzlichkeiten der im Zeitablauf vertretenden Lehrmeinungen ... erschweren die Durchführung praktischer Bewertungsaufgaben und wecken vielfach Zweifel an der Zuverlässigkeit und Aussagekraft der ermittelten Ergebnisse."

Mit gegensätzlichen Lehrmeinungen wird man leben müssen, wenn man an Fortschritt interessiert ist.

"Es werden fehlerhafte Bewertungsmethoden eingesetzt bzw. Bewertungsmethoden fehlerhaft angewendet."

Die Verurteilung von unvollkommenen Bewertungsmethoden ist nachvollziehbar; leider fehlt es an fehlerfreien Bewertungsmethoden, die uneingeschränkt empfohlen werden könnten.

"Auch der Berufsstand der Wirtschaftsprüfer sieht sich vielfach der Aufgabenstellung gegenüber, ganze Unternehmen ... zu bewerten. Die hierbei zur Anwendung kommenden Bewertungsverfahren dürfen als eine gelungene Synthese des theoretisch Richtigen mit dem praktisch Möglichen gelten."

Das für praktisch möglich Gehaltene ist ein schlechtes Argument gegen das theoretisch Richtige.

"Unternehmenswert und Unternehmensbewertung sind wichtiger denn je."

Es gibt wichtigeres als Unternehmensbewertung. Ihre Bedeutung für die Betriebswirtschaftslehre ist aber nicht unerheblich; es handelt sich um nicht mehr und nicht weniger als die Theorie des Unternehmenserfolges.

Regensburger Beiträge zur betriebswirtschaftlichen Forschung

Herausgegeben vom Institut für Betriebswirtschaftslehre
an der Universität Regensburg

Band 1 Hans Jürgen Drumm / Christian Scholz: Personalplanung. Planungsmethoden und Methodenakzeptanz.

Band 2 Irmgard Obermeier: Statistische Abschlußprüfung. Konzeptionen und Verfahren.

Band 3 Elmar Sinz: Konstruktion betrieblicher Basisinformationssysteme.

Band 4 Peer Biendl: Ablaufsteuerung von Montagefertigungen. Heuristische Reihenfolgeplanung vergierender Auftragsstrukturen mittels Prioritätenregeln – Computergestützte Simulationsstudien der Werkstattfertigung.

Band 5 Franz Böcker / Ahron J. Schwerdt: Die Planung und Kontrolle praxisbezogener betriebswirtschaftlicher Lehre.

Band 6 Rudolf Paulik: Kostenorientierte Reihenfolgeplanung in der Werkstattfertigung. Eine Simulationsstudie.

Band 7 Reinhard Rieger: Unternehmensinsolvenz, Arbeitnehmerinteressen und gesetzlicher Arbeitnehmerschutz.

Band 8 Hans Jürgen Drumm: Individualisierung der Personalwirtschaft. Grundlagen, Lösungsansätze und Grenzen.

Band 1 - 8 erschienen bei Verlag Paul Haupt Bern und Stuttgart

Band 9 Monika Sixt: Dreidimensionale Packprobleme. Lösungsverfahren basierend auf den Meta-Heuristiken Simulated Annealing und Tabu-Suche. 1996.

Band 10 Peter Terhart: Chapter 11 Bankruptcy Code: Eine Alternative für Deutschland? Dokumentation, Analyse und Bewertung des amerikanischen Reorganisationsverfahrens mit einer kritischen Stellungnahme zur neuen deutschen Insolvenzordnung. 1996.

Band 11 Joachim Eigler: Transaktionskosten als Steuerungsinstrument für die Personalwirtschaft. 1996.

Band 12 Frank Richter: Konzeption eines marktwertorientierten Steuerungs- und Monitoringsystems. 1996. 2., überarbeitete und ergänzte Auflage 1999.

Band 13 Georg Stocker: Prämiendifferenzierung bei der Versicherung kommerzieller Bankkredite anhand von Risikoklassen. 1997.

Band 14 Christoph Plein: »Neue« Organisationskonzepte für die Versicherungsunternehmung. Organisationstheoretische Grundlagen und die Verwendbarkeit von Lean Management und Business Reengineering in der Versicherungsunternehmung. 1997.

Band 15 Ernst Eichenseher: Dezentralisierung des Controlling. 1997.

Band 16 Matthias Bauch: Unternehmensinsolvenzen: Prophylaxe und Bewältigung in Frankreich. Darstellung und ökonomische Analyse von *procédure d'alerte, règlement amiable* und *redressement et liquidation judiciaires.* 1997.

Band 17 Andreas Polifke: Adaptive Neuronale Netze zur Lösung von Klassifikationsproblemen im Marketing. Anwendungen und Methodenvergleich von ART-Netzen. 1998.

Band 18 Andreas Listl: Target Costing zur Ermittlung der Preisuntergrenze. Entscheidungsorientiertes Kostenmanagement dargestellt am Beispiel der Automobilzulieferindustrie. 1998.

Band 19 Andreas Schüler: Performance-Messung und Eigentümerorientierung. Eine theoretische und empirische Untersuchung. 1998.

Band 20 Carola Raab-Stahl: Dezentrale Mikroorganisation. Gestaltungsansätze unter dem Leitbild der "Neuen Dezentralisation". 1999.

Band 21 Martin Goller: Aktuelle Vergleichsverfahren in Deutschland. Eine ökonomische Analyse. 2000.

Band 22 Bernhard Baumgartner: Dynamische Aspekte in Markenwahlmodellen. 2000.

Band 23 Alexander Thume: Die Darstellung konzerninterner Verschmelzungen im Konzernabschluß. 2000.

Band 24 Stefan Marcus Schmidt: Corporate Governance in deutschen und amerikanischen Aktiengesellschaften. Eine Untersuchung unter besonderer Berücksichtigung der Bedeutung und der Entstehung der Anteilseignerstrukturen. 2001.

Band 25 Antonia Graff: Elementarrisiken privater Haushalte. Die Handhabung finanzieller Schäden in Deutschland – derzeitige Situation und Verbesserungsvorschläge. 2001.

Band 26 Cinzia Dal Zotto: Die Simultaneität und Permanenz von Personal- und Organisationsentwicklung. 2001.

Band 27 Franz Xaver Gabelsberger: Equity-Bewertung im Jahresabschluß. Bilanzierung von Beteiligungen unter besonderer Berücksichtigung der Informationsfunktion des Jahresabschlusses. 2001.

Band 28 Christian Lechner: The Competitiveness of Firm Networks. 2001.

Band 29 Frank Richter: Kapitalmarktoritentierte Unternehmensbewertung. Konzeption, finanzwirtschaftliche Bewertungsprämissen und Anwendungsbeispiel. 2002.

Band 30 Gerhard Ebinger: Neue Modelle der betrieblichen Altersversorgung. 2001.

Thomas Heide

Informationsökonomische und verhaltenswissenschaftliche Ansätze als Beitrag zu einer theoretischen Fundierung des Controlling

Eine vergleichende Analyse anhand ausgewählter Beispiele

Frankfurt/M., Berlin, Bern, Bruxelles, New York, Oxford, Wien, 2001.
XVII, 261 S., zahlr. Abb. und Tab.
Europäische Hochschulschriften: Reihe 5, Volks- und Betriebswirtschaft. Bd. 2752
ISBN 3-631-37407-0 · br. DM 89.–/€ 45.50*

Angesichts sich immer schneller ändernder Rahmenbedingungen, zunehmenden Wettbewerbsdrucks und der Notwendigkeit einer am *Shareholder Value* orientierten Unternehmensführung spielt das Controlling in seiner Funktion der Koordination des gesamten Führungssystems eine zentrale Rolle. Vor diesem Hintergrund gewinnt die Frage nach einer umfassenden theoretischen Fundierung des Controlling an Bedeutung. Während aus theoretischer Sicht sachliche Koordinationsprobleme mit Hilfe der Methoden und Modelle des *Operations Research* zumindest grundsätzlich lösbar sind, stellt die personelle Koordination aufgrund von Verhaltensinterdependenzen die eigentliche Schwierigkeit dar. In dieser Arbeit erfolgt nun, ausgehend von der koordinationsorientierten Controlling-Konzeption, die Gegenüberstellung und der Vergleich geeigneter informationsökonomischer und verhaltenswissenschaftlicher Ansätze hinsichtlich ihres jeweiligen Beitrags zu einer theoretischen Fundierung des Controlling. Das wesentliche Ergebnis besteht darin, daß weder agencytheoretische Modelle noch motivationstheoretische Ansätze *allein* eine befriedigende theoretische Basis der Behandlung personeller Koordinationsprobleme darstellen, sondern vielmehr eine Integration der Erkenntnisse beider Richtungen erforderlich erscheint.

Aus dem Inhalt: Koordinationsorientierte Controlling-Konzeption · Theoretische Fundierung des Controlling · Personelle Koordination · Budgetierung · Informationsökonomische Ansätze (Agency-Theorie) · Verhaltenswissenschaftliche Ansätze (Motivationstheorien)